cognitive capitalism

인지자본주의

아우또노미아총서 27

인지자본주의 Cognitive Capitalism

지은이 조정환

펴낸이 조정환·장민성
책임운영 신은주 편집부 오정민 김정연 마케팅 정성용

펴낸곳 도서출판 갈무리 등록일 1994. 3. 3. 등록번호 제17-0161호
초판1쇄 2011년 4월 19일
초판2쇄 2011년 4월 30일

주소 서울 마포구 서교동 375-13호 성지빌딩 302호
전화 02-325-1485 팩스 02-325-1407
website http://galmuri.co.kr e-mail galmuri@galmuri.co.kr

ISBN 978-89-6195-036-7 04300 / 978-89-6195-003-9 (세트)
도서분류 1. 사회과학 2. 철학 3. 인지과학 4. 정치학 5. 경제학 6. 도시학 7. 문화연구

값 25,000원

이 도서의 국립중앙도서관 출판시도서목록(CIP)은 e-CIP 홈페이지(http://www.nl.go.kr/ecip)에서 이용하실 수 있습니다.(CIP제어번호: CIP2011001422)

cognitive capitalism

인지자본주의

현대 세계의 거대한 전환과 사회적 삶의 재구성

조정환 지음

사유는 신의 속성이다. 또는 신은 사유하는 것이다.
바뤼흐 스피노자 Baruch Spinoza

완전히 발전된 자본에서 모든 생산과정은 노동자들의 직접적 숙련 아래에 포섭된 것으로서가 아니라 과학의 기술적 응용으로 나타난다. 그러므로 생산에 과학적 성격을 부여하는 것이 자본의 경향이다. 그리고 직접적 노동은 이러한 과정의 단순한 하나의 계기로 격하된다.
칼 맑스 Karl Marx

생명의 기원에 있는 것은 의식, 아니 초의식이다. 시간과 공간 속에서 인류 전체는 모든 저항을 넘어뜨릴 수 있고 많은 장애물 심지어 죽음까지도 극복할 수 있는 열광적인 돌격 속에서 전후좌우로 질주하는 거대한 생명의 군대이다.
앙리 베르그손 Henri Bergson

인간은 자기의 고유한 정신적 본질을 그 자신의 언어 속에서 전달한다. 인간의 언어적 본질은 인간이 사물을 명명한다는 점이다.
발터 벤야민 Walter Benjamin

인지자본주의
cognitive capitalism

차례

인지자본주의
cognitive capitalism

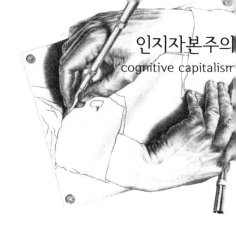

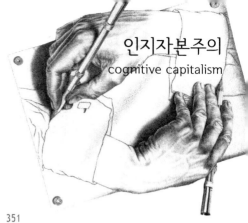

인지자본주의
cognitive capitalism

인지자본주의
cognitive capitalism

책머리에

과거에 비해 오늘날의 사람들은 어느 나라 어느 곳에서나, 유사한 경험을 한다. 실업으로 인해 소득은 줄어들고, 치솟는 물가로 인해 상품세계의 문턱은 높아지며, 양극화로 인해 가난하다는 느낌은 점점 깊어진다. 역사적 공동체들을 대체한 국가는 지배계급을 옹호하는 이익집단으로 행동하고 제국은 소수 강대국들의 이해관계에 의해 조종당한다. 이윤을 추구하는 자본주의적 사회관계에 의해, 특히 사적 이익집단들에 의해, 무차별적으로 이용당한 지구생태계는 단말마의 신음을 내지르며 점점 인간에 적대적인 양상을 드러내고 있다. 이런 것들로 인해 개개인들은 점점 더 의외의 시간에, 의외의 방식으로, 질병에 걸리거나 죽게 되고, 인류 전체가 종말의 시간을 맞이하고 있다는 묵시록적인 공포의 정서가 일상세계에뿐만 아니라 학술세계에도 전염병처럼 확산되고 있다. 이럴수록 사람들의 삶은 고통스럽고 무의미한 것으로 되고 공포와 절망의 감정은 모든 윤리적 감각을 마비시키는 마취제로 작용한다.

그리고 어느 나라 어느 곳에서나 통치집단들의 모습은 비슷하다. 그들은, 뻔한 거짓말을 지겹도록 늘어놓고 모든 것을 돈에 종속시킨다. 심지어 인도주의라는 말조차도 자원약탈과 제국주의적 침략의 수사학으로 이용한다. 정치, 경제, 교육, 미디어, 종교, 군대 등 모든 영역들에서 지배집단들은 돌이킬 수 없을 정도로 뿌리 깊은 부패의 사슬에 연루되어 있다. 그래서 이들은 더 자주, 그리고 더 깊이 사람들 사이의 경쟁에, 집단들 사이의 갈등에, 그리고 전 지구적인 전쟁에 의존하며 사람들 사이의 단결, 연대, 우정, 사랑을 파괴하는 데 사활을 건다. 그리하여 정치가들이 자신의 지역을 멋지게 가꾸었다고 자랑하는 목소리가 높으면 높을수록 그 지역의 오염과 훼손은 심각해지고, 주가가 떨어지건 고공행진을 하건 대중들의 가난은 깊어 가고, GNP 지표가 하락하건 수만 달러를 가리키건 하루 2달러 미만으로 사는 사람들의 수는 늘어나고, 텔레비전 드라마와 광고가 꿈같이 화려한 세계를 누구나 만져 보고 싶도록 연출해서 보여주면 보여줄수록 일상의 삶은 그 만큼 더 비루해지며, 구원이 가까워졌다는 목소리가 높아질수록 행복은 아득하게 멀게만 느껴진다.

부와 가난의 양극화는 권력 대 무력無力의 양극화로, 탐욕의 끝 모르는 질주 대 희망의 추락이라는 양극화로, 마천루 높은 곳에서 아래를 굽어보는 삶 대 뒷골목 쓰레기통을 뒤지는 삶의 양극화로 이어진다. 조산無産된 21세기는 1968년 혁명에서 시작하여 부채위기로 점철되었고 냉전을 제국적 내전들과 테러에 대한 전쟁으로 대체했으며 2008년의 금융위기로 조로早老현상을 드러내고 있다. 1968년 혁명으로 끝난 20세기에도 단기短期였지만(1917~1968), 21세기는 더 단기인 세기로 끝날지 모른다. 2011년 아랍 혁명이 그 임종의 징후일 수 있기 때문이다. 나는 이 조로하고 있는 21세기의 자본주의를 **인지자본주의**라는 말로 명명했다.

현대 사회를 인지자본주의로 파악하는 것은 어떤 의미를 가질 수 있을까? 한국에서 지난 이 십 여 년 동안 이루어져온 연구들의 많은 부분은 인지자본주의의 **증상들과 결과들**을 탐구하는 데 바쳐졌다. 인지자본주의가 고용에 미치는 영향에 집중하는 실업, 비정규직, 불안정노동에 관한 연구들, 인지자본주의가 소득에 미치는 영향에 집중하는 88만원 세대론이나 양극화론, 인지자본주의가 주체 재구성에 미치는 영향에 집중하는 신세대론을 비롯한 각종의 세대론과 청년론, 인지자본주의가 과학과 테크놀로지 발전에 미치는 영향에 집중하는 인지과학, 생명공학, 정보화론, 인지자본주의가 공간재구성에 미치는 영향에 집중하는 도시개발론, 네트워크도시론, 메트로폴리스론, 환경공학론, 인지자본주의가 기업형태 변화에 미치는 영향에 집중하는 네트워크 기업론이나 사회적 기업론, 인지자본주의가 대중의 문화체험에 미치는 영향에 집중하는 스펙타클론이나 시뮬라크르론, 인지자본주의가 가져오는 권력형태의 미시적 재구성에 집중하는 우리안의 파시즘론, 대중독재론, 부드러운 파시즘론, 인지자본주의가 자연에 미치는 영향에 집중하는 여러 유형의 생태론, 인지자본주의가 성별 문제에 미치는 영향에 집중하는 돌봄노동론과 페미니즘론 등등의 주제가 그러하다. 인지자본주의론은 이 미시적이고 다양한 탐구들이 천착하고 더듬어온 문제들을 노동형태 및 자본형태의 변화, 그리고 노동과 자본 사이의 사회적 관계의 변화라는 거시적 틀 속에서 종합하고 각각의 문제들의 위치를 밝히며 그 사회적 총체의 발전 **경향**을 밝히려는 시도이다.

우리가 분석 대상으로 삼은 인지자본주의는, 2011년에 들어 자신이 발전과정에서 불러낸 힘들을 그 자신이 통제할 수 없음을 고백하고 있다. 두 개의 사건에서 그 고백이 나타난다. 그 중 하나는 일본 대지진에 뒤이은 원자로 폭발과 방사능 위기이며 또 하나는 북아프리카 및 중동에서의 연쇄적이고 연속적인 혁명이다. 원자력 발전은 우라늄이라는 자연 물질을 이용하는 것이지만 그것의 분열과정은 인간의 과학기술에 의해 인지적으로 정교하게 조직되어 있다. 인간이 핵분열 조작을 통해 거대한 핵에너지를 인공적으로 발생시키는 데 성공한 후, 인지자본주의는 지구를 여러 번 파괴하고도 남을 핵무기를 장전하고 있을 뿐만 아니라 지구 표면을 잠재적 핵폭탄인 원자력 발전소로 뒤덮고 있다. 핵에너지는 인지적으로 조직된 거대한 파괴력이자 동시에 생산력이다. 하지만 후쿠시마 원자로의 폭발과 누출되는 방사능에 대한 통제불가능의 상황은 뚜껑이 열린 판도라의 상자를 연상시킨다. 인지자본주의는 거대한 힘을 불러냈지만 그것을 그 자신이 온전히 통제하지는 못하고 있다. 원자 에너지는 켤 수는 있지만 끌 수는 없는 불이다. 현재의 인간은 그것을 냉각시킬 수 있을 뿐이고 수 만, 수 십 만, 아니 수 십 억 년에 걸쳐 진행될 그것의 반감을 기다려야 한다. 일본 핵상황의 불확실성은 전 세계에 유례없는 불안과 공포를 확산시키고 있다.

아프리카와 중동에서의 혁명은 이 통제불가능성의 또 다른 예이다. 인지자본주의는 아프리카와 중동에서, 핵연료인 우라늄을 비롯한 막대한 광물자원과 석유자원을 채굴했고 그것으로 거대한 자본을 축적했다. 2011년, 이 지역의 다중들의 혁명과 그것의 연쇄적 확산은 인지자본주의가 빠져 있는 통제불가능성과 무능력을 전혀 다른 방향에서 보여준다. 튀니지에서 시작된 혁명은 이집트로 확산되었고 이어 리비아, 알제리, 모리타니 등의 아프리카 지역뿐만 아니라 예멘, 사우디아라비아, 이란, 오만, 시리아, 팔레스타인 등 중동의 전 지역으로 확산되었으며 이 지역에 통제불가능성과 불확실성을 확대시키고 있다. 혁명의 불길은 이제 북아프리카와 중동을 넘어 중앙아시아의 아제르바이잔으로 옮겨 붙고 있다.

이런 상황에서 절실해지는 것은 우리가 속해 있는 인지자본주의가 어디에서 와서 지금 어떻게 운동하고 있고 무엇을 향해 나아가고 있는가, 하는 물음이다. 이 물음은, 우리는 무엇을 할 수 있고 또 무엇을 해야 하는가라는 **진보와 실천**의 물음을 포함해야 할 뿐만 아니라 우리의 능력 가운데 무엇을 발전시키고 무엇을 억제해야 하는가라는 **윤리적 선택과 자제**의 물음도 포함해야 한다.

1991년 사회주의 소련이 붕괴하고 미국에 의해 새로운 세계질서가 선포되었을 때, 중요한 문제는 그 새로운 세계질서의 성격, 그것의 구조,

그것의 내적 모순, 그리고 그것의 동학에 대한 탐구였다. 이것은 무엇보다도 냉전 이후의 이 통합된 세계질서가 가져오는 새로운 주권형태가 무엇인가를 탐구하도록 우리를 이끌었다. 그 탐구의 결실은 네트워크 주권형태로서의 제국에 대한 개념화로 나타났다. 그러나 2001년 9/11 사건과 그에 대한 미국의 대응으로서의 테러에 대한 전쟁, 그리고 그에 뒤이어진 아프가니스탄 전쟁과 제2차 걸프전은 제국의 형상을 수정했다. 9/11 사건은 군주국 미국이 정치적으로뿐만 아니라 군사적으로도 도전받는 상태에 있다는 이미지를 만들어 냈다. 이러한 상황을 이용해 미국은 제국의 다원주의적 합의 체제를 깨뜨리고 일방주의적으로 행동하는 쿠데타를 감행했다. 테러에 대한 전쟁이라는 이름하에 수행되어온 아프가니스탄 전쟁과 이라크 전쟁은 이 일방주의적 행동의 산물이다. 그러나 이 전쟁들은 미국을 유일 군주국으로 만들어 주기는커녕 더 깊은 수렁으로 끌어들였고 세계 권력은 오히려 더욱 분산되고 있다. 10년 여 동안 계속되고 있는 이 전쟁들은 제국 내부에 커다란 긴장과 갈등을 불러왔을 뿐만 아니라 미국을 경제적으로는 말할 것도 없고 정치적·군사적으로도 실추시켰다. 그리고 2008년의 금융위기는 미국의 이 쿠데타가 궁극적으로 실패했을 뿐만 아니라 미국의 종말을, 나아가 세계자본주의의 결정적 위기를 불러오고 있음을 단적으로 보여준다. 제국의 위기가 자본주의의 결정적 위기로 이어진 것이다. 금융위기는 세계경제위기를 불러왔고 수년이 지난 지금까지 수습되기는커녕 나날이 더 깊은 수렁으로 빠져들고 있음을 보여준다. 이른바 '양적 확대'를 통해 인위적으로 부양된 호전의 지표들과 그에 다시 이어지곤 하는 하락의 지표들은, 인공심장 박동기에 의지한 신체가 스크린에 그려내는 불규칙한 곡선을 연상케 한다. 전 세계적 수준에서 다중의 저항과 혁명은 이러한 상황에 대한 아래로부터의 대응으로서, 라틴아메리카에서 아시아로, 아시에서 유럽으로, 유럽에서 아프리카로, 아프리카에서 중동으로 순환하고 있는, 다중의 전 지구적 대장정의 형상으로 나타나고 있다.

2008년 이후의 위기는 자본주의의 역사라는 관점에서 현 시대를 재조명하는 과제를 절실한 것으로 만든다. 많은 경제학자들은 이것을 자본주의의 순환적 위기의 한 국면으로 간주하곤 한다. 그러나 이러한 관점은 인지자본주의하에서 누적되어온 위기의 축적과 그 축적된 위기가 갖는 탈순환적이고 구조적인 성격을 간과하는 것이다. 이것은 과거의 경험을 통해 현재를 해석하는 것이다. 이 책에서 나는 현재의 위기의 구조적 성격을 규명하는 한편, 현재의 체제 속에 자본과 노동의 적대가 고스란히 살아 있음을 확인하면서도 그것이 결코 고전적 형태 그대로가 아니고 변용된 형태로 살아 있음을 밝힐 것이다. 이 작업은 우리 시대에 가능한 혁명의 기원과 경향과 형태를 밝히는 작업 ― 이 작업은 이 책에 이어 출간될 『혁명의 세계사』(가제)에서 이루어질 것이다 ― 의 필수적인 전제가 될 것이다.

지난해부터 이 책을 준비하면서 나는 지난 십 여 년 동안의 나의 연구과제 대부분이 바로 현대 세계의 성격과 구조를 탐구하고 이 조건 속에서 가능한 사회변혁의 가능성과 방법을 탐구하는 데 바쳐졌다는 것을 깨달았다. 철학을 다루든, 정치경제를 다루든, 문학예술을 다루든, 늘 나의 문제의식이 이 문제를 중심으로 회전하고 있었다는 사실을 발견하면서 나는 이 책의 발간을 목표로 의식적으로 집필과 기고 활동을 조직하고 이 책의 기획 이전에 썼던 글들을 이 책의 취지에 맞게 편집하고 수정했으며 일관된 서술체계를 부여했다. 이 책은 인지자본주의의 구조와 특성에 대해 서술한 책이기 때문에 대안에 목말라하는 독자들을 충분히 만족시켜 줄 수 없을지 모른다. 하지만 각 장의 끝 부분과 책의 마지막 부분, 그리고 간주곡에 해당하는 글을 통해, 우리의 대안이 고려해야 할 거시적 조건들과 대안으로 추구되어야 할 커다란 방향을 제시하거나 최소한 암시할 수 있도록 노력했다. 하지만 그에 관한 서술 내용은 이 책에 필요한 범위에 제한되었다. 이 책에서 다루어지지 못한 사회혁명적 대안 문제에 관해서 나는, 『혁명의 세계사』에서 역사서술적 방식을 통해 좀 더 상세하게 다룰 계획이다.

이 책은 다음과 같은 내용으로 구성되어 있다.

2장은 인지의 개념을 밝히고 인지과학이 정치경제학 비판에 대해 갖는 의미를 살핀다. 3장은 1917년 혁명, 1968년 혁명의 차이를 밝히고, 21세기 혁명의 토대를 성찰하면서 산업자본주의의 발전이 어떻게 인지자본주의로의 이행을 가져왔는지를 살핀다. 이 장의 일부인 「자본의 인지적 재구성」은, 1990년대 후반에 쓰여지고 『지구 제국』(갈무리, 2002)에 처음 수록되었던 글인 「자본주의의 지식집약적 재구조화와 계급 재구성」

의 일부를 지금의 상황에 비추어 수정하고 확장한 것이다. 4장과 5장은
『문화과학』 2010년 겨울호에 발표한 「인지자본주의에서 가치화와 착취
의 문제」와 2010년 11월 26일에 부산 동아대학교 국제학술대회에서 발
표된 「다중의 공통되기와 정동의 문제」를 밑그림으로 삼아 서술되었다.
4장에서는, 생산과 축적의 양식이 달라진 인지자본주의에서 가치법칙이
어떤 변용을 겪는가라는 뜨거운 쟁점을 살핀다. 이를 위해 맑스의 『자본
론』 1권에 서술된 가치론을 현대화하고 맑스의 **명제**가 아니라 그의 문제
의식을 현대의 지평에 되살리려고 시도한다. 5장은 4장에서의 논의를 바
탕으로 인지자본주의에서 착취와 지배의 양식이 어떻게 변용되는지를
살핀다. 이 문제를 고찰함에 있어서 『자본론』 3권에 서술된 지대론이 중
요하게 참조된다. 이 장에서 우리는, 산업자본주의 시대에 그것의 안락
사가 운위될 만큼 중요성을 잃어 갔던 지대 문제가 인지자본주의로의 이
행 속에서 다시 살아나 첨예한 논쟁과 갈등의 영역으로 진입하는 사정을
이해할 수 있을 것이다. 6장은 『부커진 R』 3호(2010년 6월)에 발표했던
「절대지대에서 절대민주주의로 ― 공통되기의 존재론을 위하여」를 밑그
림으로 삼아 서술되었다. 이 장은 5장에서의 논의를 기초로 하여, 현대의
금융자본과 2008년 금융위기를 인지자본주의의 현상형태들로 파악하고
이 과정의 동태와 내적 모순을 규명한다. 4장에서 6장까지의 세 장이 정
치경제학 용어에 익숙하지 않은 독자들께는 다소 어려울 수 있을 것이
다. 하지만 그 어려움은 주의를 기울여서 꼼꼼히 읽는다면 충분히 극복
될 수 있는 성격의 어려움이라고 확신한다.

7장에서 11장까지는 인지자본주의가 현대 세계와 우리의 삶에 가져오고 있는 변화를 공간, 시간, 계급, 지식, 정치 등의 여러 층위에 걸쳐서 자세히 살펴본다. 7장은 벤야민의 『아케이드 프로젝트』 세미나와 『뉴욕열전』 토론회의 연장선상에서 기획된 〈다중지성의 정원〉 강좌, '왜 메트로폴리스인가?'(2011년 2월)의 강의록을 발전시킨 것이다. 인지자본주의에서 공간 개념의 변화를 서술하는 데 할애되었다. 이 서술을 위해 벤야민의 메트로폴리스론과 데이비드 하비의 도시공간론이 인지자본주의 관점에서 비판적으로 재조명된다. 8장은 인지자본주의에서 시간이 재구성되는 양상을 탐구한다. 이 장은 2005년 맑스코뮤날레에서 처음 발표된 후, 『비물질노동과 다중』(갈무리, 2005)에 실렸던 글 「비물질노동과 시간의 재구성」을 이 책의 주제에 적합하게 흐름을 고치고 새로운 내용을 보충한 것이다. 이 장에서 노동시간론의 맑스는 베르그손(지속durée의 시간)과 들뢰즈(잠재성의 시간)에 의해 보완되고 정정될 뿐만 아니라 구체화된다. 9장은 『작가와 비평』 12호에 「노동의 재구성과 프리터」라는 제목으로 기고한 글을 수정한 것이다. 이 장에서는 맑스가 큰 관심을 갖고 있었지만 자본 구성 분석 때문에 생전에는 깊이 파고들 수 없었던 계급구성 개념을 오늘날의 인지자본주의라는 조건에 비추어 현대적으로 재구성하고 또 적용한다. 이 장에서 나는 특히 불안정노동과 비정규직노동의 형성경향을 탐구하면서 이것을 인지화, 프리터, 기본소득 등의 주제와 결합시켰다. 이 장에서의 계급구성 분석은 이탈리아의 오뻬라이스모들('노동자주의자들')이 산업자본주의 사회, 특히 유럽의 케인즈주의 사회를 대상으로 수행했던 작업을 인지자본주의를 대상으로 계속하는 셈이다. 10장은 『진보평론』 2011년 봄 호에 기고한 글 「인지자본주의에서 '정치적인 것'의 주체로서의 다중」을 저본으로 삼아 인지자본주의에서 '정치적인 것'의 질과 내용이 어떻게 바뀌고 있는지를 탐구하는 데 할애했다. 여기서 나는 네그리, 아감벤, 지젝, 무페, 발리바르, 랑시에르 등 현대 유럽의 새로운 정치철학들이 제기하는 '정치적인 것'의 문제의식을 1968년 혁명 이후의 '탈정치' 및 사회주의에서의 정치 개념과 비교하면서, 인지자본주의의 문제틀 속에서 비판적으로 재조명했다. 11장은 『오늘의 문예비평』 2010년 겨울호에 기고한 「다중지성 시대의 인문학과 고전의 문제」를, 인지자본주의에서의 지성재구성 경향을 밝히는 데 초점을 맞추어 재서술했다. 여기에서는 지난 이십여 년 간 화두가 되어온 인문학의 위기론, 촛불집회 경험을 통해 부각된 집단지성론, 그리고 고전 붐boom 등을 맑스의 일반지성론, 피에르 레비의 집단지성론, 네그리의 다중지성론 등에 비추어 종합하고 비판적으로 분석한다.

12장은, 앞서 언급한 동아대학교 국제학술대회 발표논문의 일부를 이 책의 하나의 독립된 장으로 재서술한 것이다. 이 장은 상품commodity 사회를 넘어설 수 있는 대안을 커먼common, 즉 **공통적인 것**에서 찾으려는 시도이다. 9장에서 서술된 **특이한** 노동들과 삶들이, 서로 협력하고 공통될 수 있는 조건이 무엇인지를 밝히는 것이 이 장의 목표이다. 마치 2008년의 촛불을 다시 경험하는 듯한 설레임으로 2011년 아랍 혁명의 하루하루를 지켜보면서 새로 쓴 13장에서는, 이 공통적인 것과 공통되기가 놓여 있는 핵심적 조건 중의 하나로 인지적인 것이 갖는 위치와 역할을 조명한다. 나는 이 문제를, 2008년의 촛불봉기와 2011년의 아랍 혁명에서 인지적인 것이 어떻게 공통적인 것의 정치화를 달성하는 힘으로 작용하는지를 조명하는 방식으로 다루었다.

부록으로 실린 「인지자본주의에 대한 문답」에서는 인지자본주의와 관련된 주요 쟁점을 이해하기 쉽도록 설명했고, 「용어해설」에서는 자주 등장하거나 특별한 의미를 갖는 용어들에 관해 간단히 설명했다. 문답과 용어해설을 먼저 읽고 본문을 읽는 것도 유효한 독서 방법일 것이다.

이 책의 저본으로 사용된 모든 글들은 이 책의 서술과정에서 전면적으로 확장되고 보강되고 재배치되어 새로운 맥락 속에 놓여 졌기 때문에 이 책은 그 글들로부터는 독립적인 성격을 갖는다. 동일한 문제가 다르게 서술된 경우에는 이 책에 담긴 생각이 나의 사유의 최근의 도달점임을 밝혀둔다. 이 책을 서술하는 데 밑그림이 된 글들을 발표할 수 있도록 지면을 제공해준 여러 잡지들이나 강의기회를 제공해 준 〈다중지성의 정원〉에 이 자리를 빌어 고마움을 표하고 싶다. 이 책의 화보면을 편집하고 원고를 프리뷰하고, 표지 디자인, 본문 레이아웃, 그리고 홍보마켓팅을 위해 함께 애쓴 갈무리의 출판활동가들, 신은주, 오정민, 김정연, 정성용과 출간의 기쁨을 나누고 싶다. 특히 작가 제프 사피Jef Safi에게 감사 드린다. 그는 자신의 작품 〈기억을 먹어치우는 약탈자〉Mnɛmophagiac Prɛydatory를 이 책의 표지로 사용하는 데 흔쾌히 동의해 주었다. 이 작품은 diptych, 즉 둘로 접을 수 있도록 경첩으로 연결된 목판 성상화聖像畵처럼 두 쌍이 하나의 작품을 이루는 것이다. 그래서 쌍을 이루는 이 작품의 한 쪽을 앞 표지에 다른 쪽을 뒤표지에 배치했다.

끝맺기 전에 '인지자본주의'라는 용어에 대해 간단히 언급해 두고자 한다. '인지'라는 말은 주로 과학용어로 사용되어 왔다. 인지과학이라는 용어를 통해 비교적 널리 알려진 '인지'는 신경생리학, 뇌과학, 컴퓨터공학, 심리학, 교육학 등의 용어로도 자주 사용되고 있다. 이러한 추세 때문에 정치경제학 용어인 '자본주의'라는 말과 '인지'라는 용어의 결합은 다소 생소하게 느껴질 수 있다. 하지만 바로 이 생소함이야말로 우리가 인지라는 말에 관심을 기울여야 하는 이유이다. 현대 자본주의는 이미 우리의 삶 깊숙이 들어와서 우리의 일거수일투족을 조직하고 통제하고 감시하는 방식으로 움직이고 있다. 이 변화를 파악함에 있어서, 낡은 패러다임들은 도움을 주기도 하지만 방해를 하기도 한다. 자본주의가 우리의 근력을 착취하는 데 머물지 않고 우리의 생명, 지각, 지식, 감정, 마음, 소통, 욕망, 행동 등의 움직임을 조직하고 그것의 성과를 수탈하고 착취하는 데 관심을 갖고 있다는 것을 직시하는 것은 지금여기에서 무엇을 할 것인가를 생각하기 위해서 결정적으로 중요한 문제이다. 이 문제는 최근들어 마음의 사회학, 개념미술론, 몸정치학, 생명정치학, 삶정치학 등이 연구해온 주제이기도 하다. 이 책은 권력, 사회, 예술의 인지적 전환에 관심을 기울인 이 연구들을 '정치경제학 비판'과 결합하고 그것들을 자본주의 분석과 비판의 전통 속에 자리잡게 하면서 그것들이 놓일 새로운 지평을 열어줌과 동시에 좀 더 명확한 정치적 방향성을 부여하려는

시도이다. 이 책이 이 아픈 시대를 살아가면서 다른 삶의 가능성을 모색

하는 모든 사람들에게 조금이라도 도움이 될 수 있기를 바란다.

2011년 4월 6일

서장

서장

1980년대에, 이론적 관심은 사회구성체론과 사회운동론에 집중되었고 이에 근거한 자본주의 비판과 대안 체제를 위한 전략전술 및 조직론이 주요한 관심으로 부상했었다. 하지만 1990년대에 그 관심은 포스트모던 담론이론, 근대성 비판, 분단체제론과 동아시아론, 대중독재론, 그리고 신자유주의 비판 등으로 분산되었다. 이에 더하여 이론에서의 식민주의와 서구중심주의를 극복하고 한국적 이론을 창출하자는 **이론에서의 민족주의** 캠페인은 연구자와 지식인들로 하여금 우리식 이론을 모색하도록 자극하면서, 너무 거대해서 실천적으로는 무의미한 주제를 파고들게 하거나 국지적 실용성을 갖지만 실천적 보편성을 확보하기 어려운 매우 작고 구체적인 주제들에 몰두하도록 만들었다. 게다가 이러한 전환은 우리의 이론에 대한 집착에 의해 이끌리면서 자신이 발명한 인식틀에 대한 지적 소유권 확보와 지적 영토 확장에 매몰되는 경향을 부채질했다. 그 결과, 발명된 주제들 사이의 연관성을 고찰하고 또 그것을 실천적으로 유의미한 인식 패러다임으로 하향시키거나 혹은 상향시키려는 노력은 체계적으로 저지되었다. 이런 식의 이론적 유아경향을 정당화하고 뒷받침하는 데에서, 국가기관인 학술진흥재단과 주류 매스미디어들의 선발권과 선택권은 결정적 역할을 수행했다.

주제와 인식틀에서의 이러한 전환이, 감추어져 있던 문제들을 드러내고 직접적으로 감각되는 주제와 쟁점들을 실현가능한 방식으로 제기하도록 만드는, 긍정적 역할을 수행했던 것은 분명하다. 그리고 그 주제들이나 인식틀들이 현실에 대한 의미 있는 정보와 관점을 제공한 것도 분명하다. 하지만 그것들은 동시에, 우리의 관심을 너무 거대한 틀로 확대시켜 실천적 평면을 발견하기 어렵게 만들거나 혹은 지나치게 국지화, 영역화, 혹은 정책화하여 근본적 문제를 사유하기 어렵도록 만들기도 했다. '자본주의'라는 말이 시민사회적 삶의 일상용어로 자리잡아가는 정도만큼, 진지한 이론적 관심의 대상에서는 오히려 점점 멀어진 것은 이러한 사태와 결코 무관하지 않다. 1980년대에 '자본주의'라는 말에 후렴구처럼 따라붙었던 '혁명'이라는 말은, 그것이 기업과 상품 광고의 애용어가 되는 만큼, 위험을 수반하는 긴장감을 잃고 단순한 클리쉐cliché로 되었다. 이에 따라 '노동'이라는 용어도 역사의 주동력이라는 영광의 이미지 속에서가 아니라 프레카리아트(불안정 노동자)precariat, 호모 사케르homo sacer, 잉여인간 등의 부정적 형상 속에서만 모습을 나타내고 있다. 이러한 현상이 무엇을 의미하는 것일까? 이것은, 사람들이 하나의 역사적 사회구성체로서의 자본주의를 더 이상 대안이 없는 최종적 사회로 받아들이고 있다는 것을 의미하는 것은 아닐까? 그 결과 사람들이, 더 이상 어떤 역사도 없으며 어떠한 대안도 오직 자본주의의 틀 안에서만 사고 가능하고 실행 가능하다고 주장해 온 신자유주의적 자본주의의 문법을 깊숙이 내면화하고 있다는 사실을 보여주는 것은 아닐까?

그러나 2008년의 금융위기와 세계경제위기는, 자본주의가 역사를 끝내기는커녕 오히려, 역사가 자본주의를 끝내고 있다는 느낌을 갖게 하기에 충분한 사건이다. 모든 대안이 자본주의 속에서만 가능하다는 생각이 바로 오늘만큼 회색으로 느껴지는 때가 또 있었을까? '자본주의에 더 이상 대안은 없다'는 생각이 절정에 이른 순간에 자본주의는 더 이상 대안이 아니라고 말하는 사건들이 터져 나온다. 신자유주의적 자본주의의 이 발본적 위기 국면에서, 정치적 좌파는 물론이고 우파까지도 케인즈주의적 사회민주주의(의 요소)를 구원투수로 불러들였다. 부시는 수천억 달러의 구제금융을 결정했고 오바마는 그것을 증액시켰으며 수많은 은행들이 (준)국유화되었다. 전 세계의 사회민주주의 운동들은 탄력을 받았다. 한국에서도 이것은 모든 제도정당들 사이에 보편적인 복지인가 선별적 복지인가를 둘러싼 복지 논쟁을 일반화시키는 계기로 작용했다. 이미 1968년 혁명에 의해서뿐만 아니라 이후의 신자유주의에 의해서도 부정되었던 케인즈주의적 사회민주주의가 신자유주의의 파국적 결과에 대한 구원투수로 등장하고 있다는 사실은, 자본주의 속에서 **새로운** 대안이 가능한 것이 아니라 그 속에 이제 어떤 새로운 대안도 없고 오직 반복만이,

과거로의 회귀만이 가능하다는 것을 말해주는 것이지 않을까? 은행국유화라는 사회주의 조치는 한 번은 혁명적 좌파인 레닌에 의해서 비극적으로 실행되었고 다시 한 번은 네오콘인 부시에 의해 희극적으로 실행되었다. 자본주의를 끝내기 위한 프롤레타리아 해방의 무기로 사용되었던 은행국유화는 파산한 기생적 자본가들의 손실을 프롤레타리아의 어깨 위에 지우기 위한 신보수주의의 무기로 **반복**되었다.

역사가 이렇게 희극적으로 반복되는 사태를 절망과 낙담으로 받아들이는 것이 가능할 것이다. 또 많은 사람들이 실제로 그러한 묵시록적 정조 속으로 **빠져들곤** 한다. 하지만 그 희극적 반복을, 지젝이 재미있게 표현하듯이, 우리가 자본주의와 가벼운 마음으로 작별할 시간이 도래했다는 사실의 징후로 읽는 것이 더 큰 실천능력과 치유효과를 가져올 수 있지 않을까?[1] 그러므로 이 시간에 우리가 할 수 있는 중요한 작업 중의 하나는 '역사의 종말'에 대한 후꾸야마식 이야기를 '역사의 새로운 시작'에 대한 이야기로 대체하는 일일 것이다.[2] 이를 위해서는 지난 이십 여 년 동안 침식되어온 관심, 다시 말해 자본주의와 그것의 **모순**과 한계에 대한 관심을 다시 한 번 진지한 관심의 대상으로 삼아야 한다. 그리고 우리가 살고 있는 자본주의, 즉 상업자본주의와 산업자본주의를 잇는 자본주의 제3기의 늙고 부패한 신체를 눈앞에 명확히 드러내고 그 속에서 새로운 시작을 위해 필요한 가능성의 요소들과 조건들을 추출해야 한다. 이렇게 추출된 요소들과 조건들이 어떻게 새로운 **정치적 몸**으로 조형될 수 있을지를 예상해야 한다. 레닌의 『무엇을 할 것인가』는 러시아 노동운동의 제3기에 종지부를 찍는다는 분명한 목적 하에서 서술되었다.3 우리에게 문제는 제3기 자본주의에 종지부를 찍는 것이다. 역사의 새로운 시작을 위한 이 작업은 제3기 자본주의의 현상형태와 운동법칙을 구체적으로 이해하지 않고는, 그리고 노동의 낡은 관념형태, 운동형태, 조직형태의 환골탈태 없이는 가능하지 않다.

제3기 자본주의의 현상형태들은 다양하다. 전쟁의 일상화, 자본의 금융화와 기생화, 정치에 대한 기업가 지배, 권력의 세계화, 빈부의 양극화, 미디어적 조작의 극단화, 전통적 저항양식의 무력화와 체제내화 ……, 그리고 사람들의 마음속 깊이 자리 잡은 우울, 불안, 두려움과 만연된 공황 상태에 이르기까지.

이런 상황을 염두에 둘 때 사회주의로 이행할 이미 결정된 경로를 역투사해서 만들어진 것으로, "자유경쟁자본주의―(국가)독점자본주의―신자유주의"라는 세 단계에 따라 자본주의의 역사를 이해하는 전통은, 그것이 경쟁과 독점이라는 중요한 문제를 인식하는 데 유익한 점이 있다 하더라도, 오늘의 제3기 자본주의를 인식하는 데에는 충분치 않고 또 부적합하다고 말하지 않을 수 없다. '경쟁인가 독점인가'라는 문제설정은 소유형태에 주로 관심을 갖도록 만든다. 그런데 맑스를 따라, 우리가 소유를 생산관계의 법인法認으로 이해하고 소유관계가 생산관계에 의해 규정된다고 본다면, 자본주의의 역사는 소유관계보다 더 깊은 차원인 **생산**의 차원에서부터 다시 탐구되어야 할 것이다.

그렇지만 어떤 생산 말인가? 우리는 포스트모더니즘이 소유에 기울였던 주의를 소비에 기울이는 주의로 대체시켰던 것을 기억하고 있다. 이 대체는 "생산의 거울"(장 보드리야르)을 깨면서, 다시 말해 생산패러다임을 부정하면서 이루어졌는데 이것은 아마도 전통적 생산개념의 협소함과 무관하지 않을 것이다. 그렇기 때문에 우리는 생산패러다임에 대한 비판들에 대해 비판적 태도를 취하면서도, 그것들이, 전통적 생산패러다임이 눈 돌리지 못했거나 부차화했던 측면들을 의미 있는 분석지평으로 끌어내 온 것에 대해 정당한 평가를 해주어야 할 것이다. 우리가 비판해야 할 것은, 이 대체들이 생산관계로서의 자본주의라는 문제설정을 해체하는 것으로 작용했고 새로운 사회관계를 신비화함으로써 대안의 사유를 무력화하는 것으로 기능했던 것에 집중되어야 할 뿐이다. 그러므로 생산의 문제설정을 새롭게 부활시키되 그 부활의 방식과 각도가 신중하게 고려되어야 한다. 그것은 소유나 소비의 문제설정을 억압하는 것으로서가 아니라 그것들을 새로운 맥락 속으로 되가져오는 방식으로 부활되어야 한다. 달리 말해 생산의 변화에 따른 소유의 변형을 고찰해야 할 뿐만 아니라 소비(와 문화)를 생산과 재생산의 흐름의 일환으로 조명하는 방법으로 이루어져야 한다.

이런 관점에서 나는 여기서 오늘날의 제3기 자본주의를 신자유주의나 금융자본주의 혹은 소비자본주의로 정의하기보다 인지자본주의로 정의하는 길을 선택할 것이다. 인지자본주의는 앞서 말한 것처럼 베네치아, 제노바, 네덜란드 등에 의해 표상되는 상업자본주의, 영국과 독일, 그리고 20세기 후반의 미국에 의해 표상되는 산업자본주의에 이어 나타난

제3기의 자본주의다.[4] 그것은 **인지노동**의 착취를 주요한 특징으로 삼는 자본주의이다. 우리는 이 개념을 통해서 자본주의라는 개념을 다시 사유할 수 있을 뿐만 아니라 **노동의 문제설정**을 새로운 방식으로 재개할 수 있다. 왜냐하면 인지자본주의라는 개념을 통해서 우리는, 자본 자신이 아니라 노동이 현대세계의 거대한 **전환**과 사회적 삶의 **재구성**을 가져오는 우선적 힘이라는 생각을 표현할 수 있고 그 노동의 역사적 진화와 혁신의 과정을 중심적 문제로 부각할 수 있기 때문이다.[5]

칼 폴라니는 전쟁과 세계공황을 경험하면서 자유시장 경제로의 이행이라는 '거대한 전환'의 비밀을 파헤쳤다. 그에 의하면 시장경제는 노동, 토지, 화폐를 단순한 상품으로 전환시키는데, 이것은 **자기조정**을 통해서가 아니라 오히려 말로 형언하기 어려울 정도의 **폭력**에 의해서만 가능해진다.[6] 그렇기 때문에 그 거대한 전환은 사실상 공상적인 믿음의 폭력적 발현이며 실재에 의해 반박될 수밖에 없는 불가능한 전환이다. 이러한 생각은, 자본주의라는 생산관계가 인간의 노동력을 상품으로 전환시키는 데 성공하지만 그 성공은 부르주아 독재라는 조건에서만 가능하다고 본 맑스의 생각을 다르게 계승하는 것이다. 우리의 책의 목표는 자본주의나 시장경제 그 **자체**의 기원이나 운동논리를 밝히는 데 있지 않다. 우리의 책은 오히려, 맑스나 폴라니가 규명한 자본주의 체제가 **최근**의 국면에서 겪고 있는 거대한 전환의 내적 **경향**을 드러내는 것에 초점을 맞춘다.

이 전환에 대한 탐구는 앞서 언급한 신자유주의론이나 포스트모더니즘론에 의해서만이 아니라 그 밖의 여러 다양한 조류에 의해 서로 다른 시각에서 서술되어 왔다. 신자유주의론이 자유화와 유연화에 초점을 맞추었고 포스트모더니즘론이 숭고화(스펙타클화)에 초점을 맞추었다면 조절이론은 금융 세계화에, 그리고 세계체제론은 체계적 순환으로서의 금융화에 초점을 맞춘다. 우리 시대의 거대한 전환을 인지자본주의로 파악할 필요가 있다는 이 책의 주장은 거대한 전환에 대한 이와 같은 해석들이나 의견들과 대립하려는 것이 아니라 그 해석들 또는 의견들의 가능성과 한계를 드러내고 그 가능성을 살려가면서 그것들이 직면한 한계를 극복할 다른 전망을 열고자 하는 것이다. 그것은, 자유화, 유연화, 금융화, 숭고화 등의 현상을 인지노동의 등장, 인지노동의 영향하에서 다른 모든 노동형태들의 재편, 이들의 공통노동을 착취하기 위한 자본의 형태전환이라는 맥락 속에서 구체적으로 재서술하는 것이다. 현재의 금융화 현상을, 하나의 (장기)세기를 주기로 산업화(M-C)와 금융화(C-M′)를 되풀이하는 수 세기에 걸친 체계적 축적순환의 최근 세기, 즉 장기20세기의 특징으로 본 조반니 아리기는, 이러한 반복이 생산과 노동에 대한 탐구와는 별도로 이루어질 수 있다고 보았다.7 그러나 이러한 방법이, 사회적 삶과 역사의 모든 비밀이 숨어 있는 곳으로, 노동의 창조행위와 그에 대한 착취가 이루어지는 물리적일 뿐만 아니라 동시에 영혼적인 저 갈등의 연옥으로 들어가기를 회피하는 것이고, 그래서 우리의 주의를 역사의 장기에 걸친 표면적인 세부들에 고정시킴으로써 실재적이고 심층적인 차원에서 폭발해 나올 수 있는 감성적이고 실천적인 해결, 요컨대 주체적인 해결을 지연시키는 결과를 가져오는 회피의 방법으로 귀착될 수 있다는 점이 고려되어야 할 것이다. 다시 한 번 강조하거니와 숭고화, 유연화, 금융화와 같은 축적수단 및 축적형식의 변화들은 노동형태의 변화와의 긴밀한 관계 속에서 다루어져야 한다. 이를 위해 이 책은, 세계체제나 상품 혹은 시장경제 등에서 시작하지 않고 노동과 그것의 인지적 재구성에서 **출발**하여, 그것을 기초로 자본의 금융적 재구성, 시공간의 재구성, 계급과 정치의 재구성 등으로 나아가는 방법으로 서술된다.

지브롤터 해전(the Battle of Gibraltar)

지브롤터 해전은 1607년 4월 25일 80년 전쟁(Eighty Years' War)의 일환으로 벌어진 전투로 네덜란드 함대가 지브롤터 만에 정박하고 있던 스페인 함대를 기습함으로써 발발하였다. 4시간에 걸친 교전 끝에 스페인 함대는 격멸 당했다. 상업자본주의 시기의 대표적인 전쟁이다.

암스테르담의 네덜란드 동인도 회사(East India Company, 東印度會社)의 조선소 (1750)

동인도 회사는 상업자본주의 시대에 유럽 국가들이 아시아와의 무역을 독점하기 위해서 설립한 것이다. 영국은 1600년, 네덜란드는 1602년, 덴마크는 1616년, 프랑스는 1664년, 스웨덴은 1731년에 각각 동인도 회사를 설립하였다.

하그리브스, 딸 제니의 실수를 보고 방적기를 개발하다

18세기 영국 발명가 제임스 하그리브스(James Hargreaves, 1720(?)~1778)는 자신의 딸 제니의 실수로 떨어진 방차(紡車)의 움직임을 보고 최초의 실용적 방적기를 발명했고, 그것을 제니 방적기라 불렀다. 1770년 하그리브스는 제니방적기의 특허권을 획득했고 영국전역에 2만 대 이상이 보급돼 산업 혁명의 바탕이 되었다. 비슷한 시기에 아크라이트는 수력을 이용한 자동 방적기를 발명해 워터 프레임이라 이름 붙였고, 1779년에는 크롬프턴이 제니 방적기와 워터 프레임을 결합한 뮬 방적기를 고안했다. 뮬(mule)은 수나귀와 암말의 잡종 곧 노새를 뜻한다. 이 방적기가 제니 방적기와 워터 프레임의 잡종이라는 뜻으로 붙여진 이름이다. 이런 방적 기계의 발명은 노동자들에게 실직의 위험을 느끼게 했고, 이 사회적 불안은 러다이트 운동으로 발전하였다.

1820년 영국 맨체스터

산업자본주의는 19세기의 영국과 독일 그리고 20세기의 미국에 의해 표상된다. 영국의 맨체스터(Manchester)는 리버풀 동북쪽 약 50km, 머지 강의 지류인 어웰 강과 아크 강의 합류점에 있다. 1830년의 철도 개통과 1893년의 운하 개통은 맨체스터와 리버풀을 직결시켜 상공업의 발달을 더욱 촉진했으며, 맨체스터는 세계 면공업의 중심지가 되었다. 면공업 외에도 식품·기계·화학·전자 등 각종 산업이 발달하였다.

제프 사피(Jef Safi)의 〈기억을 먹어치우는 약탈자〉(Mnεmophagiac Prεydatory) 중 일부

이 작품의 제목은 〈Mnεmophagiac Prεydatory〉(기억을 먹어치우는 약탈자)로 작가 제프 사피(Jef Safi)의 작품이다. 제목
의 첫 단어 mnεmophagiac은 '기억'을 뜻하는 mnεmo-와 '게걸스럽게 먹다, 상식(常食)하'를 뜻하는 phagy의 합성어다. 이
작품은 스페인어와 영어로 발행되는 『그럼에도 불구하고』(Y Sin Embargo)라는 제목의 대항문화 계간지 23호(2010년 봄)
에 게재되었다. 이 그림과, 함께 실린 들뢰즈 『의미의 논리』와 스피노자의 『윤리학』으로부터의 인용문들은 잡지의 홈페이지
http://ysinembargo.com에서 볼 수 있다. 작가의 홈페이지(http://jef.dezafit.pagesperso-orange.fr/index.htm)에는 이
그림이 다음과 같이 소개되어 있다.

"[이 그림은 이 책(『인지자본주의』)의 앞표지와 함께 한 쌍을 이루고 있다.] 이 그림들은 남의 것을 가로채거나 게걸스럽게
먹어치우는 모나드의 끈질긴 의지를 그린다. 이 그림들은 들뢰즈의 『의미의 논리』의 발췌문, 그리고 바뤼흐 스피노자의
『윤리학』에 나오는 정동들에 관한 명제들 6~9로부터 자극을 받아 그린 것이다."

cognitive capitalism

인지자본주의

2장
몸과 마음

'인지' 란 무엇인가?
인지는 체화되고 집단화된다

2장

몸과 마음

'인지'란 무엇인가?

인지cognition는 대상에 대한 지식을 의미하는 인식knowledge으로 환원될 수 없다. 인식은 인지 활동의 중요한 일부이지만 그 전체일 수 없기 때문이다. 나는 이 책에서 인지를, 지각하고 느끼고 이해하고 판단하고 의지하는 등의 활동에 포함되는 정신적 과정을 총칭하는 용어로서, 감각, 지각, 추리, 정서, 지식, 기억, 결정, 소통 등의 개체적 및 간개체적 수준의 정신작용 모두를 포괄하는 의미로 사용할 것이다.

이렇게 이해할 때, 인지는 "지知, 정情, 의意의 대부분을 포함하는 심적 활동"[1]을 지칭하게 되는데 여기에는 능동적 활동뿐만 아니라 수동적 활동까지 포함될 수 있다. 추론, 분석 등의 지적 활동은 능동적이지만 감각, 지각 등은 수동적이며 기쁨의 감정들은 능동적이지만 슬픔의 감정들은 수동적이기 때문이다.[2] 이러한 넓이를 갖는 인지를 깊이의 차원에서 살펴보면, 표면에서 의식되는 것뿐만 아니라 표면에서 의식되지 않는 전前의식적인 것(의식되기 이전의 의식적인 것), 하下의식적인 것(의식적인 것의 누적의 산물로서 의식되지 않고도 의식적인 것으로 기능하는 것), 무無의식적인 것(의식되었으나 억압된 의식적인 것) 등을 포함할 수 있다.[3]

이럴 때 인지는 인간에게만 국한된 현상이 아니게 된다. 감각하고 지각하며 감정하고 의지하는 존재로서의 비인간 동물에게 인지능력이 있다는 것은 지금까지의 추론상으로 자명해진다. 우리는 인지를 하의식적인 것까지 포괄하는 용어로 사용하기 때문에 지식의 물질화로서의 기계는 이 정의 내에서 그 자체로 인지적인 것으로 이해된다. 그러므로 인지는 생명체만의 속성이 아니라 비생명체도 가질 수 있는 속성이다. 요컨대 물질적이거나 비물질적인 기계들은 인지기계들로 파악될 수 있다.

그렇다면 인지는 비물질적인 것만을 지칭하는 것이 아니라 물질적인 것도 지칭하는 것인가? 영혼이나 정신만이 아니라 육신이나 신체도 포괄하는 것인가? 만약 인지 개념을 물질적인 것에까지 확장한다면 인지 개념은 무의미해져 버릴 것이다. 인지는 정신적인 것, 영혼적인 것, 비물질적인 것에 국한된다. 문제는 그 과정이 대개 물질적인 것과 섞여 있거나 혹은 그것에 의존하거나 혹은 물질적인 것을 수반한다는 점이다. 예컨대 인지적인 것은 뇌를 포함하는 신경생리 활동과 분리하기 어렵다.

그렇지만 인지적인 것이 뇌 활동의 산물로 환원될 수 있는 것은 아니다. 뇌를 갖지 않은 존재들도 인지적 활동을 하기 때문이다. 미생물이나 기계의 경우가 그러하다. 그렇기 때문에 나는 이 책에서 인지적인 것과 비인지적인 것, 비물질적인 것과 물질적인 것이 그 분리 속에서 상호의존하는 공통평면을 **존재**라고 명명하고 인지적인 것과 비인지적인 것, 비물질적인 것과 물질적인 것을 그 존재의 두 속성이자 역량으로 간주할 것이다. 물질적인 것과 정신적인 것이, 많은 사람들이 생각하듯 서로 인과관계를 갖고 있는 것은 아니다. 물질적인 것이 정신적인 것에서 기인하지도 않고 정신적인 것이 물질적인 것에서 기인하지도 않는다. 물질적 작용과 정신적 작용은 전혀 다른 작용이다. 그것들은 존재의 무수한 속성들 중에서 인간이 지각할 수 있는 두 가지 속성이다. 이 속성들의 양태는 유한하다. 그래서 그것은, 존재 자체의 무한양태와는 실재적으로 구분된다. 나는 물질적 속성과 정신적 속성, 연장 속성과 사유 속성이 모두, 동일한 존재가 펼쳐진 것들이라는 의미에서는 **동일한** 것이지만, 양자간에는 어떠한 유비관계도 없고 둘 중 어느 것의 **본질적** 우월성도 허락되지 않는다는 의미에서는 **평행** 관계가 있다고 이해한다.[4]

인지는 체화되고 집단화된다

인지적인 것과 비인지적인 것은 이렇게 평행한 관계에 있지만 서로 동일한 것이기 때문에 스피노자는 "관념의 질서 및 결합은 사물의 질서 및 결합과 동일하"[5]며 "인간 정신을 구성하는 관념의 대상 안에서 일어나는 모든 것은 인간 정신에 의하여 지각되지 않으면 안 된다. 또는 정신 안에는 이 사물의 관념이 필연적으로 존재한다. 즉 만일 인간 정신을 구성하는 관념의 대상이 신체라면 신체 안에는 정신에 의하여 지각되지 않는 어떤 일도 일어날 수 없다"[6]고 말한다. 이렇게 인간의 정신은 매우 많은 것을 지각하는 데 적합하며 인간의 신체가 한층 더 많은 방식으로 영향 받으면 받을수록 그러한 적합성은 더욱 커진다.[7] 그것은, "만일 인간의 신체가 두 개 또는 그보다 많은 물체에서 동시에 자극받았다면 정신은 후에 그 중의 어떤 것을 표상할 때 곧장 다른 것까지도 상기"[8]하게 된다는 방식으로 이루어진다. 이상을 통해 우리는 신체적인 것이 인지적인 것의 원인은 아니지만 그것이 신체적인 것에 의해 자극받으며 신체적인 것의 풍부화와 완전화의 정도만큼 풍부해지고 완전해지며 그 역도 마찬가지라는 생각을 끌어낼 수 있다.

이것은 인지가 **체화된다**embodied는 인지과학적 생각과 상통한다. 바렐라와 마뚜라나에 의해 정교화된 **체화된 인지**라는 개념은 두 가지 사실을 강조한다. 하나는, 우리의 인지가, 여러 가지 감각운동 능력을 지닌 신체의 경험에 의존한다는 것이다. 또 하나는, 이 개별적 감각 운동능력들 그 자체가 보다 포괄적인 생물학적, 심리학적, 문화적 맥락에 속한다는 것이다. 이 관점에 따르면 인지와 활동은 근본적으로 분리 불가능한 것이다. 인지체계에서 지각과 활동은 우연히 연결되어 있는 것들이 아니라

함께 진화하는 것들로 이해되어야 한다.[9]

이것은 인지를 다름 아니라 구성enaction [10]으로 이해하는 것이다. 바렐라는 인지를 구성으로 이해할 때 상호연관된 다음 두 가지 사항을 강조하는 것이 중요하다고 말한다. 그 첫째 것은, 지각이, 지각에 의해서 인도되는 행동으로 구성된다는 것이다. 지각을, 지각에 의하여 인도되는 행동이라고 이해하는 것은, 지각을 이 세계에 이미 존재하는 속성들의 재현으로 이해한 재현론을 거부하는 것을 의미한다. 구성으로서의 인지이론은, 지각자가 국지적 상황들 속에서 어떻게 자신의 행위들을 이끌어 가는가 하는 점을 연구하는 데서 출발한다. 그 국지적 상황들은 결코 가만히 머물러 있는 것이 아니라 지각자의 행동의 결과에 따라 부단히 변화한다. 그러므로 지각의 준거점은 더 이상 지각자로부터 독립해서 존재하는 세계일 수 없다. 오히려 준거점은, 인지적 행동주체의 감각운동 구조, 다시 말해 감각경계와 운동경계가 신경계를 통해 연결되는 방식이며, 이 감각운동 구조에 따라 지각자가 체화되는 방식이다. 그러므로 지각에 대한 구성적 접근방식의 첫째 관심은 지각자로부터 독립해서 존재하는 세계를 어떻게 재현할 것인가에 있지 않고 **지각자에 따라 달라지는** 세계 안에서 **지각적으로 인도된** 행위가 어떻게 가능한지를 설명해 내는 것에 있게 된다.[11]

구성으로서의 인지이론이 강조하고자 하는 둘째 사항은, 인지구조가 (지각에 의하여 행동이 인도될 수 있도록 하는) 반복적인 감각운동의 일정한 형태들로부터 창발한다emerge는 것이다. 즉 지각과 행동은 자기조직화하는self-organizing 감각운동 과정에서 체화되며 인지구조들은 순환적인 감각운동의 형태들로부터 창발한다.[12] 이에 따르면, 다양한 인지적 영역들에 걸쳐 개념적 이해를 가능하게 하고 또한 그렇게 하도록 강제하는 것은 경험이다. 예컨대 키보드와 모니터, 본체, 그리고 인간 몸의 유기적 연결이 사유의 구체적 전개를 위한 조건이 되듯이 사람들 사이의 잘 조직된 관계는 사랑과 연대의 관념을 위한 조건이 된다. 이것은, 물질적 측면에서 경쟁적으로 조직된 사회에서는 시기猜忌가, 적대적으로 조직된 사회에서는 미움이 발생하게 되는 것과 같다. 그러므로 인지는 개체적 뇌만이 아니라 신경계 전체, 환경, 개물들 사이의 관계 등을 조건으로 작용하고 있고 이런 의미에서 **개체적 및 집단적으로** 체화되어 있다고 말할 수 있을 것이다. 나는 이 책의 13장 마지막 절에서 이 문제로 다시 돌아올 것이다.

구스타프 클림트(Gustav Klimt, 1862~1918)의 〈팔라스 아테나〉(Pallas Athena, 1898)

아테나는 처녀, 지혜, 전쟁의 여신으로 이 속성들 중 어떤 것을 상징하는가에 따라 다양하게 불린다. '팔라스 아테나'는 지혜를 상징할 때 불리는 이름이다. 지(知)와 정(情)이 통합된, 지혜를 의미하는 '인지'는 여신 아테나와 긴밀한 관련이 있다.

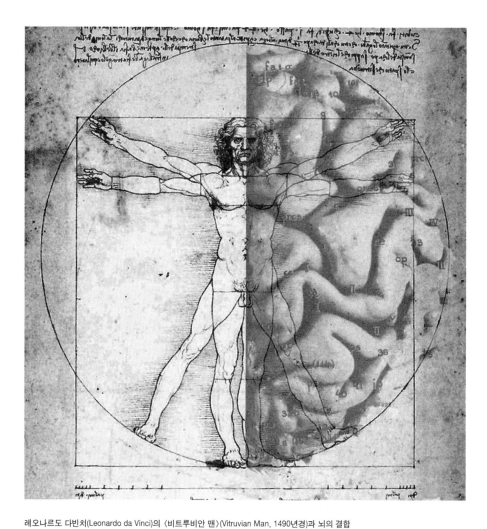

레오나르도 다빈치(Leonardo da Vinci)의 〈비트루비안 맨〉(Vitruvian Man, 1490년경)과 뇌의 결합

다빈치가 로마의 건축가 비트루비우스(Vitruvius)가 쓴 『건축 10서』(*De architectura*) 3장 신전 건축 편에서 "인체의 건축에 적용되는 비례의 규칙을 신전 건축에 사용해야 한다"고 쓴 대목을 읽고 그렸다고 전해지는 그림이다. 실제 사람을 데려다 눈금자로 측정하며 그린 매우 정교한 작품이다. 이러한, 몸과 뇌, 그리고 정동(affect)의 정교한 총합이 인지이다.

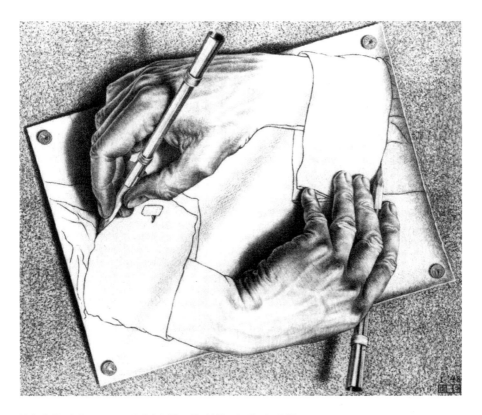

M. C. 에셔(M. C. Escher, 1898~1972)의 〈그림 그리는 손〉(Drawing Hands, 1948)

움베르또 마뚜라나와 프란시스코 J. 바렐라는 『앎의 나무』(갈무리, 2007)에서 "성찰보다 행위를 지향하는 서양문화에서는 우리가 어떻게 인식하는지를 인식한다고 하는 특별한 상황을 마주하기를 전통적으로 꺼려왔다."(31쪽)고 하면서 그것은 매우 부끄러운 일이라고 말한다. 그는 이 책에서 에셔의 사진을 예로 들며, 우리가 '앎을 알려고' 하는 것이 매우 중요하다고 강조한다.

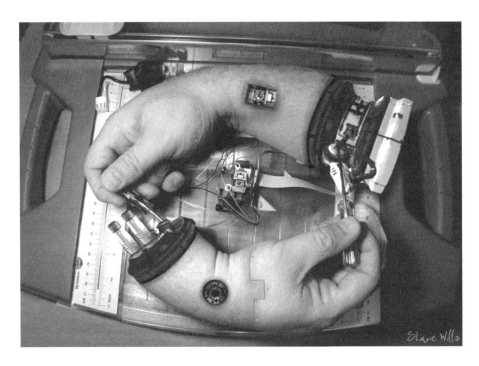

샤인 윌리스(Shane Willis)의 〈손을 수리하는 손〉(Hand fixing Hand)

사진작가 윌리스가 찍은 이 기계는 M. C. 에셔의 〈그림을 그리는 손〉을 연상시킨다. 우리는 사진에서 인지가 인간의 몸('그리는 손')뿐만 아니라 기계('수리하는 손')와 관련되어 있다는 것을 상상할 수 있다. (작가의 웹사이트 www.radactphoto.com)

cognitive capitalism

인지자본주의

3장

인지자본주의로의 이행

'노동하는 신체'에서 '노동하는 영혼'으로

자본의 인지적 재구성

노동의 인지적 재구성

3장

인지자본주의로의 이행

'노동하는 신체'에서 '노동하는 영혼'으로

위기는 많은 경우에 자본순환의 일부이며 그 계기이다. 하지만 오늘날 우리가 경험하고 있는 위기, 특히 2008년 금융위기 이후 자본주의가 직면한 위기도 단순한 순환적 위기로 이해할 수 있을까? 그것은 일정한 시간이 지난 뒤에 다시 호황으로 돌아설 정상적 축적순환의 한 국면에 불과할까? 우리 시대에 드러나고 있는 수많은 경제적 현상들과 사회정치적 현상들은 그렇지 않다고 말한다. 물가 상승, 실업률 증가, 식량부족 등 위기의 경제적 표현들이 점점 깊이를 더해 가면서 지구 전역을 순환하고 있을 뿐만 아니라 이미 10여 년 전부터 새로운 질서를 모색하고 있는 라틴아메리카에 이어 미국, 유럽, 아프리카, 중동 등지에서 투쟁과 혁명이 연쇄적으로 폭발하고 있고 중국을 비롯한 동아시아에서까지 지금까지의 지배질서와 착취질서를 유지할 수 없게 만드는 움직임들이 일어나고 있기 때문이다.

이러한 상황은 어디에서 발생하고 있는 것일까? 이 질문에 답하는 것은 새로운 세계의 가능조건을 탐구하는 일에서 결정적인 문제가 아닐 수 없다. 지난 삼십 년 동안 자본주의는 그 전과는 매우 다른 모습들을 보여주었다. 정보화는 그 모습들 중의 하나이면서 우리 시대를 결정적으로 특징짓는 요소이기도 하다. 우리는 흔히 이것을 단순히 산업 혁명의 **연속**된 국면의 하나로, 즉 제3차 산업 혁명으로 인식했다. 하지만 현재의 시점에서 다시 생각해 보면 정보화는 **산업 혁명의 연속**이면서 동시에 자본의 **탈산업적 재구성**을 가져오는 것이었다. 요컨대 그것은 자본의 인지적 재구성을 개시하는 것이었다. 그리고 자본의 인지화는 다시, 산업 혁명이라 부르기보다 오히려 **생태 혁명**이라 부르는 것이 적절할 변화의 새로운 국면을 개시한다. 역사를 거시적 시각에서 재조명해 보면, 사람들이 탈산업사회, 포스트포드주의, 신자유주의 등으로 불러온 지난 30여 년의 시간이, 도구의 도움으로 생태체계를 국지적 수준에서 보유–보존할 수 있게 했던 신석기 혁명의 마지막 단계(농경 혁명 – 상업 혁명 – 산업 혁명), 마지막 국면(1차 산업 혁명 – 2차 산업 혁명 – 3차 산업 혁명)일 뿐만 아니라 이와 동시에, 과학기술의 도움으로 생물권과 생태체계를 전 지구적이고 보편적인 차원에서 보유–보존할 수 있게 하는 생태 혁명을 준비하는 첫 시대(신석기 혁명 – 생태 혁명), 첫 국면(3차 산업 혁명 = 1

차 생태 혁명)임이 확인된다.[1]

산업 혁명 이전에 그 전제들이 이미 형성되었지만 산업 혁명을 통해서만 자신의 발로 설 수 있게 된 자본주의가, 오늘날 생태 혁명의 전제인 과학과 기술 발전의 텃밭이 되었음은 분명하다. 그런데 오늘날 자본 자신의 이해관계에 따라 주도되어온 생태 혁명, 생물 혁명은 역설적이게도, 그간 착취와 수탈을 생리이자 논리로 삼아온 자본관계 그 자체와 화해할 수 없는 주체들과 관계들을 거대하게 생산해 왔다. 오늘날의 위기의 바탕에 놓인 것은 생태 혁명과 자본주의 사이의 이 화해불가능성이며, 그리고 이 과정이 낳은 새로운 주체들 및 관계들과 낡은 자본관계 사이의 화해불가능성이다.

자본주의 다이어그램의 고유성

신석기 혁명은, 인간이 풍부한 자연자원을 단순히 채취하여 생활했던 시대, 그런 만큼 자연종속적이었던 시대로부터 벗어나 적극적으로 자연을 가공하지 않으면 안 되는 시대로 이행하는 것을 표현한다. 이 이행은 인간을 점점 자연지배적인 생명체로 변신하게 했다. 농경과 더불어 나타나는 돌 도구와 토기의 발전은 산업 혁명에서 방적기의 발명, 증기력의 사용, 그리고 제철업의 발전으로 이어졌다. 이 과정들의 모든 국면들은, 기계에서 그 성숙기에 이르는 도구를 매개로 인간의 노동력이 자연을 가공한다는 공통점을 갖는다. 천연의 대지를 광합성-토지기계로 전환시키고 그로부터 작물을 거두는 노동인 농경노동이든, 자연에서 채

취한 원료를 생산물로 가공하는 산업노동이든 이 점에서는 다를 바가 없다. 하지만 농경과 산업 사이에는 분명한 차이가 있다. 산업은 도구의 기계로의 고도화, 노동력의 집중과 사회화, 그로 인한 도시의 광대한 발전을 전제로 한다. 자본주의가 발생하여 자립하는 터전은, 무엇보다도, 기계체제의 구축과 공간의 도시적 재조직화에 기초해서 집중된 사회적 노동력이다. 집중되고 사회화된 노동력과 발전된 생산수단의 결합[2]만이 노동력의 단순한 재생산을 넘어 축적 가능한 잉여가치를 창출할 수 있고, 또 이 잉여가치의 집적과 집중에 기초해서만 자본주의 체제의 자립적 성장과 확대가 가능했기 때문이다. 요컨대 자본주의는, 사회화된 노동력을 노동수단과 강제적으로 분리시킨 후에 다시 재결합시킬 때 나타나는 특수한 효과인, 잉여가치를 착취하도록 구축된 사회적 다이어그램이다. 맑스는 이 다이어그램을 $M\text{-}C\text{-}\langle {}^{MP}_{LP} \cdots P \cdots C'\text{-}M'$ 흐름과 그것의 변이들 ($M\text{-}C\text{-}M'$, $M\text{-}M'$ 등)로 표현했다.[3]

산업자본주의의 특성과 자본구성

자본주의가 사회화된 노동력을 착취하는 다이어그램인 한에서 자본의 구성은 노동집약적이었다.[4] 산업자본주의에서 노동력 사회화의 초점은 양의 문제에 놓여 있었고 노동력의 양적 분배(필요노동과 잉여노동의 시간적 분절방식)가 주요한 문제였다. 노동의 강도 문제조차도 필요노동시간과 잉여노동시간의 양적 분배에 영향을 미치는 방법으로 축적과정에 작용했다. 예컨대 노동강도의 강화를 통한 축적양식인 상대적 잉여가치 축적도 생산성 향상을 통해 노동력의 재생산에 충당되는 필요노동시간을 축소하고 이를 통해 잉여노동시간을 양적으로 늘리는 방식으로 이루어진다. 이렇게 노동시간의 양적 분절을 통해 생산된 잉여가치는 교환을 통해 시장 속에서 실현될 수 있을 때에만 자본주의를 확대된 순환 속으로 가져갈 수 있었다. 시장과 그 규모(규모의 경제)가 자본주의 진화의 필수적 요인이 되었던 것은 이 때문이다.

부르주아 국가가 법 앞에서 모든 개인들의 평등을 규정하곤 했지만 그것은 평등한 교환의 공간인 시장의 표면 이미지를 법률적으로 의태한 것이었을 뿐이다. 오히려 시장에 (따라서 법에도) 본질적인 것은 소유의 격차에 따른 불평등이었다. 그 결과 노동력은 과거의 가축을 대신하는 에너지 상품으로 취급되었다. 노동자는, 생산과정에서는 생산수단의 하나로서, 바로 그들 자신에 의해 생산된 기계류들과 경쟁했으며, 시장에서는 소비품으로서, 그들 자신에 의해 생산된 생산물들과 경쟁하게 되었다. 공장의 생산과정에서 노동자는 생산수단 소유자인 자본가의 감독과 감시 하에 착취당했고, 시민사회에서는, 자본의 재생산이 효율적으로 이루어지도록 감시하고 조직하는, 국가에 의해 수탈되고 억압당했다. 요컨대 노동력이 사회의 최하위에 놓이는 위계제는 산업자본주의가 조직되는 기본원리였다. 노동에 의해 생산된 가치는 그것을 생산한 노동자로부터 분리되어 사적으로 소유되었고, 이 때문에 자본과 노동 사이의 적대는 생산과정을 넘어 분배와 소비과정 전체를 횡단했다.

산업자본주의의 이 노동집약적이고 양적인 착취방식은, 근대 이전에는 종교나 철학에 의해 권력에 종속되어 있었던 노동자들의 영혼soul을 착취과정의 **주변**에 배치하는 것이었다. 그래서 노동자들의 영혼은 상대적으로 자유로웠다. 이 자유로움은 자본의 착취와 억압에 대항하는 저항을 조직해 내는 동력이 된다. 자본주의 발전의 초기에 이 저항에 대한 자본의 대응방식은 수도원적인 것이었다. 자본은, 이데올로기의 생산을 통해 영혼을 통제의 대상으로 삼았고, 영혼의 장소인 신체는, 고통스런 훈육을 부과하거나, 감금하여 격리시킴으로써 다스렸다. 그럼에도 불구하고 노동자들의 투쟁은 점점 더 큰 규모로 반복되었고 1871년과 1917년에는 권력을 장악하기도 했다. 이에 대한 공포 때문에 자본은, 노동자의 영혼을 착취 체제의 주변에 놓아두었던 태도를 바꿔, 영혼 그 자체를 직접적인 착취의 대상으로 삼는 방법을 채택하게 된다. 기계화는 그것의 일차적 수단이다. 기계는 조직된 지성이며 물화된 영혼이다. 노동자의 영혼을 기계와 기계적 과정 속으로 이전시킴으로써 노동자의 내밀한 능력들(솜씨, 경험, 우애, 협동, 성찰, 상상 등)이 자본의 것으로 전유된다.

노동의 저항을 무찌르기 위한 이 기계화 드라이브가 자본의 기술집약적 발전을 자극한다. 자본의 기술집약적 재구조화는 직접적 생산과정에서 육체노동을 추방함으로써 노동의 저항을 무력화하는 반면 자본에게는 노동에 대한 커다란 권력을 주는 것이었다. 그렇지만 이 과정을 통해, 노동자의 영혼의 잠재력은 사회적 삶의 물질적 과정 속에 현실화된다. 그것은, 노동자가, 한편에서는 신체로 직접 노동하는 물적 생산과정의 담당자가 아니라 기계를 만들어 내는 연구자나 생산자의 역할을 하도록 촉구되는 과정이었고 다른 한편에서는 기계를 돌보거나 감독하는 관리자의 역할을 맡도록 강제되는 과정이었다. 신체가 아니라 영혼이 직접적으로 노동하게 되는 시대는 이렇게 적대적 투쟁의 과정 속에서 열리게 된다.[5] 그리고 노동자는 이를 통해 인지적 행위자로 된다.[6]

자본의 인지적 재구성

오늘날의 세계에서 강력히 추진되고 있는 자본주의의 이 전환을 표현함에 있어서, '정보경제'나 '디지털경제'라는 용어는 현대 사회에 대한 객관주의적 묘사를 담고 있으며 '정보 혁명'이나 '디지털 혁명' 혹은 '전자 혁명'이라는 용어는 기술 혁명론의 현대적 대입으로서 오늘날도 여전한 자본의 진보적 역할을 재확인시키는 역할을 한다. 우리는 이 용어 목록 속에 근대적인 모든 것의 해체를 함축하기도 하는, 그리하여 주체성의 해체까지 함축하는 '탈근대 사회'라는 용어를 추가할 수 있을 것이다. 용어와 개념을 둘러싼 투쟁은 아직 끝나지 않았다. 왜냐하면 현실에서 자본 주도의 이러한 질서재편이 다중의 삶에 심대한 영향을 미치면서 이에 대한 이의제기가 끊이지 않기 때문이다. 바로 이러한 상황은 우리에게 오늘날의 이 지구적 변화를 관통하는 정보화의 경향을 어떻게 이해할 것이며 이에 대해 어떤 태도를 취할 것인가라는 문제를 제기하고 있다.

기계체계와 계급투쟁

기술 발전과 산업의 역사 사이에는 긴밀한 연관이 있다. 거칠게 표현하면, 제1차 산업 혁명을 규정한 기계화는 증기 기술의 생산에의 응용이며 제2차 산업 혁명을 규정한 공장자동화는 전기기술의 생산에의 응용이고 제3차 산업 혁명을 규정하는 정보화는 전자기술의 생산에의 응용이라고 할 수 있다. 전자기술의 발전과 그것의 생산에의 도입은 생산을 인간노동력의 도구적 연장이나 기계적 재현의 차원에서 벗어나게 한다. 자동기계 단계에서 이미 생산과정의 지적 요소들이 육체노동으로부터 분리되어 노동에 대한 자본의 지배력으로 전화되어 왔지만7 전자 혁명과 정보화는 이 분리를 완성시킬 뿐만 아니라 생산과정에서 육체노동의 필요성을 제거한다. 정보화에 기반을 두고 자동화된 거대한 기계체계는 인간의 육체노동의 개입 없이 소프트웨어에 축장된 명령체계를 통해 가동될 수 있기 때문이다. 그리고 이 명령체계는 단지 협의의 공장만을 대상으로 하는 것이 아니라 사회라는 공장을, 나아가 인류사회 전체를 대상으로 하는 것으로 나아간다. 이로써 노동계급은 낡은 기계체계에서 해방되지만 새로운 기계체제, 즉 정보적 명령체계에 종속된다.

프랑크푸르트 학파의 비판이론은 현대 사회의 이러한 변모에 대한 비관주의적 비판을 우리에게 제공했다. 마르쿠제는, "선진 산업사회에는 (증대하는 오토메이션automation 부문을 포함하여) 생산과 분배의 기술적 기구가 그 사회적·정치적 영향으로부터 분리될 수 있는 단순한 도구의 총량으로 기능하는 것이 아니고, 오히려 그 기구의 생산물과 그 기구를 조작하고 확장하는 활동을 아프리오리ª priori하게 결정하는 하나의 체제로서 기능한다"[8]고 진단하면서, "이렇게 되면 지배는 ― 허울뿐인 풍요와 자유 속에서 ― 개인적 생활과 공적 생활의 모든 영역으로 확산되고 진지한 반대를 모조리 통합하고 모든 선택 가능성을 흡수한다"[9]는 우울한 결론을 도출한다. 그러나 1964년에 제기된 그의 이 비관주의적 해석은 불과 4년 후인 1968년에 혁명의 물결이 미국을 포함하여 유럽 대륙 전체를 휩쓸게 되면서 현실에 의해 반박된다. '진지한 반대를 통합하는' 현대 사회의 능력이 무한하기는커녕 분명한 한계를 갖고 있음이 드러난 것이다. 이 드러난 사실은 현대 사회의 변화 가능성에 대한 새로운 해석을 요구하게 된다.

이 요구에 비춰볼 때 마르쿠제보다 100여 년 앞서 기계 문제를 분석했던 맑스의 관점이 마르쿠제의 해석에 대한 하나의 대안을 제시하는 것으로 보이는 것은 아이러니하다. 마르쿠제가 기술적 합리성의 전일적 지배력에 시선을 뺏겼다면 맑스는 기술 발전과 그 결과에 내재하는 모순과 갈등을 분석하는 데 관심을 모았다.

맑스의 분석은 기계의 **목적**이 무엇인가를 살피는 것에서 출발한다. 그에 따르면, 자본주의적으로 사용되는 기계의 발명은 결코 누구의 수고를 덜어 주기 위한 것이 아니다. 자본주의적으로 사용되는 기계는, "노동 생산력을 발전시키는 다른 모든 수단과 마찬가지로 상품의 값을 싸게 하고, 노동일 중 노동자가 자기 자신을 위하여 필요로 하는 부분을 단축하며, 노동일 중 자본가에게 공짜로 제공하는 다른 부분을 연장하기 위한 것"10이다. 다시 말해 더 많은 잉여가치의 생산이 기계의 목적인 것이다.

수수께끼는 여기에 있다. 주지하다시피 가치, 그리고 잉여가치의 원천은 인간의 노동시간이다. 그런데 왜 자본은 더 많은 잉여가치의 생산을 위해 생산과정에 참여하는 노동의 양을 늘리지 않고 노동을 절약하는 기계를 도입하는 것일까? 그것은 잉여가치를 잃는 결과를 가져오지 않을까? 이 물음에 대해 주어질 수 있는 가장 손쉬운 대답은, 노동의 절약을 통해 단위 생산물의 생산비용을 낮추고 이것을 사회적 평균가격에 따라 판매함으로써 얻는 특별잉여가치의 수취가 기계발명의 추동력이라고 말하는 것이다. 그러나 새로운 기계체계의 도입은 커다란 비용을 요구함에 반해 그것의 효과는 신속히 사라진다. 다른 경쟁 업체들에서 동종의 혹은 더 나은 기계를 도입하게 되면 특별잉여가치는 곧 사라져 버리기 때문이다. 그러므로 특별잉여가치에 대한 욕망이 주어진 물음에 대한 만족할만한 대답은 아니다. 문제는 여전히 남아 있다.

맑스는 다른 각도에서 해답을 찾는다. 자본이 기계를 도입할 때 고려하는 주요 변수는, 기계의 가치와 예상되는 특별잉여가치의 차이에 있다기보다 오히려 '기계의 가치와 기계가 대신하는 노동력의 가치 사이의 차이'11에 있다는 것이 그것이다. 이것은, 노동력 가치가 상승하면 기계발명과 기계개량 및 기계도입에의 동기가 상승한다는 것을 의미한다. 노동력을 재생산하는 데 필요한 가치로서의 노동력 가치는 원리적으로, 육체적으로 필수불가결한 생활수단의 가치 이하로 내려갈 수 없고 또 더 적게 일하면서 사회적 부의 더 큰 몫을 쟁취하려는 노동계급의 투쟁에 의해서 상향 압박을 받는다. 자본가는, 이 압박에 직면하여, 노동력을 기계로 대체하려는 시도를 하게 되고, 노동자를 기계와 경쟁시킴으로써, 노동력 가치를 하향시키려는 시도를 하게 된다. 이것이 상대적 잉여가치 전략이다. 이렇게 기계체계의 도입에 의한 상대적 잉여가치 전략으로의 전환은 노동계급의 투쟁에 의해 촉발된다.

> 점차 증대하는 노동계급의 반항이 의회로 하여금 노동시간을 강제적으로 단축하도록 하고, 우선 진정한 공장에 대하여 표준노동일을 명령하지 않을 수 없게 하자마자, 즉 노동일의 연장에 의한 잉여가치 생산의 증가가 전혀 불가능하게 된 바로 그 순간부터, 자본은 기계체계의 발전을 한층 더 촉진시킴으로써 전력을 다하여 상대적 잉여가치를 생산하는 데 몰두하였다.[12]

노동자 투쟁에 대한 자본의 대응 전략으로서의 기계체계의 도입은 두 가지 측면을 갖는다. 하나는, 그것이 노동자들의 요구의 흡수라는 점이다. 기계는 노동의 절약, 즉 더 적은 노동시간으로 같거나 더 큰 가치를 생산하는 기술이다. 이 점에서 기계체계는 노동계급의 노동시간 단축 요구를 실현한다. 그렇지만 그것은 노동계급에게 더 많은 사회적 부를 가져다주거나 노동계급의 삶시간을 확대하는 결과를 가져오지는 않는다. 노동시간 단축이라는 노동계급의 요구는 **부정적** 방식으로 혹은 **역**逆

의 방향으로 실현된다. 이런 의미에서 기계체계의 도입은 수동 혁명이자 동시에 반혁명이라는 성격을 갖는다. 맑스가 『자본론』 제15장 제3절 이하에서 서술하는 '기계제 생산이 노동자들에게 미치는 영향'에 대한 분석은, 기계가 자본의 독재에 대항하는 노동계급의 반항을 타파하는 무기임을 입증함으로써, 기술발전이 인류의 불행을 종식시킬 수 있으리라는 오늘날의 낙관주의적 기술 혁명론에 대한 비판을 제공한다.

노동과정을 단순화하는 기계는, 여성노동과 아동노동을 착취의 대상으로 끌어들여 노동자들 사이의 경쟁을 높임으로써, 그리고 노동력 가치를 구성하는 (주로 생필품들인) 상품 가격을 하락시킴으로써 노동자들의 노동력 가치를 현저히 저하시킬 뿐만 아니라 전체 노동의 강도를 높인다. 더 나아가 노동 절약의 수단으로 도입된 기계가 다음과 같은 조건들로 인해 오히려 노동일 연장의 무기로 전화되기도 한다. 우선 기계체제에서는 노동수단의 운동이 노동자에 대하여 자립적인 성격을 띠게 된다. 기계체제는 물리적 마멸을 비롯한 특정한 자연적 제한이 발생하지 않는 한, 그 자체로 끊임없이 생산을 계속할 수 있고 이런 한에서 노동자는 기계의 조수와 심부름꾼의 역할을 다해야 한다. 게다가 자본의 인격적 형태인 자본가는, 기계의 자연적 마멸을 막고 도덕적 가치감소의 위험을 덜기 위해, 기계를 잠시라도 놀리려 하지 않는다. 이리하여 기계체계는 자본의 노동일 연장의 욕구와 긴밀하게 결합되며, 노동시간 단축의 요구에서 발생한 기계들이 오히려, 노동시간을 늘리는 도구로 역전되는 것이다.

기계도입의 종국적 결과는 인간과 이 객관적 유기체의 관계에서 나타난다.

기계는 기술적 관점에서는 종래의 분업체계를 타파하기는 하지만 그 분업체계는 처음에는 매뉴팩처로부터 물려받은 전통으로서 공장에 존속되며 다음에는 자본에 의하여 노동력의 착취수단으로서 더욱 지독한 형태로 체계적으로 재생산되어 고정된다. 전에는 동일한 도구를 다루는 것이 평생의 전문직이었는데, 이제는 동일한 기계에 봉사하는 것이 평생의 전문직으로 된다. 기계는 노동자 자신을 유년 시절부터 특정 기계의 한 부분으로 전화시키는 데 악용된다. 그리하여 노동자 자신의 재생산에 필요한 비용이 현저히 감소될 뿐만 아니라 동시에 공장 전체에 대한, 따라서 자본가에 대한 노동자의 절망적인 종속이 완성된다. …… 매뉴팩처와 수공업에서는 노동자가 도구를 사용하는데, 공장에서는 기계가 노동자를 사용한다. 전자에서는 노동수단의 운동이 노동자로부터 출발하는데, 후자에서는 노동자가 노동수단의 운동을 뒤따라가야 한다. 매뉴팩처에서는 노동자들은 하나의 살아 있는 메커니즘의 구성원들이다. 공장에서는 하나의 생명 없는 메커니즘이 노동자로부터 독립하여 존재하며 노동자는 살아 있는 부속물로서 그것에 합체되어 있다.[13]

남녀노소 구별 없는 개개인으로 구성된 노동집단을 노동수단의 규칙적 운동에 종속시키기 위하여 병영 같은 규율이 필요해진다. 이럴 때 노동계급을 육체 노동자와 감독 노동자로 분할하는 것은 이를 실시하기 위한 제도적 장치로 된다. 이리하여 높은 온도, 가득 찬 먼지, 고막을 찢는 소음, 광선차단으로 인한 어둠으로, 나날이 건강과 생명을 빼앗는 감시 공간으로서의 **공장감옥**이 출현하며 노동자들과 기계의 적대관계는 첨예 해진다. 이렇게 인간의 인지능력이, 기계화라는 방식을 통해, 자본가가 노동자 투쟁을 진압하는 무기로 사용되는 상황에서, 기계를 파괴하는 러 다이트 운동이 폭발한다. 이것은 산업 혁명이 가져온 기계체계에 대한 노동자의 저항의 시작이었다.

테일러주의 및 포드주의의 기술혁신에서 케인즈주의로

1848년 혁명에서 20세기 초의 러시아 혁명에 이르기까지의 일련의 노동계급 투쟁들은 자본에 대항하는 노동자 저항의 두 번째 국면을 보여 준다. 이 국면에서 공장의 선진 노동자들과 노동계급의 유기적 지식인들 은 전위당을 구축하여 노동자대중의 경제투쟁을 정치투쟁으로 이끄는 방식으로 자본의 독재에 저항했다. 1917년 러시아 혁명은 이러한 흐름의 정점을 보여준다. 이에 대한 자본의 대응은, 볼셰비끼 조직이 주도한 동 맹, 즉 노동자 전위들과 프롤레타리아 대중 사이의 동맹의 기초를 파괴 하는 것이었다. "전위를 공장으로부터 절단하는 것, 그리고 계급으로부 터 공장을 절단하는 것"[14], 이것이 자본의 목표였고 1917년 혁명에 대항 하는 서방의 역공격의 특수한 형식이었다. 자본의 개혁주의의 표현인 테 일러주의와 포드주의는, 생산과정의 대규모화와 노동력의 탈숙련화를 통해, 볼셰비끼 전위들을 계급으로부터 분리시키고 그들이 계급대중에 게 행사하던 헤게모니를 박탈하기 위해 채택되었다. 노동의 과학적 조직화, 작업의 하위분화와 단편화는 노동자들 속에 내재하는 숙련을 기계장치 속으로 체계적으로 이전시키기 위한 시도였다. 조립라인의 도입이 그것을 가능케 했다. 노동자는 이제 자동적으로 움직이는 컨베이어 벨트의 한 부속품이 되었다. 이를 통해 숙련노동과 그것의 권력은 해체되었고 지금까지 자본주의적 노동과정 외부에 존재했던 광범위한 대중들, 예컨대 여성이나 숙련기술을 갖지 못한 사람들이 노동과정 속으로 폭넓게 흡인되었다. 또 이를 통해 노동계급은 수평적이고 대중적인 것으로 재구성되었다.

위로부터의 이러한 기술개혁과 노동재편이 1917년의 혁명을 봉쇄하는 데 일정한 실효를 거두었음은 분명하다. 하지만 그것은 자본의 의도와는 반대로 노동자를 대규모로 창출하고 이들을 더 높은 사회화 수준에서 결속시킴으로써 노동계급의 자율성을 이전보다 더 높은 수준에서 재구성하는 결과를 가져왔다.[15] 또 이것은 대량 생산에 상응하는 대량 소비의 주체를 창출하는 데 어려움을 겪음으로써 체제의 모순을 증폭시켰다. 1929년 검은 목요일의 월 스트리트 붕괴는, 체제에 미치는 노동계급의 현실적 위력을 무시하고자 한, 테일러주의 및 포드주의의 시도들이 경험하게 된 충격적 위기였다. 시장이 주도한 기술혁신이 체제의 불안정성을 극적으로 드러낸 이 위기는, 국가와 시장의 분리라는 고전적 자유주의 신화의 종말을 가져왔다.

이러한 상황에서, 체제의 안정은 국가권력의 이 새롭고 위험스러운 기초, 즉 노동계급의 불복종적 힘에 대한 인정을 통해서만 보장될 수 있다는 생각이 케인즈를 통해 표현되었다. 1929년의 대공황을 맞아 케인즈는, 경제와 정치의 분리를 주장하는 자유방임주의에 대항해서, 경제 내부에 정치적 요소를 내면화해야 한다는 자신의 이전의 포괄적 생각을 더욱 전진시켜, 국가 자체가 경제적 구조로, 다시 말해 경제적 생산의 주체로 되어야 한다는 명제로 구체화했다.[16] 그의 생각은, 국가가 생산적 주체로 됨으로써 유효수요를 창출할 수 있다는 데에 초점이 맞추어져 있었다. 그에 따르면 '유효수요'는 노동계급의 자율성을 승인하면서 그것이 자본의 외부로 탈주하지 않고 자본 내부에서 행동하도록 만드는 유인이다. 이것을 통해 노동계급과 그들의 투쟁은 자본주의 발전의 동력으로 계획될 수 있다. 케인즈가 구상한 계획자 국가는 노동과 자본의 변증법과 영구개혁주의를 통해 테일러주의와 포드주의의 기술혁신적 대응의 결함을 보수補修하는 것이었다.[17]

케인즈의 대응은, 공장에서 숙련 노동자 및 전위의 권력을 파괴하려는 테일러주의/포드주의의 대응 방식을 받아들이면서, 노동계급의 요구를 (물론 자본주의의 틀 내부에서) 재현하는 **전위의 역할을 국가에게 위임하자**는 것이었다. 이로써 공장에서 추방된 전위의 상은 계획 주체로서의 국가 속에 보존된다. 이것을 1917년 혁명 이후 레닌의 생각과 비교해 보자.

사회주의는 최근의 현대 과학의 발견에 기반한 대규모 자본주의적 기술 없이는 생각할 수 없다. 그것은 계획된 국가조직 없이는 생각할 수 없는데,

이 국가조직은 수천만의 인민으로 하여금 생산과 분배에서 하나의 통일된 기술을 가장 엄격히 준수하도록 한다.[18]

러시아에서 전위는 국가로 전화되었고 자신을 국가자본주의적 발전의 견인차로 배치했다. '국가자본주의에 대한 더 무거운 공물의 지불은 우리를 파멸시키지 않을 뿐만 아니라 오히려 가장 확실한 방법으로 우리를 사회주의로 인도할 것'이다. '국가자본주의 노선을 따라 노동계급이 소소유자적 무정부성에 대항하여 국가체제를 보호하는 방법을 터득할 때, 국가적 규모로 대규모 생산을 조직하는 방법을 터득할 때, (……) 사회주의의 기반은 확고하게 될 것이다. (……) 소비예뜨 권력에게 국가자본주의는 결코 두려운 것이 아닌데, 소비예뜨 국가는 노동자와 무산 대중의 권력이 보장되는 국가이기 때문이다.'[19]

이러한 인식 위에서 레닌은, '최근의 현대 과학의 발견에 기반한 대규모 자본주의적 기술'의 도입과 이것을 공장 속에 실현할 엄격한 '노동규율'의 부과를 소비예뜨 정부의 주요과제로 설정했다. 이후 레닌의 사회주의론 속에는, '산업의 자본주의적 경영의 보존과 노동규율의 부과가 노동생산성 향상에 별 도움이 되지 않으며 반대로 프롤레타리아트의 계급적 주도성, 활동성, 그리고 조직화를 저하시킬 것이며 노동계급을 예속화할 수 있다'는 좌익 공산주의자들의 우려를, 노동규율을 무슨 수를 써서라도 방해하려고 하는 '나무랄 데 없는 쁘띠부르주아지' 심성의 표현으로 비난하는 것이, 정형화된 논쟁기술로 자리잡게 되었다.[20]

서구의 선진적 노동기술 혹은 노동방식과 엄격한 노동규율을 결합시키는 것이 사회주의로의 이행을 촉진할 것이라는 레닌의 생각은, 『옥중수고』의 그람시에게서도 거의 그대로 재생산된다. 그람시는, 미국주의와 포드주의가 경제를 계획화하려는 경향의 표현이며 이에 걸맞은 새로운 유형의 노동자를 길러내기 위한 장치들임을 밝힌다.

미국에서 작업의 합리화와 주류의 양조·판매 금지는 의심할 바 없이 상호 연관되어 있다. 기업가들이 노동자들의 사적인 생활을 조사한다거나 어떤 기업에서 자신의 노동자들의 '도덕성'을 통제하기 위해 감사監査 활동을 한다거나 하는 것은 모두 새로운 작업방식에서 비롯되는 요구인 것이다. 이러한 시도들(비록 실패로 끝난 것이라고 하더라도)을 비웃고 그것들은 단지 '청교도주의'의 위선적인 모습에 지나지 않는다고 보는 사람들은, 미국적 현상의 중요성, 의미, 객관적 내용 등을 이해할 수 있는 가능성을 스스로 포기하는 것이다. 미국적 현상이란 역사상 그 전례가 없는 속도와 목적의식을 가지고 새로운 유형의 노동자와 인간을 창출하고자 한 지금까지의 가장 거대한 노력임에도 불구하고 말이다.[21]

물론 그람시는, 테일러주의와 포드주의가 전래의 인간성이나 정신성에 대해 관심을 갖고 있지 않으며 그것들을 파괴하고 있다는 것을 놓치지 않는다. 하지만 그람시는, 장인 노동에서 표현되는 인간성이나 정신성이 노동 속에서 유지되고 실현되어야 한다는 생각은 부정되어야 할 것으로 본다. 오히려 테일러주의와 포드주의는 '동물성'에 대한 투쟁을 개시한 산업주의의 최근 국면으로서 이제는 낡은 휴머니즘과 투쟁하고 있다고 주장한다. 테일러주의와 포드주의는, '노동자들이 새로운 생산방식에 의해 소진되어 물리적으로 붕괴하지 않게끔 특정한 심리·신체적 균형을 작업 외부에서' 부과하려고 하는데 이것이 바로 술과 성적 방탕을 금하려는 청교도적 노력의 목적이라는 것이다.

우리는, 그람시가 말하는 테일러주의와 포드주의의 이러한 노력이, 사회주의의 유지를 위해 당 및 국가의 권력을 빌어 엄격한 노동규율을 부과하려 했던 레닌의 의지와 동질적인 것임을 알 수 있다. 노동규율이 전자에서는 자본가에 의해, 후자에서는 국가에 의해 부과된다는 점에서 차이가 있을 뿐 노동규율의 필요성에 대한 강조에서 양자는 동일하다. 그람시 역시 레닌처럼 노동규율의 부과를 반대하지 않았으며 동물성의 극복과 새로운 인간유형의 창출을 위해 필요한 것으로 보았다. 그는, 미래의 새로운 사회 형태에서는, 지금 외부로부터 강제로 부과되고 있는 규율들이 습관화되어 노동계급의 자기규율로 전화될 것이고, 이렇게 되면 노동자들의 심리·신체적 균형이 내재화될 수 있으리라고 전망한다. 레닌 역시 노동규율을 위로부터 그리고 외부로부터 부과하는 시간이 항구적인 것이 아니라 새로운 사회로의 이행기에 부득이하게 나타나는 일시적 과정으로 보았다. 레닌은 모스끄바-까잔의 철도 노동자가 '자발적으로' 수행한 공산주의적 토요노동에 대해 예찬한 바 있는데,[22] 그것은, 그람시가 말하는 노동규율 내면화의 한 사례이자 이들이 그린 미래의 사회주의 노동자의 형상의 앞선 출현으로 간주될 수 있을 것이다.

그러나 1929년에 폭발한 위기는 너무나 거대한 것이어서 노동규율에 의지한 포드주의와 테일러주의만으로는 극복하기 어려운 것이었다. 케인즈는 체제를 다시 안정시키기 위해서는 노동의 기계화와 노동규율의 도입만으로는 부족하고 소득과 소비의 지속적 혁명이 필요하다고 생각하게 되었다. 이것은 고용률을 완전 고용의 수준으로 끌어올리고 임금을 생산성 향상의 수준에 맞추어 지속적으로 향상시켜 나감으로써 가능한 것이었다. 이것이 전후 서구의 복지국가들과 동구의 사회주의 국가들을 지탱한 새로운 정치적 프레임이라는 것은 이제는 널리 알려진 사실이다. 그러나 1968년에 이 프레임에 대항하여 폭발한 혁명은, 계급투쟁을 해결하려는 사회주의적·케인즈주의적 시도들이 체제의 안정이라는 문제를 해결할 수 없었음을 보여준다.

서구에서 그것은 먼저 제도적 노동자운동의 위기로 표출되었다. 이 제도적 노동운동은, 케인즈가 (물론 통제 가능한 형태로의 변형을 통해) 국가의 기초로 삼고자 한 노동의 권력이었으며 레닌과 그람시가 규율의 내면화 주체로 본 바로 그 집단의 운동이었다. 전후의 역사 속에서 이 제도적 노동자운동은 노동규율을 내면화하여 영구개혁주의를 실천했다. 그러나 그것은 노동과정에 대한 자신의 통제력과 창의성과 지성을, 요컨대 자신의 **인지적 능력 전체**를 '자발적으로' 계획자 국가에, 그리고 거대 기계들에 위임하는 것이었다. 국가와 기계에 위임된 이 힘은, 전자기술에 기초한 집중화되고 대규모화된 새로운 생산체계를 가능케 했다. 그 결과, 새롭게 탄생한 것은 산업 생산을 대체한 에테르ether적인 정보기계였다.[23] 이제 노동은 탈영토화, 비물질화되며 육안으로는 보이지 않는 교육적·정보적 강제를 통해 노동자를 온종일 자본의 전횡 아래에 묶어 놓는다. 노동자는 자신의 인지능력을 착취하고 수탈하는 전지구적 노동기계에 종속되어 끊임없이 자본을 위해 생산하고 또 소비한다. 자본은 집단적 노동력을 통합하면서 더욱 사회화되며 그 결과 사회는 하나의 거대한 인지공장으로 전화된다.

들뢰즈는 이러한 사회를 통제사회라고 명명한다.[24] 이러한 공간에서 지배는, 노동자를 기계에 묶어두는 직접적 노동규율, 즉 훈육으로서가 아니라 사회적 통제로 나타나기 때문이다. 통제는 변조modulation, 즉 '순간 순간 스스로 변하는 주형, 혹은 이리저리 변형될 수 있는 그물'[25]과 같다. 봉급보다 우위에 선 상여급, 학교 교육에 뒤이은 평생교육, 낡은 스포츠를 대체한 서핑, 생산을 대체한 마케팅과 금융, 감옥을 대체하는 전자 족쇄, 주화를 대체한 전자카드, 병원을 대체하는 원격진료, 기타 무수히 열거할 수 있는 통제사회의 이 새로운 특징들은 컴퓨터를 비롯한 제3의 정보 기계들을 통해서 작동된다. 오늘날 이 통제사회는 일상적이고 미시적이며 기술적인 감시와 긴밀하게 결합되고 있다.[26]

정보화의 결과

증기가 산업화를 가져오고 전기가 자동화를 가속시켰듯이, 전자의 생산에의 도입은 '디지털 포맷' 혹은 '디지털 수렴'을 가져오고 이것이 정보화를 재촉한다. 정보를 1들과 0들의 결합을 통해 상징적으로 재현하는 디지털 포맷은, 정보적 생산물이 전자적 방식으로 쉽게 저장될 수 있게 한다. 그리고 이 정보적 생산물은 전자파동이나 광선파동으로 변환되어 전선이나 광케이블을 통해, 혹은 전자기파로 공기나 공중을 통해 빠르게 전송될 수 있다.[27] 이러한 과정을 통해 가속되는 정보화가 자본에게 가져다주는 **경제적** 이점이 무엇인가는 이 글의 관심사가 아니다. 문제는 정보화 경향이 오늘날의 프롤레타리아인 다중에게 어떤 **의미를 갖는가** 하는 것이다. 앞서 말한 것에서 이미 암시되듯이 정보화는 포드주의 노동자의 결정적 **패배**, 자본에의 총체적 **포섭**을 함축한다. 포드주의 노동자의 개혁주의는, 노동자들의 창의성과 지성과 통제력을 기계에로 이전시키려는 자본의 전략에 계급적으로 협력하는 것이었다. 기계화와 정보화가 노동조합 권력의 약화를 수반한다는 사실은 이를 반증한다. 사실 **노동자의 힘의 기계로의 이전**은 정보화 과정에서 돌출한 자본의 일시적 전술이 아니다. 맑스가 집요하게 분석했듯이, 그것은 자본주의의 탄생 이후 지금까지 줄곧 이어지고 있는 자본의 일관되고 영속적인 지배전략이다. 오늘날의 전자 혁명 역시 그 과정의 최근의 국면으로서, 개별 노동자들의 지성과 지식, 그리고 심지어 감정을 생산적 기계체계 속으로 직접적으로 전유하고 병합하는 과정이라고 할 수 있다. 로봇 혁명은 이러한 과정의 전형적 사례이다. 로봇기계는 계산할 뿐만 아니라 생각하며, 감각할 뿐만 아니라 느끼고 창조하고 소통하고 게임한다. 오늘날의 전자 혁명은, 개별 노동자들 혹은 집단 노동자들이 갖고 있는 인지능력을 보다 높은 지식형태로 수집, 집계, 통합하는 것에 그 독특함이 있다.

포드주의가 노동집약적 생산을 기술집약적 생산으로 대체했다면 오늘날의 정보화는 그 기술집약적 생산을 높은 수준의 인지집약적 생산으로 다시 대체한다. 이 단계에서 대중의 경험과 지식과 정동은 노동자 자신에게서 분리되어 노동자 외부에 데이터베이스로, 소프트웨어로, 다이어그램으로, 알고리즘으로, 전자커뮤니티로 축적된다. 하드웨어가 노동자의 육체나 기계류에 축적된 지식이라면, 소프트웨어는 노동이나 기계류로부터 분리된 인지력, 즉 특허권이나 저작권 같은 독점권을 통해서 비로소 자신의 상품지위를 유지하는 인지력이다. 이 고도로 축적된 인지력은 '더 이상 지도地圖나 복제, 거울 또는 개념으로서의 추상'이 아닌 시뮬레이션simulation을 가능케 한다. 즉 '모델들을 가지고 원본도 사실성도 없는 실재, 즉 파생 실재를 산출하는 작업'을 가능케 하는 것이다.[28] 무인 자동기계와 (우리가 오늘날 유전자 조작과 복제에서 볼 수 있는 바와 같은) 조작과 복제에 기초한 생산이 그 예이다. 이렇게 하여 인간이 창조한 신이 인간을 지배하고, 노동자가 생산한 기계가 노동자를 지배하듯, 노동자가 생산한 인지기계들이 그 인지력의 원천인 노동자를 생산세계에서 추방하는 역설이 재연된다.

물론 오늘날 모든 노동이 추방되고 있는 것은 아니다. 고기술 노동자들에 대한 수요는 오히려 증대된다. 디지털화된 지구적 노동기계체제는 고기술 노동자들(과학자, 엔지니어, 연구자들, 기술자)을 이용하여 소프트웨어를 생산하면서 나머지 노동자들을 언제든지 필요할 때에만 사용할 수 있는 유연한 노동자, 임시직 노동자로 배치하는 방식으로 작동한다. 생산에서 추방된 광범위한 실업자들은 해고와 이직을 통해 발생하는 이 유연 노동자들의 부족을 채워 주는 저수지의 역할을 한다. 실제로 디지털화된 자본은 노동자의 저항이 있는 곳에서 자본을 빼 고분고분 말을 잘 듣는 노동자들이 있는 곳으로 이동한다. 그곳이 인도인가 러시아인가 중국인가 아프리카인가는 크게 개의치 않는다. 그 이동의 속도는 빛의 속도와 같은 것이어서 하루에도 자본은 회수를 헤아릴 수 없을 만큼 여러 번 지구 여기저기를 돌아다닐 수 있다. 자본의 이 이동에 따라 수많은 업종이 생겨나고 또 파산한다. 노동자들도 이에 따라 취업과 실직을 되풀이하게 되는데 이로 인해 나타나는 계급재구성에 대해서는 9장에서 좀 더 상세하게 살펴볼 것이다.

복지국가 혹은 사회적 국가 단계에서는, 노동을 계획하고 조직하는 수단으로 자본이 국가를 사용할 수 있었고 노동 역시 자본의 운동을 통제하는 수단으로 국가를 사용할 수 있었다. 그러나 오늘날 국가는 더 이상 디지털화된 자본의 이동을 제어하지 못한다. 그것은 포드주의 노동자의 패배를 다른 측면에서 반증한다. 노동조합으로 대표되는 제도적 시민사회는 국가에게 포섭되며 국가는 자본의 논리를 재생산하는 역할을 떠맡는다.[29] 국가로부터 독립된 시민사회 조직으로 출발한 NGO들도 자국 정부에, 그리고 더 많게는 자신에게 후원금을 대는 해외자본과 정부에 포섭된다.[30] 자본의 자유화와 민영화의 후원, 자본의 핵심적 이윤원천으로 된 지적재산권과 특허권의 보장, 노동자들의 지구적 탈주 운동인 이민의 통제, 아래로부터의 저항에 대한 경찰적 통제 같은 것이 국가의 주요한 역할로 남겨지는 것이다. 대중의 공포에 토대를 둔 핵국가 혹은 신경찰 국가가 사회적 국가 이후 현대 국가의 특징으로 되는 것은 이 때문이다.[31] 9/11 이후 우리는 이 인지화된 국가형태를 어디서나 목격하고 또 체험할 수 있다.

노동의 인지적 재구성

자본과 국가만이 인지화되는 것이 아니다. 우리가 이미 암시했듯이 이것들은 오히려 노동의 인지화의 결과이다. 노동의 인지화는 '영혼이 노동한다' 혹은 '노동하는 영혼'이라는 말로 표현될 수 있다.[32] 이것을 우리는 '비물질노동' 혹은 '삶정치적 노동'이라는 말로 불러 왔다.[33] 물론 비물질노동도 노동과정의 측면에서 보면 물질노동이다. 컴퓨터 앞에 앉아 있는 것은 몸이며 화면을 보고 있는 것은 눈이고 타이핑을 하는 것은 손이다. 교사는 다리로 서서 눈으로 학생들을 바라보면서 목청에 힘을 주고 혀와 입을 사용해 말을 한다. 간호사는 모니터에 나타난 정보를 눈과 두뇌를 사용하여 해석하면서, 자신의 몸을 사용하여 환자의 몸을 일으키거나 눕히거나 주사를 놓는다. 우리가 이 노동들을 비물질노동이라고 부를 수 있는 것은 오직, 노동과정에서 독립된 물질적 생산물이 산출되지 않는다는 것에 주목할 때뿐이다.[34] 생산과 소비가 전혀 분리되지 않는 노동이라는 의미에서 그것은 수행performance 노동이다.35 이 노동을 통해서 생산되는 것이 소비과정을 거쳐야 하는 물질적 생산물이 아니라 생명, 생활, 삶 그 자체이고 이 생산이 사회를 구성하는 정치적 행위action이기 도 하다는 의미에서 그것은 삶정치적 노동이다.36 이 노동이 주로 사용하 는 능력과 그것의 질을 중심에 놓고 보면 이것은 다시 **인지노동**이라고 할 수 있을 것이다. 이 중 어느 것으로 불리건 여기에서 노동하는 것은 정신 이고 영혼이며 노동과정은 영혼의 운동이다.

신체의 운동인 산업노동에서와는 달리, 영혼의 운동인 인지노동에서 노동시간은 양에 의해 규정되지 않는다. 왜냐하면 인지 노동자의 모든 시간들은 생산된 가치의 관점에서 볼 때 서로 동질적이지 않기 때문이 다.37 그래서 그것을 평균화하거나 양적으로 분할하는 것이 가능하지 않 다. 물론 산업노동에서도 그것을 측정 가능한 시간으로 만든 것은 그것 의 질적 동일성이 아니었고 그것들에 대한 추상이었다. 노동의 특수한 질과 구체적 유용성은 가치의 가능조건이다. 하지만 가치가 발생하고 추 상노동으로서의 산업노동이 사회적으로 정립되는 것은, 노동의 이 특수 한 질과 구체적 유용성이 추상되고 그것들과는 무관한 노동의 지속시간 이 교환과정에서 지배적인 것으로 정립될 때, 즉 추상적 노동시간이 정 립될 때이다. 이러한 추상화는, 생산과정이 노동의 지속과정으로 나타나 고, 생산과정이 끝나고 나면 생산과정에서 독립된 생산물들이 그 과정 밖으로 산출되며, 이렇게 생산과정에서 빠져나온 생산물들의 시장교환 이 그 생산물에 포함된 노동시간인 가치를 실현하는 주요한 경제행위였던 시대에 발생했고 또 타당했다. 이때 생산물들 사이의 상호 교환관계는 그 생산물을 생산하는 데 사회적으로 필요한 노동의 지속시간에 따라 규정되었다. 이 일련의 과정에서 가치는 교환에 의해 실현될 뿐 교환 이전의 생산과정에서 이미 생산되어 있다. 이런 메커니즘으로 인해서, 특수한 질과 구체적 유용성이 추상된 것으로서의 사회적 필요노동시간이 가치측정의 척도로 되고 이것이 일종의 법칙으로, 요컨대 가치법칙으로 자리 잡게 된다.

그런데 앞서 살펴본 바처럼 인지노동에서는, 생산과정이 노동과정의 지속으로 나타나지도 않으려니와, 노동과정에서 분리된 생산물, 다시 말해 유통과정에서 교환될 생산물이 생산되지 않는다. 지적 정서적 정보적 소통적 노동에서는 일반적으로, 생산과정이 직접적인 소비과정이기도 하기 때문에 노동의 '가치'는 교환가치에 의해 지배되기보다 노동과정에서 그 노동이 갖는 구체적 유용성과 특수한 질에 의해 더 많이 지배된다. 인지노동에서는 **교환이 생산을 매개하기를 중지한다.** 그렇기 때문에 교환 이전의 생산과정에서, 유통과정에서 교환되고 실현될 가치가 이미 생산되어 있다고 보기도 어렵다. 인지노동에서는 생산과정이 곧 유통과정이자 소비과정인 경우가 많기 때문이다. 인지노동의 확장과 그것의 비중증대는, 사회적 삶의 생산과 재생산에서 교환이 차지하는 역할을 축소하며 교환가치의 지배로서의 가치화valorization를 침식한다.

그런데 이러한 진술이, 인지노동이 직접적이고 전면적으로 교환에서 독립적으로 되었고 사회적 삶이 교환관계에서 벗어났다는 것을 의미하는 것은 결코 아니다. 인지노동은 어떤 생산물도 낳지 않고 노동과정 속에서 직접 소비되곤 하지만(C-M') 인지 노동자의 **노동력**은 여전히 교환되는 상품으로 존재한다. 인지 노동자들은 자신의 노동력을 판매함으로써만 살아 갈 수 있다(C-M). 그/녀의 노동력은 교환되는데, 그/녀의 노동은 생산물을 낳지 않기 때문에 교환을 거치지 않고 생산과정에서 직접 소비되어 가치화된다면, 교환되어야 하는 그/녀의 노동력의 그 교환가치는 무엇에 의해 측정되며 그 노동의 가치화는 어떻게 달성될 것인가?

이 난점은 논리적 난점이기 이전에 실제적 난점이다. 그것은 오늘날의 자본주의가 직면해 있는 실제적 어려움 그 자체를 반영한다. 이 난점은 노동의 인지화와 교환가치의 지배 사이의 실제적 모순과 갈등에서 나타나는 것이다. 인지노동들은 그 노동의 수행형태 상의 유사성이 커져감에도 불구하고 그 내용에서는 점점 호환 불가능한 것으로 되어간다. 유사해지지만, 예컨대 변호사의 인지노동과 간호사의 인지노동, 교사의 인지노동, 증권회사 직원의 인지노동 등은 컴퓨터 앞에서 모니터를 보면서 손가락을 움직여 작업한다는 점에서 형태적으로 서로 유사해지지만, 이것들 사이의 질적 호환가능성은 점점 줄어든다. 질적 호환가능성이 줄어든다는 것은 양적 추상화를 점점 어렵게 만든다. 인지노동의 대두와 발전 및 그 노동들 사이의 호환가능성의 이러한 축소는 양에 기초한 가치화에 점점 더 큰 제한을 가하고 **다른 가치화**의 요구, 즉 **가치전환**의 요구를 더 강력하게 제기하는 힘이자 조건으로 되고 있다. 노동의 인지화와 정치적인 것의 관계 문제에 대해서는 10장에서 자세히 논할 것이므로 여기

서는 인지노동의 몇몇 사례들을 중심으로 노동의 인지적 재구성의 상황
을 조금 더 살펴보자.

예술노동의 경우

우리가 들 수 있는 인지노동의 형태 중의 하나는 예술노동이다. 예술
이 노동이라고 말하는 것은 예술이 임금노동이라고 말하는 것이 아니다.
임금형태의 산업노동이 헤게모니를 행사하던 시대에 비노동자로 분류되
던 많은 노동자들은 자신이 수행하는 활동이 임금노동임을 인정받고자
했다. 이른바 '노동자성 인정' 요구가 그것이다. 교사나 교수들이 자신의
노동이 임금노동임을 인정하라고 요구하거나 경찰공무원들이 자신의 노
동자성을 인정하라고 요구하는 것은 그 사례이다. 1970년대에 여성들이
가사노동에 대한 임금 지급을 요구한 것도 이에 해당된다. 이것은 산업
노동의 헤게모니가 비산업적 인간 활동들에 관철되는 방식이었다고 볼
수 있다. 산업노동의 헤게모니는 예술가들 속에도 관철된다. 실제로는
고용되지 않은 예술가들조차도 자신의 창작 활동에 주어지는 보수를 임
금으로 간주하곤 하는 것이다. 예술을 노동과는 완전히 분리된 활동으로
간주하면서 예술의 특권성을 주장해온 관습과 비교해 보면 이것은 예술
과 노동 사이의 공통성을 인정하는 것이고 이 점에서는 진일보한 측면을
갖는다.

하지만 이 진보는 간과할 수 없는 상실을 수반한다. '예술은 노동이
다'라고 주장하는 예술가들에 맞서 '예술은 노동이 아니다'라고 주장하는

예술가들이 여전히 존재하는 것은 이 상실에 대한 저항일 수 있다. 무엇이 상실되는 것일까? 이들은 예술 활동이, 고용된 산업노동과는 달리 강제성을 갖지 않는다는 점을 강조한다. 이것은, 예술이 특이한 것이고 내재적 윤리성을 함축한다는 것을 강조하는 방법이다. 확실히 임금노동 개념을 예술에 적용하면서 '예술이 노동이다'라고 말하게 되면 이 특이성과 내재적 윤리성을 놓쳐 버릴 위험성이 커진다. 예술가가 자신의 활동을 자기소유의 생산수단을 갖고 노동하는 자영 노동자로, 혹은 클럽이나 방송국이나 기획사 등에 고용된 임금노동으로 평가할 때 그 활동의 특이성이 발휘되기는 어렵고 창조, 만족, 행복 같은 범주가 자리 잡을 여지가 없다. 하지만 역시 임금노동을 표준으로 사고하면서 '예술은 노동이 아니다'라고 반대의 주장하는 것은, 이미 예술이 노동으로 되어 있는 실재적 현실을 외면하게 되며 노동과 자신을 분리시킴으로써 예술의 특권성을 주장하는 엘리뜨주의를 드러낼 위험에 노출된다.

이 두 관념은 서로 다른 방향을 지시하지만 산업노동을 노동의 표준으로 삼는다는 점에서는 공통적이다. 이 어느 쪽도 오늘날 예술 활동의 성격을 충실히 밝혀내기 어렵다. 그러므로 우리는 산업노동을 기준으로 한 노동 관념에 따라 생성된 이 두 관념과 거리를 두면서 인지화된 노동의 평면에서 두 명제를 새롭게 구성해야 한다. 우리 시대에 '예술은 노동이다'라고 말하는 것은 사실에 충실한 명제이다. 하지만 이때 '노동'이 산업노동과 동일시되어서는 안 된다. 이 명제가 설득력을 가지려면 '노동'이 특이한 삶의 생산과 재생산 활동으로 되는 노동, 임금관계에 속하는

가 아닌가가 결정적이지 않은 노동, 아렌트적 의미에서의 '행위'로 된 노동을 의미해야 한다. 요컨대 예술은 인지노동이다. 인지노동의 평면에서 '예술은 노동이다'라는 명제는 '예술은 노동이 아니다'라는 명제와 모순되지 않는다. 산업노동의 헤게모니 시대에 예술가들을 노동자로 만드는 경향이 부상했다면 (이미 예술노동이 임금노동으로 된) 인지노동의 헤게모니 시대에는 노동자들이 오히려 예술가로 될 필요성이 부상한다. 예술에 대한 노동의 헤게모니가 아니라 노동에 대한 예술의 헤게모니가 작용하고 있기 때문이다.[38]

감정노동의 경우

인지노동의 또 다른 예는 감정노동에서 찾을 수 있다. 앞서 우리는 신체가 노동에 예속될 때 영혼은 상대적으로 자유로운 상태에 있었다고 했다. 이것은 영혼에 대한 통제나 관리가 없었다는 것이 아니라 영혼이 착취의 직접적 대상으로 되지 않고 있었다는 의미이다. 자본주의 이전에 영혼은 지배의 직접적 대상이었다. 종교의식, 마녀사냥 등에서 보이듯이 영혼에 대한 지배는 신체의 능력을 수탈하기 위한 보조적 장치로 기능했다. 그러므로 오늘날 감정노동의 등장은, 영혼이 신체력의 수탈을 위해 행해지는 지배의 대상에서 착취의 직접적인 대상으로 전화했음을 의미한다.

감정노동에서 노동자들은 다른 사람들의 기분을 맞추기 위해 자신의 감정을 고무시키거나 억제한다. 예컨대 비행기 승무원은 승객들이 충분한 배려를 받고 있고 안전한 여행을 하고 있다는 느낌을 갖게 만들기 위해 자신의 정신과 기분을 조절하고 심지어 "각자의 개성을 구성하는 본질이라고 여기는 부분까지 다 내어 주어야 하는 상황"에 직면하기도 한다.[39] 승무원의 미소와 친절, 그녀가 베푸는 따뜻함, 편안함, 친절과 사랑은 그녀의 마음에서 우러나는 것이 아니라 오히려 항공산업의 필요에 따라 강제되는 것이다. 그것들은 감정의 개인적 표현이나 활용 과정에서 발생하는 것이 아니라 자본에 의한 상업적 이용의 산물이다. 개인적 수준에서의 감정 표현방식은 상업적 이용과정에서 커다란 변형을 강요받는다. 이 변형에는 상황과 관계에 대한 인지, 과업을 달성하려는 노력, 자신의 실제 감정이 드러나지 않도록 억제해 내는 인내, 표현된 감정이 고객에게 미친 영향에 대한 적절한 평가 등의 인지적 능력의 발휘가 요구된다. 이러한 감정노동들을 통해, 복합적인 사회적 배역들이 형성되고, 평등하거나 불평등한 삶의 관계들이 생산된다. 감정노동의 반복과 체계화를 통해 이 변형이 달성되면 감정 노동자들은 감정 구사의 능숙한 기술과 외관상 멋진 페르소나persona를 가질 수 있게 될 것이다. 하지만 이러한 변형과정은, 신체의 활동능력을 증대시키거나 감소시키는 인지적 변용능력으로서 감정이 갖는 고유의 역할을 침식하여 신체와 정신을 병리적 상태로 이끌어 가게 된다. 요컨대 감정노동에 대한 착취는 정신질환을 사회적 규모에서 체제적으로 생산하는 과정이 된다.

이상에서 우리는 예술노동과 감정노동을 인지노동의 형태로 예시했다. 이렇게 한 것은 이것들이 인지노동의 전형이나 대표라고 보아서가 아니다. 인지노동의 전형은 오히려 지식노동이나 정보노동에서 찾을 수 있을 것이다. 연구자, 교육자, 프로그래머 등이 수행하는 지식노동은 누구나가 쉽게 인지노동으로 파악할 수 있기 때문에 특별한 예시적 설명을 필요로 하지 않을 것이다. 이제 이 인지노동이 자본주의 속에서 어떤 위치에 놓여 있는지, 그것이 자본에 의해 어떻게 착취되고 있는지를 살펴보아야 한다. 다음 장에서 나는 이 문제에 대한 분석을, 착취 개념을 과학적으로 정립한 맑스가 인지노동을 어떻게 취급했는지를 고찰하는 것에서 시작할 것이다.

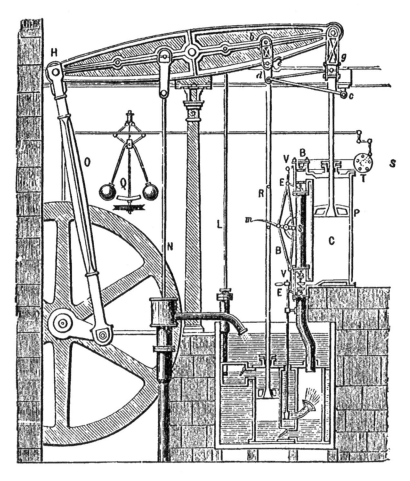

1784년 영국의 〈볼턴앤와트〉(Boulton & Watt) 사에 의해서 제작된 증기기관의 스케치

〈볼턴앤와트〉 사는 증기기관의 발명자로 널리 알려진 J. 와트와 M. 볼턴이 1775년에 설립하였다. 1782년 와트가 증기기관의 왕복운동을 회전운동으로 바꾸는 장치를 고안한 후부터 본격적으로 증기기관을 제작하기 시작했다. 1796년에는 버밍엄 북쪽의 소호에 세계 최초의 근대적 기계제조 공장을 건설하였다. 이러한 증기기관과 기계체제의 도입은 영국 산업혁명의 주요한 동력이 되었다.

19세기 삽화가 휘즈(Phiz)의 러다이트 봉기에 대한 판화

'휘즈'라는 이름으로 더 유명한 햅럿 나이트 브라운(Hablot Knight Browne, 1815~1882)의 작품이다. 휘즈는 찰스 디킨즈의 삽화가로 유명하다. 산업혁명 이후 공장감옥이 출현하며 노동자들과 기계의 적대관계가 첨예해진다. 러다이트 봉기는, 자본가가 인지능력의 응축인 기계를 노동자 투쟁을 진압하는 무기로 사용하는 상황에서, 기계체계에 대한 노동자의 저항이 폭발한 것이었다.

밀드레드 윌리암스(Mildred Williams, 1892-1967)의 〈포드공장〉(Ford Factory, 1930)

밀드레드 윌리암스는 미국 미시간 주의 디트로이트(Detroit)에서 활동한 판화가이다. 디트로이트는 미국뿐만 아니라 세계적인 "자동차 도시"로 유명한 곳으로, 이 그림의 배경이기도 하다. 이 자동차 산업의 핵심에는 〈포드〉 사가 있었다. 〈포드〉 사의 생산체제일 뿐만 아니라 근대 자본주의의 성격을 규정지은 축적양식인 포드주의는, 일관된 작업 과정으로 노동과정을 개편하여 노동 생산성을 증대시키는, 즉 상대적 잉여 가치를 생산하는 집약적인 축적 체제이며, 제한된 노동 시간 내에 일정한 생산량을 확보하기 위해 노동 강도를 강화했고, 노동 과정 안에 남아 있는 자유공간을 제거함으로써 자본가의 통제를 보다 확고히 한 체제이다.

보리스 미하일로비치 쿠스토디예프(Boris Mikhailovich Kustodiev, 1878~1927)의 〈볼셰비끼〉(The Bolshevik, 1920)

쿠스토디예프는 1878년 러시아 아스트라한 출생으로 무척 가난한 어린시절을 보냈다. 1900년대부터 러시아 리얼리즘 화가 일리야 레핀(Ilya Yefimovich Repin, 1844~1930)의 작업실에서 일을 하며 그림을 배웠다. 이 그림은 러시아 혁명의 주역인 볼셰비끼를 형상화한 그림이다. 러시아 혁명은 공장의 선진 노동자들과 노동계급의 유기적 지식인들이 전위당을 구축하여 노동자대중의 경제투쟁을 정치투쟁으로 이끄는 방식으로 이뤄졌다.

4장

인지자본주의에서 가치법칙의 문제

인지노동에 대한 맑스의 관점

인지노동과 가치측정

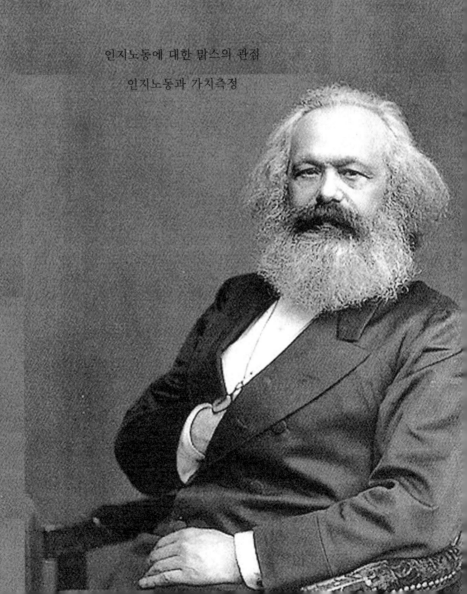

인지자본주의에서 가치법칙의 문제

인지노동에 대한 맑스의 관점

맑스는 1850년대에 쓴 『정치경제학 비판 요강』, 1860년대에 쓴 『잉여가치학설사』, 「직접적 생산과정의 결과들」 등에서 과학자, 기술자, 편집자, 예술가, 작가, 배우, 하인, 공무원 등의 '노동'에 대해 고찰한다. 그는, 『정치경제학 비판 요강』에서는 과학기술이 생산에 응용되기 시작하면서 육체노동보다 지식노동이 더 중요해지는 역사적 경향에 대해, 『잉여가치학설사』에서는 여러 유형의 봉사와 용역 활동을 중심으로 하는 비물질노동에 대해, 그리고 「직접적 생산과정의 결과들」에서는 저술과 출판 및 연예 등의 비물질적 생산에 대해 다룬다. 이러한 사실은, 인지적 노동들과 인지적 생산들이 맑스의 주요한 연구 주제 중의 하나였음을 보여준다.

비물질노동과 생산적 노동

　이 고찰들에서 맑스는, 우리가 지금 '인지노동'이라고 부르고 있는 지적 활동들과 정서적 활동들을 **생산적 노동**으로 간주하기를 유보한다. 맑스가 **역사적 맥락 속에서** 정의하는 생산적 노동은 **잉여가치를 생산하는 노동**이다.[1] 이러한 정의는 고전 정치경제학자들, 특히 리카도의 정의와 크게 다르지 않은데, 이것은 맑스가 부르주아 정치경제학자들의 관점에 동화되었음을 의미하는 것이 아니다. 맑스는, 부르주아 사회의 현실 속에서 생산적 노동이 잉여가치를 생산하는 노동으로 규정되고 있는 현실을 표현하고자 했다. 그리고 이것은, 생산적 노동을 잉여가치 생산으로 규정하는 부르주아 사회의 운동논리와 그것의 내적 모순을 드러내기 위한 것이었다. 생산적 노동을, 잉여가치를 생산하는가 생산하지 않는가라는 기준에 따라 파악할 때 인지노동은 대개 비생산적인 노동으로 간주될 수밖에 없다. 왜냐하면 맑스의 시대에 인지적 활동들은 대개 노동세계의 주변에 머물러 있거나 잉여가치를 생산하기는커녕 소비하는 용역 활동에 머무르고 있었기 때문이다. 예컨대 하인의 봉사는, 잉여가치를 창출하는 것이 아니라 잉여가치를 소비하는 데 사용되는 활동이며 임금이 아니라 자본가, 지주 등이 수취한 잉여가치로부터 보상이 주어지는 활동이다. 그러므로 인지노동이 비생산적 노동이라는 판단은 용역이나 봉사가 임금노동으로 전화하지 않았던 **역사적 현실**을 반영한다. 맑스는, 비물질노동으로 나타나는 인지 활동들(봉사, 연구, 오락, 지식, 정보 등)이 자본 관계의 주변 혹은 외부에 놓여 있는 역사적 조건에서 물질노동과 비물질 노동, 산업노동과 인지노동, 생산적 노동과 비생산적 노동의 문제에 대해 연구했다. 다시 말해 비물질노동이 잉여가치를 생산하지 않는다는 의미에서는 비생산적인 노동이라고 해야 할 상황에서 정치경제학적 연구를 수행했다. 그래서 그는, 비물질적 노동을 생산적인 노동으로 간주하려는 당대의 주장들에 대립하면서 그것을 부르주아지의 착취에 봉사하는 변호론적 관점이라고 비판한다.[2]

그런데 지금 우리는 맑스와는 달리, 비물질적 노동이 비생산적이기는커녕 생산적 노동의 중심으로 진입한 상황에서 이 문제를 다루고 있으므로 맑스의 결론을 직접적으로 우리 시대에 가져와 적용하려는 시도는 타당하지 않다. 그럼에도 불구하고 비물질적 인지노동을 직접적으로 생산적인 노동으로 간주하는 것에는 어려움이 따른다. 하지만 이 어려움을 비물질노동이 비생산적이라는 것의 증거로 삼지 않는 것이 중요하다. 그 어려움을, 비물질생산과 비물질노동은 물질생산과 물질노동이 가치를 생산하는 방식과는 다른 방식으로 가치를 생산한다는 사실을 발견하는 계기로 삼아야 한다. 물질노동에 적용되었던 가치와 잉여가치 생산의 메커니즘이, 비물질노동과 비물질적 생산에 동일하게 나타나지 않는 것이다.

비물질적 생산이 우세한 생산지형으로 등장하면 할수록 물질적 생산의 우세 속에서는 어느 정도 뚜렷했던 생산적 노동과 비생산적 노동의 경계는 흐려진다. 자본을 위한 지식 제공이나 용역·봉사의 제공이 자본가의 소득으로부터의 파생적 지불에 의해서가 아니라 임금관계, 고용관계 속에서 전개될 때, 그리고 반대로 명백하게 생산적인 노동이 고용관계 외부에서 전개되는 시대에, 생산적인 것과 비생산적인 것 사이의 경계확정이 맑스 시대에 비해 한층 복잡해지고 어려워지는 것이다.

생산적 노동과 비생산적 노동

노동을 역사적 형태에 따라 고찰하면서 맑스는 (때때로 혼란을 겪긴 하지만) 생산적 노동을 비생산적인 것보다 우월하거나 더 정당한 노동으로 확정적으로 사고하지는 않았다. 오히려 그는 양자가 상호전제의 관계에 있다고 보았다.3 맑스가 이렇게 비물질노동과 비물질적 생산의 문제에 관심을 갖고 양자의 관계를 이론적으로 모색하고 있었지만 맑스가 보기에, 자본주의라는 역사적 착취형태가 자신의 고유한, 그리고 중심적인 토대로 삼은 것은 물질적인 생산적 노동이었다. 당시 생산의 헤게모니가 산업노동에 주어져 있었고 물질적인 생산적 노동이야말로 명확하게 가시적이고 측정 가능한 방식으로 임금관계와 가치법칙을 유지하고 재생산할 수 있는 노동형태였기 때문이다. 자본주의의 성장기에 비물질적 노동은 생산적 노동의 주변이나 외부에 머물러 있었기 때문에 맑스는 그것을 자신의 핵심적 분석영역으로 끌고 들어오지 않았을 뿐이다.4

맑스에 앞서, 자본주의로의 이행기에 생산적 노동과 비생산적 노동을 구분했던 아담 스미스는 생산적 노동이 무엇인가에 대해 심한 혼란을 보인다. 그는, 때로는 ①(맑스의 역사적 정의와 유사하게) 잉여가치를 생산하는 것을 생산적 노동이라고 정의하면서도 다른 때에는 ②(맑스의 본원적 정의와 유사하게) 물질적 상품을 생산하는 것(즉 노동을 안정된 대상에 고정하는 것)을 생산적 노동이라고 정의하기 때문이다. 전자에서는 가치 맥락에서 생산적 노동이 정의되고 있으며 후자에서는 소재의 측면에서 생산적 노동이 정의되고 있다. 이 혼란은 자본주의가 무엇인가를 명확하게 개념 규정하기 어렵도록 만든다. 맑스는 **자본주의**를 명확하게 정의하기 위해서는 ②의 관점이 아니라 ①의 관점에 서야 한다고 봄으로써 아담 스미스의 혼란을 정리한다.[5] 즉 자본주의는 사용가치 생산보다 교환가치 생산으로서, 특히 잉여가치 생산으로서 정의되어야 한다고 본 것이다.[6]

여기서 우리는, 아담 스미스가 이 두 관점을 혼동한 것은 물질적 상품을 생산할 때에만 잉여가치 생산이 가능하다는 전제가 있었기 때문일 것이라고 추론해 볼 수 있다. 자본주의는 본성상 **물질적** 상품을 생산하는 노동을 착취한다는 전제가 작용하고 있었기 때문에 이 두 관점이 서로 동일한 것으로 여겨질 수 있었을 것이다. 맑스는 ②로부터 ①을 독립시킴으로써 이 혼동을 제거한다. 물질적 상품을 생산한다는 사실만으로는 자본주의적 생산을 다른 역사적 생산양식으로부터 구분 짓지 못하기 때문이다.[7]

물질적 상품을 생산하는 노동이 곧 자본주의적인 생산적 노동이라는, 생산적 노동에 대한 스미스의 두 개념 가운데 하나는, 이미 당시에 비물질적 상품을 생산하는 노동도 생산적이라는 수많은 반론들에 직면했다. 국가 관료들, 자본가들 자신, 하인, 예술가, 법관, 변호사 등도 생산적이라는 반론이 그것이다.[8] 만약 물질적 상품을, 물질형태를 띠는 상품으로 사고하지 않고 사용가치나 유용성 일반으로 사고한다면 이 비물질적인 상품 생산 노동이 생산적인 것으로 정의되지 말아야 할 하등의 이유도 없다. 그것들도 자본에게 유용하며 자본가의 노동을 절약해 주기 때문이다.

맑스는, 스미스의 정의의 합리적 핵심이 '하나의 노동이 자본과 교환되는가 소득과 교환되는가'에 있었다고 주장함으로써 비물질적 상품을 생산하는 노동들, 다시 말해 스미스가 (자본과 교환되지 않고 소득과 교환된다고 보아) '봉사'라고 불렀던 활동들을 자본주의적인 의미에서의 생산적 노동에서 제외시킨다. 어떤 노동이든 자본과 교환될 때에만 잉여가치를 생산할 수 있고 소득과 교환되는 한에서는 잉여가치를 생산할 수 없기 때문이다. 그러나 이것은, 비물질적 노동이 자본과 교환되지 않았던 (그래서 소득과만 교환되었던) 당대의 역사적 조건에 따른 **경험적 배제**일 뿐 **원리적 배제**라고 할 수는 없다.

비물질노동이 생산적으로 될 수 있는 조건

맑스는, 비물질노동이 자본과 교환되는 **역사적** 조건 하에서라면 비물질노동도 생산적 노동이 될 수 있다고, 즉 잉여가치 생산적으로 될 수 있다고 보았다. 다만 당시에 그러한 상황은 구체적 현실로부터 가정될 수 있는 것이 아니었고 논리적 추상을 통해서만 가정될 수 있는 것이었다. 그는, 비물질노동이 자본과 교환되지 않고 있기 때문에 잉여가치 생산적이지 않은, 당대의 역사적 조건을 고려하여, 비물질노동을 생산적 노동이라고 주장하는 여러 견해들을 단호히 반대했을 뿐이다. 그러한 견해들이, 자본주의가 무엇을 고유하게 의미하는지를 판단할 수 없게 만들면서 프롤레타리아트의 계급의식의 발전과 계급투쟁의 전진을 가로막는다고 보았기 때문이다. 요컨대 그것이, 정치경제학 비판의 목표와 과제가 무엇인지를 감추는 변호론적이고 이데올로기적 기능만을 수행한다고 보았기 때문이다. 맑스는, 비물질노동을 생산적 노동으로 간주하게 되면, 자본주의가 물질적 상품의 생산을 통해 생산되는 잉여가치에 대한 착취이고, 정치경제학 비판이 노동에 대한 자본의 이 착취에 대한 비판이어야 한다는 점을 명확하게 밝힐 수가 없다는 이유에서, 비물질노동을 생산적 노동으로 보는 관점에 반대했던 것이다.

그럼에도 불구하고 맑스가, 비물질노동이 생산적 노동으로 될 수 있을 **구체적 가능성**을 믿고 있었다고 보기는 힘들다. 비물질노동들을 낭비적이고 파괴적인 것으로 보았던 아담 스미스의 견해에 대해 맑스는 오히려 옹호적이다. 그는 그러한 활동들을 적대적 사회 위에 건축되는 상부구조들로 파악한다. 그에 따르면 정치, 예술, 문화 등의 활동들은 기본적으로 이데올로기적이며 비판과학만이 그것의 허구성을 깨면서 새로운 세계를 건축하는 활동과 접속될 수 있다고 본다. 맑스는, 비물질노동이 잉여가치 생산적인 상품 생산 활동으로 될 수 있는 논리적 가능성을 열어놓으면서도 그 가능성이 실제적일 수 있다고 믿지는 않았던 것 같다. 비물질노동은 비생산적 노동이라는 맑스의 판단이 당대의 역사적이고 경험적인 현실에 근거를 두고 발생한 것은 분명하다. 하지만 비물질노동이, 자본주의적 의미에서의 생산적 노동으로, 즉 잉여가치를 생산하는 노동으로 될 수 있을 실제적 가능성을 그가 믿지 않은 것에는 다른 이유가 있지 않을까? 문헌들은, 맑스가, 비물질노동이 자본주의와 관련해 역사적 제한만이 아니라 좀 더 본질적인 제한을 갖는다고 생각했음을 보여준다. 다시 말해 맑스는, 비물질적 활동들이 **역사적으로** 자본주의에 포섭되어 있지 않을 뿐만 아니라 **본성적으로도 자본주의에 포섭되기 어렵다고** 판단했다.9 인지노동이 논리적으로는 생산적 노동이 될 수 있지만 실제적으로는 생산적 노동이 되기 어렵다는, 자신의 사유의 이 괴리를, 그는, 인지노동이 주요한 노동형태가 될 때에는 가치법칙 자체가 소멸하리라는, 즉 자본주의적 의미에서의 생산적 노동 개념이 의미를 상실하리라는, 다시 말해 자본주의가 불가능하리라는 전망 속에서 통일시켰다. 『정치경제학 비판 요강』에서 표현되는 전망이 그것이다.10 이곳에서 맑스는, 인지노동이 지배적으로 되는 역사적 상황 속에서는, 가치법칙이 소멸하리라는 예상을 명시적으로 표현한다.

인지노동과 가치측정

　그런데 우리는, 이러한 맑스의 전망과는 달리, 비물질노동과 (때로는) 그 생산물이 상품으로 되고 있을 뿐만 아니라 비물질노동 그 자체가 **가치관계** 속에서 잉여가치 생산적으로 된 **자본주의** 시대에 살고 있다. 아니, 비물질노동이 다른 그 어떤 **노동**보다도 더 잉여가치 생산적으로 된 자본주의 시대에 살고 있다. 맑스가 논리적 가능성으로만 남겨두었던 것이, 역사적 현실로 전화한 것이다. 비물질노동이 잉여가치 생산적으로 됨으로써, 확실히 아담 스미스의 생산적 노동에 대한 정의의 한 축(생산적 노동은 물질적 상품을 생산하는 노동이다)은 붕괴되었다. 비물질노동은 오늘날 잉여가치 생산적일 뿐만 아니라 가치생산에 있어서의 헤게모니적 축으로 부상했다.

　그렇다면 비물질노동이 본성적으로 자본주의에 포섭되기 어렵다고 보았던 스미스-맑스의 직관까지 오류로 판명된 것일까? 그렇지 않다. 자본주의가 비물질노동을 잉여가치법칙에 따라 포섭하는 데 성공했지만, 그렇다고 해서 비물질적 인지노동이 자본주의와 본성적으로 어울리기 어렵다는 직관이 부정되는 것은 아니다. 오늘날 비물질노동의 포섭이 자본축적의 성공에 관건적 요소로 등장하고 있지만, 그 포섭이 항상적으로 위기를 함축하는 포섭으로 나타나고 이로 인해 잉여가치법칙 자체에 심각한 교란이 나타나고 있기 때문이다. 가치법칙은 소멸하지는 않았지만 교란되고 있으며, 적어도 과거와 동일한 맥박을 따라 작동하지는 않는다. 무엇보다도 경제적 법칙이자 사회적 합의이고 정치적 제도로서 기능해온 '사회적으로 필요한 노동시간' 척도가 비물질노동과 쉽게 조화되지 않는다. 왜냐하면 비물질노동은 노동시간에 따른 분절이 곤란하고 따라서 그것에 시간 척도를 적용하는 것이 쉽지 않기 때문이다. 자본주의는 측정하기 어려운 노동을, 그래서 양적 분할에 의한 잉여가치화가 곤란한 노동을, 요컨대 전통적 축적 논리에 부합하지 않는 성격의 노동을 동력으로 삼고 축적해야하는 곤란한 상황에 직면해 있다. 맑스의 예상은 실현되고 있다.

비물질노동에 대한 가치측정

그렇다면 가치측정의 이 곤란함이, 맑스의 생각처럼, 직접적으로 척도 부재를, 측정불가능성을, 나아가 자본의 재생산 불가능성을 가져오고 있는 것일까? 이 문제에 대해서는 맛시모 데 안젤리스Massimo De Angelis의 연구에서 중요한 시사를 받을 수 있다. 안젤리스는 가치법칙과 그 척도인 **사회적 필요노동시간** Social Necessary Labor Time ; 이하에서는 SNLT로 표시 개념을 깊이 있게 탐구하고 재정식화하여,11 측정의 곤란함이 척도의 부재를 가져오지는 않으며 비물질노동에서도 척도 부과가 계속되고 있음을 밝힌다.

우선 안젤리스는 맑스가, 흔히 알려진 것과는 달리, '가치법칙'이라는 표현을 거의 사용하지 않았음에 주목하면서 맑스의 가치법칙 개념에 대한 기존의 표상을 정정한다. 일반적으로 가치법칙이라는 표현은 어떤 객관적 법칙성을 상기시킨다. 안젤리스는, 맑스의 가치법칙 개념의 핵심적 기능이, 누구나 동의할 있는 객관적 척도를 설정하는 데에 놓여 있었던 것이 아니라, 자본과 노동의 투쟁과정에서, 자본이 노동의 저항과 투쟁을 축적 과정에 흡수한다는 것을 강조하는 것에 있었던 것으로 이해한다. 이것은 SNLT를 정치적으로 이해하는 것, 즉 그것을 계급투쟁의 과정 속에 위치시키면서 유동화하는 것이다. 안젤리스는, 비물질노동에서만이 아니라 물질노동에서도, 척도 설정과 부과가 노동의 투쟁이라는 객관화하기 어려운 어떤 곤란에 직면해 있었음을 밝힌다. 그러므로 곤란함의 존재 여부가, 혹은 오늘날 그 곤란이 가중되었다는 사실이 가치법칙의 존속과 작용의 여부를 판단할 수 있는 조건이 되지는 못한다. 이런 생각 위에서 안젤리스는 가치법칙을, '완전히 규준화되어 사물들의 일상적 진행처럼 나타나는 흡수의 특수한 유형, 규모 혹은 강도'[12]로 정의해야 한다고 말한다.

둘째로 안젤리스는, 가치법칙이, 그 역사적 형태가 무엇이건, 회전 시간(투쟁들 — 자본주의적 대응들 — 투쟁들— ……)에 뿌리박은 적대적 가치실천들의 충돌 과정에서 나타나는 동조화coupling의 지속과정이라고 설명한다. 자연과정들, 주체성들, 가치 실천들, 인간적 에너지들, 지식들, 정동들 등의 흡수는 새로운 제도적 설정이나 새로운 게임규칙의 결과가 아니라, 자신을 보존하고 재생산하며 확장하려는 자본이 사물의 일상적 진행과정에서 의존해온 원기元氣의 근원이라는 것이다. 이것은 삶life과 생계livelihood를 절합하는 일상적인 흡수의 과정으로서, 자본의 척도 속에 뿌리박은 낡았거나 새로운 엔클로져들에 의해 비로소 가능해지는 것이다.

가치법칙에 대한 탐구는 역사적으로 다음과 같은 세 가지의 주요한 기능을 수행해 왔다. 첫째로는 분석적 기능인데, 자본주의적 착취에 대한 엄밀하게 측정 가능한 정의를 제공하는 것이다. 둘째로는 비판적 기능인데 노동자의 관점에서 자본주의 관계의 총체성을 제공하는 것이다. 셋째로는 혁명적 기능인데 노동자들이 자본주의를 넘어서는 자율적 세계의 가치표value table를 만들어 낼 수 있게 하는 것이다. 가치법칙에 대한 안젤리스의 탐구는 첫 번째 기능으로부터 둘째와 셋째로, 특히 셋째의 기능으로 가치론의 초점을 이동시킬 것을 주장하는 데 초점을 맞춘다. 이렇게 가치법칙을 비판적·혁명적으로 독해함으로써, 즉 정치적으로 독해함으로써 인지자본주의 하에서 심화되고 있는 측정의 곤란함이 더 이상 가치법칙의 종말을 의미하지 않게 된다. 측정의 곤란은, 정도에 차이가 있다 하더라도, 계급투쟁으로서의 가치법칙에 처음부터 내재하는 것이었기 때문이다. 이로써 문제의 초점은, 가치법칙이 지속되고 있는가 아닌가라는 학구적 지평을 벗어나, 자본이 부과하는 것과는 다른 가치실천을 창안하고 새로운 가치세계를 형성할 수 있는가 없는가라는 정치적 지평으로 이동하게 된다.

자본의 '신경체계'

이러한 주장이 설득력을 얻으려면 SNLT가 어떤 의미에서 객관적 척도가 아니라 흡수의 유형이나 강도이며 적대적 실천들의 동조화 현상인 지를 밝혀야 한다. 이 문제를 풀기 위해 안젤리스는 자본의 순환과정을 분석한다. 자본의 M-C-M′ 순환과정에서 M′에서 M을 뺀 ⊿M은 인간의 행위, 즉 노동에 의해 창출된다. 이 순환의 과정에서 자본의 화폐회전은 노동의 사회적 협력의 다양한 분야들을 **통합한다**. 이 순환들은 임금노동뿐만 아니라 비임금의 재생산 순환과도 유기적으로 연결되어 있다. 그리고 이 통합은 특수한 유형의 정보를 운반하며 화폐형태를 취하는 하나의 신경체계를 구축함으로써, 즉 가격체계라 불리는 '사회적 몸을 가로지르는 일종의 신경체계'를 구축함으로써 발생한다. 가격들은 상품과 화폐 흐름의 변형률을 재현함으로써, 결정을 내리는 사람들에게 신호를 보낸다. 가격들이 지구 경제의 상이한 행위자들에게 보내는 기호집합과 가격집합은 **지구공장**의 신경체계의 지도를 구성한다. 안젤리스는 신자유주의적 지구화 과정이 이 시장적 상호작용을 강화했고 가격 형태의 화폐적 '신경말단'들을 통해 세계의 여러 지역들과 사회적 실천들을 더 깊이 절합시켰다고 말한다. 이런 방식으로 이제, 세계시장이 중앙신경체계처럼 기능하게 된다.[13] 가격신호들은 단지 양적인 화폐적 표현 속에서 매우 다양한 범위의 상태들과 차이들differentials을 표현한다. 그것들은 상품 생산의 비용효과를 지수화한다거나 어떤 상품 생산의 미래 전망을 알린다거나 홍수, 파업, 소요, 정변, 조세정책, 광고, 브랜드충실성 등의 효과를 등록한다거나 함으로써 자본의 자기보존과 자기확장에 기초한 특수한 유형의 질서를 카오스 속으로 주입한다.[14]

그렇지만 이 주입과정은 특수한 한계에 직면한다. 그 한계가 무엇인지를 살피는 것이 가치법칙의 성격을 규명하는 데 결정적으로 중요하다. 우선 상품들은 특정한 욕망을 충족시킨다. 그 상품이 직접적인 신체적 정신적 필요를 충족시키는가 아니면 다른 상품의 생산수단으로 기능하는가는 여기서 상관이 없다. 이 상품들의 구매와 판매의 형식 속에서, 가격은 화폐흐름에 의해 부단히 정보를 운반한다. 하지만 이것은 생산의 문 앞에서 멈출 수밖에 없다. M-C와 C-M′ 사이에 생산과정이 놓이고 가치흐름이 화폐형태에서 다른 형태들(생산자본으로 기능하는 노동력, 원료, 기계 및 이들의 상호관계 등)로 바뀌기 때문이다. 화폐형태의 가치흐름에서 인간의 활동, 행위, 노동의 흐름으로 바뀌는 것이다. 여기서는 행위의 주체들, 그들의 관계 체계들을 고찰해야 하고 이 노동의 흐름을 지식들, 에너지들, 정동들의 흐름으로 이해해야 한다. 이것들의 난류亂流는 갈등하는 가치 실천들 사이의 투쟁을 반영한다.[15]

안젤리스는 이 난류로부터 크게 두 가지의 가치실천을 유형화한다. 하나의 가치실천은, 시장경쟁에서 자본의 생존이 의존하는 **화폐적 가치흐름을 극대화하려는 가치실천**이다. 또 하나는 행위의 사회적 흐름을 구성하는 것으로 정동들과 재생산의 네트워크로 이해되는, 즉 **삶-과정으로 이해되는 가치실천**이다. 이 두 가치실천들 사이의 적대와 투쟁의 상황에 대응하면서 자기를 보존하기 위해 자본은 특유한 자기조직화의 패턴들을 만들어 낸다. M-C-M′ 흐름의 끝에서 화폐형태로 다시 빠져나올 수 있기 위해, 다시 말해 투자자의 계획을 충족시키기 위해 자본은 이 변형 과정을 통과해야만 하고 행위자들에게, 그들 자신의 것이 아닌 목적을 부과하면서, 그들이 본래 추구하던 삶의 가치들과 가치실천들을 길들이고 화폐적 가치실천에 종속시켜야 한다.

그러나 이것은 일방적 흐름일 수 없다. 그 의도가 다양한 도전들에 직면하기 때문이다. 가치실천들의 경합은 우선 **기업들 사이의 경쟁으로** 교란에 빠진다. 경쟁하는 기업 행위자들은, 자신들의 생존이 그들 외부에서 정립되는 가치들에 의해 지배되는 경쟁 속에 엮여 있음을 발견한다. 가격 신호에 의한 벤치마크는, 어떻게 생산할 것인가, 무엇을 생산할 것인가, 얼마나 생산할 것인가를 표시하는 사회적으로 정의된 구체적 규범들을 제시한다. 하지만 사회체의 개별 부분들은 이 사회적으로 정의된 규범으로부터 부단히 일탈逸脫하지 않을 수 없다. 이 일탈의 크기에 따라 어떤 경우는 사회적 규범보다 더 신속하게 생산이 이루어질 것이며 어떤 경우에는 훨씬 더디게 생산이 이루어질 것이다. 고용한 노동자의 숙련도가 높은가 낮은가, 새로운 기계를 도입할 능력을 가진 자본인가 아닌가 등에 의해서도 이 일탈은 규정된다. 그리고 유통에 얼마만큼의 시간이 낭비되는가도 일탈의 폭을 규정한다. 훈육적 성격을 갖는 현실의 시장에서는 개별 기업들의 이 **일탈들 사이의 지속적이고 불안정한 대립**이 사회적으로 필요한 노동시간(SNLT)을 구성한다. SNLT는 상품 생산 과정에서 사회체를 가로지르는 이 지속적 대립으로부터 생겨난다. SNLT는 우리가 공동으로 생산하는 사회체 전체의 관점에서 보는가, 아니면 그것의 개별 부분들의 관점에서 보는가에 따라 이중의 의미를 갖는다. 전체의 관점에서 보면 이것은 평균, 즉 상품을 생산하는 데 필요한 평균노동시간이다. 그러나 개별 생산마디들의 관점에서 보면 그것은 벤치마크이며 특수한 정보유형을 알리는 담론장치이고 생산조건과 노동리듬에 관련된 결정을 내리고 행동을 하게 하는 보조자이다. 이 두 관점들은 과정 속에서 절합되어 가치규범을 구성하고 우리의 삶활동들을 그 안에 포획하는 되먹임 회로로 나타난다.[16]

지금까지 살펴본 이 첫 번째 교란은, 기업들이 시장으로부터 받는 벤치마크들의 복수성을 나타낸다. 이보다 중요한 것은, **기업들이 시장이 아니라 공동체로부터 벤치마크들을 받는 경우**이다. 이 경우에 가치 신호는 경쟁하는 기업들 사이에서 받는 신호와는 다른 종류의 신호이다. 환경, 노동 표준, 공해 수준, 임금 수준, 노조 권리 등을 위한 벤치마크들이 그것이다. 공동체들이 자신들의 신호들을 통해 기업들을 다른 규준에 맞추도록 훈육할 수 있는 정도, 무엇이 사회적으로 필요한가에 대한 다른 개념을 부과할 수 있는 정도는, 물론, 그들이 펼칠 수 있고 그들이 동원할 수 있는 사회적 힘에, 그들의 협동과 연대의 정도에, 자신들 사이의 경쟁의 수준을 낮출 수 있는 힘에 의존한다.

이 두 가지 교란을 고려함으로써 우리는, 어떤 상품의 사회적 필요노동시간(SNLT)은, 시장을 관통하는 다양하고 이질적인 가치실천들 사이의 상호작용의 지속적 결과로서 획정된다고 할 수 있다. 그리고 우리는 이 사회적 필요노동시간의 **핵심**에, 삶을 영위하는 사람들의 행동들이 놓여있고, 자신들의 생존수단의 재생산 조건을 둘러싼 공동체들의 투쟁들이 놓여 있음을 주목해야 한다.

물질적 노동과 비물질적 노동에 대한 자본의 측정

그래서 안젤리스는 해리 클리버Harry Cleaver를 따라 '자본주의적 가치는 곧 투쟁의 관계이다'라고 말한다.[17] 그 관계의 핵심에서 공동체들의 투쟁을 발견한 후 안젤리스는, 가치관계 속에서 움직이는 행위자들을, 자본의 주도권의 희생자가 아니라 오히려 주도권의 행사자로 파악하며 자본의 소유자와 관리자에게 신호를 보내는 주체로 평가한다.

이상의 추론은 M-C-M′ 순환을 밟는 **물질적** 생산을 조건으로 도출된 것이다. 그렇다면 **비물질적** 노동의 경우는 어떨까? 안젤리스는 포스트포드주의라고 불리는 현대적 생산에 대해서도 이러한 가치분석 추론을 계속할 수 있다고 본다. 포스트포드주의는 직접적으로 물질적인 상품을 생산하는 행위라기보다 새로운 것을 창조하고 상상하고 혁신하는 행위, 팀워크에 기초한 행위, 협력과 관계의 노동형식에 기초한 행위에 기초한다. 확실히 이 행위들은, 조립라인에 묶여 있었던 포드주의의 대중 노동자의 행위들보다, 구상과 생산에서 더 높은 자율성을 보여준다. 『제국』에서, 하트와 네그리는 이것을 비물질노동이라고 부르면서 이 노동형태가 자본주의적 척도 너머에 있다고 주장한 바 있다.[18] 그들의 주장은, 비물질노동이 행위자들 자신에 의해 정의되는 관계적이고 소통적인 유형에 의해 구성된 **사회적 협력**의 형식이라는 판단에 기초한 것이었다. 가치가, 인간 자신의 지속적 혁신과 창조에 의해 결정되는 한에서 우리가 사는 세계의 가치를 결정할 어떠한 초월적 권력이나 척도도 부적합하게 된다는 것이다. 하지만 안젤리스는 문제의 초점을, '그럼에도 불구하고 가능한 측정과 척도'에로 옮긴다. 혁신하고 창조하는 특이한 생산자들도 무한경쟁 속에서 서로 다투게 되고 이 지속적 충돌에서 나오는 가치는 자본에 의해 측정될 수 있다는 것이다. 원래부터 자본 가치가 구성되는 것은 사회적 생산자들 사이의 이 적대적 관계양식을 통해서이다. 안젤리스에 따르면 SNLT의 지속적 창출은 이른바 물질적인 자본주의적 생산의 특징일 뿐만 아니라만 비물질적인 자본주의적 생산, 즉 생각과 정동의 생산이라고 불리는 사회적 생산의 특징이기도 하다.

비물질적 생산에서도 서로 간의 경쟁의 되먹임 회로feedback loop 속에 묶여 있는 생산자들 사이의 지속적 경쟁이 확인된다.[19] 물론 차이들을 생산하기 위해 지속적으로 비교되는 것은 생각들의 인지된 질이다. 그런데 광고를 위한 창조적 노동이나 생산물 혁신이나 그 과정의 혁신에서도 실행의 효율성이나 속도가 비교된다. 인지적 서비스의 질들도 주어진 지표에 의해 측정되는 것이다. 이를 설명하기 위해 안젤리스는 미소짓기와 고객만족의 경우를 예시한다. 이 두 경우에 체제의 압력은 전통적인 물질적 노동의 경우에서와 거의 동일하다. 불쾌감을 주는 고객에게도 미소를 지어야만 하는 웨이트리스의 노동, 혹은 '안녕하세요-로열티카드-갖고-계시죠?-좋은-하루-보내세요'라고 말하도록 강요되는 출납원의 노동 등의 경우에도 행위하는 주체들 속에서 (물질적 실천의 경우에서 말했던) 가치실천들 사이의 갈등이 재생산될 뿐만 아니라 비물질노동의 소통의 범위와 형식에 특유한 제한이 가해진다. 실제로 이 비물질노동과 관련하여 행위자가 갖는 자율성의 정도는, 창조적 노동자 자신에 의해서가 아니라 자본주의적 측정과정에 의해 정의되는 명확한 한계를 갖는다. 행위 과정의 선택이나 생산물로 바뀔 수 있는 새로운 생각의 선택이, 자율적으로 이루어지는 것이 아니라, 측정의 규준으로 작용하는 SNLT와 관련해서 이루어지는 것이다.[20] 노동 팀 내부에서의 소통 유형 역시, 팀의 자율적 의지에 따라서 결정되는 것이 아니라, 고용주와 관리자에 의해 설정된 우선순위에 의해 구속된다. 그 우선순위는, 노동하는 사람들 사이의 인간적 사회적 소통필요에 따라 결정되는 것이 아니라, 시장으로부터 주어지는 벤치마크들에 의해, 다시 말해 가격, 질 그리고 이윤 일탈에 의해 이 소통적 패턴의 결과를 측정하는 자본의 필요에 따라 결정되는 것이다. 물론 간호사, 의사, 교사 등은 다양한 정도의 상대적 자율성을 갖는다. 그러나 이들은, 외부의 벤치마크들에 서로서로 관계하면서 특정한 질적 목표를 충족시키기 위해 자신들의 반대편에 서서 지시를 하는, 그들 외부에서 부과되는 척도들에 점차 심하게 노출된다.[21]

상호경쟁이 존재하지 않으며 해당 분야 노동자들이 오랜 협력의 전통을 갖고 있는, 교육, 건강 등의 공적 서비스들에서도 이러한 현상이 확인된다. 국가기관들은 주어진 표준에 따라 경쟁표를 짜고 이 표에 제시된 지표들을 준수하도록 공무원들에게 요구함으로써 경쟁을 자극한다. 시장市場이 내리는 최악의 처벌인 파산은, 주어진 **표준**을 충족시키는 데 실패했다고 평가되는 학교와 병원에 대해서도 선고된다. 표준을 충족시키지 못한 학교의 아이들은 다른 학교로 옮겨가며 표준을 충족시키지 못한 병원의 환자들은 다른 병원으로 옮겨간다. 그러면 학교와 병원에 파산이 선고되는 것이다. 이런 경험이 반복되면서, 아직 일자리를 갖고 있는 교사, 간호사, 의사의 임금노동의 강도는 높아지고 그와 연관된 공동체의 비임금노동의 강도도 더불어 높아진다. 안젤리스는, 서비스 노동의 생산성을 측정하기 어렵다는 사실이. 이 활동들을 수행하는 주체들이 자본의 합리성에 기초를 둔 지속적 측정과 측정전략의 대상이 아니라는 것을 의미하지는 않는다고 말한다. 그는, 교사나 경영자의 노동성과가 공개리에 혹은 비공개적으로 측정되고 있는 것을 이것의 증거로 제시한다.

그렇다면 우리는 노동의 인지화가 진행되면서 자본이 척도부과의 곤란을 겪고 있다는 네그리·하트의 주장과 인지적이고 비물질적인 노동도 여전히 측정되고 있고 그것에도 여전히 표준이 부과되고 있다는 안젤리스의 주장 사이의 간극을 어떻게 이해해야 할까? 그것들을 대립적이고 선택적인 것으로 보아야 하는 것일까? 내가 보기에는 그렇지 않다. 물질노동에서의 척도 부과가, 실제로는 다른 가치실천들에 입각한 투쟁들로 인해 끊임없이 교란되어 왔다는 안젤리스의 주장은 타당할 뿐만 아니라 중요하기도 하다. 해리 클리버가 『자본론』에 대한 정치적 독해를 통해 입증한 것처럼, 확실히 가치법칙은 부단히 투쟁관계에 의해 교란되고 위기에 처하는 성격의 **법칙**이었고 이런 의미에서는 **경향**을 표현하는 것이었다.[22] 비물질노동에서 가치법칙은 물질노동에서보다 더 큰 교란에 직면한다. 이 점이 네그리와 하트의 주장의 합리적 핵심이다. 안젤리스의 말처럼 표준설정과 같은 현대의 측정방식이 본질적으로는 가치척도로서의 SNLT의 연속이라고 할 수 있지만 그 표준들은 물질노동에 적용되었던 SNLT에 비해 훨씬 더 임의적이고 명령적이며 외부적이다. 하트와 네그리는 이러한 변화를 표현하기 위해 훈육사회에서 통제사회로의 이행이라는 푸코-들뢰즈의 명제를 이용한다.[23] 이 관점에서 보면 안젤리스가 말하는 SNLT로서의 '표준'은 명령으로 전화된 척도이다. 이것은 자본이 척도를 구축함에 있어서 더 임의적이고 상황적인 요소들에 의지할 수밖에 없게 되었음을 의미하며 가치실천들 사이의 투쟁이 매개적인 수준을 넘어 좀 더 직접적인 것으로 되고 있음을 함의한다. 이 두 관점을 종합해 보면, 물질노동에서 비물질노동으로, 포드주의에서 포스트포드주의로의 이행은 연속과 연합의 두 측면을 동시에 갖는 복합적 성격의 이행임을 알 수 있다. 이 이행에서 사회적 투쟁들과 교환들이라는 내용은 연속되며, 그것이 수행되는 형식은 전환된다.

이러한 이행의 결과로 인지노동은 이제 더 이상 사회의 문화적 이데올로기적 상부구조가 아니게 된다. 그것은 물질적 노동과 더불어 사회적 삶을 생산하고 재생산하는 토대로 된다. 아니, 그것은 물질적 노동보다 더 기초적인 토대로 기능한다. 오늘날 각급의 언어들이 갖는 하부구조적 성격을 생각해 보라. 이제 낡은 상부구조들은 와해된다. 모든 생산 활동들이 인지노동의 영향을 받고 있을 뿐만 아니라 사회의 온갖 활동들이 인지노동에 비추어서 재조명되기 시작한다. 자본주의에 관한 이론들은 화폐생산(금은채굴-중금주의), 상품교환(상업-중상주의), 농작물생산

(농업-중농주의), 공산품생산(공업-산업주의) 등 사회적 재생산의 특정 부분에 강조점을 두면서 발전해 왔다.[24] 탈근대적 상황에서 탈산업주의적인 정보생산, 감정생산, 소통생산 등의 인지생산들이 중요한 생산 활동으로 부상하면서 포스트모더니즘은, 고전경제학이 물질노동만을 생산적 노동으로 강조했던 것과는 정반대로, 인지노동의 생산성을 강조한다. 이러한 강조가 역사 변화의 중요한 한 지점을 포착하고 있는 것만은 분명하지만 그것이 인지노동의 생산성만을 강조하고 비인지적 노동의 생산성을 부정하는 것으로 나아가는 것은 잘못이다. 그러한 일면성은 극복되어야 한다. 인지생산이 헤게모니적 생산영역으로 부상하는 상황에서 필요한 것은, 그것에 대한 근시안적 강조가 아니라 금은채굴, 농업, 상업, 공업, 인지생산 등등의 다양한 생산 활동들이 맺고 있는 **재생산적 연관**을 밝히고 이에서 더 나아가 그 속에서 작동하고 있는 **새로운 사회의 맹아들**을 포착하는 것이다. 그렇게 함으로써 그것은, 아담 스미스의 종합, 케네의 재생산적 총체화, 맑스의 역사적 유물론적 비판과 같은 것이 각각의 시대에 그랬듯이, 자유의 실제적 가능조건을 탐사하는 작업으로 되면서 새로운 가치실천에 길을 여는 데 기여할 수 있을 것이다. 이를 위해서 우선 인지자본주의 하에서 잉여가치 착취가 어떻게 이루어지고 있고 그것이 다중에 대한 지배와 어떻게 연관되어 있는지를 살펴보도록 하자.

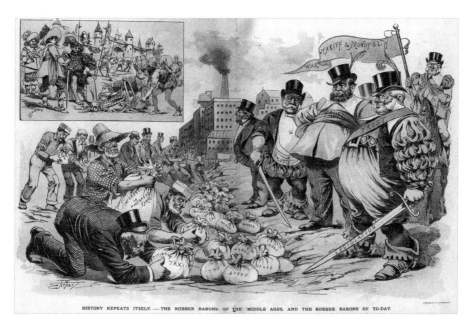

HISTORY REPEATS ITSELF. — THE ROBBER BARONS OF THE MIDDLE AGES, AND THE ROBBER BARONS OF TO-DAY.

"역사는 반복된다. 중세의 노상강도 귀족(the robber barons)과 오늘날의 악덕 자본가(the robber barons)"

'robber barons'는 유럽의 중세 시대에는 사악하고 전제적인 귀족이라는 뜻에서 '노상강도 귀족'을 뜻했다. 그리고 19세기 미국에서는 사업가나 은행가, 산업가를 경멸하는 용어로 사용되었다.

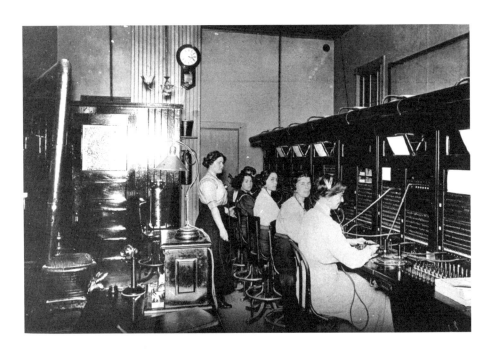

전화교환원(Telephone Operator)

19세기 전화교환원의 모습이다. 오늘날 텔레마케터는 전화로 단순 '연결'을 할 뿐만 상품의 판매를 위해 적극적인 마케팅을 한다. 그리고 이들은 교사, 의사, 간호사 등처럼 끊임없이 친절해야 한다는 교육을 받으며 서비스노동, 감정노동을 하고 있다. 오늘날 대부분의 노동은 친절함 같은 정동적 노동을 요구받고 있다.

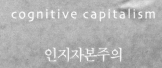

cognitive capitalism

인지자본주의

5장

착취와 지배의 인지화

5장

착취와 지배의 인지화

아담 스미스와 맑스처럼 고유하게 자본주의적인 착취지형을 물질적인 생산적 노동으로 파악한다면 비물질적인 생산적 노동의 우세는 자본주의의 위기 국면을 함의하는 것으로 볼 수 있지 않을까? 이것이 4장에서 우리를 이끈 문제의식이다. 이 문제의식이 옳다면, 이 위기는 분명히 하나의 거대한 **역사적 전환**의 효과에 의해 규정된다. 노동시간에 따른 가치측정과 시간분할이 가치 생산과 축적의 기반이었다면 이제는 명령이 그 척도를 대신한다. 이런 의미에서 자본주의는, **경제적** 사회구성체라기보다 **정치적** 사회구성체에 더 가깝게 되었다. 그리고 정치는 국가를 둘러싼 여러 계급들의 투쟁이라는 지형을 넘어서, 사회적 삶 속에서 삶의 지형을 생산하고 관리하고 조형하는 것을 둘러싼 여러 계급들의 투쟁이라는 지형으로 확장된다. 단적으로 말해 정치는 삶정치적biopolitical 활동으로 된다. 모든 것은 이 삶정치의 지형과의 관계 속에서 움직인다. 따라서 정치권력만이 아니라 경제권력도 삶권력biopower으로 전환된다. 생산적인 것은 더 이상 경제적 잉여가치를 생산한다는 의미에 머무르지 않는다. 경제적 잉여가치의 생산이 삶권력의 생산 없이는, 명령권력의 생산 없이는 불가능하게 된 역사적 조건에서, 생산적인 것은 바로 그러한 권력들을 생산하는 것으로 재정의된다. 그 결과 과거에 비생산적이었던 것의 많은 부분, 특히 인지노동이 이제는 생산적인 것으로 된다. 이로써 가치생산의 지형은 확장되어 전지구적 삶협력체 전체로 넓어진다.

비물질적인 생산적 노동이 부상하고 그것이 헤게모니를 갖게 되면서 자본주의의 역사적 관계들에 커다란 변형이 강제된다. 신체의 활동과 영혼의 운동을 포함하는 사회적 삶 전체가 잉여가치 생산적으로 되면서 생산적 노동과 비생산적 노동의 구분이 아니라 생산적 노동의 **이중성**이 더 중요한 문제로 부각된다. 잉여가치법칙의 확정에 온 힘을 쏟았던 맑스의 정치경제학 비판은, 척도가 **시간측정**에서 **삶명령**으로 전환하는 이 과정을 분석하는 일에 어떤 빛을 던져줄 수 있는가? 이 전환 이후에 가치화는 어떤 방식을 통해 달성되는가? 자본관계는 어떻게 생산되고 재생산되며 확장되는가? 이 시대에 잉여가치가 생산된다면 그것의 정체와 역사적 성격은 무엇인가? 운동과 혁명이 이것에 대해 취해야 할 태도는 무엇인가? 잉여 생산 활동으로서의 인간노동의 비전vision은 무엇인가? 노동의 인지적 변형과 재구성은 이토록 많은 이론적 문제들을 현재적이고 절박한 것으로 만든다.

문제들은 이렇게 다르게 제기되고 있지만 노동을 그 **역사적 형태** 속에서 파악해야 한다는 맑스의 방법론은 여전히 유효하다. 노동은 역사 속에서 진화하는 능력이자 활동이기 때문이다. 노동의 역사적 형태를 고려할 때, 우리는 물질적인 생산적 노동보다 비물질적인 생산적 노동이 더 헤게모니적인 것으로 대두되는 조건과 그것의 의미를 살펴야 하며, 비물질적임에도 생산적인 노동을, 비생산적인 노동 그 자체로부터 구분해 내야 한다. 이제 이 문제에 대한 사유의 역사적 진화과정을 검토하면서 우리 시대의 착취와 지배, 점점 인지화되는 착취와 지배에 대해 생각해 보도록 하자.

착취의 인지화

맑스는 소비재 생산부문(I부문)과 생산재 생산부문(II부문)의 재생산 흐름을 탐구한 바 있다. 이 재생산 순환의 표는 경제와 정치가 분리되어 있고 정치가 경제 외부에서 경제적 관계, 즉 자본주의적 생산관계를 보장하는 정치적 역할을 다하고 있는 상황에서의 가치순환을 표현한다. 이런 상황에서의 재생산적 가치순환은 순수한 경제적 가치순환이며 상품순환의 가치표현이다.

그러나 자본주의적 생산은 순수하게 경제적인 체제, 다시 말해 경제적으로 자동적인 체제가 아니다. 자본주의적 사회기계의 경제적 순환은 우선 자본주의 경제 외부를 착취한다. 자연은 자본주의 사회기계에 의해 착취되는 대표적인 것이다. 식물, 동물, 광물은 무상으로 자본기계에 의해 이용된다. 노동과정에서 노동대상(예컨대 원료)으로 나타나는 자연물들은 자본주의에 의해 생산되는 것이 아니다(자연자원의 수탈). 자본기계는 인간의 활동력도 반*무상으로 이용한다. 이 점은 맑스가 가장 깊이 탐구한 부분이다. 자본은 임금이라는 형태로 노동력의 대가를 지불하고 노동자의 노동력을 사지만 노동력은 노동과정에서 그 임금 이상의 가치를 생산하며 이 가치 부분은 지불되지 않은 채 자본가에게 전유되기 때문이다(불불노동의 착취). 노동력은 임금관계를 통해 자본주의 경제관계 내부에서 생산되고 재생산되는 것처럼 보이지만 반드시 그런 것은 아니다. 시초축적은 자본의 시초축적일 뿐만 아니라 노동력의 시초축적이기도 했다. 그것은, 자본관계 외부에서 구축된 광대한 노동 잠재력을 도시 공장으로 끌어와 자본관계와 자본생산 과정 속으로 편입시켰고 이로써 노동력을 상품으로 바꾸는 역할을 수행했다. 엄밀히 말하면 이 시초축적은 끝난 것이 아니라 지금도 자연물, 토지, 지식, 정보, 우주공간 등을 대상으로 전 지구적 차원에서 계속되고 있다.

자본이 필요로 하는 노동력을 생산하기 위해, 경제 외적 방법에 의한 시초축적이 필요하다는 사실은, 자본주의 경제관계가 자동적 체제가 아니라는 것을 말해준다. 자본주의 재생산은, 소비재와 생산재로 대별되는 상품 흐름의 재생산에 의해 충분히 보장되지 않는다. 상품 흐름과 가치 흐름이 자본관계를 재생산한다는 생각은 맞지만, 노동(자)의 저항, 이탈,

창조 등 자동성을 침식하는 변화의 요소들을 무시했을 때에만 맞다. 자본주의적 생산관계와 자본주의적 생산주체의 생산과 순환은 결코 자동적이지 않다.

'① 먹고 살려면 ② 몸을 팔아야 한다'는 것은 가난한 사람들에게 부과되는 명령이고 프롤레타리아를 생산하는 일반법칙이지만 ①과 ② 사이에는 어떤 필연적인 연관도 없다. 그 법칙의 일반성은 실제로는 역사적이고 사회적이고 계급역학적인 것이다. 역사적 자본주의의 생산관계에서만 ①과 ②가 비로소 연결된다. 먹고 살기 위한 방법은 다양할 수 있다. 몸을 팔아 노동을 하는 대신 자영自營, 도둑질, 강도, 구걸, 소매치기를하는 등의 개인적 방법도 있을 수 있고, 공동체를 조직하여, 노동력을 팔지 않아도 되는 비자본주의적 관계망을 창출하는 방법도 있으며 사회 혁명을 통해 생산수단을 집단적으로 전유함으로써 노동력 판매의 필연성을 제거하는 방법도 가능하기 때문이다.

그렇기 때문에 자본이 요구하는 바의 노동력, 즉 먹고 살기 위해 몸을 파는 존재들은 **강제로** 생산되는 것이지 자본주의적 과정 속에서 자동적으로 생산되는 것이 아니다. 이것이 마녀사냥, 감금과 감시와 처벌, 정신병원에의 수감, 대량 학살, 강제 이주 등과 같은 비경제적 수단들을 필요로 했다는 것은 주지의 사실이다. 요컨대 사람들을 노동하도록 만들조건들이 경제 외적 방식으로 생산되어야 했다. 노동할 수 있는 능력의생산도 자본주의적 경제관계 내부에서 자동적으로 이루어지지 않는다. 이것은 교육, 훈련, 단련, 세뇌, 치료를 필요로 하기 때문이다. 가정, 공동체들, 예술, 학교, 교회, 병원 등이 그것들을 위한 장치로 사용된다. 노동하는 관계의 재생산은 법률, 경찰, 군대, 기업체 등에 의해 이루어진다. 요컨대 자본주의적 생산주체의 생산은 법적 정치적 문화적 상부구조에 의해 달성된다.

우리 시대의 거대한 전환으로 지금 우리가 주목하고 있는 현상은 노동력의 인지화이다. 초기 자본주의의 노동력이 숙련집약적이었다면 성장기 자본주의의 노동력은 기계집약적이고 현대자본주의의 노동력은 인지집약적이다.[1] 노동력의 인지집약화는, 과거에는 자본주의 노동과정 외부에서 이루어졌던 많은 활동들을 자본관계 속으로 끌고 들어온다. 예술, 친교, 교육, 연구, 봉사 등이 그것이다. 그리고 과거에는 정치영역에 속해 있었던 활동들도 자본관계 속으로 끌어들인다. 케인즈주의는 국가의 기업화를 촉진했고 이후 정치 활동의 대부분이 기업 이미지에 따라 재편되었다. 정치는 경제관계의 일환이 된다. 이렇게 공무 활동(공적 봉사 활동)이 자본주의적 경제 활동으로 되면서 교사, 교수, 경찰 등이 자신의 활동을 노동 활동으로 인식하기 시작한다. 그리하여 이제 자본주의적 생산주체의 생산 및 생산관계의 생산이 하나의 산업으로 편제되어 생산재 생산부문, 소비재 생산부문과 나란히 제Ⅲ의 산업부문으로 자리 잡는다. 경제표는 이제 Ⅰ부문과 Ⅱ부문의 재생산 흐름을 다루는 방식으로는 충분히 서술할 수 없다. Ⅰ부문과 Ⅱ부문의 재생산이 상품의 생산과 순환이라면 Ⅲ부문은 주체와 관계의 생산과 순환이다. 이 세 부문의 재생산을 총체적으로 다루기 위해서는 〈경제표〉보다 〈정치경제표〉 혹은

〈삶정치적 경제표〉가 필요하다.[2] 우리는 오늘날 이 제Ⅲ부문의 생산조
차도 상품 생산으로 환원하는 사고법이 널리 통용되고 있음을 경험한다.
금융상품, 보험상품, 서비스상품 등 주체와 관계의 생산을 상품의 이미
지에 따라 사고하는 것이다. 그 결과 교육상품, 간호상품, …… 등의 낯선
술어가 주조되어 유통되고 있다. 하지만 새로운 생산부문을 전통적 생산
부문의 이미지에 따라 명명하고 사유하는 것은 인간을 원숭이의 이미지
에 따라 해석하는 것과 같다. 그것은 미래를 사유할 수 있는 가능성을 박
탈한다. 그러므로 상품 생산과 관계(주체) 생산을 식별함과 동시에, 나아
가 상품생산을 오히려 관계생산의 일환으로 이해하는 것이 필요하다. 그
럴 때에만 현재의 관계를 변형시킬 미래적 대안을 사유할 수 있기 때문
이다.

가치의 변형과 되기

맑스는 자본이 그 스스로는 아무것도 생산하지 않으면서 사회에서
이루어지는 모든 활동들로부터 잉여가치를 흡수하고 축적할 수 있는 다
이어그램diagram이라고 생각했다. 자본주의적 관계와 주체를 생산하는 인
지노동의 경우에도 자본은 그와 유사한 것, 즉 알고리즘algorism을 사용한
다. 스스로는 아무것도 생산하지 않으면서 다중의 앎과 함을 흡수할, 다
중의 지식, 정보, 정동, 소통의 과정을 흡수할 알고리즘을 구축하고 그것

으로부터 잉여가치를 착취한다.

그런데 잉여가치는 단일한 현상을 갖고 있지 않다. 그것은 자본의 순환과정에서 다양한 형태를 취하면서 변이한다. 이제 이 잉여가치가 취하는 특수한 형태들을, 맑스가 고찰한 잉여가치의 계열적 변형에 대한 이론을 통해, 구체적으로 살펴보도록 하자.

우선 노동이 새로이 생산한 가치 중에서 임금 이외의 부분은 잉여가치로 된다. 이것은 생산조건을 자본이 장악하고 있다는 사실에 의해 발생하는 것이다. 한 번의 회전을 가치생산과정의 측면에서 고찰하면, 불변자본의 가치는 그 일부만이, 즉 마모되거나 소비되는 부분만이 가담한다. 그런데 그것을 노동과정의 측면에서 고찰하면, 불변자본은 소재적으로 그 전체가 가담한다. 그래서 잉여가치가 아니라 보전가치만을 생산할 뿐인, 비용가격의 형성에서는 가변자본 외에 불변자본의 일부만이 가담하는데 잉여가치 생산에서는 불변자본 전체가 가변자본 전체와 더불어 **통째로** 가담하는 듯한 환상이 발생한다.[3] 이렇게 잉여가치가, 실제로 가치생산과정에 가담한 불변 및 가변 자본들의 산물이 아니라, **총투하자본의** 산물이라고 생각될 때 잉여가치는, 모든 자본의 참여하에 형성되는, **이윤**이라는 **환상적 형태**를 취한다. 이로써 '상품가치C = 불변자본c + 가변자본 v + 잉여가치s = 비용가격k + 잉여가치s'라는 공식에서 'C = 비용가격k + 이윤p'이라는 공식으로의 전형이 이루어진다. 즉 잉여가치(s)가 이윤(p)으로 된다.[4]

이러한 가치변형론에 입각할 때 자본의 구성(기술적 구성에 기초한 가치구성으로서의 유기적 구성, 즉 불변자본과 가변자본의 구성비)이 달라지면 자본구성이 상이한 생산부문에서 이윤율의 차이가 발생해야 할 것이다.5 즉 상대적으로 더 많은 가변자본을 사용하는 부분에서 더 높은 이윤율이 형성되어야 할 것이다. 그런데 현실에서는, 생산분야가 다르다 해도 이윤율의 차이는 존재하지 않는다. 상이한 생산분야의 자본가들은 자신의 생산분야에서 상품의 생산과 더불어 생산한 잉여가치를 자신의 몫으로 그대로 취득하는 것이 아니다. 그들이 취득하는 것은 모든 생산분야의 사회적 총자본이 일정한 기간에 생산한 사회적 총잉여가치의 균등한 분배에 의해 사회적 총자본의 각각의 구성부분들에게 할당되는 잉여가치, 즉 평균이윤이다. 이 경우 각각의 상이한 자본가들은 주식회사의 주주와 같은 입장에 놓인다. 주식회사에서는 가령 매 100단위의 주식에 대하여 균등하게 배당이 이루어진다. 따라서 각각의 개별자본가의 배당에 생기는 차이는 오직 각자가 이 공동기업에 투자한 자본의 크기, 이 공동기업에 대한 각자의 참가비율, 즉 각자의 주식보유수에 따른 것이다.6 여기에서 이윤은 **평균이윤으로 된다.**

평균이윤율이 성립하면 그것은 가치를 생산가격으로 전형시킨다. 평균이윤율을 p로 표시할 때, 상품의 가치가 C = c + v + s 였다면, 생산가격은 c + v + p로 표시될 것이다. 이렇게 가치가 생산가격으로 전형되면 자본가는 c + v를 비용가격으로 여기고 p는, 생산과정이 아니라 유통과정에서 발생하는 것으로 오인하게 된다. 이렇게 되면 자본가에게 가치개념은 무의미하게 된다. 왜냐하면 그는 상품의 생산에 드는 총노동가치(c

+ v + s) 중에서 그가 생산수단의 형태로 지불한 부분(c + v)만을 보게 되고, 이윤(p)은 상품의 내재적 가치 밖에 있는 어떤 것으로 그에게 나타나기 때문이다.7

한편에서는 자신이 고용한 노동자들의 저항을 무찌름으로써, 다른 한편에서는 다른 자본들에 비해 더 많은 이윤을 쟁취함으로써, 결과적으로 더 많은 이윤을 획득하고자 하는 자본들 사이의 경쟁은 "불변자본에 비한 가변자본의 점진적 감소와 함께 총자본의 유기적 구성을 점점 더 고도화시키는데, 이것의 직접적인 결과로, 잉여가치율은(노동의 착취도가 불변이거나 심지어 증대하는 경우에도) 계속적으로 하락하는 일반적 이윤율로 나타난다"8는 것, 이것이 맑스가 이윤율의 경향적 저하법칙이라는 말로 표현하고자 한 사태이다. 이윤율 감소되기를 표현하는 이 법칙은 이윤량의 증대를 동시에 가져오기도 하는 이중적 성격의 법칙이다.9

자본의 변형(되기)은 지금까지 살펴본 생산과정 이후에도 계속된다. 자세히 살펴보면 노동의 분업만 있는 것이 아니라 자본 간에도 분업이 있다. 생산자본과 유통자본간의 분업이 그것이다. 맑스는, 유통자본 중에서 오직 유통영역에만 머무르는 자본을 상품거래자본(상업자본)이라고 부르며 화폐거래를 담당하는 자본을 화폐거래자본이라고 부른다. 또 그는, 상품거래자본과 화폐거래자본을 합쳐 상인자본으로 부른다. 순수한 상업자본은 상품의 가치를 실현하기 위하여 필요한 자본이다. 유통과정 중에도 계속될 수 있는 생산과정(발송, 운수, 보관 등)에 투하된 자본은 순수한 상업자본에서는 제외된다. 그것들은 오히려 생산자본에 더 가

깎기 때문이다. 상업자본은 직접적으로 가치나 잉여가치를 결코 생산하지 않지만 그것과 무관하지는 않다.

상업자본이 유통기간의 단축에 기여하는 한, 상업자본은 산업자본가가 생산하는 잉여가치의 증대에 간접적으로 공헌한다. 상업자본이 시장의 확대에 기여하고 자본들 사이의 분업을 촉진하며 이리하여 자본으로 하여금 보다 큰 규모로 활동할 수 있게 하는 한, 상업자본의 기능은 산업자본의 생산력과 축적을 촉진한다. 상업자본이 유통기간을 단축시키는 한, 상업자본은 투하자본에 대한 잉여가치 비율 — 즉 이윤율 — 을 상승시킨다. 그리고 상업자본이 자본의 보다 작은 부분을 화폐자본으로서 유통영역에 처박아 두는 한, 상업자본은 자본 중 생산에 직접적으로 사용되는 부분을 증대시킨다.[10]

상업자본은 상업이윤을 취득한다. 상업이윤은, 특정의 자본이 잉여가치 창조에 참여하지 않으면서도 평균이윤율의 형성과 이윤의 분배에는 참가한다는 사실을 보여준다.[11] 어떻게 잉여가치는 창출하지 않는 자본이 이윤을 취득할 수 있을까? 상업자본이 평균이윤을 분배받는 방법은, 상품을 산업자본가로부터 생산가격 이하로 구매하여 생산가격(혹은 시장가격)으로 판매하는 것이다. 총상품자본의 진정한 생산가격은 산업자본의 생산가격에 상업이윤(m)을 더한 k + p + m이다. 다시 말해 산업자본의 생산가격이 k + p이고 총상품자본의 진정한 생산가격이 k + p + m일 때 이 양자의 차이가 상업이윤이라고 인식되는 것이다. 이렇게 상업자본이 평균이윤율의 형성 및 이윤의 분배에 참여하게 되면 총자본의 이윤율은 하락한다. 왜냐하면 상업자본은 이윤율 하락의 조건이 되는 불변자본을 적게 사용하는 유형의 자본이기 때문이다. 그리고 유통과정에서 상인의 판매가격이 구매가격보다 높게 될 수 있는 것은 판매가격이 총가치를 초과하기 때문이 아니라 구매가격이 총가치 이하이기 때문이다.[12] 다시 말해 상업자본의 이윤은 가치 이상으로의 판매에서 나오는 것이 아니라 가치대로의 판매에서 나오는 것이다. 생산자본과 유통자본의 이러한 분업 속에서 이윤은 **산업이윤(p)**과 **상업이윤(m)**으로 분화된다.

다음으로는 신용을 통한 자본의 변형을 살펴보자. 신용과정에서 대부자와 차입자 모두 동일한 화폐액을 자본으로 지출하지만 그것이 자본으로 기능할 수 있는 것은 차입자에게서뿐이다. 이 동일한 화폐액이 두 사람 모두에 대해 자본으로 기능하는 것은 이윤의 분할에 의해서만 가능한데 이 때 대부자에게 귀속하는 부분을 이자라고 한다.[13] 화폐 또는 상품이 그 자체로 잠재적 자본인 것은 노동력이 잠재적 자본인 것과 마찬가지이다. 그 이유는 (1) 화폐가 생산요소로 전환될 수 있으며 화폐는 이 요소들의 추상적 표현에 불과하기 때문이고 (2) 노동력이 자본주의에서 상품으로 현존하는 한에서, 그리하여 자본에게 판매되지 않으면 안 되는 조건 속에 놓여 있는 한에서, 부의 소재적 요소들은 노동을 고용하여 잉여가치를 창출할 수 있는 잠재적 자본으로서의 속성을 갖기 때문이다.[14] 잠재적 자본인 한에서 화폐와 상품은 타인노동에 대한 지휘권이고 타인의 노동을 취득하는 청구권이며 자기를 증식시키는 가치를 대표한다.[15]

이윤이 이자와 진정한 이윤으로 분할되는 과정은, 화폐자본에 대한 수요와 그것의 공급에 의해, 즉 경쟁에 의해 규제된다. 여기서 화폐자본은 수요와 공급의 규칙에 지배되는 상품인 것처럼 보인다. 그런데 일반 상품의 생산가격은 (그리고 노동력 상품의 가격인 임금도) 그 상품의 내재적 가치법칙에 따라 규제되고 경쟁은 괴리와 변동만을 규정할 뿐이지만 화폐자본이 취득하는 이자율에는 경쟁에 의해 강제되는 분할법칙 이외에는 존재하지 않는다. 이자율에는 어떤 내재적, 자연적 한계도 없다. 그것은 본질적으로 자의적이고 무원칙적이다.[16] 이것이 이윤의 이자되기의 과정이 갖는 특징이다.

이렇게 논리적으로는 이윤에 기초해서 이자가 성립하는 것이지만 실제에서는 그 반대가 일반적이다. 이자 낳는 자본이 역사적으로는 오히려 산업자본보다 먼저 존재하고 있었고 이 때문에 사회역사적으로 전승된 일반적 이자율이 이윤에 앞서 먼저 성립되어 존재하기 때문이다. 그리고 세계시장이 한 나라의 생산조건과는 독립적으로 이자율의 확정에 미치는 영향은, 세계시장이 이윤율에 미치는 영향에 비해 훨씬 더 강력하다.[17] 화폐시장에서는 대부자와 차입자가 서로 상대할 뿐이다. 이 관계에서는 자본의 특수한 형태들이 소멸하고, 자본들은 모두 독립된 가치인 화폐라는 무차별적이고 동질적인 형태로 존재할 뿐이다. 여기에 특수한 분야들 사이의 경쟁은 존재하지 않고 모든 분야들은 화폐의 차입자로 일관되어 있으며 자본은 모든 분야들에 대해 그 사용의 특수한 방식과는 관계없는 화폐형태로 상대한다. 화폐자본은 수요와 공급 모두에서 현실적으로 계급의 **공동자산**으로 등장한다. 산업자본은 특수한 분야들 사이의 운동과 경쟁에서만 계급의 공동자산으로 등장하는데 비해 화폐시장에서 화폐자본은, **현실적으로 공동적인** 요소로서, 그것의 사용방식과는 무관하게 상이한 분야의 자본가계급 사이에 무차별적으로 분배되는 형태를 취한다. 대공업이 발달하면, 화폐자본은 개별자본가에 의해 대표되는 것이 아니라 집중되고 조직된 **대량**으로 등장하며 이 대량은 사회적 자본을 대표하는 은행업자의 통제하에 놓인다. 그리하여 수요의 형태에서는 한 계급 전체가 대부자본과 상대하고 있으며 공급에서는 총량으로서의 대부자본으로 나타난다.[18] 산업·상업 자본가와 화폐대부 자본가의 분할, 기능자본가와 대부자본가의 분할로 인해 이제 이자는 자본을 소유한 사람이 취득하는 단순한 과실로 나타나고, 기업가이득은 기업가가 자본을 가지고 수행하는 기능의 배타적인 과실로 나타난다. 이것이, 이윤이 이자와의 경쟁 속에서 **기업가이득으로 되는** 방식이다.

이렇게 총이윤의 두 부분들이 상이한 원천으로부터 발생하는 것처럼 자립하여 화석화되면 이것은 자본가계급 전체와 자본 전체에도 확산되어 고정관념으로 된다. 그래서 자기자본으로 사업을 하는 자본가도 자기의 총이윤을 이자와 기업가이득으로 나누어서 생각하게 되는 것이다. 이것이 바로, 양적 분할이 질적 분할로 전화하는 방식이며, 소유하고 있는 자본과 생산과정 안에 있는 자본이 분열하는 방식이다.[19] 질적 측면에서 이자는 재생산과정 **외부**에서 발생하는 잉여가치로 나타나고, 양적 측면에서 이자율은 이윤율에 의존함에도 불구하고 **독립적으로** 결정되는 주어진 크기로서 나타난다. 총자본은, 화폐로서 존재하는 상대적으로 작은 부분을 제외하면, 생산수단의 형태로 존재하기 때문에, 생산수단을 구매하여 가치증식시키는 사람들이 없이, 총자본이 화폐자본으로 전환될 수 있다는 생각은 불합리하다. 이것은 잉여가치 없이 이자가 생길 수 있다거나 자본주의적 생산 없이 자본주의적 생산양식이 진행될 수 있다는 식의 불합리에 속한다. 그런데 바로 이 불합리를 통해서 **일반이자율이 성립**한다.

신용제도의 발달에 따라, 동일한 자본, 동일한 청구권이, 상이한 형태로 여러 사람들의 수중에서 나타나는 상이한 방식 때문에, 두 배, 세 배로 되는 것처럼 보인다. (국민이 은행업자에게 행한 대부인[20]) 예금은 은행의 준비금 외에는 은행업자의 채무에 불과하며 결코 예탁현금으로 존재하지 않는다. 예금은 은행업자에 의해 대출된 뒤에 은행업자를 위한 자본으로 기능하기 때문이다.[21] 이것이 예금의 **은행자본되기**의 메커니즘이다. 동일한 화폐조각이 유통속도에 따라 다수의 상이한 구매를 수행할 수 있으므로 동일한 화폐조각은 각종의 상이한 대부에도 사용될 수 있다. 동일한 화폐가 실제로 몇 개의 자본을 대표하는가는 그 화폐가 각종의 상이한 상품자본의 가치형태로서 몇 번이나 기능하는가에 달려 있다.[22]

이윤은 토지와의 관계 속에서 다시 변형된다. 절대지대는 희소하고 공통적인 토지물질에 대한 소유독점을 그 조건으로 삼으며 그것은 평균이윤 이상의 초과이윤이 전형된 것이다. 즉 **초과이윤은 지대로 된다.** 만약 지주가 자신의 자본으로 토지를 개량하여 농업 노동자를 고용하고 스스로 감독하면서 경작을 하는 경우를 가정해 본다면 그 지주는, (1) 토지소유권에서 청구하는 절대지대 (2) 고정자본에 대한 투하로 인해 다른 경작지보다 나은 조건을 갖추게 됨으로써 얻게 되는 차액지대(특별잉여가치의 전환부분) (3) 경작경비에 들어가는 화폐자본의 대부에 대한 평균이자율에 따른 이자 (4) 생산된 잉여가치 중 이자를 제외한 부분에 대한 이윤 (5) 자신의 관리노동에 대한 임금 등을 가져가게 될 것이다. 그런데 자본주의에서 토지소유자는 전혀 기능하지 않으면서 지대를 수취하며, 화폐소유자는 전혀 기능하지 않으면서 이자를 수취한다. 후자가 수취하는 이자는 이윤으로부터의 임의적 분할이라고 앞에서 말했다. 이윤은, 기능자본가가 자신의 기능을 매개로 하여, 그 생산과정에서의 권력행사를 매개로 하여 수취하는 잉여가치에 붙인 이름이었다. 소유할 뿐 기능하지 않는 자본가(화폐자본가)가 이윤으로부터 이자를 가져가는데, 이것은 평균이윤 내에서의 분할이었다. 그런데 그와 마찬가지로 기능하지 않는 소유자인 토지소유자는, 기능하지 않으면서 지대를 가져간다는 점에서는 화폐자본가와 동일하지만, 그는 자신의 소득을 평균이윤으로부터 분할하는 것이 아니라 초과이윤, 특별이윤으로부터 가져간다. 이윤의 지대되기는 이윤이 초과이윤으로 되지 않는 한 부적절한 표현이 된다. 기능이 아니라 소유에서 발생하는 것을 지시하는 용어로는 지대와 이자라는 두 가지 소득형태가 있다. 기능하지 않는 자본가가 소유로부터 가져가는 것이 평균이윤인가 초과이윤인가에 따라 이윤이 이자로 되는가 지대로 되는가가 구별된다. 즉 그것이 평균이윤에서의 분할이라면 **이자되기**로, 초과이윤에서의 분할이라면 **지대되기**로 불러야 할 것이다.

지금까지 우리는 맑스에 의해 『자본론』에서 서술된 자본의 되기들을 비교적 상세히 정리했다. 자본의 이 변형 흐름들을 염두에 두면서 이제부터는, 우리 시대의 자본에 나타나고 있는 변형들에 대해 생각해 보자.

오늘날의 재생산 순환에서 나타나는 잉여가치 수취 형태의 변화 가운데에서 특히 주목할 만한 것은 **이윤**과 **이자**가 (그리고 심지어 임금조차도) **지대**의 성격을 띠어 간다는 것이다. 어떻게 해서 이런 현상이 나타나는 것일까?

오늘날의 금융자본 시대에 기능자와 소유자는 명확히 분리된다. 이 분리 위에서 기능자는 임금(그것이 아무리 고액이라도)을, 소유자는 이자를 받는다. 산업자본 시대에 산업자본가의 이윤은 **개인적 차원**에서는, 기능자로서의 자본가에 대한 임금과 소유자로서의 자본가에 대한 이자의 합으로 구성되는 것이었다. **사회적 차원**에서는 산업자본과 화폐자본 사이의 이 분할비율이 산업자본가와 화폐자본가의 역관계에 의해 규정되었다. 한 자본가가 이 두 가지 성격을 동시에 갖는 (어쩌면 더 일반적인) 경우에도 그 사회적 분할비율은 자본가의 두뇌 속에 투영되어, 동일한 사람의 소득이 일부는 임금으로, 일부는 이자로 계산되었다.

주식회사 시대에 산업자본가들은 대개, 소유할 뿐 더 이상 기능하지 않는다. 그의 기능 대부분이 임금 노동자들에게 넘어가기 때문이다. 산업자본가의 기능을 수행하는 이들 임금 노동자들은 때로는 사장, 경영자, CEO 등의 이름을 갖기도 하며, 보통 노동자 임금의 수백 배에 달하는 연봉을 받기도 한다. 산업자본가의 소득은, 그 결과, 기능이 아니라 소유에 근거하게 된다. 이럴 때, 산업자본가는 이자를 수취하는 화폐소유자나 지대를 수취하는 토지소유자를 닮아간다.

토지소유자의 지대는 희소한 성격의 공통적인 것, 즉 지구의 표면적을 넘을 수 없는, 토지에 대한 소유의 독점에 근거한다.[23] 그러면 오늘날의 산업자본도 생산조건을 희소하게 만들 수 있는가? 그래서 희소하게 된 공통적인 것인 그 생산조건에 대한 소유독점을 구축할 수 있는가? 그래서 토지자본이 그러하듯이, 자본의 이동에 제한을 가하고 이윤의 평균화를 저지할 수 있는가? 그래서 토지자본에서처럼 자신이 장악한 부문에서 평균이윤 이상의 초과이윤을 형성할 수 있는가? 토지소유에 대한 독점은 농업자본의 낮은 유기적 구성을 인위적으로 유지할 수 있게 했다. 인지화하는 비물질노동을 착취하는 인지자본도 농업자본처럼, 초과이윤을 가능케 할 낮은 유기적 구성을 갖는가? 이것들이 맑스의 잉여가치 변형론(되기론)에 입각하여, 우리 시대에 우리가 물어야 할 물음들이다.

이윤의 지대로의 전화

노동이 인지노동으로 전화하기 전에 잉여가치가 취하는 주요한 형태로 기업가 이윤이었다. 그것은 이자, 지대와 더불어, 집중화되고 평균화된 노동자들의 노동시간을 분할하여 착취하는 범주였다. 그런데 인지노동은 끊임없이 지속되는 것이고 관계적인 것이기 때문에, 인지노동에, 일정한 지속시간을 부여하고 그 지속시간을 측정하고 그것을 분할하는 방식으로 착취하기는 어렵다. 그렇다면 어떻게 착취가 가능해지는가? 인지자본은 다중의 인지 활동들에 자유와 효율성을 부과하면서 그 분산된 활동들을 집중시키고 연결시키도록 설계된 알고리즘을 독점함으로써 착취한다. 구글이나 사회연결망서비스(SNS)의 사례가 그것을 보여준다. 다중들의 자유로운 인지 활동들은 광범한 인지적 **토지**를 만들어낸다. 그 인지적 토지를 포획할 장치(예컨대 구글의 페이지랭크^{PageRank} 24)를 만들고 그것에 대한 지적소유권만을 유지함(독점함)으로써 관계의 잉여가치, 흐름의 잉여가치, 소통의 잉여가치, 네트워크 잉여가치를 착취할 수 있다. 구글의 경우에서는 애드센스^{Adsense} 25와 애드워드^{Adword} 26가 그것을 가능케 한다.

그렇다면 이러한 잉여가치의 성격은 무엇인가? 맑스는 지대를 초과이윤으로 파악했다. 토지에서의 초과이윤은 두 가지 형태의 지대를 낳는다. 첫째는 유한한 토지의 사적 소유독점이 자본의 유기적 구성이 서로 다른 농업 부문과 공업 부문 사이의 이윤의 평균화를 저지함으로써, (유기적 구성이 낮은, 그래서 생산물의 가치가 상대적으로 높은) 농업에서 초과이윤을 발생시킨다. 이것이 절대지대이다. 둘째는 토지마다의 생산성 격차에서 발생하는 초과이윤으로서의 차액지대이다. 그렇다면 구글이 향유하는 잉여가치로서의 인지지대, 관계지대, 네트워크지대는 어떤 성격의 것일까? 그것은 인지토지, 관계토지, 네트워크토지에 대한 포획 독점 하에서 그것을 더욱 비옥하게 만들고 생산적으로 만듦으로써 창출된다. 그 토지들이 다른 기업에 포획된 인지토지들에 비해 나타내는 생산성 격차(인지효과, 주목효과의 차이에 기초한 광고효과 차이)가 지대 규모에 영향을 준다는 점에서 그 지대는 상대지대이다. 하지만 그것은, 인지토지의 흐름을 인지 알고리즘에 대한 사적 소유를 통해 사유화(정확하게는 포획)하는 것에 기초한다는 점에서는 절대지대적 측면을 갖는다.

그러면 인지토지에서도 유기적 구성의 차이 문제가 발생하는가? 발생한다. 인지자본의 유기적 구성은 극도로 낮다. 구글의 경우를 생각해 보면, 그것은, 아주 적은 고용 노동력으로 전 지구 다중의 인지 활동, 소통 활동, 관계 활동을 자극하고 촉진하고 흡수한다. 그러나 인지토지의 경우, 지구 표면의 총면적 이내로 한정되는 농업토지와는 달리, 유한한 것이 아니다. 그것은 오히려 무한히 창출 가능한 것에 가깝다. 그러므로 독점은, 유한한 토지에 대한 사적 소유독점이 아니라, 알고리즘 장치의 설치와 그 장치에 대한 소유독점에 기초한 포획독점, 엔클로져 독점이다. 농업토지의 지주들은, 토지소유자라는 특성으로 인해, 하나의 계급을 구성한다. 지주는, 하나의 계급으로서, 자본의 자유이동과 이윤의 평균화를 저지하는 힘을 갖는다. 그것은, 지구의 표면이 유한하다는 조건에서 비롯되는 힘이었다. 하지만 무한히 창출 가능한 인지토지를 기초로 하는 인지자본은 그러한 방식으로 독점을 유지할 수는 없다. 물론 지적

재산권이 그러한 성격의 독점을 유지하게 하는 하나의 법적 장치로 사용될 수 있고 또 사용되고 있다. 그래서 지적재산권에 주로 의지하는 인지자본들은 절대지대를 추구하는 경향이 있다. 하지만 모든 인지자본이 절대지대 추구에 목표를 두는 것은 아니다. 구글 같은 경우도 (알고리즘에 대한 소유독점에 의존한다는 점에서) 궁극적으로는 지적재산권을 이용한다고 할 수 있다. 그렇지만 구글은 지적재산권보다는 오히려 지적재산권을 거스르는 흐름을 활성화하고 그 자유로운 활성화가 만들어내는 인지토지의 더 큰 비옥도에 주로 의지한다. 이렇게 절대지대보다 상대지대를 추구하는 인지자본은 지적소유권과 같은 **사회적 다이어그램**에 의존하는 축적보다 **인지적 알고리즘**에 의한 축적을 더 선호한다. 인지자본이 이 어느 쪽에 의존하건 인지자본의 이윤은 궁극적으로는 **지대**로 되고 있다.

지금까지 서술한 이윤의 지대되기는 인지적 착취의 효과이다. 이것은 안또니오 네그리,[27] 까를로 베르첼로네Carlo Vercellone,[28] 맛떼오 빠스꿰넬리Matteo Pasquinelli [29] 등에 의해 다양한 방식으로 분석되고 논증되었다. 지대가 토지에 대한 사적 소유 독점이라는 **법적** 조건에 의지하는 한에서 이윤의 지대되기는 경제와 정치의 경계 소멸 혹은 경제에서 정치적 계기의 부각과 연결되는 것이다. 데이비드 하비는 이것을, 시초축적에서 나타났던 강탈적 축적이 다시 득세하는 것이라고 말한 바 있다.[30] 노동의 인지화는 이렇게, 사라져가는 것 혹은 사라져 갈 것으로 파악되었던 지대 범주가 새로운 시간, 새로운 장소에서 부활하도록 만드는 결과를 가져온다. 문화, 이데올로기 등의 개념으로 파악되었던 과거의 상부구조는 이제 하부구조로 전위轉位되며 그것이 새로운 유형의 경제적 토지를 구축한다. 다른 물질적 산업들이, 이렇게 해서 형성되는 인지토지에 기초한다. 이 점에서는 과거의 하부구조가 상부구조로 된다고 해도 과언이 아니다. 이제 우리는 농업과 공업을 인지적 생산의 일부로, 경제를 인지 활동의 일환으로 이해하는 것이 더 적합한 시대로 빠르게 나아가고 있다. 자본주의적 생산주체와 생산관계의 생산 위에서, 자본주의적 노동력과 기계와 원료가 생산된다. 생산관계는 더 이상 구조가 아니라 생산력에 의해 생산되는 생산물로 나타난다. 그것은 포획의 다이어그램의 생산력이 발휘하는 효과이다. 국가도 이제, 하나의 인지기업으로서, 다중들의 생산 활동을 포획하는 정치적 다이어그램의 하나로 기능한다. 그것은, 어떤 콘텐츠도 생산하지 않으면서, 그 콘텐츠의 흐름을 관리하고 포획하는 장치가 된다. 이윤의 지대되기와, 강탈로서의 축적의 대두는 전쟁의 시대를 개시한다. 제국주의 전쟁이 **지대의 이윤되기** 과정에서 발생했다면, 테러에 대한 전쟁은 **이윤의 지대되기** 과정에서 발생한다. 착취지형의 이러한 변화는 우리의 새로운 사유, 새로운 운동이 유효하기 위해서는 반드시 고려하지 않으면 안 될 실천의 조건이다. 착취지형의 변화와 사회적 실천에 요구되는 변형의 이 관계에 대해서는 12장에서 서술하도록 하고 여기서는 먼저 인지적 지배의 변화하는 양상에 대해 살펴보기로 하자.

정동적 지배

상업자본주의, 산업자본주의에 이은 제3기 자본주의인 인지자본주의는 9/11에서 절정에 이르며 전환점을 맞이한다. 쌍둥이 빌딩의 폭발이 누구에 의해 어떤 동기에 따라 이루어졌는지, 우리는 정확하게 알지 못하고 있다. 하지만 그것의 효과에 대해서는 알고 있다. 그것은 합의consensus에서 테러terror로의 이행을 군사적·경찰적 수준에서 완결 짓는 것이었다.

신자유주의 이전의 자본주의들이 (예컨대 서구의 케인즈주의나 심지어 동구의 사회주의도 일정하게는) 합의의 원리를 이념적 토대로 삼았다는 것은 주지의 것이다. 국가는 노동계급과 자본 사이의 합의를 도출하는 것을 자신의 역할로 삼았다. 더 이전의 시대와 비교해 보면 이 합의의 원리는 법칙law의 원리의 일정한 동요, 교란, 불안정화의 결과로 도입되었다. 1917년 러시아 및 유럽에서의 혁명은, 자유주의가 신봉했던 가치법칙에 대한 아래로부터의 도전을 보여주었고, 1929년의 세계대공황은 가치법칙의 파괴적 결과를 보여주었다. 자본주의에 대한 사회주의적 수정이나 케인즈주의적 수정은, 자본주의가 더 이상 가치법칙에 순수하게 의지할 수는 없고 정치적 보완을 하지 않으면 안 된다는 사실의 고백이었다. 그 보완의 방법이, 임금을 가치법칙 외에 생산성 및 정치적 필요에 연동시키는 제도를 구축하는 것이었다. 배급제도나 생산성 임금제도, 그리고 사회적 임금제도가 그것이다. 이것이 계급 간 합의를 통한 **국가자본**

주의적 총력전의 방법이었다.[31]

1968년 혁명은 이 계급 간 합의체제의 모순을 폭발시키는 것이었다. 이에 대한 대응으로 나타난 자본의 신자유주의는 법칙law도 합의consensus도 아닌 일방주의적 명령command으로 나아갔다. 이에 따라 미군 기지의 확장과 미국에 의한 군사적 지배체제가 지구 표면을 뒤덮고 국지적 전쟁이 국제정세를 압도해 나가게 된다.[32] 열전들의 이 연쇄는 한국전쟁과 베트남전쟁이라는 두 번의 국지전 외에는 열전이 상대적으로 억제되고 전쟁이 냉전의 형태로 지속되었던 시기와는 사뭇 다른 모습을 보여준다. 9/11은 이제 이 명령-전쟁 논리를 완결 지으면서 '테러에 대한 전쟁'이라는 이름의 테러주의를 세계화하는 계기로 사용된다. 그것은 첫째로는 치욕과 복수(보복의 논리), 둘째로는 두려움과 유사희망(예방과 구원 논리)을 동원하면서 테러적 전쟁을 테러에 대한 전쟁으로 정당화하는 장치가 된다.[33] 이리하여 전쟁이 경제적·정치적 이해관계가 아니라 인간의 정념에 대한 지배, 즉 **정동적** 지배의 필요에 따라 일상화되는 시대로의 이행이 이루어진다. 그 결과 공포와 불안, 조증과 울증 등이 전 지구적 수준에서 우리 삶의 일상적 구성부분으로 정착된다.

공황

스피노자에 따르면, 치욕과 복수심, 두려움과 유사희망, 공황恐慌, panic과 불안 등의 모든 감정들은 슬픔의 감정들이다. 치욕은, 자신이 타인에게 비난받는다고 상상하는 어떤 행동의 관념을 동반하는 슬픔이다.[34] 복수심은, 타인의 슬픔을 통해서만 자신이 스스로의 슬픔으로부터 벗어날 수 있다고 상상하는 어떤 행동의 관념을 동반하는 슬픔이다. 두려움은, 자신이 두려워하는 큰 악을 더 작은 악으로 피하려는 욕망을 갖도록 자극되는 슬픔이다.[35] 유사희망은, 자신이 그 결과에 대하여 의심하는 미래 또는 과거의 사물의 관념에서 생기는 기쁨을 가장함으로써 현재의 슬픔을 위안하는 것이다.[36] 그리고 불안은, 자신의 욕망이 침해당할 수 있는 가능성을 가정할 때 비롯되는 슬픔이다. 공황은, 작은 악을 통해 큰 악을 피하려고 하는 욕망조차 방해당하는 일반화되고 대규모화된 두려움이다.[37]

전쟁을 수행하면서 미국이 그 전쟁에 붙이는 작전명의 변화는, 전쟁의 인지적이고 정동적인 성격이 강화되는 경향을 뚜렷이 보여준다. 미국이, 1944년 6월 노르망디 상륙작전에 붙인 작전명은 '절대군주 작전'Operation Overlord이었고, 1965년 2월 베트남 북폭 항공작전명은 '우뢰소리 작전'Operation Rolling Thunder이었으며, 1991년 1월 1차 걸프전에 붙인 작전명은 '사막의 폭풍'Desert Storm Operation이었다. 이러한 이름들은 작전의 성격을 숨기기 위한 것, 그 위세를 표현하기 위한 것, 작전의 지역적 위치나 물리적 위치를 가리키기 위한 것 등이었다. 하지만 2001년 9/11 이후에 전개되기 시작한 테러에 대한 전쟁들은, 복수와 정의를 내세우면서, 인지적이고 정동적인 성격을 작전명에서 한결같이 강조한다. 2001년 미국의 대 아프가니스탄 전쟁의 애초 작전명은 '무한 정의 작전'Operation Infinite Justice이었다. 이 이름은 종교인들로부터 신의 영역을 침범한다는 비판을 받은 후, '항구적 자유 작전'Operation Enduring Freedom으로 변경했다. 대량살상무기를 보유하고 있다는 거짓 혐의를 씌워 이라크를 공격했던, 2003년 제2차 걸프전의 작전명은 '충격과 공포'Shock and Awe였고, 전후 이른바 '국가건설'nation building 과정에 붙인 작전명은 '이라크 교육 작전' Operation Iraqi Education이었다.38 이렇게 9/11 이후의 작전명에서 정의, 자유, 충격, 공포, 교육, 해방, 구원 등과 같은 인지적 내용이 전면에 부각되고 있는 것은 자본의 착취가 인지노동에 대한 착취로, 자본의 축적이 인지지대의 축적으로, 자본의 지배가 인지적 지배로 전환되고 있다는 것을 보여주는 징후들 중의 하나일 것이다. 프랑코 베라르디[비포]Berardi, Franco [Bifo]는 이러한 상황을 다음과 같이 요령 있게 정리한다.

2003년 2월 15일 세계 도처의 수많은 사람들이 전쟁을 중단하라며 거리로 나왔을 때, 많은 사람들은 군사적 지구권력이 일체의 합의를 저버리려 하고 있으며, 이것은 그 위기의 시작일 수 있으리라고 느꼈다. 그러나 권력은 더 이상 합의에 기초하지 않고 테러, 무지, 기술-경제적 금융적 심령적 자동운동에 기초한다. 그래서 정치를 더 이상 통제할 수 없으며 대중행동은 더 이상 그것을 변경하거나 중단시킬 수 없다. 그 이후에 우리는 아무리 규모가 큰 평화운동도 전쟁을 멈추기에는 충분치 않으며 민주주의는, 테러주의와 안보 편집증이 가동시킨 군사적 자동주의를 해체할 수 있는 수단을 갖고 있지 않다는 것을 알았다. 비록 대다수의 여론이 전쟁에 반대한다 할지라도, 전쟁으로 이르는 그 동학은 멈춰지지 않는다. 테러는 부시 행정부가 모든 것을 건 정치적 투자이다. 담론적, 선전적, 이데올로기적 도구들을 통해 합의를 창출할 필요가 없다. 테러에 기초한 심령적 자동운동을 불러일으키는 것으로 충분하다. 테러는 테러주의적 공격 이전에 태어난다. 테러는, '너의 죽음이 곧 나의 삶이다'의 원리를 모든 개인들의 마음속에 주입시킨, 잔인하고 지속적인 경쟁에서 태어난다.[39]

테러는 대중들 속에 일반화된 경쟁관계의 정점에서 태어나 인지적으로 채색된 군사–경찰적 자동운동으로 굳어진다. 그것이 불러일으키는 효과가 일반화된 공포로서의 공황panic이다. 공황은 사람들로부터 일체의 행동능력을 빼앗아 간다. 그렇기 때문에 우리는, 테러가, 일상 속에서 반복되어온 능력박탈(인지적 착취)과 능력축소(인지적 소외)의 과정을 경찰적–군사적 수준에서 종합한다고 말할 수 있다.

조증과 울증

경찰적 군사적 공포를 통해 조성되는 공황panic의 아래층에는 우울 depression이 있다. 이 정치심리의 구조는, 경제적 공황panic이 그 아래층의 경제적 침체depression에 의해 부양되고 있는 것과 비교할 수 있다. 우울은 소유할 수 없는 것에 대한 소유의 욕망의 반복적 좌절에서 비롯되는 슬픔이며 질투와 탐욕이 근심, 소심, 무기력, 절망과 결합되면서 만들어지는 복합적 감정이다. 이 감정이 제3기 자본주의인 인지자본주의와 어떤 관계에 있을까?

화폐가 보편적 등가물로 정립되려면, 사용가치를 상실하고 오직 교환가치로서만 기능해야 한다. 이 과정에서 화폐는 실재로부터 그만큼 멀어진다. 자본은 처음에는 화폐–상품–증식화폐(M-C-M′)의 순환형태를 취하지만 그것이 발전하면 할수록 C(상품)와의 관계를 잃고 자기증식하는 화폐, 즉 M-M′의 순환형태를 갖는 화폐자본의 형태를 띤다. 오늘날의 초국적 금융자본은 그것의 최근, 최고의 형태라고 할 수 있다. 금융자본은 실재적 상품세계와의 모든 연관을 상실한 상태에서 자기증식 그 자체가 목적으로 정립된 화폐자본이다. 금융자본이 지배하는 세계에서, 실재와 그 상징 사이의 관계는 전도되며, 상징이 실재를 지배하게 된다. 금융자본이 실재를 벗어난 상징의 운동이기 때문에 금융적 축적의 욕망은 무한한 것이고 결코 충족될 수 없는 것이다. 그것은, 주식, 증권, 파생된 금융상품들, 심지어 화폐까지 사고팔기를 반복하는 무한 운동이다. 그것은 시황에 대한 주시, 관찰, 비교, 분석, 결단, 결정을 반복하는 **인지적이고 기호적인 자본**이다. 금융자본의 축적은 실물자본의 축적과 무관하며 실재적 사용가치의 축적과는 더욱 무관하다. 금융자본은 이런 의미에서, 실재적인 것의 **부재**를 광적으로manically 축적하는 것이다. 이 축적과정에서 금융적 붐boom이 찾아오고, 실제에 부합하지 않는, 정도 이상의 확신, 희망, 환희, 경쟁심, 대담함 등이 찾아온다. 이것이 경제심리적 조증mania이다.

하지만 화폐가 아무리 많다 하더라도, 금속이나 종이, 플라스틱이나 전자매체에 기호로 표시된 화폐를 그 자체로 씹어 먹고 살아갈 수 있는 사람은 아무도 없다. 물론 화폐는, 사회 속에서 실재적인 것으로 전환할 가능성을 갖고 있다. 시장에서, 씹어 먹을 수 있는 것과 교환하면 되기 때문이다. 하지만 그렇게 되는 순간 그것은, 더 이상 금융자본이 아니게 된다. 그것은 실재적인 것이 아닐 때에만, 즉 **기호**인 상태에 머물러 있을 때에만 자본으로 살아갈 수 있다. 물론 금융자본은, 금융축적의 과정에서, 자신을 실재적인 것의 소유와 혼동한다. 하지만 금융증발이 나타나는 위기의 순간에 금융자본은, 그의 수중에 아무것도 없으며 오직 숫자, 기호만이 남아 있다는 것을, 심지어 그 기호마저 연기처럼 사라진다는 것을 확인한다. 금융자본은, 기호의 축적을 통해 실재의 축적을 대신하며, 소유할 수 없는 것을 소유하려는 욕망에 의해 자극된다. 이 때문에 금융자본은, 부단히 근심, 걱정에 시달리며, 반복적으로 확인되는 실재적인 것의 부재로 인해, 좌절하기를 그치지 않는다. 금융의 위기와 침체는 활력과 의지의 커다란 상실로 나타난다. 이상의 것이, 조증과 울증을 반복하는 금융자본의 **조울증적** 심리구조이다.

이 심리구조는 금융자본 자신만의 경험으로 머물지 않는다. 금융자본의 보편적 헤게모니로 인하여, 이 조울증적 심리구조는 대중에게 이입된다. 2008년 서브프라임 모기지mortgage 사태가 보여주듯이, 금융적 붐의 시기에 금융자본은 낮은 금리를 미끼로 노동대중들을 불러 모아 거대한 신용을 제공했다. 물론 이것은, 노동대중들이 거대한 가계부채를 짊어지게 되었음을 의미했다. 이 신용은, 주택을 구입하려는 광적 수요를 불러일으켰다. 이 수요는 당연히 주택가격을 상승시켰는데 그 상승의 폭은 너무나 크고 급격해서 이자는 물론이고 원금도 곧 상환할 수 있다는 **환상과 기대**를 대중 속에 불러일으켰다. 이 환상의 거대한 행렬은, 다종다

양한 금융주체들(은행, 구조화투자회사, 보험회사, 신용평가기관, 금융
자본가들 등)이 참가한 거대한 파생금융상품 시장을 창출했고 조증은 빠
르게 전 세계적인 것으로 확산되었다. 하지만 이 환상행렬의 어느 곳에
선가 허점이, 아니 실재가 발견된 어느 날,[40] 주택가격은 급전직하로 하
락하고, 서브프라이머subprimer들에서 거대 금융기관들에 이르기까지 꼬
리에 꼬리를 물고 이어져 있는 부채사슬을, 상환될 수 없는 것으로 드러
난다. 이로 인해 금융기관은 파산하고 주택은 압류당하며 환상과 함께
기회를 잃은 많은 사람들은 길거리로 나 앉게 된다. 짧은 조증의 시기가
지나가고 장기에 걸친, 어쩌면 영원히 극복하지 못할 울증의 시기가 찾
아오게 되는 것이다. 이러할 때, 대중의 일부는, 자신이 추구했던 그 대상
이 현실에 존재하지 않는다는 사실을 깨닫고 애도의 작업을 통해 현실원
칙으로 복귀하여 새로운 실제적 애착의 대상을 찾기도 한다. 하지만 더
많은 경우는, 그 상실감을 자아에 충당하면서, 초자아화 된 자아에 의한
자기비하나, 자살충동을 수반하는 깊은 우울증으로 빠져든다. 이것이,
금융자본과 금융적 축적양식이 대중 속에 기술적으로 강제하고 전이하
는 조울증의 메커니즘이다.

좀 더 엄밀히 살펴보면 조울증은, 대상의 소유나 상실의 체험 그 자
체에서 비롯된다기보다 욕망하는 대상을 소유의 환상이나 상실의 환상
속에서 살아 있게 만드는 **환상능력**의 표현이다. 서브프라이머들은 주택
을 실제적으로는 단 한 번도 소유한 적이 없으므로 상실한 적도 없다고
해야 마땅하다. 구조적으로 보면 이것은, 금융자본가들의 경우에도 마찬

가지다. 이들은 세계 전체를 소유하려고 하지만, 사실상 실재 세계는 단한 번도 이들에게 소유되지 않는다.[41] 이들이 소유하는 것은 오직 기호일뿐이다. 기호를 소유했다가 상실한 후에는 다시 그 상실감에서 벗어나기위해 기호를 수집하기를 욕망하고 그 환상의 게임을 계속하게 된다. 그러므로 조울증은 실재하는 대상에 대한 욕망이라기보다는 그것의 부재에 대한 욕망인 것으로 나타난다. 이런 의미에서 조울증은, 조증이건 울증이건 간에, 모두 자신의 역량으로부터 멀어져 있는 **슬픔**의 정동이다. 이 정동구조가 내면화될 때 실제적 행동은 연기되고 권태가 삶을 지배하게 된다. 이럴 때 사람들 사이의 집단적 공통감으로서의 혁명적이고 실천적인 연대감은 억제된다. 이 억제야말로 자본의 권력, 대중에 대한 자본의 통치능력이 재생산되는 조건이다. 그래서 우리는, 금융자본에 의해 사회의 모든 부위로 전이되는 이 조울증이 자본에 의한 인지적이고 문화적인 지배의 주요 방식이라고 말할 수 있다. 그것이 효과를 발휘할 때 대중은, 벤야민이 『아케이드 프로젝트』에서 서술했듯이, 혁명적 주체로 등장하지 못하고 세계의 물신적 기호들을 수집하면서 군중에 휩싸인 소비자, 넝마주이, 수집가 등으로 나타난다.[42] 다시 말해 이들은 욕망과 환상의 감옥의 수인囚人들로 나타난다.

불안과 불편

우리가 스피노자와 베라르디에 기대 분석한 군사 수준에서의 **공황**과, 맑스와 벤야민에 기대 분석한 금융 수준에서의 **조울**은 노동과 삶에서의 불안에 의해 다시 밑받침되어 정동구조는 삼중화된다. 우리는 이 불안을, 빠올로 비르노가 하이데거를 역전시켜 규명한 다중의 감정적 어조들[43]과의 연관 속에서 살펴볼 수 있다. 칸트는, 세계-내-존재 자체에 각인되어 있는 일반적 위험으로부터 자신을 지킬 수 있는 방어기제는 도덕이라고 말한다. 우발적 위험(눈사태)에 대한 경험적 방어(대피소)가 숭고감(안도감)을 불러오듯이, 세계-내-존재가 직면하는 일반적 위험에 대한 도덕의 방어는 절대적 숭고감(무조건적 안전)을 불러온다는 것이다. 하이데거는 두려움과 불안을 구분한다. 이것은, 분명한 원인을 갖는 위험(두려움)을 피하려는 욕망과, 분명한 원인을 발견할 수 없는 위험(불안)을 피하려는 욕망을 구분하는 것이라고 볼 수 있다. 하이데거의 불안은 칸트가 말한 일반적 위험에 대한 지각과 유사하다. 칸트와 하이데거의 생각을 참조하면서 비르노는 상황이 변했고 이러한 구분이 어려워졌음을 역설한다. 포스트포드주의 상황에서는 구체적 위험과 일반적 위험 사이, 두려움과 불안 사이, 상대적 공포와 절대적 공포 사이, 공동체 내부에서의 위험지각과 공동체 외부에서의 위험지각 사이에 그어진 경계선이 사라지고 양자가 서로 포개진다고 그는 말한다.

그가 이렇게 말하는 이유는 세 가지이다. 첫째는 오늘날 실체적인 공동체에 관해 더 이상 말할 수 없기 때문이다. 둘째 두려움과 불안을 나누게 만든, 개인적인 것과 공적인 것 사이의 구분이, 공적인 것의 소멸로 인해 사라졌기 때문이다. 셋째 이유는 조금 복잡하다. 우선 두려움과 불안의 구분은, 공포를 겪고 나서야 비로소 방어가 작동하고 공포의 성격이 다르면 방어 기제도 다르다는 가설에 기초한다. 그런데 실제로는 자신을 보호하려는 방어의 노력이야말로 오히려 어떤 위험이 두려운 것이고 어떤 위험이 불안한 것인지를 식별할 수 있도록 하는 것이기 때문에 이 가설은 근거가 없고 두려움과 불안을 구분하는 것은 실제로는 불가능하다는 것이다. 이러한 판단들 위에서 비르노가 내리는 다중의 보편적 정동형식은 '불편함'이다.

> 현대적 (혹은 이렇게 말하는 게 더 좋다면, 포스트포드주의적) 다중의 경험은 무엇보다 일차적으로 공포-방어 변증법의 이러한 변양에 뿌리를 두고 있다. 다수인 한에서의 다수는 '편치-않음'을 공유하고 있는 사람들이며, 사실 이 경험은 다수의 고유한 사회적 정치적 실천의 중심에 놓여 있다. 나아가 우리는 다중의 존재양식에서 상이하고 때로는 정반대로 대립된 안전보장의 전략들 사이의 연속적인 동요를 우리 눈으로 직접 관찰할 수 있다.[44]

대체 이 '편치-않음', 불편함은 어디서 오는 것일까? 일차적으로 이것은, 자본이 노동하는 다중에게 요구하는 자질로부터 온다. 그 요구는 '이동성에 대한 익숙함, 극히 돌출적인 전환에 대처할 수 있는 능력, 능수능란하게 매사에 적응할 수 있는 능력, 어떤 규칙군들에서 다른 규칙군들로 나아가는 이행에 있어서의 유연함, 평범하면서도 다면적인 언어적 상호작용의 소질, 제한된 선택지 사이에서 무언가 갈피를 잡는 것에 대한 익숙함'[45] 등을 포함한다. 가변성에 대한 이 적응의 요구들은 메트로폴리스에서의 삶의 사회적 불안정성을 초래할 뿐만 아니라 생산에서의 불안정성을 초래한다. 가령 적시생산production just in time은, 시장의 불안정한 수요에 공장이 유연하게 적응하는 불안정 생산의 형태이다. 어떤 안정된 기반도 없이 상황의 비예측성에 대응해야 하는 생산에서의 이 정조를 비르노는, 생산 속으로 들어온 허무주의라고 부른다.[46]

이제 이 허무주의를 배경으로 다중의 두 가지 감정적 어조가 나타난다. 하나는 기회주의이고 또 하나는 냉소주의이다. 기회주의는 항상 호환가능한 가능성들의 흐름에 직면하여 가장 가까이에 있는 가능성에 복종하는 정동이다. 냉소주의는, 만성적으로 불안정한 삶의 형태 및 언어놀이에 이미 규정되어 있는 규칙들을 어떤 명백함이나 확실성도, 그리고 어떤 지속적 충실성도 갖지 않은 채 경험하면서, 거만하고 직접적인 자기긍정만을 반복하는 것이다. 비르노는, 냉소주의의 출현이, 상품들 사이의 등가교환의 효과가 아니라 추상적 지식(일반지성)이 사회에 질서를 부여하게 된 것의 효과라고 파악한다. 추상적 지식으로서의 일반지성은 동등한 대화적 소통을 부정하며, 공유된 도덕적 가치평가도 부정하면서, 오만한 자기-긍정을 위계와 불평등의 증식에 내맡기기 때문이다.[47]

허무주의에 기초한 기회주의와 냉소주의의 바탕 위에서 다중은 새로운 것에 대한 만족할 줄 모르는 탐욕인 호기심을 드러낸다. 그것은, 근본적인 거리두기를 그 내부에 간직한 채, 자신이 세계의 스펙터클에 이끌리도록 내버려둔다. 호기심은 집중하지 않고 주의를 산만하게 열어둔 상태에서 동등하고 호환가능한 가능성들을 추구하는 기회주의에 연결된다. 그리고 이것은 사물의 이러저러한 상태를 반영하는 지시적 말이 아니라 어떤 기반도 결여되어 있는 말을, 다시 말해 말이 사실, 사건, 사물의 상태를 결정하는 수행적 잡담을 생산한다. 비르노는 호기심과 잡담을 노동과정 외부에서의 비본래적 삶의 특징으로 간주했던 하이데거를 역전시키면서, 이것들이 오늘날 노동 및 사회적 생산의 내적 특징으로 되었다고 본다.[48]

이상에서 우리가 살펴본 비르노의 정조 분석은 노동과 생산 안에서, 즉 노동과정에서 나타나는 다중의 불안정한 정념들을 이해 가능하도록 만들어준다. 그런데 오늘날 불안정은 노동과정에만 국한되어 있지 않다. 불안정은, 임금노동의 가능조건인 고용과 소득 관계에서 더 직접적이고도 뚜렷하게 나타난다. 전에는 비교적 안정된 고용상태에 있었던 많은 노동자들이 인지자본주의 30여 년 동안 정리해고되어 실업자가 되거나 비정규직 노동자로 되었다. 실업자는 끊임없이 새로운 일자리를 찾도록 강요되며 비정규직 노동자들은 이어지고 끊어지는 노동의 단속斷續이라는 근본적인 불안정의 상태에서, 오늘은 이 일, 내일은 저 일을 하도록 강요받는다. 정규직 노동자라고 해서 예외가 아니다. 정규직 노동이 내려 보고 있는 천 길 낭떠러지인 스킬라 아래로 불안정노동의 소용돌이인 카리브디스가 출렁이고 있다.[49] 이것만으로 정규직 노동자들의 심리 속에 불안을 고착화하기에 충분하다. 고용의 불안만이 중요한 것이 아니다. 그것은 곧장 소득의 불안정과 위계로 연결되면서 사회 전체를, 바다 속으로 침몰하는 거함 포세이돈 호의 수직으로 선 선체처럼 위계화한다.

요컨대 불안은 총체화된다. 그것은, 노동과정의 불안정성, 그리고 고용과 소득의 불안정성이라는 이중의 불안정성에 기반한 메트로폴리스적 삶 전체의 불안정성의 보편 정서이다. 불안은 사람들을 짓눌러 신체와 정신의 병리상태를 야기한다. 불안은 공포와 우울과 겹쳐져, 능동적으로 기쁘게 행위할 수 있는 능력을 사람들로부터 빼앗는다. 그 결과 경직, 권태, 무기력과 같은 슬픔의 정동들이 일상화되고 보편화되면, 이것들은, 사람들을 인지자본주의의 수레바퀴 아래에 복종시키는 인지적 지배의 장치로 기능한다.

이러한 상황에 우리들이 어떻게 대응할 수 있을 것인가? 무엇을 어떻게 할 수 있을 것인가? 이 질문은 세심한 독해를 요구한다. 만약 공포, 우울, 불안이 사람들을 총체적으로 포섭하여 더 이상 어떤 대안도 생각할 수 없게 하는 상태라면 우리는 '더 이상 어떤 대안도 없다'는 신자유주의 이데올로기에 전면적으로 굴복하지 않을 수 없을 것이다. 실제로 신자유주의 이데올로그들은 공포, 조울, 불안이 발생하는 터전을 경쟁, 자연선택, 효용성 극대화, 개인주의 등에서 찾느라 열심이다.[50] 그 정조들이, 사회관계에서가 아니라 생물적 본능에서 기인한다고 설명함으로써 사회개조를 통한 대안 추구의 노력들을 봉쇄하고 그럼으로써 현존하는 인지자본주의를 정당화하고 보존하려는 것이다. 이것은 자본에 의한 권력 독점, 화폐 독점, 미디어 독점에 이어 과학 독점(특히 생물학 독점)이 나타나는 방식이다.[51] 그러므로 정동의 수준에서 대안에 대한 추구는 생물학 담론에 대한 신자유주의적 독점을 해체하는 것에서 출발하지 않을 수 없다. 그것은 무엇보다, 현재 다중들이 겪고 있는 정서적 감정적 정동적 경험들을 생물학적 본능의 맥락이 아니라 인간들의 사회역사적 관계의 맥락에서 다시 정의하는 것에서 시작되어야 한다. 그리고 다른 가치실천과 사회적 실천을 통해 다른 사회관계를 구축함으로써 이 부정적 정동체험을 극복하는 것이 가능하다는 것을 밝히고 실제로 그것을 달성할 가능한 방법을 제시하는 방향으로 나아가야 한다. 그러나 이 문제로 직접 나아가기 전에, 그것의 전제가 된 문제, 즉 인지자본주의로의 이행이 수반하는 바의, 삶의 제 영역들의 변화와 재구성을 먼저 검토해 보도록 하자. 대안적 실천에 대한 고찰은, 인지적 지배의 모순과 인지적 저항의 잠재력을 다룰 12장 이후에서 이루어질 것이다.

1873년 미국 샌프란시스코 주식시장의 공황

남북전쟁 직후 남과 북, 동과 서를 가로지르는 철로 건설이 활발해지면서 철도산업의 자본이 증가했다. 이 당시 뉴욕증시에서 철도회사의 점유율이 약 40% 정도였다. 하지만 1873년에 많은 노선에서 적자가 발생하고 수십 개의 철도회사가 파산하면서 주식시장은 공황 상태로 빠진다.

도로시아 랭(Dorothea Lange. 1895~1965)의 〈이주민 어머니〉(Migrant Mother, 1936)

도로시아 랭은 대공황(the Great Depression) 시기였던 1935~1942년까지 미국의 이주민 노동자들, 소작인들의 사진을 찍은 다큐멘터리 사진가이다. 그녀의 작품 중 대중적으로 널리 알려진 〈이주민 어머니〉에서 슬픈 표정을 짓고 있는 인물은 당시 32살의 플로렌스(Florence Thompson, 1903~1983)로, 대공황기에 작물이 상대적으로 풍성했던 캘리포니아로 이주하여 홀로 7명의 아이를 키우고 있었다.

타이론 컴포트(Tyrone Comfort, 1909~1939)의 〈황금은 당신이 찾는 곳에 있다〉(Gold Is Where You Find It, 1934)

1930년대 대공황 시기에 미국 캘리포니아에는 황금을 찾는 광산업자들이 몰려들었다. 컴포트의 그림은 대공황 시기의 이런 상황을 형상화하고 있다. 미국 제32대 대통령 프랭클린 D. 루스벨트(Franklin D. Roosevelt, 1882~1945. 재임기간 1933~1945)의 부인 엘리노어 루즈벨트(Eleanor Roosevelt)가 대통령 집무실에 이 그림을 걸어 놓았다. 대공황 시기의 대통령 집무실에 이 그림이 걸려 있다는 점 때문에 미국의 '프론티어 정신'의 상징으로 해석되기도 한다.

패트릭 산드리(Patric Sandri)의 〈금융위기〉(Financial Crisis, 2009)

2008년의 금융위기는 2001년부터 10여 년간 진행된 제국에 대한 미국의 쿠데타가 궁극적으로 실패했을 뿐만 아니라 미국의 종말을, 나아가 세계자본주의의 결정적 위기를 불러오고 있음을 단적으로 보여준다. 산드리는 영국에서 주로 활동하는 프리랜서 일러스트레이터이다. 2008년부터 본격화된 금융위기 그러한 상황을 한 컷에 담아내고 있다. 이 작품에서 사람들은 일터가 아니라 거리에 나와 있고, 건물은 불타며, 물건들은 공원에 버려지고, 시계의 초침은 비정상적으로 작동하고 있다.

6장
인지자본주의에서 자본형태의 재구성

6장

인지자본주의에서 자본형태의 재구성

창조력과 공통되기

가치의 변형과 되기를 다룬 5장의 한 절에서도 잠깐 언급했지만, 오늘날 우리가 직면한 가장 중요한 문제들 중의 하나는 금융이다. 폴 메이슨은 2008년의 금융위기를 크라카토아 화산의 폭발에 비유한다.[1] 1883년 크라카토아 화산은 히로시마에 투하되었던 핵폭탄의 1만 3천배의 위력으로 폭발하여 화산가스와 구름과 돌이 반경 40킬로미터로 퍼져나갔고 이로 인한 해일이 150킬로미터에 이르는 해안선의 주민들을 쓸고 가버렸으며 아황산가스가 지구 전체 기온을 1.2도나 떨어뜨려 5년 동안 세계기후가 정상으로 돌아오지 않았다. 금융위기가 폭발한 지 벌써 수 년이 지났지만 그 위기가 극복되었다고 보기는 어렵다. 경기가 회복되고 있음을 보여주는 몇몇 지표들은 치솟는 물가 지표와 늘어가는 실업률 지표 앞에서 무색해지고, 체제를 바꾸려는 전 세계 대중들의 상승하는 투쟁은 위기의 실재와 지속을 명백하게 증언하고 있기 때문이다. 그렇기 때문에 어느 누구도, 우리가 지금 이 금융위기의 어느 지점에 살고 있는지 정확하게 말하기 어려우며, 그 파장이 어디까지 미칠 것인지 예측하기 어렵고, 그것의 역사적 의미가 무엇인지 단언하기 어렵다.

분명한 것은, 최근의 금융위기를 단순한 경제적 사건으로만 이해하거나 순환적 반복의 한 국면으로만 이해하는 것은, 사태를 직시하는 것을 회피하는 것이며, 유효한 삶의 대안을 창출하는 작업을 방해하는 시각일 뿐이라는 사실이다. 금융위기는, 화폐적 축적을 꾀하려는 은행들, 투자은행들, 보험회사들, 신용평가기관들에만 책임이 있는 것이 아니다. 규제완화 정책을 통해 자본축적을 보조하거나 혹은 조장한 정부도 그 책임의 한 축이다. 아니 그것은, 부동산 투자를 통해 이익을 챙기려 하는 중산층, 자신의 임금에서 원천공제된 연기금이 금융자본화하여 투기적 순환을 거친 후 더 높은 수익으로 자신의 노후를 안전하게 보장해 주길 바라는 노동계급, 그리고 부동산가격의 상승을 통해 빈곤에서 빠져나올 수 있길 희망하면서 부동산담보대출을 받는 빈민들 등 여러 계급계층의 환상이 자본의 탐욕과 결합되어 나타난 일종의 사회적 종합국면conjuncture이라 해야 할 것이다. 아주 작은 욕망들 하나하나가 핵융합 반응을 일으켜 전 지구적 삶을 뒤흔드는 거대한 폭발로 나타나는 시대가 현대이다. 따라서 금융위기는, 하나의 경제정치적 사건으로서 거시적으로 검토되어야 할 뿐만 아니라 삶과 생명의 미시적이고 존재론적인 운동과의 연관 속에서도 고찰되어야 한다.

이러한 고찰을 위해 잠시, 우리가 2장에서 검토했던 구성주의 인지 과학자들인, 움베르또 마뚜라나와 프란시스코 바렐라의 자기생성론을 참고해 보자. 이들에 따르면 사회적 삶은 자기생성적 조직인 생명의 사회적 표현이다.[2] 여기서 자기생성은 생명적 개체와 환경의 상호 섭동 Perturbationen의 과정이다. 이 섭동적 상호작용에서 환경의 구조는 자기생성 개체의 구조에 변화를 유발한다. 하지만 그것을 결정하거나 지시하지는 않는다. 환경 역시 개체의 작용에 의해 결정되지 않고 그 구조의 변화를 유발당할 뿐이다. 개체와 환경은 이렇게 재귀적으로 상호작용하면서 개체발생과 계통발생의 역사를 만들어낸다. 환경과 개체가 서로 섭동의 원천으로 작용하면서 상태변화를 유발하는 이 과정을 마뚜라나와 바렐라는 **구조접속**이라고 부른다. 구조접속에서 생명개체들은 부단히 새로운 도전에 직면하며 그 도전에의 적응을 위한 노력은 새로운 세계의 **산출**로 귀착된다. 그러므로 생명체의 세계란 개체들이 타자들과 **함께** 만들어낸 세계이며 이 세계는 다시 각각의 개체들에게 영향을 미친다. 이 사회적 세계에서 모든 개체는 타자에게 의존하고 있다. 그러므로 타자의 인정은 이 세계의 성립조건에 속하며 개체들의 상호섭동은 **공통의 조정된** 세계를 만들어가는 동학이다.

이 말은, 생명이 **본원적**으로 그리고 **항상적**으로 공통적인 존재임을 의미하는 것은 아니다. 맹자의 성선설이 인간이 **본래 선하다**[3]는 것을 의미하기보다 인간이 선할 수 있는 능력을 갖고 있다는 의미이듯, 생명이 공통적이라고 하는 것은 생명이 본래 공통적임을 의미하기보다 공통되기의 노력과 실천을 통해 공통적으로 조정된 세계를 만들어 나갈 능력을 갖고 있음을 의미한다.

그러므로 생명체에서 인식은 이미 주어진 객관 세계, 즉 실재에 대한 재현에 불과한 것이 아니다. 그것은 상호섭동을 통한 공통되기와 사회적 상호조정에 뿌리를 내리고 있다. 인식행위는 생명체들의 구조접속과 상호섭동의 일부이다. 인식적 실재는 그것이 아무리 객관적인 것으로 보일지라도 인식주체의 인식행위의 산물, 즉 창조물이다. 왜냐하면 인식주체가 섭동에 직면하며 수행하는 구별작용을 통해 비로소, '실재'가 존재하게 되기 때문이다. 개념으로서의 실재가 객관적 성격을 띠게 되는 것은 오히려 그것이 개체들 사이에서 상호 조정되는 과정에서이다. 따라서 실재란, 자신들 자체의 존재와 지속에 대해서 관심을 가지며 자신의 존재를 존속시키는 역동적인 추진력을 구현하고 있고 자신들의 현재적 조건을 넘어서야 하는, 생명 활동의 필요가 인식 활동 속에 구현되는 방식이다.

우리가 금융위기라는 문제를 설정하고 그것이 실재성을 갖는다고 말할 때 그 실재성은 이와 같은 의미에서의 실재성이다. 금융위기의 문제는 객관적으로 주어진 것이라기보다 생명체로서의 우리가 우리 시대에 환경과의 섭동과정에서 제기하는 문제이며 공통되기의 수행과 새로운 세계의 산출을 통해 풀고자하는 주체적으로 구성된 과제이다. 우리는 지난 수십 년간 금융지배를 경험해 왔고 최근에 그것의 대폭발과 위기를 경험했다. 이 문제에 대해 사람마다 다른 진단과 대안을 내세우고 있고 상이한 관심들과 이해관계들이 여기에 투여되고 있다. 그것들의 얽힘이 복잡하면 할수록, 그리고 그것의 파급효과가 광범위한 만큼, 이 문제의 역사적 성격을 해명하고 그 내적 발전경향을 밝히며 공통적 조정의 의지를 조직하는 것은 주요하고도 긴급한 과제로 되고 있다. 이 문제를 풀기 위해서 나는 최근의 금융위기를 우리가 지금까지 서술해온 인지자본주의의 문제틀 속으로 가져갈 것이다. 인지자본주의 속에서 금융자본이 수행하는 역할, 그것의 고유한 축적방식 등을 고찰함으로써 나는 현재의 금융체제의 모순과 금융위기의 성격을 규명할 것이다. 이를 위해 나는『자본론』 3권에서 맑스가 서술한 신용론과 지대론을 검토하고 금융자본 및 금융자본의 개념이 역사적으로 어떻게 진화해 왔는지를 밝힐 것이다. 그리고 맑스주의자들이 자본주의 발전과정에서 점점 소멸할 것으로 예상한 절대지대가 인지자본주의에서 부활하는 원인, 조건, 그리고 양상을 밝힐 것이다. 이러한 작업들은, 금융자본의 절대지대 체제를 다중의 역량으로 역전시킬 가능성을 탐구하는 이론적 기초로 기능할 수 있을 것이다.

금융과 금융자본 : 금융자본의 형태와 기능의 변화

금융자본은 화폐자본의 한 형태이다. 하지만 화폐 그 자체는 아직 자본이 아니다. 화폐는 산 노동[노동력]과 교환되어 노동을 강제하고 명령하는 능력을 가짐으로써만, 그리하여 노동력의 가치 이상의 **잉여가치를 창출**할 때에만 자본으로 기능한다. 그런데 실제로 화폐가 직접 산 노동과 교환되지 않으면서도 자립적인 자본형태로 기능할 수 있는 경우가 있다. 그것은 화폐가 자본의 총생산과정에서 **자본의 통과형태**로 기능할 때이다. 맑스는 『자본론』 3권 19장에서 29장 사이에서 그러한 자본을, 화폐거래자본, 이자 낳는 자본, 신용과 가공자본, 은행자본 등의 이름으로 다룬다.

그렇다면 우리시대의 금융자본도, 맑스가 분석한, 화폐자본의 이러한 고전적 형태들 중의 하나인 것인가? 실제로 우리는 금융자본을 산업자본이 취하는 단순한 통과형태로 이해하거나 혹은 산업자본에 의존하는 기생적이고 비생산적인 자본형태로 파악하는 견해들을 자주 접한다.[4] 만약 금융자본이 산업자본의 통과형태이거나 그것에 기생하는 자본형태라면 금융위기도 산업자본이 겪는 위기들(이윤율의 경향적 저하, 과잉생산, 과소소비 등)의 현상형태 이상일 수 없을 것이다.

그런데 오늘날 우리가 대면하게 되는 것은, 오늘날의 금융체제에서 지배적 금융기관은, 더 이상 은행이 아니고, 금융시장과 비은행금융기관들이라는 사실이다. 화폐를 조달하여 산업자본에 제공했던 고전적 의미의 은행기능은, 오늘날 금융자본의 주류나 핵심 혹은 지배적 기능이 결코 아니다. 핵심적 금융자본은, 오늘날 산업과의 **직접적 연결**을 갖지 않은 채, 금융역역에서만 활동한다. 자본 집중과 집적의 최신 형태들인 사모, 헤지, 뮤츄얼 등의 각종 펀드 들은, 고전적 은행자본과는 달리, 산업자본의 보조자에 머물지 않고 자립적인 행위자로, 자립적인 상품들(예컨대 금융상품 및 파생금융상품)의 생산자로 움직인다. 금융자본에서 점점 더 큰 비중을 차지해 가고 있는 거대규모의 연기금과 보험은 고수익을 좇아, 국내주식투자를 넘어 해외투자로, 국제파생금융상품에 대한 투자로 돌진하고 있다. 이 새로운 금융행위자들에 비해 고전적 의미의 은행기능은 가장 대규모인 경우조차 난쟁이에 불과하다.[5] 그 결과 생산자본과 금융자본의 관계가 역전된다. 금융자본이 생산자본을 보조하고 있는 것이 아니라 생산자본이 금융자본에 의존하며 생산자본이 오히려 금융자본의 통과형태이고 의제형태인 것처럼 되는 것이다. 요컨대 생산자본과 금융자본의 구분이 흐려지고 생산자본과 금융자본의 관계가 **금융자본의 헤게모니 하에서** 재배치되면서 총자본이 총체적으로 금융자본의 성격을 띠게 된 것이 현대이다. 오늘날 금융자본을 가상자본으로, 산업자본을 실물자본으로 보면서 금융자본을 자본의 부당한 **가상화**라는 관점에서 평가하는 실물주의적 관점이 설득력을 갖기 어려운 것은 이러한 사정을 충분히 고려하지 않고 있기 때문이다.[6]

자본형태들 사이의 역관계의 이러한 변화와 총자본의 성격변화는 돌발적인 것이 아니다. 우리는, 금융자본을 자립적 자본형태로 정의하려는 역사적 시도들 속에서 이 변화의 과정을 징후적으로 읽어 낼 수 있다. 맑스는 산업자본주의의 초기, 즉 자본주의의 자유주의 국면에서 화폐자본의 변태를 설명했다. 그는 화폐자본의 집적과 집중이 자본관계의 발전에 미치는 효과를 당대의 실제적 발전 이상으로 깊이 있게 분석했고 그 경향을 읽어냈다. 하지만 맑스에게서 금융자본은 아직 자립적 위치를 갖지

않으며 이 때문에 화폐자본에 대한 설명은 산업자본의 통과형태로서의 은행자본에 머문다.[7]

힐퍼딩과 레닌은 19세기 말 이후 자본주의의 제국주의 국면에서 점점 강력해지고 있는 금융자본 형태를 분석한다. 예컨대 힐퍼딩은, 산업자본 중에서 그것을 운용하는 산업자본가가 소유하지 않은 자본의 비율이 꾸준히 증대하고 있는 현실에 주목하면서, 산업자본가는 오직 은행의 매개를 통해서만 자본을 사용할 수 있고, 이 경우 은행은 자본의 소유주를 대표하게 된다고 봄으로써, 산업자본에 대한 은행자본의 점증하는 지배경향을 서술한다.[8] 힐퍼딩의 분석에서 은행자본이 산업자본에 비해 우세한 것으로 서술되고 있지만, 그것은 여전히 산업자본에의 의존을 벗어나지는 못한 것으로 나타난다. 은행은 자기자본의 더욱 더 많은 부분을 산업에 투하할 수밖에 없게 되고 그리하여 은행이 점점 더 산업가본가로 전화되는 것으로 서술된다. 그가 금융자본이라고 부르는 것은, 이러한 은행자본, 즉 사실상 산업자본으로 전화되는 화폐형태의 자본이며, 그렇기 때문에 그의 금융자본은 **은행이 통제하고 산업자본가가 사용하는 자본**을 의미하는 것이었다.

레닌은 이러한 힐퍼딩의 정의가 "한 가지 극히 중요한 사실, 즉 독점에 달했거나 달할 정도로 생산과 자본의 집적이 증대되었다는 사실에 대해 침묵하고 있는 한 불완전할 수밖에 없다."[9]고 보면서 은행과 산업의 **융합**에 주목한다. "생산의 집적, 이로부터 생겨나는 독점체, 은행과 산업의 합병 혹은 유착, 이러한 과정이 바로 금융자본의 발생사이며 금융자본이라는 개념의 내용"[10]이라는 것이다. 레닌은 생산과 자본이 집적되어 화폐자본에 대한 통제와 사용이 합체된 거대 독점자본을 금융자본으로 부른다. 여기서 화폐자본은 산업자본에의 단순한 의존을 넘어선다. 양자는 유착되어 합병된 행위자로 기능한다. 이 행위자가, 자본수출로 표현되는 제국주의의 주체로 작용했다는 것은 주지의 것이다.

그러나 이것이 금융자본 발전의 종국은 아니었다. 들뢰즈와 가따리는, 금융자본의 그 이후의 발전이 갖는 의미를 파악하려고 시도했다. 그들은, 자본주의 이전에는 상업자본이나 금융자본이 자본주의적이지 않은 생산과 결연을 맺었으나, 자본주의의 발전과 더불어 상업자본과 금융자본이 자본주의적인 산업과 결연을 맺었다고 본다.[11] 그렇기 때문에 그들은 자본주의가 그 본질이나 생산양식에서 산업적인 것은 사실이지만, 그것은 실제로는 시장자본주의로서만 작동하며 **상업자본 및 금융자본과의 결연을 통해서만** 작동한다고 본다. 그들이 보기에 자본주의에서 욕망의 체계와 공급 전체를 관리하는 것은 오히려 은행자본이다.[12] 들뢰즈와 가따리의 논리 속에, 상업자본 패권에서 산업자본 패권으로의 이행이라는 맑스적 시기구분이 (따라서 산업자본 패권에서 금융자본 패권으로의 이행이라는 우리의 시기구분 역시) 들어설 여지는 없다. 그들은, 자본주의적 산업이 **전 시대에 걸쳐** 상업, 시장, 금융 헤게모니 하에서 기능하는 것으로 사고한다.

이렇게 은행자본, 즉 금융자본의 헤게모니를 정식화한 후 이들은, 금융자본의 해외수출을 기초로 한 제국주의의 식민지 침탈의 효과를 분석한다. 그것은 주변부에 저개발의 개발[13]을 낳는데, 이것은 낮은 유기적 구성에 기초하여 잉여가치율을 높이는 것으로 작용하고, 선진국에서의 이윤율 저하를 상쇄하는 효과를 가져온다. 그것의 장기적 효과는, 선진국이 저개발국에 자본을 공급하는 것이 아니라 오히려 저개발국들이 선진국에 자본을 공급하게 되는 것이다. 그렇다면 중심에서는 높은 유기적 구성으로 인해 잉여가치율이 낮아지는 것일까? 들뢰즈와 가따리에 따르면 그렇지 않다. 중심부에서 인간에 의한 잉여가치율은 낮아질 수 있지만 기계에 의한 잉여가치가 그것을 상쇄한다.

> 흐름들이 탈코드화한 곳에서는, 공학적이고 과학적인 형식을 취한 코드의 특수한 흐름들은 바로 사회적인 공리계에 종속한다. 이 사회적 공리계는 모든 과학적 공리계보다도 또 모든 낡은 코드들이나 사라진 탈코드화들보다도 훨씬 더 엄혹하다 : 이 사회적 공리계는 세계 자본주의 시장의 공리계이다. 요컨대, 자본주의 체제에 의하여 해방된 과학과 기술의 코드의 흐름들이 기계에 의한 잉여가치를 낳는데, 이 잉여가치는 과학과 기술에 직접 의존하는 것이 아니라 자본에 의존하는 것이요 또 인간에 의한 잉여가치에 덧붙여져서 이 잉여가치의 상대적 저하를 수정하게 된다. 그리하여 이 (기계에 의한 잉여가치와 인간에 의한 잉여가치) 양자가 이 체계의 특징을 이루는 흐름의 잉여가치 전체를 구성하는 것이다.[14]

이렇게 두 가지 상이한 흐름의 총체에 의해 생산된 잉여가치는 일반적으로 자본주의에 내적인 것으로 간주되지 않는, 그래서 비생산적인 것으로 이해되어온 과정에 의해 흡수되고 실현된다. 광고 선전, 시민행정, 군국주의, 제국주의 등이 그것이다. 요컨대 국가, 경찰, 군대 등은 바로 그 비생산적 역할을 통해 자본주의에 내재적인 잉여가치 실현의 기능을 담당하며 자본주의적 생산의 조건을 형성한다. 이러한 서술을 통해 들뢰즈와 가따리는, 산업자본−은행자본−세계자본주의 공리계로 이어지는 자본주의 체제를 상상하게 하며, 금융자본을 산업자본뿐만 아니라 세계자본주의 공리계와 결연된 것으로 이해하도록 만든다.

그런데 주목해야 할 것은, 이러한 이해의 가능성이, '잉여가치는 노동력의 가치와 노동력에 의해 창조되는 가치 사이의 차이에 의해서 정의된다'는 맑스의 명제를 수정함으로써만 비로소 주어지게 된다는 점이다.

잉여가치의 정의는 가변자본의 인간에 의한 잉여가치와 구별되는 불변자본의 기계에 의한 잉여가치, 그리고 흐름의 잉여가치 전체의 측정 불가능한 성격을 따라서 수정되지 않으면 안 된다. 잉여가치는 노동력의 가치와 노동력에 의해 창조되는 가치 사이의 차이에 의해서는 정의될 수 없다. 그렇지 않고 이 두 흐름이 서로 내재하면서도 통약될 수 없는 성격에 의하여, 이 두 흐름을 나타내는 돈의 두 양상간의 부조화에 의해서, 또 이 두 흐름의 비에 대해서 외적 극한이 부재하다는 것에 의해서 정의될 수 있다.[15]

우리는 4장에서 인지자본주의하에서 가치법칙이 어떻게 변형되고 있는지를 살펴보았다. 이와 관련하여 금융체제 아래에서 가치법칙의 역사적 수정 혹은 변형이 어떻게 이루어지고 있는가를 살피는 것은 중요한 의미를 가질 수 있다. 그러므로 들뢰즈와 가따리의 생각을 이 문제에 대한 해답으로서보다는 하나의 문제제기로 받아들이면서, 이제 **금융자본의 헤게모니** 하에서 잉여가치는 어떻게 발생되고 수취되며 회전하는가의 문제에 대해 살펴보자.

잉여가치화와 공통되기

노동계급 투쟁과 금융의 자유화

우리가 금융자본을 진화의 관점에서, 화폐자본의 역사적 변태의 관점에서 이해하기 위해서는 20세기, 특히 그 후반에 전개된 화폐정치의 양상을 간단하게라도 살펴보아야 한다.

1971년 브레턴우즈 체제의 붕괴는 30년 장기호황의 종말과 미국의 쌍둥이 적자를 조건으로 하는 것이었다. 이로써 금태환은 중지되고 국제통화체제는 고정환율제에서 변동환율제로 변경되었다. 1979년에서 1981년 사이에 폴 볼커와 마가렛 대처는 자본의 대외적 운동에 대한 통제를 철폐하고 국민적 금융제도들의 자유화를 시도했다. 그 결과 1980년대 초 이후에 국제적으로 상호연계된 채권시장들이 급속히 팽창했다. 자유화된 채권시장은 정부와 기금이라는 두 행위자의 필요에 부응하는 것이었다. 정부는 채권시장을 외국 금융투자자들에게 개방하여 재정적자를 보전할 수 있게 되었고, OECD 나라들이 재정적자의 보전방식을 금융시장에서의 채권발행으로 전환함으로써, 연기금을 금융화할 수 있는 길이 열렸다.

연기금의 성격은 복합적이다. 한편으로 연기금은 임금이나 봉급에서 나온 분담금이 누적된 것이며 그 공인된 목적은 퇴직 임노동자들에게 규칙적이고 안정된 연금을 보장하는 것이다. 따라서 연기금은 저축을 집중시키는 제도형태로서 대개 기업이 의무적으로 시행해야 하는 민간제도이기 때문에, 그 최초의 자금원은 임금소득이다. 이 기금들이 집중시킨 저축이 일정 한도를 넘어서면 이들은 비은행금융기관으로서의 지위를 획득하여 그 기능은 대규모 화폐자본을 유동성 원칙과 동시에 수익의 극대화 원칙 하에서 자체 증식을 도모하는 것으로 바뀌게 된다. 이리하여 기금의 경제적 성격에 일정한 변화가 초래되고 그 영향력이 커지는 것은 불가피하다. 이제 기금은 보잘 것 없는 저축이란 표현과는 전혀 어울리지 않는다. 기금들은 금융자본의 중추기관으로 등장하고 또 '투기금융'의 주력부대의 역할을 한다.[16]

연기금이 이렇게 금융자본의 **중추기관**으로 등장함으로써 노동계급과 금융자본의 관계는 복잡해진다. 애초에 금융자본화는 1968년의 투쟁들과 그 파도가 가져온 효과였다.[17] 어떻게 당시의 반란들이 신용확장과 금융자본화를 자극했을까?

1960년대 말에 동구와 서구에서 시작된 전 세계적 투쟁은, 자본이 더 이상 공장에서의 노동력에 대한 직접적 통제에 의존할 수 없음을 의미했다. 중심부에서 노동 생산력의 착취는, 한편에서는 불변자본의 고도화로 인한 이윤율의 저하에, 다른 한편에서는 노동계급의 저항으로 인한 이윤량의 상대적 축소에 직면했다. 사회적 노동력에 필요노동 이상의 노동, 즉 잉여노동을 부과하는 자본의 능력이 이런 과정 속에서 제한됨에 따라, 노동착취 그 자체가 너무 비싸게 되었다. 게다가, 노동의 파괴적 권력은 1960년대 말에 노동강도 강화에 반대하는 저항 속에서, 그리고 임금을 인하하려는 자본의 시도들(직접적 소득 재분배 정책이나 인플레이션을 통한 간접적 소득 재분배 정책 등)에 반대하는 저항 속에서 드러났다. 달리 말해, 노동계급은 더 이상 그 자신을, 어떤 한계를 넘어 착취되도록 허용하지 않겠다는 태도를 분명히 밝혔다. 자본은 이것에, 공장을 처분하여 화폐자본으로 전환하는 것으로 대응했다. 자본이, 공장에서 노동력을 착취하기보다 화폐형태 속에서 부를 축적할 길을 찾기 시작한 것이다. 자본은 이제, 생산의 느린 속도와 더러운 장소를 망각한 것처럼 행동했다. 자본은 광속으로 움직이면서, 노동과의 대면이나 교환 혹은 충돌과 같은 거추장스런 노고를 회피하기 위해 애썼다. 그것은 금융투자에 의해 가능해졌다. 그리고 금융투자 속에서 수익은 훨씬 더 쉽게 산출될 수 있었다. 그리고 이자 소득에 대한 보장은 국가에 의해 조장되고 촉진되었다. 그런데 노동에 대한 승리나 노동으로부터의 해방으로 보이는 이 금융형태 자본의 부상이, 다른 한편에서는, **노동의 불복종적 힘**의 실재성을 보여주는 것이라는 점을 잊지 않을 필요가 있다.

자기 자신을 착취의 경합 지대로부터 '해방'시키려는, 그리고 화폐 자본이라는 가장 '합리적인' 형태 속에서 그 자신을 드러냄으로써 그 자신을 넘어서려는 자본의 시도는 노동의 불복종의 권력을 나타낸다. 그것은 또, 노동에 대한 봉쇄의 허구적 성격을 나타낸다. 화폐적 축적은, 실제로는 '비고용' 자본, 즉 공장을 떠나 미래의 노동 착취에 내기를 거는 것에서 화폐를 벌어들이는 자본의 축적이었다. 달리 말해, 축적의 투기적 차원과 노동의 불복종의 권력은 같은 호두열매의 두 부분이다.[18]

이 두 부분은, 금융자본의 발전 속에서 분리되는 것이 아니라, 실제로는 서로 점점 긴밀히 얽혀든다. 예컨대 연기금의 금융자본화는, 노동계급 일부를, 이자를 수령하는 계급으로 전환시킴으로써, 이들을, 잉여가치를 분유하는 계급집단으로 바꾼다. 분명히 이것은, 자본과 임노동 사이의 명확한 분기선을 따라 전개되던 고전적 계급투쟁 형태를 약화시키는 데 기여한다. 하지만 계급투쟁 자체가 사라지는 것은 아니다. 이제 금융자본 그 자체가, 임금을 자신의 **구성요소**로 삼음으로써, 계급투쟁의 장소로 된다. 게다가 금융자본의 주요한 축적수단인 부채는, 기업가만을 고객으로 삼던 고전적 은행의 틀을 벗어나, 점점 더 노동자를 고객으로 삼는다. 심지어 부채는 빈민까지 자신의 심장부로 끌어들임으로써 첨예하고 보편적인 계급투쟁의 장, 반란의 무대로 전환된다.[19]

인지자본주의적 축적과 금융화

앞서 살펴보았듯이 힐퍼딩과 레닌은, 자본축적 양식의 변화에 따른 금융자본의 구성의 변화를 분석했다. 들뢰즈와 가따리는 이에서 더 나아가, 노동력에 의한 잉여가치를 기계에 의한 잉여가치로부터 분리시키고 흐름의 잉여가치의 총체 속에서 축적의 문제를 분석하기 시작했다. 노동력에 의한 잉여가치라는 말로 이들이 염두에 두고 있는 것은 노동력의 가치와 그것이 창출한 가치 사이의 차이이고, 기계적 잉여가치라는 말을 통해 이들이 염두에 두고 있는 것은 저축과 대부 활동, 금융조작 및 신용통화의 특수한 순환과정에서 발생하는 잉여가치이다.[20] 네그리와 하트는 이 두 계열 중에서 후자 계열의 지배를 주목한다. 이들은, 금융자본에서 자본이 최고의 추상성에, 자본의 일반적 권력에 도달하며 그 권력은 부채, 통화조작, 이자율 통제 등의 형식으로 나타난다고 봄으로써, 들뢰즈와 가따리의 기계적 잉여가치화 장치를 자본의 일반적 권력으로, 삶권력biopower으로 정의한다.[21]

그렇다면 금융자본에 의해서 추상화되고 포획되고 잉여가치화되는 것은 무엇인가? 그것은 확실히 노동력 가치와 그것이 창출한 가치 사이의 차이만이 아니다. 네그리와 하트는 금융자본에 의해 잉여가치화되는 것은 **공통적 부**라고 말한다. 그렇다면 노동시간이 아닌 공통적 부가 어떻게 가치화되며 또 잉여가치를 창출하는 원천이 되는 것일까? 이 어려운 문제를 풀기 위해서는 일단 화폐의 추상력에 주목하지 않을 수 없다. 금융자본은 수학적 **추상**을 통해 공통적인 것을 재현하고 그것을 신비화한다. 여기에서 우리는, 특이한 것들의 추상을 통해 공통적 부를 사적으로 소유될 잉여가치로 전환하는 자본의 흐름을 확인할 수 있다. 이 흐름은 강력하다. 그래서 이 흐름의 강력함에 주목하는 현대유럽의 정치철학에서는 짙은 묵시록적 어조가 나타나곤 한다. 예외상태의 전체주의적 성격, 주권의 절대성 등을 강조하면서 노동자를 호모 사케르, 쓰레기, 잉여인간 등으로 서술하고 이로써 노동에 대한 희생자적 관점을 부각시키는 것이 그것이다.[22] 그러나 주권의 예외적 절대성과 그것의 힘에 대한 이 일방적 강조는, 오늘날 금융자본이 임금을 본질적 구성요소로 삼고 있고 소비자신용이 금융자본을 반란과 봉기의 가능성의 장으로 만들고 있다는 사실을 잊게 만든다. 우리가 잊지 말아야 할 것은, 수학적 추상을 통한 금융자본의 잉여가치화 시도의 맞은편이 아니라 그 한 가운데에서, 금융자본을 환골탈태시킬 공통되기의 잠재력이, 다시 말해 특이성들의 공통되기의 흐름이 성장하고 있다는 사실이다. 이 공통되기의 흐름은 잉여가치화의 흐름 속에 편입되어 있지만 그것에 대항하면서 그 흐름을 파괴하고 또 넘어서는 흐름으로 실재한다. 역사에서 거듭되어온 채무불이행의 사례들과 채무자들의 반란, 그리고 화폐를 공동체적으로 전용하거나 개조하려는 시도들이 그것이다. 그것은 잉여가치의 흐름 속으로 일방적으로 통합되기만 하는 것이 결코 아니다. 금융적 잉여가치화의 흐름과 공통되기의 흐름은 긴밀히 얽혀들어 유착癒着되면서도 동시에 서로 분기分岐하기를 반복한다. 이 두 흐름의 유착과 적대가 오늘날 정치의 새로운 시간을 구성한다고 해도 과언이 아니다.

금융적 잉여가치화는 노동력에 대한 착취를 포함하지만 그것에 국한되지 않는다. 오히려 그것은 아래로부터 전개되는 공통되기의 에너지를 포획한다. 공통되기의 물질적 과정은 무엇보다도 노동의 재구성과 인지노동의 헤게모니의 발전을 통해, 그리고 그에 상응하는 삶정치적 요구들의 분출에 의해 구체화되고 있다. 이 사실은 금융자본의 흥기가 노동의 인지화 및 삶정치적 생산의 흥기와 **동시적임**을 시사한다. 금융은 자본에게, **직접적인 노동시간** 외에 다중의 **공통되기의 시간**을 재현하고 수탈할 적절한 수단을 제공한다. 금융은, 그것의 추상성으로 인하여, 범역적이고 포괄적인 범위에서 유연하고 신속하게 기능할 수 있기 때문이다. 모든 경계를 넘을 수 있는 금융자본의 특성은, 금융자본으로 하여금, 특이한 것들의 공통성의 유일한 재현자로 보이도록 만드는데, 이 사실은, 금융자본이, 공통적인 것의 **은신처**이자 그것이 활동하는 **실재적 장**임을 의미하는 것이기도 하다.[23]

금융자본이, 점점 자율화되고 적대적으로 되어가는 사회적 노동력의 도전에 직면하여 자본이 취한 변태양식이라는 점에 대해서는 앞에서 말했다. 사회적 노동의 멈추지 않는 도전으로 말미암아 자본은 간헐적으로 커다란 위기에 직면했고 이 때 자본이 선택할 수 있는 방법은 두 가지였다. 하나는 **전쟁**이고 또 하나는 **금융**이다. 아프가니스탄 전쟁이나 제2차 이라크전쟁이 보여주듯이, 전쟁은 21세기 첫 몇 년 간의 일방주의적 군사모험에서 대규모로 시도되었다. 그것은 보안조치, 감금, 사회적 감시를 수반했다. 그리고 그것은, 자유, 소통, 상호작용이 필수적인 인지적 노동의 생산성을 침식했다. 21세기에 전 지구적 귀족들이 군주적 미국의 일방주의적 군사모험을 끝내는 데 힘을 모았던 것은, 인지적이고 삶정치적인 노동에 의존하고 있는 자신들의 사업에 그것이 나쁜 영향을 미쳤기 때문이다. 또 하나의 옵션인 금융은 전쟁보다 더 효율적이었다. 금융은 전 지구적 사회적 노동의 인지적 생산성을 침식하지 않으면서 그것에 명령을 부과할 수 있었기 때문이다. 그것은 사회적 노동의 유연성, 이동성, 불안정성을 감독하고 강제할 수 있었다. 왜냐하면 금융은, 생산과정 외부에 남아, 사회적 노동의 삶정치적 생산에 자율성을 주면서도 그것으로부터 부를 추출할 수 있는 수단들을 제공했기 때문이다.

어떻게 그것이 가능했을까? 화폐는 두 가지 기능을 갖는다. 첫째로, 화폐는 보편적 등가물이자 교환수단이다(상품가치의 재현능력). 둘째로, 화폐는 가치재현의 배타적 지형으로 됨으로써, 그리고 사회적 생산의 핵심적 조건으로 됨으로써 노동을 명령하고 사회적 생산을 지배할 권력을 획득한다(사회적 명령능력). 금융자본에서 화폐는 이 두 가지 기능 중에서 두 번째 기능을 확장하고 증폭시켜 첫 번째 기능을 포괄한다. 이로써 금융자본은 삶정치적 생산의 공통적 부를 잉여가치로 전환시키고 그것을 전유하며 그것에 대한 통제력을 행사할 수 있게 된다.[24] 이 과정에서 금융자본은 다양한 방식의 금융통제 기법들(인플레이션, 디플레이션, 환율조정, 금리조정, 양적 완화, 가격조정 등등)을 사용하는데, 이것들은, 금융자본이 잉여가치를 창출하고 또 수취하는 데 사용하는, 주요한 권력장치로 나타난다.

맑스의 지대론과 지대수취 자본으로서의 금융자본

오늘날의 금융자본을 이렇게 재현 기능과 명령 기능을 **통합**한 자본형태로 이해할 때 금융자본의 역사적 성격은 무엇인가? 재현기능과 명령기능은 금융자본 속에서 서로 대등하지 않다. 재현기능은 명령기능에 종속된다. 예컨대 평균이윤율이 성립되고 거기에서 평균이자율이 추론되는 것이 아니라 평균이자율이 우선적으로 결정되고 평균이윤율은 그것에 종속된다. 금융자본의 지배 하에서는, 착취가 교환의 결과이기보다 교환이 명령의 종속변수가 되는 것이다. 우리가 이러한 변화를, '한 상품의 생산에 필요한 사회적 노동시간에 따른 교환'을 중심으로 정의된 가치론으로 설명할 수 있을까? 가치론에서 명령의 문제는 어떻게 이해될 수 있을까?

맑스는 『자본론』의 두 곳에서 명령의 문제를 고찰한다. 하나는 사회적 노동에 대한 화폐의 사회적 명령기능을 서술하는 곳이며 또 하나는 토지 소유의 독점에 기초한 명령으로서의 절대지대를 서술하는 곳이다. 화폐로서 금융자본이 행사하는 명령기능에 대해서는 앞서 간단히 서술했다. 그런데 그러한 서술로, 금융자본의 정치적 지배력을 설명할 수는 있지만 금리[이자] 수취권을 설명하기는 어렵다. 금리[이자] 수취권은 오히려 맑스의 절대지대 개념을 통해 이해의 실마리를 잡을 수 있다.

맑스에게서 차액지대는, 독점될 수 있는 자연력을 이용하고 있는 개별자본의 개별적 생산가격과 그 생산부문에 투하된 자본의 일반적 생산가격의 차액, 즉 초과이윤이다.[25] 그리고 그것은 자연력인 토지의 소유자에게 돌아간다. 그 이유는 그 차액이 자본에서 발생하는 것이 아니라, 자본에 의해서는 창조될 수 없는 **자연력인 토지의 독점적 이용**에서 발생하는 것이라는 이유 때문이다. 이 때 최열등지最劣等地의 개별적 생산가격이 시장규제적인 일반적 생산가격으로 됨으로써, 농업생산물량의 총시장가치는 늘 총초과이윤분만큼 총생산가격을 넘게 된다.[26] 여기서 가치의 실체적 기초로서의 노동이 결여된 허위의 사회적 가치가 산출된다.[27] 이렇게 산출되는 허위의 사회적 가치 전체가 토지소유자계급에게 귀속되는 것이 총차액지대이다.

이 허위의 사회적 가치가 어디서 오는 것일까? 차액지대는 분명히 토지소유의 독점을 전제하고 있으며 토지소유가 자본에 대한 제한이라는 것을 전제하고 있다. 그렇지 않다면 초과이윤은 지대로 전환되지 않을 것이며, 차지농업가 대신 토지소유자에게 돌아가지도 않을 것이기 때문이다. 그런데 양으로서의 차액지대, 혹은 차액지대의 양은 미주 25에서 서술했듯이, 개별적 생산가격과 일반적 생산가격의 차이(P-P′)를 근거로 삼는다. 이 차이를 가져올 수 있는 조건들은 물론 다양하다. 토지의 비옥도와 위치의 차이는 그 중 가장 일반적인 것이며 그 외에 (1) 지역에 따라 조세의 부과가 균일한가 그렇지 않은가 (2) 지역에 따라 농업의 발달 수준이 얼마나 다른가 (3) 지역에 따라 차지농업가들 사이에 자본이 얼마나 불균등하게 분배되고 있는가 등도 그 차이의 결정에 영향을 미친다.[28] 그런데 이 첫 번째 형태의 차액지대는 최열등지에서는 지대가 지불되지 않는다는 전제 위에서 성립한다. 그러나 현실에서는 (이미 미주 26에서 서술한 것처럼) 최열등지에서도 지대지불의 요구가 있고 또 실제적인 지대의 지불이 있다. 어떻게 그것이 가능한가? 현실에서는, 토지 생산물의 시장가격이 자연력의 상대적 차이와는 무관하게 생산가격 이상으로 오르기 때문이다. 시장가격과 생산가격의 이 차이가 최열등지에 대한 지대 지불을 가능케 한다. 그렇다면 무엇이 토지생산물의 시장가격을 실제 생산가격 이상으로 올릴 수 있게 하는가? 단적으로 말하자. 최열등지에서도 발생하는 이 지대청구의 권력은, 지구상의 특유한 자산인 토지에 대한 소유의 제한, 즉 토지소유의 독점 때문에 발생한다. 이와 같이 자본에 제한을 가하는 토지소유 자체가 시장가격을 생산가격 이상으로 앙등시키는 **명령** 기능을 수행하고 양자의 차액인 그 초과분이 토지소유자에게 귀속되는 것이 절대지대이다.[29]

그렇다면 절대지대를 낳게 하는 토지소유의 명령기능은 어떤 조건에서 **실효적**일 수 있을까? 다시 말해 절대지대 r을 가능케 하는 초과이윤이 실효적으로 생산될 수 있는 조건이 무엇일까? 일반적으로 상이한 생산부문에서 동등한 양의 자본은, 동등한 잉여가치율 아래서는, 자본의 **평균구성**의 차이에 따라, 상이한 양의 잉여가치를 생산한다. 공업에 비교할 때 농업에서는 상대적으로, 불변자본에 대해 가변자본이 차지하는 비중이 높다. 따라서 **농업** 자본이 가동하는 잉여노동량(즉 잉여가치량)은 **사회적 평균구성**을 가진 동일한 크기의 자본에 의해 생산되는 잉여가치량보다 높을 수밖에 없다.[30] 일반적으로 공업 내부에서는, 생산부문 간의 자본의 **자유로운** 이동을 전제로, 경쟁을 통해서, 상이한 분량의 잉여가치가 평균이윤으로 균등화된다. 그런데 농업부문의 자본투하에 대하여는, 토지소유의 독점이, 자본투하와 자본이동에 대해 외적으로 가해지는 힘,

즉 제한으로 작용한다. 그래서 농업 부문에서 생산된 높은 잉여가치가 사회적 평균이윤으로 일반화되지 않는다. 따라서 농업부문에서는 생산가격을 넘는 가치의 초과에 의하여, 다시 말해 농업 부문에서 생산된 잉여가치가 공업에서 형성된 사회적 평균이윤을 초과하는 것 때문에, 그 차이만큼 일종의 초과이윤이 발생하고 이것이 생산가격보다 높은 시장가격을 가능하게 할 수 있는 것이다. 이렇게 소유독점을 통해 특정 생산분야에 대한 투자를 제한하여 잉여가치의 평균이윤으로의 일반적 균등화를 전적으로 혹은 부분적으로 배제할 수 있는 권력을 가진 토지소유자에게로 이 초과이윤이 귀속되며 여기에서 절대지대가 성립될 수 있게 된다.

분명히 절대지대는, 생산물의 일반적 생산가격(비용가격 + 평균이윤)과 그것의 내적 가치에 입각한 시장가격(비용가격 + 평균이윤 + 초과이윤)의 차이에서 발생하므로, 가치 관계 외부에서 발생하는 것이 아니라 상품에 내재한 잉여가치의 일부분에서 파생되는 것이다. 초과이윤은 토지에 대한 소유 독점을 전제로 발생하는 것이지만 그것에 내포되는 가치는 토지 자체에서 주어지는 가치가 아니라 농업 노동에 의해 생산되는 것이다.[31] 이 때 그 토지가 비옥한가 아닌가, 좋은 위치인가 나쁜 위치인가, 조세가 높은 지역에 있는가 낮은 지역에 있는가, 기계도입이 많이 되었는가 적게 되었는가 등은 지대의 양에 영향을 미치는 조건으로 작용하지만 지대의 존재 그 자체를 결정하는 것은 아니다. 이 점에서는, 차액지대뿐만 아니라 절대지대도 가치법칙의 테두리 속에서 이해할 수 있다고 할 수 있다. 하지만 절대지대를 자립적 범주로 지속하게 하는 것은 가치법칙이라기보다 투하자본들의 이윤율 평균화를 제한하는, 그리하여 **자본에 외적인 힘**으로 작용하여 초과이윤의 발생을 필연화하는 **토지소유** 자체이다.[32] 이것은 노동과 가치의 문제가 아니라 역사와 법의 문제에 속한다. 즉 경제의 차원을 넘는, 정치의 차원에 속한다.

이렇게 맑스는 지대가 토지 자체에서 발생하는 것이 아니라 토지소유의 독점을 조건으로 하는 농업노동에서 발생한다고 보았기 때문에, 토지소유가 소멸하지 않음에도 불구하고 절대지대가 (설령 그것에 대한 관념적 청구가 있는 경우에도 현실적으로는) 소멸하는 두 가지 경우를 가정할 수 있었다. 첫째는 한 나라에서 농업에 사용될 수 있는 모든 토지가 임대되어 버리는 경우이다. 이때에는 모든 지대가 차액지대로 되어 절대지대는 사라질 것이다. 둘째는 농업자본의 평균구성이 사회적 평균자본의 구성과 동등하든가 또는 보다 높은 경우이다. 이때에는 절대지대로 귀속될 초과의 잉여가치 자체가 생산되지 않게 되므로 당연히 절대지대가 사라질 것이다.[33] 이 두 경우는, 토지에 대한 **사적 소유가 유지됨**에도 불구하고 실효적으로 지대발생이 사라지는 경우에 대한 가정이다.

맑스는 『잉여가치학설사』에서는 이 두 가지 경우 외에 토지의 사적 소유를 국가의 소유로 **전환**하는 경우를 가정해 보고 있다.

이 자연 요소[토지—인용자]의 소유를 폐기하려는 자본가의 몽상은 그 때문[지주가 불불노동을 노동자에게서 직접 가져가지 않고 자본가에게서 가져간다는 이유—인용자]에 나오는 것이다. 이 문제에 대한 리카아도의 견해에서 정당한 것은 오직 다음과 같다. 자본주의적 생산방식에 있어서는 자본가는 생산에서 기능하는 필요한 당사자일 뿐만 아니라 지배적인 당사자이다. 이와 반대로 토지소유자는 이 생산방식에서는 전혀 쓸 데 없는 자이다. 자본주의적 생산방식에 필요한 유일한 요구는, 토지가 공동소유가 아니어야 한다는 것, 그것이 노동계급에게 속하지 않는 생산조건으로서 그[노동계급－인용자]와 대립해야 한다는 것이며 이 목적은 토지가 국가의 소유로 되고 따라서 국가가 지대를 받는 경우에 완전히 달성된다. 고대 및 중세 동안에, 생산에서 그렇게 본질적 기능을 수행한 토지소유자는 공업적 세계에서는 쓸 데 없는 혹이 된다. 그러므로 급진적 부르주아는 (다른 모든 세금의 폐지까지 바라면서) 이론적으로 사적 토지소유를 부정하는 데로 나아가며 그것을 국가소유의 형태로서 부르주아 계급 즉 자본의 공동소유로 전환시키고 싶어 한다. 그러나 실제로는 그들에게는 용기가 없다. 왜냐하면 한 소유형태에 대한 － 노동조건의 한 사적 소유형태에 대한 － 공격은 다른 소유 형태에 대한 커다란 불신을 조장할 수 있을 것이기 때문이다. 그뿐만 아니라 부르주아 자신도 토지소유자로 되었던 것이다.[34]

토지의 국유화는 모든 지대를 불가능케 할, 즉 케인즈적 의미의 '안락사'를 가능케 할 조건이 될 수 있다고 맑스는 가정한다. 이상의 세 경우 모두에서 맑스는, 자본주의적 지대가 함축하는 가치(초과이윤)는 본질적으로는 **농업노동에서 발생하는** 것이지만 그것이 독립적인 지대형태를 띨 것인가 이윤으로 해소될 것인가, 누구에게 얼마만큼 **귀속되고 분배될** 것인가는 토지자본과 산업자본 사이의 관계, 그리고 토지자본들 사이의 관계에 의해 결정되는 것으로 간주한다. 즉 지대로 귀속될 초과이윤의 창

출은 자본가계급 대 노동계급의 적대를 함축하는 문제로 그 창출된 잉여
가치의 분배와 귀속의 문제는 토지자본까지 포함하는 자본가계급 내부
갈등의 문제로 다루어진다. 그리고 토지의 국유화는 후자의 갈등을 해소
시키는 하나의 방안이지만 전자의 적대를 해소할 수 있는 방안은 아닌
것으로 이해된다.

토지는 농업의 중요한 생산조건이었듯이 오늘날 대도시의 생산에서
도 중요한 생산조건 중의 하나이다. 토지소유의 독점은 여전히 투자를
제한하는 힘으로 기능하며 잉여가치의 평균이윤으로의 일반적 균등화를
배제하는 조건으로 작용한다. 그런데 지금 우리가 고찰하려는 더 중요한
것은, 땅이라는 물적 토지가 아니라, 화폐라는 기호적 토지이다. 토지소
유와 화폐소유의 유사성, 지대와 이자의 접근경향이 지금 우리의 관심사
이다. 좀 더 엄밀하게 말하면, 맑스가 다루고 있는 두 가지 명령기능(즉
사회적 노동에 대한 화폐의 사회적 명령기능과 토지 소유의 독점에 기초
한 절대지대의 명령기능)이 금융자본 속에서 중첩되고 있는 경향이다.
그리하여 명령이 부르주아 계급 내부의 갈등 문제를 넘어 계급 간 문제
로 첨예화되고 전 계급적 문제로 일반화되는 경향에 관한 것이다. 이 문
제는 가치관계와 권력관계 전체를 규정하는 생산의 영역에서부터, 요컨
대 노동의 변용이라는 지형에서부터 고찰해야 한다.

현대의 지배적 생산은 상품의 생산이라기보다 삶정치적 생산이다.
자본주의적 생산이 고전적 의미의 상품의 생산이라기보다 사회적 관계
와 삶형식life-form들의 생산으로 되고 있기 때문이다. 토지는, 물질적 상

품을 생산하는 농업의 생산조건일 뿐만 아니라 공업의 생산조건이기도 하다. 삶정치적 생산에서는 토지보다 언어와 정보, 화폐와 신용, 시민권과 자유 등이 중요한 생산조건으로 작용한다. 이 비물질적 조건들은, 농업에서 토지가 그러하고 공업에서 기계가 그러하듯이, 현대의 생산의 중요한 조건이자 생산수단들이다.

맑스는 '자본의 유기적 구성'이라는 개념으로 불변자본과 가변자본(노동력)의 가치비율과 역할을 식별했다. 가치 비율을 식별하는 이 개념의 근저에는 '누가 생산하는가', 그들이 '무엇을 생산하는가', 그들이 '어떻게 생산하는가'를 식별하기 위한 **자본의 기술적 구성** 개념이 놓여있다. 앞서 살펴본 바처럼 지대론의 전개에서 맑스는 자본의 가치구성, 즉 유기적 구성의 산업부문간 차이를 절대지대 발생의 원인으로 해명했다. 즉 절대지대는 농업과 공업의 유기적 구성의 차이를 원인으로 하고, 농업과 공업의 이윤율 평균화를 저지하면서 투자에 제한을 가하는 토지소유의 독점을 조건으로 해서 발생하고 재생산되는 것이다.

그런데 삶정치적 생산에서는 **상품생산**이 아니라 **수행**performance이 핵심적 요소로 등장한다. 맑스 시대에 수행노동은, 대개의 경우, 자본관계 외부에 놓여 있었고 그래서 맑스의 자본 분석은 수행노동을 예외로만 간주했다. 수행노동이 **예외**가 아니라 **정상**으로, 심지어 **지배적인** 노동형태로 될 때, 맑스의 자본 분석에서 배경에 놓였던 기술적 구성이 전경前景으로 떠오른다. 수행성은, 상품생산과 상품교환에 기초한 가치관계에 이질적이며 그만큼 수행적 생산에서 자본의 가치구성을 측정하는 것은 쉽지 않다. 이 어려움은 자본의 기술적 구성의 근본적 변화에서 유래한다.

그러므로 기술적 구성의 개념에 비추어 현재의 노동구성의 변형을 먼저 살펴보자. 우리는 두드러지는 세 가지 주요한 경향을 발견할 수 있다. 첫째는 인지노동의 헤게모니화 경향이다. 여기에서 (1) 생산물은 비물질적이며 (2) 인간에 의한 인간의 생산이 두드러지며 (3) 고정자본으로서의 인간이 변형의 중심에 놓이고 (4) 생산의 목표가 상품이라기보다 바로 주체이다. 둘째는 노동의 여성화이다. 이 경향은 (1) 노동시장에서 여성의 비율이 증가하고 (2) 노동일[日]의 질이 여성화하여 시간적 유연성을 띠고(시간제, 비공식고용, 비정규시간, 복수일자리 등) (3) 노동의 질이 여성화한다(즉 정동적, 정서적, 관계적 업무로 된다)는 등으로 나타난다. 셋째 사회적 인종적 혼합과정과 이민의 새로운 유형이 나타난다. 특정한 국가가, 지역노동력을 보충하기 위해 합법 혹은 불법 이주민의 부단한 흐름을 필요로 하고 또 실제로 이주민의 유입을 자극하면서도 노동자 내부의 분할과 경쟁을 부추키기 위해 그것을 불법화하거나 혹은 도덕적 민족주의적 인종주의적 의식을 동원해 그 흐름과 대립하게 하는, 비일관성과 모순이 나타난다. 남[南]에서 남으로의 노동력의 새로운 흐름도 나타난다. 이 흐름에서 이주는, 비상한 노고[勞苦]와 고통의 조건을 창출하지만 동시에 주어진 민족[국민]적 경계에서의 탈주를 통해 민족들 사이의 혼종을 달성하고 자신을 노동 사다리의 맨 아래로 내리누르는 자본의 정책에 대한 투쟁을 통해 인위적 인종분할을 전복하고 변형할 잠재력을 갖는다.[35]

현재의 노동구성에서 나타나는 이 세 가지 경향은 정치경제학 비판의 개념과 방법에 중요한 도전을 제기한다. 이러한 경향의 노동들은 (1) 양적 척도를 초과하며 (2) 공통적 형식을 띤다. 양적 척도를 강제하기 어려운 공통된 활동들과 그 성과를 누군가가 사유재산으로 획득하고 자본으로 전화시키는 것은 쉽지 않다. 이 새로운 경향에 비추어서 우리는, 맑스의 자본 개념의 세 가지 측면 중에서 강조점의 역사적 이동이 나타남을 발견할 수 있다. 맑스는 자본을 ① 상품 생산 ② 잉여가치 생산 ③ 사회적 관계의 생산이라는 세 측면에 따라 서술했다. 그것은 『자본론』의 논리적 구성에 투영되어 있다. 우선 1권에서 1~2편은 자본을 상품 생산과정으로 다루며, 3~6편은 자본을 잉여가치 생산과정으로 다루고 7~8편은 자본을 자본주의적 사회관계의 생산과정으로 다룬다. 이것을 『자본론』 전체를 대상으로 펼쳐보면 1권에서는 자본을 상품의 생산과정으로 다루고 2권에서는 자본을 잉여가치의 유통과정으로 다루고, 3권에서는 자본주의적 사회관계들의 재생산을 다룬다고 할 수 있다. 자본의 세 가지 측면들의 이러한 배치는 논리적 배치일 뿐만 아니라 역사적 과정을 반영하는 것으로 보이기도 한다. 그래서 이 배치를 자본주의 역사 전체에 펼쳐 놓고 볼 수도 있다. 우선 상업자본주의적 성격의 초기 자본주의에서는 자본의 상품생산적 측면이 강조된다. 둘째로 발전된 자본주의인 산업자본주의에서는 잉여가치 생산이라는 측면이 부각된다. 국가자본주의 사회들인 기존의 사회주의들에서도, 상품생산은 부차화되지만 잉여가치 생산은 더욱 중요한 것으로 된다. 셋째로 현대의 인지자본주의에서 나타나고 있는 생산의 기술적 구성의 새로운 경향에 비추어 볼 때 자본 개념은 사회관계 생산이라는 측면을 중심으로 재구성된다.[36] 우리 시대에 주요하게 부상하고 있는 인지노동과 수행노동에서, 앞의 ②, 즉 잉여가치 생산의 측면은 ③, 즉 사회적 관계의 생산의 효과로 나타나며 ①, 즉 상품생산의 측면은 부차적 측면으로 떨어진다. 수행노동은 상품생산을 필수적 요소로 갖지 않으며 잉여가치 생산은 사회적 관계의 생산에 의존하는 것으로, 다시 말해 사회적 관계의 생산을 가져오는 **명령**의 효과로 되고 있기 때문이다.

어떻게 사회적 생산에 대한 명령이, 축적 원천으로서의 잉여가치를 가져오는 것일까? 이 문제의 해명이 현대 인지자본주의에 대한 해명, 특히 금융적 축적 문제의 해명에 열쇠를 쥐고 있다. 인지자본주의와 절대지대와의 연관지점은 이곳에서 발견되는데, 그 핵심은, 생산의 현재적인 삶정치적 국면에서 중요한 생산조건이 되고 있는 **공통의 자원들**에 대한 소유를, 특정한 계급집단들이 **사적으로 독점**하고 있다는 것이다. 인지자본주의에서 지적재산권은 문화자본으로 하여금 언어와 정보라는 생산조건에 대한 소유를 독점할 수 있도록 강제하는 장치이다.[37] 관념으로서뿐만 아니라 제도로서 물화되어 있는 인종주의와 민족주의는 주권에게, 시민권과 자유라는 생산조건을 배타적으로 사용할 수 있는 권한을 부여하는 장치이다. 무엇보다도 금융(금융자본, 금융기관 및 신용평가기관, 국가의 조세와 재정 등)은 화폐와 신용에 대한 배타적 통제권을 독점한다. 이리하여 본원적으로는 공통적인 생산조건들이 현실적으로는 사적으로

소유되거나 점유되거나 행사된다. 이것이 생산조건들에 대한 투자나 그것들과의 결합을 제한하고, 결국에는 삶정치적 활동 그 자체를 제한하게 되는 것이다. 이런 배치를 통해 독점된 사적 소유권과 통제권은 공통적인 것의 자기생산 활동에 대한 착취 및 수탈의 절대권리(절대지대)를 가질 뿐만 아니라 공통적인 것의 분할과 차등화(지역 차이, 교육 차이, 네트워크의 차이, 활동 유형의 차이 등등)를 통한 차액지대를 산출한다. 그 결과 노동력의 착취와 잉여가치 축적은 이제 자본주의적 이윤 술어보다 자본주의적 지대 술어를 중심으로 재편된다. 산업자본보다 금융자본이 점점 더 중요한 자본형태로 부상하는 것은 이러한 조건 속에서이다. 금융자본이 헤게모니적 역할을 수행하면서 전통적인 지대는 물론이고 금융자본의 이자, 산업자본의 이윤, 심지어 노동계급이 수령하는 임금까지도 점차 공통적인 노동 활동으로서의 인지적이고 삶정치적인 생산에 대한 명령권의 분유로서의 성격, 즉 지대의 성격을 띠게 된다.

금융자본의 실체는 전 지구적 다중의 공통노동이다

3장에서 서술했듯이, 초국적 금융자본은 노동과의 대결을 회피하여 국경을 넘어 이동하는 자본에서 기원했다. 하지만 현재의 금융자본은 전 세계의 저축, 연기금, 산업잉여자금 등을 흡수하여 다중의 삶과 생산을 명령하는 자본으로 변신해 있다. 2008년의 금융위기는 그것을 잘 보여준다. 금융위기는 미국에서 발생했지만 그것의 파장은 순식간에 전 세계적인 평면으로 확장되었다. 이 과정에서 명확하게 드러난 것은 전 세계의 금융적 연결망이다. 중국, 러시아, 인도, 일본, 한국 등 아시아의 저축과 연기금 및 잉여자금은 미국 시민들의 소비를 위해 지출되었다. 서브프라임 모기지는 미국의 최하층 민중들에게 노동을 명령하고 그로부터 나오는 잉여가치를 고율(이른바 고수익상품)로 수탈하기 위해 만들어진 프로그램이었다. 이 프로그램을 위한 자금의 많은 부분이 미국 이외의 다른 지역, 특히 아시아로부터 흡수되었다. 다시 말해 아시아가, 자기 지역의 민중들로부터 (저축이나 연기금, 착취 혹은 수탈의 형태로) 거둬들인 화폐를 금융화하여, 미국을 비롯한 다른 많은 지역의 다중들을 군사경찰적으로 억압하고 경제적으로 강탈할 수 있는 자금을 대 온 것이다. 전 지구적 다중의 공통적 삶의 성과를 파편화하면서 수탈하는 것, 이것이 세계화한 자본주의의 금융동학이다.

여기에서 부채는 결정적으로 중요한 역할을 한다. 20세기 후반까지도 제3세계는 제1세계의 채무국으로 남아 있었다. 그러나 신자유주의 하에서, 특히 최근 십 여 년 사이에 이 관계는 완전히 역전된다. 미국의 채무에 동아시아가 자금을 대는 데에서 뚜렷이 나타나는 것처럼 오히려 가난한 나라들이 부자 나라들을 먹여 살리는 관계가 생겨나기 때문이다. 한편에서 이것은, 중국을 필두로 한 동아시아에서, 노동보다 자본이 훨씬 우세해진, 불균등한 계급역관계의 효과이다. 노동이 약해질수록, 잉여가치는 물론이고 임금의 일부까지 금융자본에게 흡수될 수 있고, 그렇게 금융형태로 집중된 죽은 노동으로 더 많은 산 노동을 명령할 수 있으며, 이를 통해 잉여자금을 대량으로 분배하고 유통할 수 있기 때문이다.

1968년 혁명에 대한 신자유주의적 반혁명과 사회주의 붕괴 이후 이러한 흐름은 가속되었고 중국과 미국의 차이메리카Chimerica 38적 융합은 그것의 결과로 나타났다.

다른 한편에서 부채는, 이러한 실물적 가치흐름을 넘는 훨씬 더 괴물적인 역할을 수행한다. 오늘날은 기축통화인 달러 그 자체가 부채화폐이다. 연방준비은행권은 채무를 표시하는 것이지 자산(금)을 표시하는 것이 아니다. 미국 정부는 화폐발행권을 갖고 있지 않고 민영은행인 연방준비은행만이 화폐발행권을 갖고 있다. 미국 정부는 오직 채무발행권만을 갖는다. 즉 정부가 국채를 발행하여 민영 중앙은행인 연방준비은행에 담보로 제공하면 연방준비은행이 달러를 발행해 주는 것이 달러 유통의 기본 구조이다.39 이렇게 달러는 채무의 화폐화요 화폐화된 채무이다. 그 채무의 이행은 달러에 내재하는 힘에 의해 완수되는 것이 아니라 달러 외부의 힘에 의해 강제되지 않으면 안 된다. 요컨대 달러를 통화로서 유통되게 하는 것은 **권력**이다.

그렇다면 달러로 표시된 채무의 궁극적 상환주체는 누구인가? 달러의 근원이 국채인 한에서 그것은 일차적으로는 미국 국민이라고 할 수 있겠지만 오늘날의 세계정치 상황은 그것을 미국 국민으로 한정할 수 없게 만든다. 미국은 지구제국40에서의 군주적 위치를 차지해 왔고(기축통화로서의 달러를 발행할 수 있는 독점적 지위와 권리는 그것의 중요한 표지이다) 제국의 권력은 전 세계의 **다중들**을 잠재적 기반으로 삼고 있기 때문이다. 즉 전 세계의 다중들이 채무를 상환해야 하는 궁극적 주체들로 된다.

이 사실 역시 서브프라임 모기지와 그에서 촉발된 금융위기, 그리고 그것의 수습과정에서 명백히 드러났다. 여기서는, 우리가 5장에서 언급한 바 있고 또 비교적 널리 알려진 그 메커니즘을 간결하게 요약해 보자. (1) 미국 외 지역에서 집적된 거대한 규모의 자금이 미국으로 유입된다. (2) 이 자금을 초저금리로 가난한 사람들에게 융자하고 은행들은 거액의 수수료를 챙긴다. (3) 주택가격이 상승하는 기간에 서브프라이머들은 이자를 갚는 데 성공하며 심지어 추가대출의 능력과 기회까지 갖게 된다. (4) 은행들은 서브프라이머들의 채무를 담보로 증권을 발행하고 보험을 든다. (5) 주택가격이 하락하고 원리금 상환불능자가 속출한다. (6) 은행들과 금융기관들, 심지어 보험사들까지 파산한다. (7) 이 금융흐름망에 연결되어 있는 세계 전역의 은행들과 금융기관들 및 금융행위자들이 연쇄적으로 파산한다. (8) 금융부문과 연결된 생산부문의 파산이 잇따른다. (9) 정부들이 국채 발행을 통해 은행과 금융기관들의 부실채권을 정상가격 이상으로 매입한다(은행의 준국유화와 채무상환책임의 국민화). (10) 미국의 국채를 갖고 있는 주체들이 바로 그 국채의 가치를 보전하기 위해 미국 정부의 붕괴를 막아야 할 필요가 발생하고 이 때문에 미국 외 지역의 달러가 다시 미국으로 유입된다.

분산된 개인들, 가난한 사람들, 서브프라이머들의 채무는 대부분 개인들의 몫으로 돌아간다.[41] 그 결과는 주택에 대한 압류와 개인파산이다. 하지만 국가(특히 미국)의 채무, 거대은행의 채무, 거대한 비은행금융기관들의 채무, 거대한 생산기업들의 채무는 그들 행위자들 및 관리자들의 몫으로 돌아가지 않는다. 작은 채무에서는 상환이 채무자들의 몫이지만 거대한 채무에서는 문제가 오히려 채권자들의 몫으로 되는 것이다. 권력을 매개로 거대 채무들의 전 세계적 네트워크의 실제적 상환책임은 다중들의 현재와 미래의 공통노동에 지워진다. 수천만 달러에 달하는 거액의 국채를 발행하여 금융자본가 집단을 구제하는 이른바 '구제금융'은, 권력이 이 책임전가를 합법화하기 위해 사용하는 이름이다. 국가체제가 유지되고 국가가 조세권을 갖는 한에서 국채의 궁극적 상환책임은 국민에게 부과되며 주권이 전 지구적인 것인 한에서 국민들의 책임은 전 세계의 다중들에게 분산되는 것이다. 앞에 열거한 과정 (9)에서 확인되듯이 부채를 실체로 하는 금융은, 이렇게 환류와 위기, 그리고 그 수습의 과정에서, 전 세계의 다중들을 누적된 채무의 상환책임자로 만들면서 그들의 미래의 삶과 시간을 저당잡힌다.

다중에 대한 자본의 지배력이 작동하는 메커니즘을 보여주는 이 과정은 전혀 다른 측면들도 갖고 있다. 금융자본이 그 구성요소의 측면에서 볼 때 점점 노동의 것(예컨대 노동자의 저축과 연기금 및 각종의 보험들)으로 되고 있다는 점과, 금융자본을 재생산하는 책임도 노동의 것으로 전가되고 있다는 점이 그것이다. 이러한 사태는, 노동이 금융 흐름을 자신과는 무관한 것으로 타자화, 대상화하기보다 오히려 **주체화하고 혁명적으로 전유하는 것**이 필요함을 말해준다. 이 때문에 지금, 계급투쟁의 수준에서는 새로운 문제가 제기되며 그 문제는 다음과 같이 첨예하다고 할 수 있다. 다중이 자본주의적 욕망주체로 남아 금융자본에 몸을 대주면서 자신을 채무상환의 궁극적 책임주체로도 용인하기를 계속할 것인가, 그래서 자본의 축적제단에 스스로를 희생자로 바치기를 계속할 것인가, 아니면 그것을 멈추고 채무(신용)를 다중들 사이의 신뢰와 공통되기의 활력으로 재전유하면서 자신을 공통의 삶정치적 주체로 세워 낼 것인가?

금융체제의 모순과 금융위기의 역사적 위치

앞서의 서술을 통해 우리는, 금융의 이용에 따르는 이자, 수수료 등을 토지의 이용에 따르는 수수료인 지대와 동질적인 것으로, 즉 금융지대로 이해하는 것이 필요하다는 결론을 도출한 바 있다. 금융지대는, 화폐의 소유가 소수의 수중에 사적으로 독점되어 있는 조건하에서 출현하는 역사적으로 특수한 지대형태라는 점에서 하나의 **사회적 생산관계**이다. 금융지대를 이렇게 하나의 생산관계로 이해할 때 그것은, 화폐가 다중의 삶에 대한 제한과 명령을 통해 다중의 노동 총체를 지배하고 그것으로부터 잉여를 착취하는 양식으로 나타난다. 요컨대 금융화는 자본가적 명령의 현실적 형태이다. 강조하건대 금융지대는 화폐와 화폐체제에 대한 사적인 소유 독점을 전제한다. 화폐발행권은 중앙집권화되어 주로 국가의 수중에 있고 기축통화인 달러의 발행권은 제국의 군주국인 미국(의 연방준비은행)에만 있다. 총화폐는 각종의 소득형태로 분유되지만 은행과 금융기관들은 다양한 방식으로 한 사회의 화폐를 집중시키고 그것을 명령권력으로 전화시킨다. 일반화되고 통합된 세계자본주의 체제에서는 화폐 없이는 생산을 시작할 수도 없고 생존을 유지할 수도 없기 때문이다. 이렇게 사적으로 소유된 화폐에 대한 분배권을 획득함으로써 금융자본은 생산과 생존 모두에 대한 통제력을 갖게 된다.

물론 금융자본으로 집중된 화폐가 금융기관들 자신의 소유인 것은 아니다. 기능하는 금융인들은 타인의 화폐를 집중시켜 관리하는 단순한 관리인일 뿐이다. 개별의 화폐소유자를 금융자본가라고 부르기도 어렵다. 개개의 화폐소유자는 자신의 화폐를 금융인과 금융기관에 대출하거나 위탁할 뿐이기 때문이다. 이 화폐소유자에게 귀속되는 것은 이자이며 이것은 화폐소유에 대한 단순한 보상으로서만 취득된다. 화폐소유자는, 화폐가 기업에 투자되어 산 노동과 교환되고 잉여가치를 창출하는가, 개인적 봉사의 구매에 사용되는가, 투기에 사용되는가 등에는 관심을 갖지 않는다. 즉 화폐자본은, 그 화폐의 현실적 기능 및 사용가치의 발현에서 완전히 분리된다. 이 분리는 화폐관리인의 화폐소유로부터의 분리와 병행한다.

그러나 이 분리는 가상이다. 금융자본은 화폐의 사용으로부터 분리되는 것으로 보이고, 자동적으로 이자를 낳는 것으로 나타나지만, 그 이자는 노동으로부터 분리될 수 없다. 그것이 잉여가치인 한에서 그것은 노동을 떠나서는 사고할 수 없는 것이기 때문이다. 다시 말해 금융지대는 노동력을 자신의 축적에 필요한 요소로 포함하지 않을 수 없다. 문제는, 노동과 분리되어 기능하는 금융자본이 노동력을 축적의 요소로 **포함**하는 방식이 무엇인가 하는 점이다. 오늘날도 금융자본은, 기업에 대출되어 산업자본가로 하여금 미래의 노동력을 착취하게 하고 그 잉여가치 중의 일부를 이자의 형태로 수취하는 고전적 형태를 지속하기도 한다. 그러나 이것만으로 오늘날 금융자본의 축적 메커니즘을 모두 설명할 수는 없다.

우선 호황과 확장의 시기에는 금융에 의지하는 기업들 자신이 점점 더 큰 차입을 하는 경향이 있는데, 이것은 노동력 부족으로 인해 결국은 산 노동과 교환될 수 없게 되고 그래서 상환불가능하게 된다. 이것은 거대한 부채의 누적을 가져온다. 둘째 직접 노동자들을 대상으로 이루어지는 주택담보대출, 학자금대출, 신용카드대출, 자동차대출 등의 소비자신용은 생산을 위해서가 아니라 소비를 위해서 사용된다. 현대에 점점 대규모화하는 소비자신용을 통해, 노동계급도 총임금으로는 상환될 수 없는 규모의 차입을 하는 경향이 있다. 그 결과 또 부채는 누적된다. 셋째는 통화, 채권, 예금, 주식 등의 미래의 가격변동에 투기하게 만드는 금융상품들인 선도, 선물, 옵션, 스왑(1차 파생상품)이나 장외옵션, 선물옵션, 스왑선물, 스왑션(2차 파생상품) 등의 파생금융상품들이 범람한다. 이것들은 실현이 보장되지 않는 미래 이익에 위험을 무릅쓰며 내기를 거는 방식들이다. 이것들이 부채를 기반으로 거래되는 한에서 채무는 증폭된다. 오늘날의 금융자본의 지배적 부분은, 실현된 잉여가치의 분유자라는 고전적 축적양식을 따르기보다 아직 실현되지 않은 잉여가치의 잠재적 분유자로서 기능하며, 그 잠재적 분유의 몫은 잉여가치의 실제적 가능성을 훨씬 초과하게 되고 그 만큼의 부채가 사회 전체적으로 누적된다. 이 양자의 차이는 특정한 순간에 거품으로 계상되어 금융위기와 금융폭발의 원인이 되고 그 결과로 신용철회, 신용회수가 이어지게 되는 것이다.

오늘날의 금융자본의 회전에서 중요한 것은 신용과 부채의 연결관계 하에서의 **위험**risk과 **불안**이며 그렇게 되는 것은 금융자본이 미래의 것, **잠재된 것**, **파생된 것**과 관계하기 때문이다. 오늘날의 금융지대를, 고용된 노동력의 노동시간 분할을 통해 착취된 잉여노동시간 중의 일부로 보기 어려운 것은 이 때문이다. 총노동시간 중 노동력의 재생산에 필요한 노동시간을 공제한 잉여노동시간 부분으로부터의 공제로서 금융지대와 금융지배를 이해하는 방식으로는, 오늘날의 삶정치적 생산의 특징을 설명할 수가 없다.

실제로 금융지배 하의 자본주의는 점점 더 많은 사람들을 비정규고용과 실업자의 형태로 **직접적인** 자본관계 **외부로** 밀어낸다. 즉 외관상으로 자본은 산노동과의 교환을 축소하는 방향으로, 즉 고용된 총노동시간을 축소하는 방향으로 움직이는 것처럼 보인다. 고용된 노동시간의 축소는 생산되는 잉여가치를 **축소**시킬 것이므로, 이 경향은 금융적 축적의 점증하는 **대규모화**와 모순된다. 그러므로 금융지배 하에서 잉여생산과 축적에 대한 다른 관점이 필요하다. 금융자본은 오히려 사람들의 **미래시간**을 가치화하고 **잠재적인** 것을 가치영역으로 끌어올리는 역할을 수행한다. 그것이 아직 현재적이거나 현실적이지 않기 때문에 따르는 위험 그 자체가 오히려 가치화의 정도를 높이는 수단이 된다. **고위험**에 고가치(고수익)

가 부여되는 것이다.

삶정치적 생산의 체제는 노동을, 현실적인 고용/비고용 관계를 넘어서 착취할 수 있는 생산체제이다. 삶정치적 생산은, 앞서 말했듯이, 유통과정의 매개 없이 직접적으로 소비되는 생산이며 그것의 노동은 상품생산적이라기보다 수행적인 성격을 갖는다. 이 수행노동들 중에서 자본과 고용/피고용의 관계를 맺는 것은 그것의 일부에 불과하다. 자본은 고용/피고용 관계 **외부**에서 이루어지는 수행 활동들을 무상으로 전유하여 내부화한다.[42]

돌아보면 자본의 역사는 바로 외부성들에 대한 착취 및 수탈의 역사였다. 최초에는 **자연력**을 무상으로 전유했고 그 다음에는 **부불노동시간**을 무상으로 전유했으며 이제 인지자본주의에서는 다중의 수행적 **삶활동**을 무상으로 전유한다. 그 전유는, 부채와 화폐조작을 매개로, 현재뿐만 아니라 미래로, 현실뿐만 아니라 잠재로 **뻗어**나가면서 **삶 전체**에 대한 **명령**으로 작용한다. 개개인들에게 무엇을 할 것인가, 어떻게 할 것인가, 얼마나 할 것인가, 무엇을 하지 말아야 할 것인가 등을 지시하고 명령하는 것이 바로 금융자본이다.

이러한 이해를 기초로 이제 우리는, (맑스에 의해 분석된 바의) 노동시간을 기초로 한 잉여가치 착취가 외부성에 대한 착취의 **역사적으로 특수한 형태**들 중의 하나였다고 말할 수 있다.[43] 물론 현재와 미래의 수행노동들에 대한 무상의 착취는, 그 이전의 착취양식들, 즉 상품생산 노동에 대한 잉여가치 착취나 자연에 대한 수탈을 배제하는 것이 아니며 그것들과 동시적으로 공존한다. 금융지배 하의 자본주의는 비물질적 수행노동의 착취, 불안정노동으로의 외부화와 파편화, 수십억 임금 노동자의 세계시장에의 통합, 부등가교환이나 전쟁을 수단으로 하는 자연자원의 수탈 등을 동시화한다. 역사적으로 등장한 외부성의 착취의 모든 형태들이 금융지배 하에서 병치되고 종합되는 것이다. 이제 자본은 자연, 생물, 인간, 기계의 공통적 활동이 화폐를 통해 매개되도록 강제함으로써 그것에 지대를 매기고 이를 수취한다. 이런 의미에서 금융자본은 지대수취자본이다.

그래서 금융지배 하에서는 이윤이 아니라 지대가 잉여가치의 중심범주로 나타난다. 화폐소유자는 배당금, 이자를 지급 받으며, 기능하는 금융자본가들은 봉급 외에도 거액의 보너스를 챙긴다. 자본가의 이윤으로 귀속되는 소득부분도 투하된 화폐에 대한 이자의 성격을 지니게 된다. 심지어 노동자의 임금조차도 노동력의 생산과 재생산에 사회적으로 필요한 노동시간으로서 나타나기보다 금융자본에 집중되는 공통적인 것의 분유로서의 성격을 띤다. 정규직 임금 노동자 부분이 여성 노동자, 불안정 노동자, 이주 노동자의 희생 위에서 지대임금[= 임금지대]를 획득할 수 있는 것은 주요한 소득범주들인 임금, 이윤, 이자 사이의 경계가 희미해져 모두 **지대**로서의 성격을 띠게 되는 조건 위에서이다.[44]

그러나 이러한 금융지배는 커다란 모순과 적대를 함축한다. 첫째 자연에 대한 착취는 거대한 **생태적 재앙**을 현실적인 것으로 만들고 있다. 생태위기는 자연에 대한 자본의 착취가 무한정 지속가능한 것이 아님을 웅

변한다. 둘째 노동자에 대한 착취는 부불노동의 재전유를 위한 투쟁을 넘어 착취 그 자체에 대한 거부, 즉 반자본주의를 상상하고 실천하도록 만들고 있다. 세 번째의 착취, 즉 인지화된 수행노동에 대한 착취는 우리에게 익숙한 것이 아니므로 조금 더 자세히 살펴 볼 필요가 있다. 먼저 얀 물리에 부땅의 생각을 읽어보자.

이러한 착취와 경제적 가치실체에서의 이 변화는 세 가지의 심각한 새로운 모순에 부딪친다. (1) 2 수준의 인식들/지식들[주의, 돌봄과 보살핌, 지성, 도제수업 그리고 혁신 등－인용자]은 코드화할 수 없고 상품들로 환원할 수 없다. 코드화는 인식 2를 1 수준의 인식/지식[계산가능하게 코드화되고 디지털화된 정신 활동－인용자]으로 환원하며 특이성이, 맥락화가, 따라서 지성이 암묵적으로 사라진다. (2) 심지어 디지털화된 1 수준의 인식들/지식들connaissances도 배타적/독점적privative 전유의 주요한 문제를 드러낸다. 그것들의 비용은 일정하다(때로는 생산하는 데 상당한 비용이 든다). 그러나 그것들의 수적 재생산은 그 한계 비용을 거의 영으로 줄이며 지적 소유권 협약을 점점 행사되기 어렵게 만든다. (3) 산 노동 및 발명력의 예속은 함축적 지식/앎savoirs을 코드화된 과정 속에 객관화하면서만 비로소 달성된다. 인식/지식 과정에 대한 임금적 통제는 더 이상 노동과정에 대한 통제가 아니다. 그것은 완전한 통제 하에서는 행해질 수 없다. 발명력은 완전히 프롤레타리아화될 수 없다. 왜냐하면 발명력을 그것의 주요한 생산도구(뇌)로부터 분리시키는 것은 불가능하기 때문이다. 만약 오늘날 비물질노동이, 컴퓨터에서 노동하며 네트워크(인터넷)에 의해 연결된 뇌들 사이의 협력에 의해 생산된다면, 통제가 가해지는 것은 네트워크이지 더 이상 (노동력의 생산수단으로부터의 분리로 이해되는) 프롤레타리아화가 아니다. 그러나 네트워크에의 자유로운 접근과 뇌들 사이의 협력은 이제부터 설비재가 되고, 생산재의 새로운 부문이 되며, 요컨대 인지자본주의의 새로운 "권력설비들"의 중심이 된다. 다른 한편, 인지자본주의가 새로운 생산적 노동을 형식적으로 포섭하는 데 성공하는 것은, 그 과정들을 (생산물들 속으로보다는 오히려) 행동들 속으로 통합하면서이고 함축적 인식/지식을, 시장에 흡수되지 않고 유지되는 외부성들로 통합하면서이다.[45]

그렇기 때문에 지금까지 자연력과 노동력이 자본의 역사적 생산자로 기여한 것은 분명하지만 이제는 그것이 자본에 대한 **위협**으로도 나타나고 있다고 말해야 한다. 금융자본은 공통적인 것을 착취하기 위해 적합한 자본형태로 진화해 왔다. 그것은 고용된 노동의 발명력은 물론이고 고용되지 않은 노동들의 발명력도 착취한다. 인지노동이 주된 생산력으로 되는 사회에서 주식이나 기업채를 통한 기업부채는 고용된 노동자들의 발명력을 가치화하고 착취한다. 그것은 다종다양의 파생상품들을 통해 잠재적 발명력과 미래적 발명력을 미리 가치화하여 발명력에 대한 명령 기능을 행사한다. 고용된 노동자들의 발명력이 부불노동에 대한 전유라는 방식으로 착취된다. 그런데 중요한 것은 착취되는 것은 고용된 노동자들만이 아니라는 것이다. 비고용노동자들의 자기고용되고 자기생산하는 발명력들도 사회적 가치회로 속으로 끌어들여져 일종의 무상의 부불노동으로서 착취된다. 거대하고 다양한 발명력들의 소통공간인 **공통적**

인 것 자체가 각종의 장치를 통해 가치화되고 집적되고 집중되도록 만드는 데에는 기업들과 국가의 공동노력이 필요하다. 이 공동노력의 과정에서, 화폐조절을 통한 인플레이션과 디플레이션의 정치, 환율과 금리 및 물가에 대한 조정과 조작 등은 공통적인 것을 가치회로 속으로 끌어들이는 중요한 장치로 기능한다.

무엇보다도 부채관계의 확산이 중요하다. 기업신용은 잉여가치를 창출하는 고전적 방식일 뿐만 아니라 현재에도 동일한 역할을 수행한다. 과거에는 없었다가 오늘날 빠른 속도로 커지고 있는 소비자신용은 다중들 개개인이 비고용 상태에서도 발명력을 발휘할 수 있는 위조된 여유를 제공하고(물론 그 결과는 부채의 누적이다) 그 삶시간에 발휘된 발명력의 성과는 자본에게로 흡수된다. 하지만 소비자신용의 확대가 반드시 자본에게 기회인 것만은 아니다. 그것은 화폐를 노동계급과 다중이 이용할 수 있게 하기 때문이다.[46] 여기에서 화폐의 소유와 이용의 세 번째 분리가 나타난다. 첫 번째 분리는 법적 화폐소유주로부터 분리된 화폐가 금융화된 화폐의 운영자인 금융관리인에 의해 이용되는 것이다. 두 번째 분리는 기업신용을 통해 화폐가 소유주와 관리자로부터 분리되어 기업에 의해 이용되는 것이다. 세 번째 분리는 소비자신용을 통해 화폐가 소유주와 관리자로부터 분리되어 다중에 의해 이용되는 것이다.

여기서 자본에 대한 소유와 그 기능의 분리에 대한 맑스의 통찰은 의미심장한 참조점으로 다가온다. 그는 주식회사에서 나타나는 자본소유와 그 기능의 분리, 그리고 노동과 생산수단의 분리를, 새로운 사회로의 이행을 위한 **통과점**으로 읽었다.

이리하여 이윤 — 차입자의 이윤에 의해 정당화되고 있는 이자뿐만 아니라 모든 이윤 — 은 오로지 타인의 잉여노동을 취득한 것으로 나타나는데, 잉여노동은 생산수단이 자본으로 전환되는 것 — 즉 생산수단이 현실의 생산자로부터 분리되어 타인의 소유로서 (관리인으로부터 최하의 일용 노동자에 이르기까지) 현실적으로 생산에서 활동하는 모든 개인에 대하여 대립하는 것 — 에 의하여 발생한다. 주식회사에서는 기능은 자본소유와 분리되어 있고 그리하여 노동도 생산수단과 잉여노동의 소유와 완전히 분리되어 있다. 자본주의적 생산의 최고의 발전이 낳는 이러한 결과는 자본을 생산자들의 소유 — 그러나 이제는 개별생산자들의 사적 소유로서가 아니라 결합된 생산자들의 소유 또는 직접적인 사회소유 — 로 재전환시키기 위한 필연적인 통과점이다. 더욱이 이러한 결과는 재생산과정에서 아직도 자본소유와 결부되어 있는 모든 기능들을 결합된 생산자들의 단순한 기능으로, 사회적 기능으로 전환시키기 위한 **통과점**이다.[47]

금융자본에서 나타나는 화폐에 대한 소유와 그 기능 및 이용의 분리에도 이와 동일한 논리를 적용할 수 있지 않을까? 만약 그 적용이 가능하다면 금융자본의 현대적 발전은, 화폐를 네트워크화된 다중의 사회적 **공통적 기능**으로 전환시키기 위한 **통과점**으로 이해될 수 있을 것이다. 물론 오늘날의 금융자본은 맑스가 분석한 주식회사보다 한층 진전된 자본형태이다. 금융자본은 주식회사와는 달리 노동의 신체적 특질을 완벽하게 추상하면서 노동과 노동, 노동과 자연, 노동과 기계, 기계와 자연 등의 상호적 구조접속을, 공통되기를 분할하고 파편화하여 그 흐름을 가치회로 속으로 흐르게 하는 것을 통해 축적하기 때문이다. 금융자본은 완전히 추상화된 흡혈귀적 **착취의 공동체**를, 전적으로 **양화되고 물구나무선 공통되기**를 전개한다. 이런 의미에서 금융지대는 공통적인 것의 착취이다. 만약 주식회사가, 소유와 기능 및 이용의 분리를 통해, 그 기능을 결합된 생산자들의 사회적 기능으로 전환시키기 위한 통과점으로 이해될 수 있다면, 금융자본은, 화폐소유와 기능의 분리를 고도화함으로써, 그 추상화와 공통되기의 기능을, 다중의 공통체Commonwealth의 사회적 기능으로 전환시키기 위한 통과점으로 이해될 수 있지 않겠는가? 이러한 전환의 가능성을 염두에 두면서 좀 더 엄밀하게 표현하면, 맑스에게 주식회사가 **자본의 사회주의**를 의미한다면 우리에게 발전된 금융자본은 **자본의 코뮤니즘**을 의미한다. 내가 서브프라임 위기에 기초하여 2008년에 폭발한 금융위기를 자본의 코뮤니즘의 1차 위기로 진단한 것[48]은 이 때문이다. 이제 긴급한 것은 위기의 연쇄적 폭발로 나타나고 있는 이 자본의 코뮤니즘을 **다중의 코뮤니즘**으로, **다중의 실제적 공통되기**로 역전시키는 것이다.

금융지배와 절대민주주의의 가능성

그런데 다중의 공통되기는 하나의 장애에 직면해 있다. 이윤, 이자, 지대 등 모든 부르주아적 소득형태들의 **본질적 지대화**와 더불어 노동자들의 임금 소득까지 지대화하고 있기 때문이다. 지대임금을 받는 노동자 부분과 임금 이하를 받는 노동자 부분 사이의 인위적 차별, 즉 정규직 노동자와 비정규직 노동자 사이의 차별을, 다중 내부에 깊은 균열을 도입한다. 또 모든 소득의 지대화는 소득 내부의 경계를 흐리고, 다중을 실천적으로 개인화하며 관념적으로는 개인주의화하는 경향을 갖는다. 집단적 소비의 대상이자 활동인 건강, 교육, 연구 등도 점차 개인화한다. 과거에 연대의 논리에 기초한 사회적 보호체제에 의해 보장되었던 권리들도 개인화하고 자본화되며 위험 부담의 방식도 개인화한다. 이것은 **임금의 개인화**의 자연스런 귀결이다. 임금의 개인화는 사회적 복지와 연대 논리의 해체에서 발원하며 노동계약의 협상양식에서 강화된다. 임금 노동자들이 저축을 하고 이자를 받는 것은 자본가들과 임금 노동자들 사이의 가치의 분배비율(즉 총이윤 대 총임금)을 수정하지는 않는다. 그런데도 그들의 저축은 자본의 동기에 의해 투자결정을 하는 자본의 힘으로 작용한다. 임금 노동자들은, 다양한 유형의 저축과 그것에 대한 이자의 취득을 통해 총임금과 총이윤 사이의 소득 분배에 개입할 만큼의 힘이 없이도, 잉여가치의 일부를 지대의 형태로 분배받을 수 있다. 금융지배 하에서 지대를 수령하는 임금 노동자들은 임금 대 이윤의 관계 속에서는 자본과 적대하면서, 저축 및 그에 대한 지대(이자)의 관계 속에서는 자본과 공모하는 분열증적 위치에 놓인다.[49]

임금과 소비의 이러한 **개인화**와는 달리, 자본은 끊임없이 **사회화**한다. 금융자본은 자본들의 경계를 추상화하여 자본의 코뮤니즘을 구축한다.

물론 그 동학은 경쟁과 주권화이다. 시장유통은 경쟁의 시공간이며 주권은 이것을 기초로 구축된다. 개별 자본들은 더 많은 잉여가치를 찾아 고투하며 다른 자본보다 더 높은 이윤을 얻기 위해 목숨을 건다. 하지만 경쟁은 끊임없이 이윤을 **평균화**시킨다. 평균이윤, 평균이자, 평균지대는 경쟁을 통해 자본이 **사회화되는** 형상들이다. 개별 자본들은 본원적으로 이기주의적이지만 경쟁은 자본들 사이에 **평등주의**를 관철시킨다. 개별 자본들은 **자유주의적이지만** 자본 일반은 **사회주의적이다.** 개별 자본들은 더 많은 가치를 착취한 자본과 더 적은 가치를 착취한 자본으로 나누어지지만 평균화, 사회화, 일반화로 인해 이들의 소득률은 투자자본의 크기에 비례하여 평등해지는 경향을 갖는다.

금융자본의 축적은 더욱더 다중들의 집단적이고 **공통적인** 생산에 의거함에 반해 금융지대의 분배는 점점 **개별화**한다. 자본들의 경쟁은 **자본을 사회화**하는데 노동들의 경쟁은 **임금을 개인화**한다. 경쟁을 통해 자본은 **평등화**되는데 임금은 **차등화**된다. 이 모순의 극복은 중요하다. 앞서 살펴본 맑스의 통찰을 응용하면, 집단적 발명력이 착취의 대상으로 되고 축적이 점점 자본관계 외적인 소유독점에 근거한 절대지대로 변이하며, 자본들이 경계를 넘어 금융자본으로 사회화하고 공동화되는 것은, 공통되기의 원천적 힘인 다중들의 민주주의, 즉 절대민주주의로의 역전을 위한 역사적 전제들의 축적이기도하다. 절대지대를 추구하는 금융자본이, 자본주의의 사회적 공동화의 기능을 소유로부터 분리시킴으로써 다중의 삶정치적 네트워크가 그것의 기능을 전유할 수 있는 가능성을 높이기 때문이다.

만약에 다중의 절대적 통치가 가능하다면 그 통치가, 금융화된 화폐자본에 대해 어떤 태도를 취할 수 있을까? 앞서 살펴 본 것처럼 화폐는 두 가지의 기능을 수행한다. 첫째로 그것은 보편적 등가물이자 교환수단으로서 상품가치를 재현하고 지불수단으로 기능한다. 둘째로 그것은, 가치재현의 배타적 지형으로서의 노동 일반을 명령할 권력을 산출하고 사회적 생산을 지배할 권력을 갖는다. 화폐는 이제, 이 두 측면을 확장하고 증폭시켜서 삶정치적 생산의 가치를 전유하고 그것에 대한 통제력을 행사한다. 화폐의 명령 기능은 다중의 발명력, 다중의 표현욕망, 생산욕망을 관리하고 통제한다. 그런데 인간의 표현욕망은 화폐로 환원될 수 있는 것이 아니다. 가치화가 겪는 난점이 바로 여기에 있다. 칼 폴라니가 밝히고 있듯이, 교환공간으로 발전해온 시장은 결코 자기충족적이고 스스로 균형에 이르는 효율적 공간이 아니다.[50] 인지자본주의에서 그것은 더욱더 가치화 불가능한 것을 인위적으로 가치화해야 하는 곤란에 직면한다. 이로 인해 **시장**이 **정치**에 의한 보완을 더욱더 간절히 요구하게 된다. 지적재산권과 그것에 대한 법적 경찰적 보호 없이 오늘날 인지화된 생산체제는 가동될 수 없다. 금융자본은 이런 의미에서 그 어떤 자본형태보다도 더 **직접적으로** 계급투쟁에 노출된 **정치적 자본형태**라고 할 수 있다.

　　그렇기 때문에 인지자본주의적 금융자본의 시대는, 다중이 자본주의적 가치화와 시장적 가치화에 맞서 자신의 표현력과 창조력을 다르게 가치화할 기회로 나타나기도 한다. 다중은, 투쟁을 통해 자기조직화되고 다른 양식의 제도적 가능성을 구축함으로써 삶과 노동을 통해 세계를 구성하는 권력, 즉 제헌권력pouvoir constituant을 행사해 나갈 수 있다. 이 과정이 상품가치의 재현능력으로서의 화폐를 폐지하게 될 것인가? 아니면 공정하게 기능하는 화폐를 창출할 것인가? 사실상 (다양한 유형의) 부채라는 형태 하에서이지만 이미 실제로 이루어지고 있는 다중에 의한 화폐이용이, 화폐에 대한 결합된 다중의 집단적 전유와 결합될 때 화폐의 전혀 다른 기능양식이 창출될 수 있을지 모른다. 이 때 화폐의 첫 번째 기능, 즉 재현기능이 존속할 수는 있을 것이다. 그러나 그것이, 다중의 발명력의 자기표현을 종속시키고 억압하는 것으로서 존속하지는 않을 것이고 또 그렇게 하도록 방임해서도 안 될 것이다. 재현으로서의 화폐가 존속한다면 그것은 생명과 삶의 자기표현을 위해, 그리고 그 표현의 계기로서만 존속할 것이다.51 이것은 화폐의 민주화라고 부를 수 있을 것인데, 이 때 화폐운동은 절대지대로서의 화폐운동으로부터 절대민주주의로서의 화폐운동으로 전화하게 될 것이다. 이렇게 하여 그것은 생명의 새로운 도약을 산출하는 계기가 될 것이다. 그런데 이러한 가능성은 인지자본주의가 구축한 실제적 공간 속에서만 실현될 수 있다. 그러므로 이제 인지자본주의가 삶과 사회의 공간을 어떻게 재구성하는지를 살펴보면서 절대민주주의적 삶정치의 가능성의 밑그림을 그려보도록 하자.

1944년 뉴햄프셔주 브레턴우즈에서의 회의 모습

'브레턴우즈 체제'는 1944년 7월 미국 브레턴우즈에서 열린 연합국 통화금융회의에서 승인된 국제통화체제로, 국제통화기금(IMF)과 세계은행(IBRD)이 그 중심 기구이다. 하지만 이 체제는 30년 장기호황의 종말과 미국의 적자 속에서 1971년에 붕괴되었다. 그리고 이로 인해 금융자본화는 더욱 가속화된다.

〈크라카토 화산의 분출과 그 이후의 현상〉(The Eruption of Krakatoa and Subsequent Phenomena, 1888)

1883년 8월 26일 인도네시아 자바 섬과 수마트라 섬 사이의 순다 해협에 있는 크라카토아 섬에서 화산이 폭발하였다. 섬 일대 지형과 기후를 바꾸는 거대한 폭발이었다. 경제 전문 저널리스트 폴 메이슨은 2008년 세계 금융위기를 이 화산 폭발에 비유하며 그것의 막강한 영향력을 묘사했다.

금융자본가들이 균열을 먹게 하자

세계적인 그래피티 예술가 뱅크시(Banksy)의 쥐 벽화이다. 이 벽화는 월 스트리트가 위치하고 있는 뉴욕에 그려졌다. 돈이 가득한 서류 가방에서는 돈이 새고, 이 가방을 든 쥐의 손에는 피가 묻어 있다. 그리고 "Let them eat crack"도 붉은색으로 쓰여 있다. '금융의 중심' 월 스트리트에서 이뤄지는 자본의 활동이 무엇인지를 상징적으로 보여준다.

미국과 달러는 침몰하는가?

2008년 미국에서 시작된 금융위기는, 달러가 세계 기축 통화로서 기능하지 못할 것이라는 전망들이 나오게 했다. 그리고 이러한 달러 위기론은 지금도 진행 중이다. 중국의 위안(元, yuan), 유럽의 유로(EURO) 등이 대안 기축 통화로 주장되기도 하고 새로운 기축통화를 창안하자는 주장이 제시되기도 한다. 오늘날 다중에게 주어진 질문은 '상품가치의 재현능력으로서의 화폐를 폐지할 것인가? 아니면 공정하게 기능하는 화폐를 창출할 것인가?' 이다.

7장

인지자본주의에서 공간의 재구성

인지자본주의에서 공간의 재구성

메트로폴리스를 어떻게 볼 것인가

오세훈의 디자인 서울 프로젝트는 메트로폴리스를 자본의 경쟁력(혹은 국익)의 관점에서 다룬다. 이것은 메트로폴리스를 정치경제적인 시각, 즉 순수하게 자본주의적인 시각에서 다루는 방식이라고 할 수 있다. 이러한 관점을 비판하면서 메트로폴리스를 문화연구의 관점에서 접근하는 관점이 있다. 이러한 관점은 경제주의적이고 자본주의적인 관점을 경계하고 비판하면서 문화로서의 메트로폴리스라는 측면을 강조한다. 하지만 이 관점은, 오늘날의 자본주의에서는 문화가 경제나 정치와 서로 밀접하게 연결되어 일종의 분리불가능한 지대를 구성한다는 점을 간과하는 경우가 많다. 또 이와 달리 지리학자들은 메트로폴리스를 지리적 불균등 발전의 결과로 특정하게 **경계지어진 영역** 혹은 공간으로 사고하곤 한다.

이 모든 관점들은 메트로폴리스의 한두 측면들을 지시하며 그 측면들을 강조하는 방식으로 그것에 접근한다. 이 관점들에 의해 드러난 측면들을 서로 연결시키고, 그것에, 이 관점들에 의해 감추어지는 측면들을 결합해보면, 메트로폴리스는 무엇보다도 삶을 생산하는 관계로, 삶의 구성과 재구성의 과정으로, 사회적 생산과정으로, 사회역사적이며 정치적인 과정으로 나타난다.[1] 그리고 도시 형태는 새로운 생산력과 생산의 관계들에 의해 규정된다. 도시의 새로운 시공간적 리듬과 경험도 여기에서 파생된다. 경제적 효과, 문화적 양상, 공간적 특징들도, 생산의 힘들과 생산의 사회적 관계들의 동력학 속에서 이해할 때에만 그 고유한 의미를 이해할 수 있다. 그렇기 때문에 메트로폴리스를 이해하기 위해서는 메트로폴리스적 삶을 구성하는 특이한 사회적 힘들의 배치, 그것들 사이의 충돌, 갈등, 전진 등을 가장 기본적으로 고려하지 않으면 안 된다. 즉 생산과정과 계급투쟁이 메트로폴리스를 구성하고 재구성하는 추진력으로 이해되지 않으면 안 된다.[2]

메트로폴리스에서 도회urban는 중요한 역할을 차지한다. 전 세계적 수준에서 볼 때 도회의 인구는 1950년에 29%였지만 2010년에는 이미 50%를 넘어섰으며 2050년에는 70%를 차지할 것으로 예상되고 있기 때문이다. 그러나 메트로폴리스는 도회 혹은 도시city만을 의미할 수 없다.[3] 그것은 자본주의적 생산의 재구성과정에서 독특한 역할을 분배받는 도회, 근교와 교외suburbs, 농촌rural, 산골valley 등을 특정의 질서에 따라 위계적이고 명령적인 방식으로 연결하는 과정이자 그 연결의 관계이기 때문이다. 이러한 관점에 따를 때 메트로폴리스는, 일국적일 뿐만 아니라 전지구적인 삶의 배치이자, 자본의 장치로서 이해되어야 한다.

도회와 교외의 변화하는 관계를 주목해 보자. 빅토리아 시대(1837~1901)에 교외suburbia는 부자들의 주거지로 기능했지만 생산과 밀접한 연관을 가졌던 것은 아니다. 20세기의 산업자본주의 시대에 교외는 자본가들의 주거지로 된다. 이곳은 노동계급 거주지와는 구별되나 생산의 장소인 공장과는 멀지 않은 곳에 자리잡음으로써 공장 생산과 밀접한 연관을 갖게 된다. 1970년대 이래의 탈산업주의 시대에 교외는 중산층의 거주지로 바뀌는데, 이것은 새로운 축적 양식과 소비 패턴에 대한 반응으로 나타난 것이다. 도회의 번영과 교외의 신화적 평화는 사회적 불평등의 심화와 사회의 파편화에 의해 각인되었다. 하지만 도회의 주택가격의 상승으로 노동계급이 도심 주변으로 확산되면서, 이러한 이미지는 역전된다. 더 이상 교외는 전원적 평화의 공간일 수 없게 된다. 교외가 범죄와 오염의 공간으로 변하면서, 오히려 도회가 안정공간으로, 교외는 불안정공간으로 된다. 이로 인해 중산층이 교외를 떠나 도회 속에 교외적 평화 구역을 만들어 내려는 움직임이 시작된다. 이것은, 도회에 남아 있는 노동자 주거지를 중산층의 주거지로 재개발하면서 그곳의 주민들을 도회 밖으로 추방하는, 젠트리피케이션gentrification의 과정으로 나타난다. 젠트리피케이션의 자본주의 도시계획은 이제, 경제적 이익 추구를 넘어 지배의 안정화와 저항의 제로화를 겨냥하는 정치적 프로젝트로서도 추진된다.

이 연결과 상충, 교체와 역전 등의 역사적 맥락을 고려하면 교외를 도회와, 즉 협의의 메트로폴리스와 분리해서 이해하는 것은 부적합하다. 그것은 부단히 도회와의 관계 속에서 발전해 왔고 사회적 삶의 생산과 재생산의 과정 속에서 그 기능을 수정해 왔다. 교외는 미국에서 발명되었지만 이후에는 세계 각지의 중산계급들이 이상으로 삼고 있는 것, 즉 인생의 최종적 목표로서 달성하려고 하는 생활공간으로 되었다. 그것은 협의의 메트로폴리스의 내부에서 외부로, 원거리에서 근거리로, 다시 외부에서 내부로, 사회적 생산과정 및 생산관계의 변화에 따라 이러저리 이동하곤 한다. 그렇기 때문에 교외는 본질적으로 메트로폴리스의 외부가 아니라 메트로폴리스의 하나의 기능이라고 볼 수 있다. 이와 관련하여, 이와사부로 코소는 흥미로운 풍경과 관점을 제시한다.

도심에서 일을 마친 뒤, 자신의 자가용을 몰아 귀가를 하면 잔디에 둘러싸인 인공적 자연환경이 기다리고 있다. 경우에 따라서는 점점 더 철저히 보안되고 관리된 공간, 즉 '차단된 공동체'가 형성된다. 어떤 경우에는, 사방이 짙은 초록으로 둘러싸인 공간에서 여름에는 호수에서 카누를 즐기며, 풀에서 수영하고, 테니스도 치고, 골프도 칠 수 있다. 하얗게 물든 겨울에는 스노보드를 탈 수 있는 언덕이 있으며, 스케이트를 즐길 수 있는 연못도 있다. 집 전체에는 하이테크놀로지의 미디어 네트워크가 설치되어 있고, 어떤 방에는 거대한 스크린이 설치되어 있기 때문에 인터넷을 통해 접속하면 스포츠 게임 등의 텔레비전 중계를 수신할 수 있다. 차고에는 통근용

승용차만이 아니라, 스포츠용 자동차나 지프가 나란히 들어 있고, 아이들을 위한 모터 바이크나 마운틴 바이크도 보인다. 실제로 지금까지 나열한 예는 최상급의 이상일 뿐이며, 현실적으로는 아주 소규모의 것도 포함하여, 그에 준하는 몇 가지의 품질 등급이 형성되어 있다. 이러한 모습의 주택지가 확대됨에 따라 주변에는 온갖 쇼핑몰이 출현하였고, 공공기관과 비슷한 역할을 맡게 되었다. 참으로 쾌적한 생활공간인 것처럼 보인다. 그렇지만, 우리 세계에서 이곳만큼 극심하게 불균등한 부의 집중을 추구하며, 전지구적 자원 낭비가 많은 생활 형태는 없다. 따라서 최종적으로 이러한 삶의 방식 속에서는 삶과 관련된 각종 욕망들이 쇠퇴하는 모습이 관찰된다. 이러한 주거형태는 자동차와 고속도로의 발전과 도시의 외연적 확장의 결과에서 비롯되었다. '교외'는 그 후로도 도시의 외연만이 아니라, 내륙에 있는 농지나 산간부의 개발을 촉진시켜, 의사적 자연환경을 확대하면서, 오늘날에는 미국 전역에서 발견되는 풍경이 되었다. 이는 본질적으로 도시 확장의 부산물이지만, 표상의 차원과 이데올로기적 측면에서는 '반도시적' 계기를 내포하고 있다. 교외의 주택은 도심에서 일하고 있는 사람들의 '자택'으로 기능한다는 의미에서 도시와 관계를 맺고 있으며, 개발 기술과 설비의 측면에서도 도시 없이는 성립하기 힘들다. 또한 교외는 미국적인 의미의 '자연주의'를 이데올로기적으로 표출하고 있으며, 구조적으로는 '다운타운'을 파괴시키며 뻗어 나온 고속도로의 연장이라는 의미에서 '반도시'이다.[4]

도회 외부의 교외가 도회와 맺고 있는 관계를 서술하는 이 인용문에서 우리는 도시적 계기와 반도시적 계기의 절합을, 물질적인 것과 비물질적인 것의 혼성을 읽을 수 있다.

실질적 포섭하의 생산공간으로서의 메트로폴리스

메트로폴리스에서는 도시city가 지역region과 탈구되고, 글로벌한 것을 위해 지역적인 것이 억제되곤 한다. 이것은 형식적 포섭에서 실질적 포섭으로 이행한 후의 자본주의적 생산의 주요 특징이기도 하다.

자본이 사회를 실질적으로 포섭하는 과정에 대한 분석은 『자본론』에서 맑스에 의해 이미 **원리적으로** 이루어지지만 그것에 대한 **역사적** 분석은 20세기 비판이론에서 본격적으로 시작되었다. 문화산업의 발전에 대한 분석(호르크하이머와 아도르노),5 테크놀로지의 발전과 인간의 일차원화에 대한 분석(마르쿠제),6 자본의 스펙타클화에 대한 분석(기 드보르)7 등은 실질적 포섭의 구체적 과정을 탁월하게 보여주는 것들이다. 비판이론의 또 다른 성과 중의 하나는 공간 문제에 대한 비판적 분석이다. 그것은 19세기의 수도 파리에 대한 분석을 당대의 파시즘에 대한 비판과 은밀하게 연결 짓는 벤야민의 『아케이드 프로젝트』에서 탁월하게 수행되었다.8 이후, 앙리 르페브르는 도시를, 일상경험들에 의해 조직된 새로운 생산력으로 파악하며(이것은 전 지구적 도시질서라는 개념 하에서 수행되는 메트로폴리스에 대한 관점의 탈영토론적 사회관계론적 전환을 보여준다),9 마누엘 카스텔스는 도시에서 이데올로기, 사회분할, 정보의 역할을 부각시키고(이것은 메트로폴리스에 대한 관점의 탈장소론적 정보론적 전환을 보여준다),10 데이비드 하비는 자본주의의 발전과정에서 시간의 위기를 밝혀내는 데 집중한다(이것은 메트로폴리스에 대한 관점의 정치경제학적 지리학적 전환을 보여준다).[11] 최근에 아감벤은 '장치로서의 메트로폴리스'라는 중요한 관점을 제시한다. 메트로폴리스에 대한 관점의 이 철학적 전환은, 논의를 너무 철학화하여 물질적 공간으로서의 메트로폴리스라는 측면을 설명하기 어렵도록 만들기도 하지만, 메트로폴리스를 하나의 사회적 장치, 사회적 관계로 설명할 수 있는 시야를 열어놓는다.[12]

이 분석들에서 공통된 약점은 생산관계로서의 메트로폴리스를 극복할 주체형성의 문제가 깊이 탐구되지 않는다는 것이다. 대개는 사태에 대한 객관적 분석에 머문다. 아감벤의 경우는 메트로폴리스 분석을 비위非爲의 문제와 연결시킴으로써 주체성의 문제를 다루지만 그 문제를 탈주체화라는 부정적 방식으로만 다룬다. 노동의 실질적 포섭, 비물질노동, 그리고 다중이라는 세 개의 개념을 축으로 전개되는 네그리의 메트로폴리스 분석에 주목해야 하는 이유는 여기에 있다. 그는, 아감벤에게서 나타나는 탈물질적 도시 이해와 주체성에 대한 부정적 이해 방식을, 메트로폴리스에 대한 계급투쟁적이고 삶정치학적인 관점 전환을 통해 정정하려고 한다. 그는 메트로폴리스를 공간적이면서 **동시**에 비장소적인 다중의 삶의 평면으로 이해하고, 그것 자체를 갈등과 적대가 전개되는 정치적 공간으로 사고한다. 그는 메트로폴리스를, 자본의 축적이 전개되면서 예속주체가 형성되는 공간임과 동시에, 그로부터 벗어나는 능동적 저항주체가 형성되어 나오는 공간으로 파악한다.

프랑크푸르트 학파가 고찰한 문화산업의 발전과, 앙리 르페브르가 고찰한 도시 혁명 이후 메트로폴리스는, 생산과 재생산이 이루어지는 주요한 공간으로 되어 왔다. 지난날의 산업자본주의에서는, 생산은 공장에서, 재생산은 가정에서 주로 이루어져왔다. 공장에서는 소비될 물건들이, 가정(과 그것의 연장인 학교)에서는 노동력이 상품으로서 생산되었다. 오늘날의 인지자본주의에서는, 생산의 장소는 공장을 넘어 사회로 흘러넘친다. 생산자는 공장으로 집결되기보다 회사, 가정, 거리 등으로 분산되며 심지어 온라인 공간을 따라 사회 전체에 산포된다. 생산수단은 집중된 거대기계들을 중심으로 구축되기보다 컴퓨터와 두뇌, 그리고 신체의 네트워킹을 중심으로 재배치된다. 생산 활동이 점점 교육, 정보, 지식과 같은 지적 활동이나 돌봄, 봉사, 소통과 같은 정동적 활동을 중심으로 재배치되면서 생산과 유통 및 소비가 구분되기 어렵게 된다. 생산과정이 곧 유통과정이자 소비과정으로 되는 것이다. 요컨대 삶 자체가 생산과 유통과 분배와 소비의 공간으로 기능한다.

이러한 의미의 삶정치적 생산은, 전통적 의미의 공장처럼, 특정하게 분별된 장소, 고정되고 닫힌 공간에서 달성될 수는 없다. 이 때문에 메트로폴리스가 이러한 생산의 요구에 부응하는 직접적 생산의 공간으로 등장한다. 메트로폴리스는, 사람들 사이의 소통과 협력이 이루어지는 생산공간으로서, 전통적 공장과 가정을 자신의 요소로 포섭하면서 팩시밀리, 전화기, 인터넷, 핸드폰, 스마트폰 등으로 각각의 개인들, 가정들, 학교들, 연구소들, 기획사들, 슈퍼마켓들, 백화점들을, 그리고 승용차들, 버스들, 지하철들, 고속전철들을 연결하며 농민들까지도 특정한 역할(예컨대 유기농업, 특산물 생산 등)을 부여하여 이 연결망 속의 일부로 포섭한다. 물질적 생산은 비물질적이고 삶정치적인 생산의 마디로 편입된다. 이리하여 메트로폴리스는 삶정치적 생산과 재생산이 이루어지는 포괄적이고 보편적인 생산의 공간으로 확립된다.

메트로폴리스는 상징적 비물질적 생산의 층과 실제적 물질적 생산의 층을 갖고 있다. 메트로폴리스에서 이 두 층, 즉 물질적 생산과 비물질적 생산은 뒤섞인다. 물질적 생산의 핵심에서 비물질적 생산이 발견되기도 하며 비물질적 생산의 핵심에서 물질적 생산이 발견되기도 한다. 가령 재개발 산업에서처럼 구체적이고 물질적인 부동산real-estate 투기가 문화의 가면을 쓰며 유전공학이 농업과 결합되고 디자인은 자동차산업의 중핵이 된다. 그러나 두 층의 발전 속도와 방향은 다르다.

과거에 생산의 특권적 장소는 공장이었다. 노동이 자본에 총체적으로 포섭된 오늘날 생산의 보편적 장소는 메트로폴리스이다. 우리 시대에 메트로폴리스는 여전히 부분적으로는 공장이다. 그러나 오늘날 "공장"을 말하는 것은 지난날과는 다른 의미를 갖는다. 오늘날 공장은, 그것의 생산관계, 그것의 탐구절차들, 직간접적인 생산현장, 그리고 그 유통과 소통의 흐름, 그것의 교통로, 그것의 생산 위기, 그것의 이동 제한, 여러 형태의 고용들 등을 가진, 메트로폴리스이다.[13]

메트로폴리스는, 가치화 과정에서 인지노동이 우월한 지위를 차지함으로써 가능하게 된 **초근대 공장**이다. 여기에서는 이주자들과 여성들, 임시직들과 청년들, 미숙련자와 고숙련자, 이전의 "보장 노동자"와 새로운 추방자들 등의 다양한 사회집단들이 노예들처럼 노동한다. 그래서 착취는 이제 삶의 모든 측면을 에워싼다. 메트로폴리스는 문화의 차이, 인종의 차이, 그리고 계급의 차이를 만들면서, 모든 종류의 착취의 양태들을 전개한다. 이런 의미에서 메트로폴리스는 신분과 문화의 차이 위에서 작동하는 전(前)산업적 공장이다. 그렇지만 메트로폴리스가 착취의 공장에 그치는 것만은 아니다. 그것은, 그 공간에서 노동하는 다양한 사회집단들과 사회세력들, 개체들의 차이들과 특이성들이 서로 얽히고 지속적으로 잡종화하는 공간이기도 하다. 그래서 메트로폴리스는, 문화와 역사와 삶이 서로 교차하면서 공통된 것을 구성해 내는 탈산업적 공장이기도 하다.[14]

메트로폴리스와 예술적 생산양식

오늘날 예술적 객체들은 **상품**과 **작품** 사이에 걸친 이중의 역할을 담당한다. 한편에서 그것은 자본에 의해 생산되는 상품이며 다른 한편에서 그것은 예술 활동의 산물로서의 작품이다. 그것들은 사회적 공장에서 이루어지는 가치생산과 일반적 축적의 한 과정이면서 동시에 사회적 주체성을 생산하는 계기로 기능한다. 예술사에서 우리는 다다이즘, 개념주의, 예술적 전위주의 등이 이미 이러한 이중적 성격을 드러낸 바 있음을 확인할 수 있다.

빠스뀌넬리에 따르면 1970년대 이후에 뉴욕의 젠트리피케이션은 예술적 방식을 통해 진행되었다.[15] 이 과정은 오늘날 예술가가 부동산업의 패션디자이너로 되는 현실을 만들어 왔다. 뉴욕에서 예술계의 이해관계와 시市 정부 및 부동산 산업의 연계는 명백하다. 뉴욕에서 운영하고 있는 예술가 레지던시 프로그램도 이러한 연계를 위해 사용된다. 예술가들은 자신의 예술 활동을 통해 새로운 상징공간을 생산하고 이를 통해 사람들로 하여금 새로운 마음 상태를 갖도록 만든다. 카탈로그, 브로슈어, 잡지 등을 통해 예술가들에 의해 상상된 공간형상이 반복적으로 재현되면 그것이 사람들의 지리적 욕망을 자극하고 자본의 투자동기를 불러일으키는 것이다. 이 프로그램이 가난한 주민들의 도전을 받았던 것은 이 때문이다. 주민들은 이 프로그램이 "배고픈 사람의 입에서 음식을 꺼내서 먹는 데 부족함이 없는 사람의 입에 넣어주는 격"이라고 비판했다.

오늘날의 젠트리피케이션 예술들은 사기에 기초한다. 부동산업자들은 장소의 낭만주의를 갖지 않는다. 그들은, 지대 격차가 예상 가능한 최고치에 올랐다고 판단될 때, 부동산을 팔고 떠난다. 이런 의미에서 젠트리피케이션은, 해당 지역의 지대가 오를 것이라는 **집단적 믿음**에 기초한다. 예술가뿐만 아니라 사회 활동가나 저항적 거주자들의 운동이 이곳의 주목가치와 상징자본의 축적에 에너지를 제공하기도 한다. 이 운동이 해당 지역의 주목가치를 높이고 이곳에 높은 상징가치를 축적함으로써 결과적으로 지대격차를 노린 자본을 불러들이게 되기 때문이다. 이것이 인지자본주의의 역설이다.

이러한 역설을 국가가 이용하는 경우도 있다. 네덜란드는, 스쾃squat을 합법화함으로써 예술계를 지원하고 "창의도시"로서의 암스테르담의 도시마케팅을 촉진해 왔다.[16] 이것이 궁극적으로 자본축적의 수단임은 지금까지의 과정이 명백하게 보여준다. 스쾃이 축적수단으로 되는 역설의 덫은 대안운동들의 대안성을 침식하기도 한다. 예컨대 레식Lessig의 CCL Creative Commons License은 공통적인 것에 대한 생산적 개념에 기여하기 보다 순전히 디지털적인 경제개념을 상상하게 하는 것으로 귀착되곤 한다. CCL은 지적 소유권에 대한 하나의 도전인 것이 분명하지만 그것은 지적 소유권 체제를 강화하는 것으로 기능하기도 한다. 그것이 디지털 공유를 가능케 하는 공간, 미디어, 하부구조들 등에 물질적인 경제적 지대를 매기는 것으로 기능할 때 그러하다.[17]

예술과 창조가 이렇게 자본축적의 도구로 기능하는 역설이 드러나면서 몽매주의적 반예술운동이 생겨나기도 했다. "창조적이지 말라!"를 기치로 하는 BAVO 집단[18]은 예술이 어떤 외부도 갖지 않는다는 것, 그것이 모순과 갈등의 내부에 있다는 것을 부정한다. 이것은 인지자본주의에서 예술과 창조가 놓이는 역설의 이중성을 부정적 일방향성으로 환원한다는 점에서 일면적 해석이고 잘못된 방향설정이다. 여기에 더하여, 일단 상징자본이 생산되고 축적되면 그것은 쉽게 비생산되고 탈축적될 수 없다는 사실이 고려되어야 한다. 예술생산이 삶정치적 생산과 집단적 상징자본의 구성요소가 되어 자본주의적 축적의 새로운 장치로 오용되곤 한다는 것은 분명하지만, 그 삶정치적인 것 속에 옛 주민들과 새 주민들의 삶과 욕망이 깃들어 있고, 또 집단적 주체성의 생산 역시 그 삶정치적 과정이 아닌 다른 곳에서는 출현할 수 없다는 사실이 숙고되어야 한다.

인지자본주의의 역설을 충분히 숙고하고 능동적이고 주체적인 방향에서 그것의 이중성에 개입한다면, 오늘날의 주식시장이 수행하는 가치에 대한 창조적 파괴의 과정을 역전시킬 수 있을 것이다. 다시 말해 가치를 파괴하지 않으면서 그것을 긍정적으로 생산하고 또 재분배하는 창조적 사보타지가 가능하다. 이런 생각 속에서 빠스뀌넬리는 (레식의) 창조적 공유지Creative Commons 전략 대신에 자율적 공유지Autonomous Commons 전략을 제안한다. 이것은, 창조적 사보타지 전술의 한 형태로서, 지적 재산권의 착취가 아니라 물질적 생산적 공유지의 경제에 기초한다. 이것은 "창조적이어라! 자본이 축적을 지속할 수 있도록!"이라는 자본의 전략에 반대할 뿐만 아니라 "창조적이지 말아라! 자본이 축적될 수 없도록!"이라는 파괴전략과도 달리 "창조적이어라! 하지만 사적 소유로 되지 않도록 하라!"의 길을 모색한다.[19] 인지자본주의에서 저항운동의 취약성은, 그것이 지배적 담론을 강화하기 때문이 아니라, 역전시키기 어려운 상징적 축적에 에너지와 주목을 갖다 주기 때문이다. 그러므로 문제는, 비창조적으로 되는 것이 아니라, 창조적으로 되면서도, (창의도시와 젠트리피케이션 사업의 비물질 공장에 의해 이용되는) 상징적 자본, 문화적 자본, 삶정치적 자본을 어떻게 비생산하고 탈축적하는가에 달려 있다.

상징적 자본축적 형식의 역전이 사보타지의 새로운 문법으로 사용될 수 있다. 이것을 긍정적 사보타지라고 불러보자. 이 사보타지는 단순히 파괴적인 것에 그치지 않는 활동, 즉 가치를 생산하고 또 창조적인 활동이면서도 기계를 파괴하지는 않는다. 왜냐하면 우리 자신이 이제 기계이기 때문이다. 긍정적이고 생산적인 사보타지의 가장 좋은 예가 있다. 그것은 예상치 않은 외부환경 변화로 인한, 혹은 시장 투기로 인한 주식시장에서의 주식가치의 하락이다. 이것은 상품의 교환가치의 대부분이 순전히 합의적 환각임을 보여준다. 주식시장에서 주가가 하락했다고 하지만 가치는 파괴되지 않는다. 이제 그 주식에 가치가 배당되지 않을 뿐이다. 요컨대, 상품의 가격을 인하시킴으로써 탈가치화하는 활동, 특수한 도시지역이 자본의 식민화에 우호적이지 않도록 만드는 활동 등이 생산적 사보타지이다. 이것은 지대의 가치사슬을 약화시키고 가치를 생산자들에게 유리하게 할당할 수 있다.

메트로폴리스적 생산의 주체 : 다중의 문제

'누가 이 능동적 사보타지를 수행할 것인가'를 묻기 전에 먼저 '자본이 전유하는 가치를 누가 생산하는가'를 물어야 한다. 자본은 스스로 가치를 생산하지 않으며 무에서 가치를 가져올 수도 없다. 인지자본도 다른 자본과 마찬가지이다. 인지자본의 새로운 사업은 노동의 인지적 활동을 전제로 한다. 자본이 착취할 가치를 생산하는 것은, 역설적이게도, 특유한 공동체이며 그것의 역사적 사회적 상상계이고 사람들의 인지적 조직이다. 오늘날 두 번째 국면에 이른 젠트리피케이션은 단순한 주거공간의 형성을 의미하지 않는다. 그것은 꿈과 상상의 세계를 꾸며내고 그것을 가치착취의 조건으로 삼는다. 오늘날 젠트리피케이션과 도시 브랜드화 전략은 인공적 상상계를 생산하는 것을 통해 축적에 기여한다. 이것은 사람들의 인지적 활동, 인지적 연결, 인지적 조직화, 인지적 공통되기를 요구한다. 요컨대 인지자본은 사람들의 인지적 주체화를 통해서만 축적할 수 있다. 이 인지적 주체화는 가치생산적 주체화의 과정이지만 그와 동시에 저항적 주체화의 잠재력을 구축한다.

메트로폴리스에서의 이 생산과 저항의 주체는 지난날의 정치적 주체성 개념에 의해서는 충분히 이해될 수 없다. 가령 오늘날의 불안정 노동자는 고용의 맥락을 통해서만 설명하기 어렵다. 분명 불안정 노동자는 고용불안정을 겪고 있는 비정규직 노동자이지만 그들의 불안정은 안정의 결여라는 부정적 방식으로만 한정할 수 없다. 불안정이 강제되기도하지만 동시에 스스로 선택되기도 하기 때문이다.[20] 불안정 노동자에게서 안정은 보편적으로 강요되는 가치이지 보편적으로 선택되는 가치가아니다. 생산의 주체이면서 배제의 대상이고 또 저항의 주체이면서 포섭의 대상이 되는 이 주체성을 어떻게 정의할 것인가? 앞에서 말한 다중Multitude이라는 개념은, 단순히 오늘날의 전 지구적 사회의 다양한 정체성들을 찬양하기 위한 것이 아니라 메트로폴리스의 집단들로 육화되는이 분산되고 복합적인 사회적 주체의 생산능력을 명명하기 위해 만들어졌다. 다중은 메트로폴리스 문화공장의 생산에서 서로 결합되면서 비대칭을 이루는 코그니타리아트(인지 노동자)cognitariat와 프레카리아트(불안정 노동자)를 통칭한다.

자본은 이 새로운 주체성을 어떻게 착취하는가? 5장에서 서술한 것처럼 메트로폴리스의 다중이 생산하는 가치는 지대로 응결된다. 까를로 베르첼로네와 빠스뀌넬리가 주장하듯이 지대는 새로운 이윤이다.[21] 그것은 메트로폴리스에서의 착취의 첫 번째 벡터vector이다. 이 새로운 이윤형태인 지대는, 전통적 이윤형태와는 달리, 임금노동에 대한 착취를 통해서보다는 모기지나 각종 임대료처럼 주택이나 물질적 공간에 적용된 지대를 통해 획득된다.

상품의 총가치는 물질노동(임노동과 이윤)과 인지노동(디자인, 저작권, 상표), 그리고 공중公衆에 의해 부여되는 상징가치(브랜드)에 의해 생산된다. 현대의 상품은 이중적이다. 한편에서는 개인노동에 의해 생산된 가치로서의 이윤이라는 차원을 가지며 다른 한편에서는 집단적 욕망에 의해 생산된 가치로서의 지대라는 차원을 갖는다.[22] 대상들의 문화경제(지적재산권에 붙인 지대)는 공간의 문화경제(상징공간에 붙여진 지대)와 병행되는 차원에서 작용한다. 여기에서 전자와 후자는 상반된 논리를 갖는다. 즉 전자는 지식의 비밀화와 저작권의 보호에 의해, 후자는 문화적 생산물과 상상계의 증식과 공유에 의해 발전한다. 그러면서도 양자는 서로 혼합된다.

과거에 지대는 토지의 소유 독점에 기초하는 것이었다. 오늘날 지대는 문화와 메트로폴리스 경제를 이해하기 위해 필요한 결정적 개념으로 되고 있다. 지대는 물질적 비물질적 공간들의 새로운 집합(데이비드 하비는 이것을 집단적 상징자본으로 부른다)에 적용된다. 그것은 (1) 소통 하부구조와 같은 새로운 하부구조와 물질적 공간에 적용될 수 있으며 (2) 온라인 소통이나 사회적 네트워크와 같은 가상적 비물질적 공간에 적용될 수 있고 (3) 비물질적 과정을 통해 가치화되는 물질적 공간에 적용될 수도 있다. 이 모든 경우에 다중의 진보적인 집단적 상상력은 자본에 의해 포획되고 다중에 대립하는 것으로 이용된다. 이 과정에서 권력은, 다중의 삶행위들을 통제함으로써 가치화 회로로 유도하는, 삶권력 biopower으로 변형된다.

삶권력의 공간으로서의 메트로폴리스

장치로서의 메트로폴리스 : 아감벤의 메트로폴리스론

권력이 삶권력으로 변형되는 곳이야 말로, 앞에서 잠깐 언급한 바 있는 '장치로서의 메트로폴리스'라는 개념이 적실한 의미를 획득할 수 있는 장소이다. 아감벤은, 『스펙터클의 사회』의 저자, 기 드보르가 그 자신을 전략가로 불렀음을 상기시키는 것에서 자신의 메트로폴리스론을 시작한다.[23] 이러한 시작은, 자신의 메트로폴리스론이 서 있는 입장과 그것의 서술방법에 대한 성찰에 기초한 것이다. 아감벤은, 자신의 메트로폴리스론이 일반적이고 특정한 갈등의 문제에 진입하지 못했다고 자인한다. 그러면서 그는 자신의 분석이, 단지 전략의 흔적만이라도 갖게 되기를 바란다고 말한다. 주지하다시피, 아감벤의 정치철학적 분석은 구체적인 역사적 상황을 넘는 일반성을 고찰하는 데 집중되는 경향이 있다. 그리고 그 작업은 자주 고대를 참조하는 것을 통해, 그리고 언어의 오래된 기원을 따져 묻는 방법을 통해 달성되곤 한다. 아감벤이 이러한 방법의 전략적 취약성을 자인할 때, 그가 이러한 점을 잘 의식하고 있다고 읽어야 하는 것일까?

아감벤은 메트로폴리스metropolis가 그리스어로 어머니 도시mother city를 의미한다는 것을 밝히는 것에서 논의를 시작한다. '어머니'가 자식과의 관계를 통해 의미를 갖는 용어이듯이, '메트로폴리스'는 식민모국과 그것의 속국인 도시국가 사이의 관계를 지칭한다.24 그러므로 아감벤이 강조하는 바에 따르면, 메트로폴리스는, 도회urban라는 말이 일반적으로 함축하는 연속적이고 동질적인 성격을 갖기보다 오히려 공간적 정치적 이질성을 특성으로 한다.

아감벤은 메트로폴리스의 탄생을, 고대 체제의 영토적 권력(주권sovereignty)으로부터 근대의 생명권력(즉 관리government)으로의 이행으로 정의한다. 그는, "메트로폴리스는, 권력이 삶과 사물들의 관리가 될 때 도시를 대체하는 장치들 혹은 장치들의 집합이다"25라고 말한다. 이런 맥락에서 정의될 때, 메트로폴리스는 단순히 큰 도시를 의미하는 수준을 훌쩍 넘어선다. 그것은 특정한 주체를 생산하는 장치이다.

메트로폴리스에서의 관리government는 지배나 폭력이 아니며 통치되는 것의 성격을 횡단하는 복잡한 구성이다. 이 관리 권력은 초월적이지 않고 내재적이다. 그것은 특수자들에게, 주체에게 부수효과collateral effect 를 미치는 '일반경제'를 갖는다. 일반경제는 희소성에 의해 정의되는 '제한경제'와 대비되는 것으로, 잉여와 소비에 의해 정의되는 것이다.26 여기서 바타이유의 일반경제 패러다임이 아감벤의 메트로폴리스 정의에 차용되고 있음을 알 수 있다.

메트로폴리스적 공간화는 탈정치화의 과정에 투자된다. 고전적 폴리스모델은 하나의 중심, 공적 중심, 즉 아고라에 기초했었다. 메트로폴리스 모델은 이 점에서 폴리스 모델과 중요한 차이를 보인다. 메트로폴리스에서는, 무엇이 사적이고 무엇이 공적인지를 결정하는 것이 어려운, 특이하고 괴물스런 지대가 출현한다.

푸코는 이 새로운 지대의 공간성을 관리성governmentality 공간으로 불렀다. 이 지대에서는 나병(이방인의 외부화, 감금모델)과 역병(외부가 없는 통제, 감시, 절합모델, 훈육모델)의 차이가 사라지고 양자가 서로 수렴된다고 그는 말했다. 아감벤은 관리성 공간에 대한 푸코의 이 설명을 메트로폴리스에 대한 정의에 차용한다. 여기서는 나병환자가 역병환자처럼 취급되고 거꾸로도 마찬가지로 된다.

이러한 가역과정을 통해 메트로폴리스는 **주체화의 장치**로 기능한다. 주체화 과정 없이는 장치 없고 장치에 대해 말하기 위해서는 주체화 과정을 봐야 한다는 것이 아감벤의 기본적인 생각이다.27 주체화는, 한 개인이 개인성이나 특이성을 가정하도록 만드는 것이고 그러한 개인성이나 특이성에 흡착되게 하는 것일 뿐만 아니라 그것들의 외부 권력에 대한 예속을 가져오는 것이다. 그런데 아감벤은, 메트로폴리스 장치가 주체성을 창조할 뿐만 아니라 동시에 탈주체화 과정을 포함한다는 점에 주목한다. 메트로폴리스 장치가 주체화하면서 동시에 탈주체화하고 있기 때문에 그것이 만들어내는 거대한 주체화 과정이 쉽게 식별되지 않는다. 메트로폴리스 장치와 대결하기 위해서는 이 거대한 그리고 심층적인 그리고 절합된 주체화 과정과 대면하고 그것에 침투해야 한다. 아감벤은 주체화와 탈주체화의 갈등이 발전하여 **통치불가능성**이라고 부를 수 있는 단계에 도달할 때까지 주체화 과정에 개입하고 또 행동하는 것이 필요하다고 주장한다. 아감벤이 말하는 통치불가능한 것이란, 권력이 관리의 형상을 잃고 난파하는 지점이다. 이 지점은 모든 정치의 시작이자 도주선을 의미한다.28

착취의 공간

오늘날 메트로폴리스에서 움직이는 지배적 자본형태는 금융자본이다. 금융자본은 토지자원, 인지자원, 비물질노동, 네트워크망 등의 공통된 것을 화폐적 방식으로 착취한다. 생산적 노동은 더 이상 고전적 임금관계에 의해 조직되지 않는다. 메트로폴리스는, 임금노동을 넘는 우리의 삶 전체가 자본에게 종속되어 생존하도록 명령하는 장치로 된다. 이미 언급한 바 있듯이, 메트로폴리스에서의 젠트리피케이션은 빈민주거 생활구역을 재개발해 원주거민을 몰아내고 이곳을 중상류층 및 자본이 점령하는 과정이다. 이 과정을 이끄는 것은 경제적으로는 지대 욕구이고 정치적으로는 차별분할 욕구인데, 이것은, 삶이 비임금적 과정을 통해 자본에게 포획되는 복합적 메커니즘을 단적으로 보여준다.

메트로폴리스에는 이렇게 새로운 내부식민화라고 부를 수 있는 계급 분할이 존재한다. 이로 인해 도시는, 개척과 점령의 대상으로 설정되는, 일종의 황무지로 된다. 메트로폴리스가 확산된 공장이라면 젠트리피케 이션은 자본축적의 경제장치요 거버넌스governance의 정치 장치이다. 이 것의 위상과 역할은 지역별로 차이가 있다. 예컨대 뉴욕에서와는 달리 한국에서는, 20세기 말까지 도시주택공급을 위한 주요 수단이 주로 신도 시 개발로 나타났고 이 때문에 재개발로서의 젠트리피케이션은 부차적 위치를 차지하고 있었다. 하지만 은평뉴타운을 비롯한 뉴타운 사업들을 시작으로 젠트리피케이션이 주요한 수단으로 등장하기 시작했다. 특히 오세훈의 창의시정(창조도시) 정책은 바로 젠트리피케이션을 시정(통 치)의 핵심으로 삼겠다는 의지의 표현이다.

젠트리피케이션은 **차별화**를 축적과 통치의 방법으로 삼는다. 현실의 지대와 개발 후의 잠재적 지대 사이의 지대 격차가 젠트리피케이션의 동 력이기 때문이다. 차별화에는 입지 차별화와 디자인 차별화가 중요한 수 단으로 사용된다. 차별화는 집단적 상징자본을 형성하는 주요한 메커니 즘이기도 하다.

샤론 쥬킨Sharon Zukin은 오늘날 제2차 젠트리피케이션이 전개되고 있 고 그것은 예술적 생산양식에 의해 정의된다고 말한다.[29] 이 과정은 메트로폴리스를 확장된 비물질공장으로 만든다. 부동산 산업과 창의도시 전략 배후에는 고숙련 노동자에 의해 뒷받침되는 문화자본의 움직임이 있다. 부동산 자본이 예술계 및 문화생산과 연합하는 것이다. 역설적이게도 급진운동과 도시하위문화운동이 도시의 스펙터클 사회와 문화산업을 먹여 살리게 된다. 예컨대 바르셀로나의 미래주의 박물관 MACBA^{Museu} d Art Contemporani de Barcelona는 언더그라운드문화와 바르셀로나의 민주적 전통에 기초한 것이다. 이처럼 바르셀로나의 창의도시와 사회적 주택의 전략은 문화적이고 예술적인 방식을 통해 양육되었고 그것의 결과는 주택가격의 급상승이었다.

바르셀로나에서 이에 대한 저항이 일어나자 젠트리피케이션의 주무대는 베를린으로 옮겨갔다. 동베를린의 저항문화 역시 재개발을 도왔다. 이 재개발 사업을 연구해온 도시사회학자 안드레이 홀름Andrei Holm은 당국의 미움을 샀고 그의 도시 연구를 방화 및 범죄조직 구성으로 규정한 당국에 의해 1997년에 체포되었다.

화폐적 방식의 착취장치로서의 메트로폴리스

메트로폴리스에서는 노동이, 물질적 특질이 추상된 인지적 활동으로 나타난다. 세계의 실상은 가려지고 그 표면에서는 마치 게임만이 전개되는 듯한 가상이 펼쳐진다. 그 게임 속에서 전개되는 것은 더 많은 것을 자기의 것으로 만들려는 타락한 욕망, 필요로부터 벗어난 무한탐욕이다. 카지노자본주의라는 말에 합리성이 있다면, 이 무한탐욕의 도박성 운동을 포착한다는 점에 있다. 하지만 그 말은 그 탐욕이 겨냥하는 대상, 즉 인지적 공동체의 존재를 설명해 내지 못한다. 분명히 자본주의는 경쟁과 도박을 통해 가치를 축적한다. 그 규모는 더욱 거대해졌다. 그런데 그것이 축적하는 것은, 직접적으로 노동하는 개별 노동자의 노동 활동이나 소규모 노동집단의 노동 활동에서 비롯되는 것이 아니다. 그것은, 신체적으로 뿐만 아니라 영혼을 통해 노동하는 사회 전체의 운동 자체를 통해 축적한다. 노동자들이 다중이 되고 노동과정이 사회적 수준에서 협력적으로 되며 노동의 헤게모니적 특질이 인지적으로 되었을 때 자본은 개별적 노동행위를 착취할 수 없게 된다. 그래서 자본은 금융자본 형태를 취해 사회의 총체적 노동이 생산하는 공통적인 부를 수탈하는 것으로 나아간다. 이런 의미에서 금융자본이 획득하는 금융지대는 공통적인 것의 수탈에 다름 아니다.[30]

금융시대의 자본의 목적은 혁신과 결부된 일시적이고 상대적인 지대를 획득하는 것에 있지 않다. 집단적인 창조와 혁신의 힘을 착취하기 위해서라도 자본은 총체적 노동을, 사회적 노동공통체를 자신의 명령과 감시 하에 두어야 한다. 고전적 지대가 토지에 대한 사적 소유 독점에 기반하듯, 현대의 금융지대는 사회적 노동공통체에 대한 명령과 감시에 기반한다. 고전적 지대가 절대지대에서 상대지대로 이행했던 것과는 달리, 오늘날의 지대는 상대지대에서 절대지대로 이행한다. 이 과정은 이윤과 지대 사이의 경계를 무너뜨린다. 부를 포획하는 지대의 권력을 강화하기 위한 자본의 혁신 영역이 지적 소유권, 금융테크놀로지, 그리고 흐름을 잡아채는 알고리즘 개발 등에 집중된다. 그러면 그럴수록 사회의 운명은 금융자본의 흐름에 의해 더욱 더 좌우된다.

그러므로 금융자본이 그 자신 속에 적대적 계기를 표현하지 않는다고 생각하는 것은 어리석은 일이다. 왜냐하면 그것은 늘 자신의 품 안에 노동력을 필요한 요소이자 적대적 계기로 포함하고 있기 때문이다. 사회적 노동력은 자본의 생산자이자 동시에 자본에 대한 위협이다. 자본의 생산자로서의 사회적 노동력은 테러에 대항하는 세계시민, 타국민에 대항하는 국민, 다중에 대항하는 시민, 가치를 실현하는 소비자 등의 이름으로 부단히 재생산된다. 이런 맥락에서 메트로폴리스는 예속주체의 생산공간이다. 하지만 다른 한편에서 메트로폴리스는, 주어지는 질서를 거부하고 명령을 위반하며 감시에 항의하는 주체들, '위험한 계급'[31]으로서의 다중을 부단히 생산하는 공간이기도 하다. 메트로폴리스는 이 이중성으로 인해 부단히 갈등 속에 있게 된다. 이제 메트로폴리스에서의 갈등과 적대에 대해 살펴보자.

메트로폴리스에서의 적대들 : 분할, 위계, 대립

쿨하스Koolhaas는 메트로폴리스를 혼성적이고 적대적인 집성체로 본 선구적 인물이다. 사스키아 사센Saskia Sassen은 쿨하스를 따라 메트로폴리스를 일종의 이질집성체로 보았을 뿐만 아니라 제국적 국면에서 자본주의가 취하는 일반적 구조와 동질적인 하나의 구성체로 보았다. 후자의 측면에서 보면, 제국이 갖고 있는 전지구적 위계와 명령체계와 동일한 것이 메트로폴리스의 주요한 체제적 특징으로 나타난다. 지난 날 민족 내부에서 나타났었고 또 제국주의 시대에는 민족들 사이에서 나타났던 계급 차별과 노동 분할이 이제 메트로폴리스의 중심과 주변 사이에서 나타난다. 명령하는 사람은 위에 살고 복종하는 사람은 아래에 사는 메트로폴리스의 마천루 구조가 그것을 상징적으로 보여준다.[32]

마이크 데이비스Mike Davis는 메트로폴리스의 자본주의적 재구성 과정과 포스트모던 메트로폴리스에 대한 적합한 이미지를 제공한다. 벽 세우기와 게토 공간의 획정, 피부색 인종 종교 관습 계급차별 등을 통해 억압하는 제로-관용 지대의 창출, 텔레비전과 헬리콥터에 의해 보완되는 전자통제네트워크, 통제논리에 따라 구축된 엔클로져와 적색지대의 형성, 총체적 비대칭의 구축 등이 그것이다.[33] 이렇게 치안과 전쟁의 논리에 따라 형성되는 주체성은 극단적으로 개인주의화하는 경향을 띤다.[34]

네그리는 「다중과 메트로폴리스」[35]에서 "만약 메트로폴리스가 가치화와 착취라는 자본주의적 관계에 의해 투자되어 있다면, 우리는 어떻게 그 내부에서 메트로폴리스적 다중의 적대를 파악할 수 있는가?"라는 문제를 제기한다. 이 질문은 오늘날 노동력의 여러 부문들이, 하나의 내적 관계로서의 메트로폴리스 하이브리드 속에서, 특이성의 총체이며 주체성의 다양성인 다중으로 존재한다는 예상에 근거한다. 네그리는, 다중이 메트로폴리스 공간의 적대적 형상을 주형한다는 관점에서 메트로폴리스 문제에 접근한다. 이 관점에서 볼 때 메트로폴리스는 새로운 강렬도, 새로운 범주를 생산하는 증식하는 기계이다. 그것은 일반의지에 의해서가 아니라 공통의 우연성에 의해 생산되는 모든 사람의 생산물이다. 이러한 전제 위에서 네그리는 메트로폴리스 속에서 삶과 투쟁의 공통적 장을 구성할 방법을 모색한다. 요컨대 다양한 생활양식, 집단적 소통수단을 통한 특이하고 집단적인 다중의 메트로폴리스를 구축하는 것이 네그리의 관심사로 된다.

삶정치 공간으로서의 메트로폴리스

메트로폴리스를 삶정치적 공간으로 고찰한다는 것은 그것을 잠재적 공통체의 공간이자 저항의 공간으로, 그리고 저항주체 형성의 공간으로 파악한다는 것을 의미한다. 예속주체들이 자신의 자리에서 벗어나 운동하기 시작하며 소비자, 시민, 국민이 다중으로 변형되는 시간이 여기에서 시작된다.

네그리의 '메트로폴리스 총파업'론

이 변형의 시간에 대한 가장 적극적인 파악은 네그리에 의해 이루어진다. 「메트로폴리스와 다중」에서, 그는 1995~6년의 파리 시민투쟁을 메트로폴리스 반란의 선례로 해석한다. 당시의 파리에서 위로부터 추진되던 공공교통의 사유화계획은 노조와 메트로폴리스 주민 모두에 의해 거부되었다. 이 거부가 메트로폴리스에서 이루어진 최초의 투쟁은 아니다. 이미 불법이주민, 노숙인, 실업자들이 시민권, 주거권, 생활권 등을 요구하며 투쟁한 바 있기 때문이다. 이탈리아에서 전개된 '거리 되찾기' 투쟁, 독일에서 나타난 시민 발의, 유럽의 여러 메트로폴리스들에서 나타난 스쾃터squatter 투쟁, 노조나 노동당의 계획과 지침 밖에서 독립적으로 움직인 노동자들의 살쾡이 투쟁 등은 공장 노동자와 메트로폴리스 프롤레타리아의 특이한 연합의 사례들이다. 알베르토 망나지Alberto Magnaghi와 그의 동료들이 발행한 『콰데르니 델 테리토리오』Quaderni del Territorio는 자본이 도시에 투자를 해서 각각의 거리를 상품들의 생산적 흐름으로 변형시키는 방법에 대한 분석을 수행했다. 그의 연구는 공장이 사회로 확장된다는 것을, 그리고 도시에 대한 이 생산적 투자가 계급투쟁을 근본적으로 변형시키고 있다는 것을 보여준다.

2002년 6월 22일 스페인의 세비야Seville에서 최대 천만 명이 참가하여 하루 동안 벌인 24시간 총파업은 총파업을 관리한 좋은 예이다. 이날은 공장뿐만 아니라 상점, 술집, 식당 등이 문을 닫았고 공공기관도 움직이지 않았으며 교통도 마비되었다. 이와 같은 메트로폴리스 총파업은 메트로폴리스에서 다중의 재구성의 특유한 형식을 표현한다. 그것은 단순히 노동계급 파업의 사회화가 아니다. 그것은 대항권력의 새로운 형식이다. 중요한 것은 노동투쟁의 수적 집계가 아니라 메트로폴리스 다중의 여러 층들의 만남, 충돌, 엮어짜임, 전진운동 등이다. 이것이야말로 통제를 넘어설 새로운 민주주의 형태를 표현한다. 메트로폴리스 반란은 언제나 도시의 재건축을 함축한다.

총파업은 메트로폴리스를 재건하는 '환희에 넘치는' 프로젝트를 포함해야 한다. 이 프로젝트는 공통적인 것을 발견하고 메트로폴리스적 인접성을 구축하는 데 사용될 수 있다. 네그리는 이 프로젝트가 '소방수'와 '이주민'이라는 두 가지 형상을 갖는다고 말한다.[36] 어린아이들이 상상하는 소방수는 위험 속에서 메트로폴리스에 안전을 주는 이미지이며 이주민은 도래할 것으로서 메트로폴리스에 색채와 연대를 주는 이미지이다. 중요한 것은 지속가능한 발전을 디자인하고, 삶정치적 틀 속에서 생태학과 생산을 종합하는 것이다.

메트로폴리스는, 그것이 빈민굴들, 막사들, 혼란들로 구성되어 있을 때조차도, 예외적이고 초과적인 자원으로 될 수 있다. 가난이 공통적인 것의 구성력으로 작용하고 막사들이 카니발의 장소가 되고 혼란이 새로운 헌법의 동력으로 기능할 수 있기 때문이다. 이러한 상황에서 정치가와 부패한 노조들은, 자신들이 메트로폴리스의 폭발을 저지할 안전밸브를 쥐고 있다고 다투며 협상을 벌이지만, 그들이 바라는 바의 질서체계나 완충구조들이 메트로폴리스에, 그것의 사회적 직조 내부에 강제될 수는 없다. 메트로폴리스는 자유의 힘이기 때문이다. 메트로폴리스의 자유는, 그것이 매일 스스로 수행하는 건설과 재건설에서 유래한다. 총파업은 이 틀 속에 삽입된다. 총파업은 메트로폴리스적 삶으로부터 그것의 협력적 생산구조와 그것의 기능적 공통성을 끌어내어 새로운 세계를 실현할 힘으로 제시하는 것이다.[37] 이것은 오늘날 젠트리피케이션에 반대하는 운동으로 나타나기도 하는데, 이 사보타지 투쟁은 행동과 지식과 감성의 새로운 공간을 열어내곤 한다. 2009년 용산 남일당 투쟁은 사회운동의 거대한 결집을 가져왔고 홍대 앞 두리반 투쟁은 그것의 작은 규모에도 불구하고 작가와 예술가들, 그리고 다양한 사회운동을 실천적으로 연결시키는 중요한 계기로 되고 있다. 이것들은 생산적 사보타지가 갖는 공통되기의 힘을 보여준다.

공통적인 것의 공간으로서의 메트로폴리스

공통적인 것은 오늘날 대도시와 그 주민들의 삶 속에서 명백히 조명되며 또 식별된다. 지대地代는 이 공통적인 것을 덮고 또 숨긴다. 메트로폴리스 마천루들의 고층과 주식시장들은 공통적인 것을 지배한다. 하지만 그것의 진정한 생산자들에게 공통적인 것은 드러나지 않는다.[38] 그렇기 때문에 투명성을 위한 투쟁이 중요하다. 개방과 투명성을 위한 투쟁들의 절대민주주의는, 우리에게, 공통적인 것의 해방을 위한 길을 안내할 수 있다. 왜냐하면 이 투쟁은, 부동산 지대로부터 저작권 지대 및 정보생산 지대에 이르기까지 지대의 흐름 전체를 드러내고 또 공격할 수 있게 할 것이기 때문이다.[39] 위키리크스wikileaks의 유출투쟁과 투명화 투쟁이 갖는 핵심적 의미는 여기에 있다.[40]

네그리는 절대지대가 오늘날 자본주의적 착취의 핵심적 지형이 되었기 때문에[41] 다중이 절대지대를 파괴하는 투쟁을 전개해야 한다고 말한다. 그것은 절대지대의 명령과 공통적인 것 사이의 관계를 탈구시키고 그 양자 사이의 모순을 폭발시키는 길이다.[42] 이를 위해서는 소수의 다수에 대한 지배라는 과두지배는 물론이고, 다수의 소수에 대한 지배라는 자유민주주의까지 넘어서는 민주주의의 절대화의 길을, 즉 모든 사람에 의한 모든 사람의 지배를 실현하는 길을 열어야 한다.[43]

아감벤의 비위非爲론

네그리의 이 강한 사유Strong thoughts와 적극적 정치학에 비해 아감벤의 사유는 약하며 그의 정치학은 소극적이다.[44] 물론 아감벤의 정치학은 네그리의 그것만큼 분명하지 않다. 앞서 서술했듯이 아감벤은 메트로폴리스의 통치불가능성의 단계에 도달할 때까지 주체화 과정에 개입하고 또 행동하는 것이 필요하다고 보면서 그것이 정치의 시작이자 도주선이라고 말했다. 이 아렌트적이고 들뢰즈적인 계기가 아감벤에게 어떤 의미를 갖는지, 그리고 그것이 어떤 한계를 갖는지를 『세속화 예찬』[45]을 통해 생각해 보자.

아감벤은, 이 통치불가능성의 단계에 도달할 수 있는 방법은 확정된 소명의 본질적 부재로서의 무위inoperosita를 통해서라고 말한다. 만약 확정된 소명의 이 본질적 부재가 정세적 부재까지 의미했다면, 아감벤의 정치철학은 수동적일 뿐만 아니라 반동적인 것으로 귀결되었을 것이다. 하지만 아감벤이 개입과 행위의 힘을 통치불가능성의 관건으로 제시하는 것에서 이해할 수 있는 것처럼, 그의 무위는 수동적인 것도 반동적인 것도 아니며 주체화과정이 전개되는 정세 속에 깊게 개입하고 행위하는 것을 의미한다. 그 행위의 양식은 대립과 변증법에 정초한 저항의 양식과 다르다. 그의 방법은, 노래의 곁parà-oiden 46에서 펼쳐지는 놀이인 패러디이다. 패러디는 언어와 사물의 조화에 정초했던 존재론과는 달리 언어와 사물 사이의 분리를 조건으로 삼으면서 전개되는 놀이이다. 이런 의미에서 그것은 피할 수도 없고 그로부터 도주할 수도 없는 한계와 아포리아로 가득 찬 세계의 열림을 의미한다. 네그리는 세계의 열림을 저항(사회주의)―탈주(아나키즘)―구성(코뮤니즘)의 연쇄에서 찾는 데 반해, 아감벤은 그것을 패러디에서 찾는다.

패러디의 놀이는 언어와 사물의 균열, 분리를 가지고 노는 것이며 그리스 희극의 연출기법 파라바시스parabasis가 보여주듯 배우와 관객, 작가와 청중, 무대와 현실이 서로 인간적인 대화를 나누는 사이공간을 구축하는 것이다. 그것은 시에서의 행중휴지cesura와 같다. 그리고 그것은, 기독교에서 말하는 메시아의 임재parousia[곁에-있음]와도 같다. 또 이것은, 스피노자가 말한, '능동과 수동이 동일한 인칭이 되는' 경우인 라디노어47 재귀동사 pasearse(스스로를 산보하다)와도 같다. 이 동사에서 수동과 능동, 타동과 자동, 주체와 객체는 서로 식별불가능하게 뒤섞여 있다. 이것은 벤야민의 미완성 주저 Passagenwerke(『아케이드 프로젝트』)의 주요 주제의 하나인 '산보자'가 능동과 수동이 뒤섞인 주체로 등장하는 것과 흥미로운 연관을 갖는 것 같다. 이 '산보'는 또 바틀비의 'I would prefer not to ~'(나는 ~하고자 하지 않고 싶어요)와도 통한다. 이것은 하지 않음도 아니며 함도 아닌, '하지 않음의 함'의 공간을 여는 것이다. 그것은 단순한 무위(하지 않다)도 아니며 단순한 행위(하다)도 아닌 안 함의 함, 거부의 행위로서의 무위이다. 그러므로 아감벤이 말하는 'in-operasita'는 무위라기보다 오히려 비위非爲인 셈이다. 아감벤이 오디세우스에게서 우데이스oudeis[아무도 아님]를 찾아낼 때, 그 아무도-아님이야말로 바로 비위의 주체성이다. 이것은 랑시에르에게서는 관계치-않는-주체[아무개]n'importe qui로, 니체에게서는 너머-주체성(초인)으로 나타났던 것과 동궤의 것이다.

이 비위는 바로 아감벤의 잠재성 개념을 구성한다. 비위는 '지금여기'이지 않으려는 지금여기의 행위이기 때문에 현실적 행위가 아니며, 지금여기의 현실로부터 소급적으로 투사된 행위가 아니기 때문에 가능적 행위도 아니다. 그것은 잠재적 행위로서 생명체 = 실체가 그 자체로 가지고 있는 역능, 창조성의 원천으로서의 게니우스Genius, 즉 전前개체적, 비인칭적, 비기호적 능력이다.

이 게니우스 개념이 아감벤에게서 역사적으로 유의미한 연관맥락을 구축할 수 있다면, 다시 말해 그것이 전략으로 구체화될 수 있다면, 그것은, 네그리나 들뢰즈의 puissance(역능, 역량, 활력) 개념에 접근하게 될 것이다. 이 게니우스의 잠재력이 비위의 힘일 때 그것은 저항과 무연할 수 없고, 탈주/도주와 무연할 수도 없기 때문이다. 저항이나 탈주는 비위의 힘들이 특정한 정세 속에서 나타나는 양상들이기 때문이다. 하물며 창조성의 원천인 게니우스가 구성의 이념과 어떻게 분리될 수 있겠는가?

비위는 부정과 거부의 행위이지만, 내가 보기에 그것은, 절대적 긍정의 능력이 발현되는 방식이다. 이렇게 해석될 때 아감벤이 말하는 '특성 없는 자들'로서의 블룸Bloom 48은, 네그리와 하트가 말하는 프롤레타리아적 다중과 겹쳐질 수 있다.

문제는 그러므로 일반적으로 사고할 것인가 정세적으로 사고할 것인가, 철학자로서 사고할 것인가 전략가로서 사고할 것인가에서 주어지는 것으로 보인다. 아감벤이 자신의 메트로폴리스론에서 자신이 기 드보르처럼 전략가로서 사유하지는 않고 있으며 자신의 논리가 전략의 흔적만을 가질 수 있길 바란다고 썼던 것을 상기해 보자. 아감벤은 비위론에서도 충분히 전략적으로 사유하지 않으며 철학적으로 비위의 문제를 사유한다. 그래서 전략가로서 사유할 때 메트로폴리스와 비위의 논리가 어떻게 변용될 수 있을까 하는 문제는 우리의 과제로 남는다.

메트로폴리스의 기억과 꿈

오늘날의 도시적 삶

권력자들과 기업가들, 혹은 그것을 향해 나아가는 후보들은 매일매일 행복의 약속들을 쏟아낸다. 4대강 개발을 밀어만 주면, 우리 기업의 제품을 사주기만 하면, 나를 당선만 시켜주면 행복이 홍수처럼 밀려들게 할 것이라는 조건부 약속들이다. 그 약속들은 텔레비전 채널들을 가득 채우고 우체통들에 넘쳐나며 거리를 뒤덮는다.

이 약속들이 지금까지 얼마나 많이 되풀이되어 왔는가? 만약 그 약속들이 실제로 지켜졌다면 우리의 삶은 아마도 행복에 겨운 시간으로 되고도 남았을 것이다. 그러나 현실을 돌아보면 어떤가? 선택받은 무수한 권력자들, 뚝심 넘치는 무수한 기업가들이 그들의 대단한 능력을 발휘했음에도 불구하고, 아니 그들이 능력을 소신껏 발휘하면 할수록, 이 세계의 어둠은 짙어가고 불행의 신음소리는 깊어간다. 대형마트들에 밀려 폐업한 구멍가게 주인들은 막노동 일자리라도 찾아나서야 한다. 정리해고된 노동자들은 파업 끝에 자살을 하고 살아남은 노동자들은 더 강도 높아진 노동에 숨을 헐떡인다. 대학생들은 스펙을 쌓기 위해 몸부림치다가 빚더미 위에 올라앉아 범죄의 유혹에 빠진다. 화장품비와 성형수술비를 마련해야 하는 여성들은 온갖 위험한 일자리에 노출되고 아이들은 납치, 교통사고, 성폭행의 위험 때문에 집안에 갇힌다. 갈 곳도 삶의 의미도 잃어버린 노인들의 하루하루는 고통과 권태로 길기만하고 중년 주부들의 방황은 깊어진다. 밭을 가는 농민들의 어깨는 처져 있고 이주 노동자들은 오늘도 쫓기며 살얼음판의 거리를 걷는다. 밤 시간 네온사인의 찬란한 불빛은, 그 아래에 맨몸으로 누워 잠든 노숙자들의 웅크린 몸과 섬뜩한 대조를 이룬다. 공장, 주택, 차량에서 뿜어져 나오는 배출가스는 숨쉬기를 어렵게 만들고 쓰레기들은 골목, 들판, 바다에 마구 던져진다. 푸른 숲들은 베어져 잿빛으로 변하고 물의 빠른 오염속도, 물을 사유화하려는 자본의 시도는 물위기가 임박했음을 예고한다. 꿈의 에너지를 생산하는 공장으로 미화되었던 원자력발전소들은, 언제 우리를 덮칠지 모르는 괴물처럼 공포를 자아내며, 곳곳에 웅크리고 있다. 요컨대 행복의 약속들을 비웃기라도 하듯, 생태는 무거운 짐으로 허덕이고 사회는 적대로 가득 차 있으며, 불행의 밀도는 점점 높아지고, 두려움과 공포가 일상적 정서로 자리잡아 가고 있는 것이다.

계엄도시의 역사

거듭 거짓으로 판명난 행복의 약속들은 행복에 대한 간절한 희망의 이면이었다. 개발을 통해 고통을 끝내도록 하겠다는 정치가들의 공약은, 개발의 정치가 구렁텅이에 빠진 삶을 구원하리라는 사람들의 기대에 기생하는 것이었다. 이승만의 수입대체전략을 수출주도전략으로 전환시킨 박정희 정권 18년 동안 개발의 광풍이 남한을 휩쓸었다. 남한은 전 세계의 분업망 속에서 의류, 신발 등 경공업 제품을 생산하는 기지로 배치되었다. 남북 간 고속도로가 뚫렸고 농촌 인구는 일자리를 찾아 도시 주변으로 몰려들었다. 저곡가 정책으로 농촌의 황폐화가 가속된 반면 도시는 비대해졌다. 그 결과 수도권과 비수도권, 동과 서 사이의 지역차는 뚜렷해졌다. 자본과 노동의 계급적대가 심화되었다. 가난의 상대적 고통은 더욱 커졌다. 개발은 이루어졌지만, 그것이 행복의 희망을 충족시키는 것이 아니라 더욱 깊은 나락으로 삶을 추락시키는 것이라는 사실이 드러나기 시작했을 때, 도시의 저항(광주대단지 주민투쟁, 학생시위, 전태일의 분신 등)이 폭발했다. 계엄과 유신통치는 이에 대한 박정희 정권의 대응방식이었다.

계엄도시는 조직된 공포의 공간이었다. 도시와 시민은 국가에 대한 철저한 예속을 강요받았다. 학생들은 국민교육헌장을 암송하고 제창해야 했다. 저녁 다섯 시, 국기가 하강할 때면, 길 가던 사람들도 부동자세로 국기에 대한 맹세를 들어야 했다. 집회와 시위의 자유가 제한되었고,

여러 사람들의 만남 자체가 금지되었다. 언론출판의 자유가 제한되었고, 저항의 말은 가슴에 묻어두어야 했다. 냉전과 남북대치를 핑계로 한 반공주의적 도시개발의 과정은, 사람들을 하나의 국민으로 조직함과 동시에, 취업경쟁, 입시경쟁, 생존경쟁 등 각종 경쟁을 국민의 생리로 만드는 과정이었다.

해방도시의 체험

그러나 도시개발은, 농촌과는 다른 성격의 공동체의 형성을 수반한다. 농촌은 장시간에 걸친 지역적 정주를 통해 지연과 혈연으로 맺어진 공동체를 형성한다. 그것은 품앗이, 두레 등을 통한 생산적 협동 공동체를 형성하기도 하지만, 분할된 토지와 분산된 경작은 그것의 발전을 가로막는다. 이에 반해, 공단을 축으로 조직된 도시는 직접적인 생산협력체로서의 생산공동체를 형성하며, 소비과정 역시 이 생산공동체를 중심으로 배치된다. 이 과정은 도시에 대한 생산공동체의 주도권과 잠재적 자치능력을 높인다.

1970년대 후반, 남한을 휩쓴 저항의 물결은 이와 무관하지 않다. 1970년대 중반의 세계적 위기로 수출주도전략은 한계를 드러냈고 중화학공업화를 통한 자립경제 건설이라는 위기탈출 전략도 실패했다. 박정희 정부는, 마산·창원, 사북·고한 등 몇몇 지역을, 정리해고라는 신자유주의 전략의 실험실로 삼았다. 이에 대한 노동자와 시민들의 저항이 박정희 정권의 붕괴를 규정한다. 1979년 10월 26일 박정희의 죽음으로, 계엄도시는 흔들리기 시작했고 공포의 장막은 찢어지기 시작했다. 해방의 욕망이 꿈틀대고 자유의 목소리들이 분출하기 시작했다. 1980년의 '봄'이라는 표현은 이러한 과정을 은유적으로 표현한다.

그러나 이것은, '겨울'을 지속시키고자 하는 흐름과의 갈등 속에서 표현되었다. 전두환 신군부가 박정희의 신자유주의 실험과 개발독재를 계엄의 확대를 통해 지속하고자 했기 때문이다. 이 갈등이 가장 첨예하게 표현된 도시는 광주였다. 광주의 시민들은 계엄해제와 독재타도의 요구로 신군부의 기획에 저항했다. 무장진압에 분노한 광주의 학생, 노동자, 소상인, 빈민, 주부 들의 저항은, 무장항쟁으로 비화되었고 계엄군을 몰아내면서, 계엄도시 광주는 순식간에 해방도시로 역전되었다. 지배질서가 붕괴하고 정부가 기능하지 않는 상황에서, 오히려 범죄가 사라지고 사람들은 전례 없는 협동의 힘을 발휘했다. 택시운전사들은 함께 경적을 울려 저항을 표현하고 주부들은 주먹밥을 싸고 여성들과 남성들은 함께 바리케이드를 쌓았다. 도청 앞 궐기 대회에서는 지금까지 들리지 않던 목소리들이 낭랑하게 울려 퍼졌고, 억압되었던 생각들이 봇물처럼 터져 나왔다. 저항의 연대, 그리고 새로운 삶을 향한 협력이 광주를 이끌었다.

광주가 해방도시로 존속한 시간은 짧았지만, 광주는 대동세상, 코뮌, 절대공동체의 잠재력을 실현했고, 이후의 운동들에 강력한 영감을 불어넣었다. 한국의 민중들과 시민들은 1987년 6월과 7~9월의 항쟁을 통해 전국의 대도시 모두를 해방도시로 만들었다. 이로써 전두환의 4.13 호헌조치는 붕괴되었고, 군사정권은 직선제 개헌을 받아들이면서 지금까지와는 다른 헌정질서에 길을 비켜주어야 했다.

세계화와 혁신도시

그 새로운 질서는 아이러니하게도 서로 적대하던 호헌파와 개헌파의 신자유주의적 보수연합으로 구체화되었다. 1990년의 3당 합당과 김영삼 보수대연합정권에 의한 위로부터의 신자유주의 추진은, 1980년 5월 항쟁에서 1987년 6월 항쟁으로 이어진 민중의 저항력을 흡수하면서, 그것을 자본의 동력으로 재장치하기 위한 주권재구성의 방책이었다. 그것은 한국을 세계 자본시장과 생산시장의 유기적 고리로 편입시키는 것으로 나타났다. '세계는 넓고 할 일은 많다'로 표현된 세계화 전략은, 국내외 자본의 이동에 최대한의 자유를 부여하고, 노동시장을 유연화하여, 해고를 자유롭게 하며 국가자본을 사유화하는 것을 골자로 삼았다. 2차 보수연합을 통해 집권한 김대중 정권은, 민주화를 자유화의 동력으로 장치하는 방식을 통해 신자유주의를 본격적으로 가속시켰고, 노무현 정권은 이것을, 대중의 모순에 찬 자기욕망으로까지 심화시켰다. 이명박 정권은, 한미FTA를 분기점으로 나타난 대중의 신자유주의로부터의 이탈을 저지하고 국가의 강권력을 노골적으로 동원해서라도 대중을 신자유주의에 결박시키려 한다. 그 방법은, 자유화로부터 민주화의 요소를 제거하고 그것을 금융화에 더욱 단단히 결박시키며 화폐를 통치와 명령의 수단으로 삼을 뿐만 아니라 낡은 수구정치의 창고에서 쓰다버린 도구들(예컨대 반공반북)까지 꺼내 재활용하는 것에서 찾아진다.

노무현의 혁신도시 이념은 지역균형발전의 이념에 의해 설계되었고 그래서 평등주의적 색채를 갖는 것이었다. 이명박 정권은 이것을, 수도권을 중심으로 하는 거대한 메갈로폴리스 계획으로 대체한다. 그것은, 운하로 연결된 4대강 지역을 영구 재개발되는 수도권에 다시 연결하는 것이다. 그리고 그 계획은, 한반도 북쪽 지역을 이 메갈로폴리스의 일부로 합병하는 것까지 포함한다. 혁신도시 개념을 다시 혁신하는 이 계획에서 혁신은 이제 자본의 집중, 개발의 영구화를 통해 사회적 적대를 영구혁신하는 것을 의미한다.

이 자본실용주의 정부에 대항하여 2008년 메트로폴리스 서울에서 점화된 촛불봉기는, 얼핏 보면, 민족, 민주, 민중이라는 과거의 삼민주의가 부활한 것으로 보인다. 하지만 자세히 들여다보면 그것의 형식, 구성, 방법 모두가 과거와는 매우 다르다. 촛불봉기는, 십 수 년에 걸친 신자유주의 드라이브 하에서, 한국에서도 자본주의의 인지화, 비물질화가 고도로 진척되었다는 것을 반증했다. 촛불봉기는 인터넷에서 점화되고 인터넷과 핸드폰을 통해 조직되었고 인터넷과 핸드폰과 생중계텔레비전을 통해 확산되었다. 거리는, 비물질적 공간에서 구축되고 소통된 다중의 집단지성이 물질화되는 현장으로 기능했다.

1980년의 항쟁에서 인간 존엄의 공동체가 출현했지만 그것은 역사적 생산의 공동체에 의해 매개되지 않은 것이었다. '우리는 폭도가 아니다'라는 광주 민중의 외침은, '우리는 기계가 아니다'라는 전태일의 인간주의적 외침을 다르게 반복했다. 1987년 항쟁에서는 생산의 공동체가 정치적 영역으로 부상했지만, 그것은 주로 대공장들이라는 중심들을 갖는 것이었다. 이 투쟁에서 초점은 노동조합과 임금을 둘러싼 노동의 경제적 요구에 맞추어졌다. 2008년의 항쟁은, 생명을 중심에 놓는 존엄의 요구를 제기했다는 점에서는 1980년의 항쟁을 닮은 반면, 생산과 생활의 공동체에 의해 이끌렸다는 점에서는 1987년의 항쟁을 닮았다. 그러나 2008년에 정치적으로 출현한 생산공동체는, 1987년과는 달리, 공장보다는 메트로폴리스에 기반을 둔, 정보화되고 인지화되고 비물질화된 성격의 공동체였다. 이런 의미에서 2008년의 항쟁은, 경제적 생활과 자연적 생명과 사회적 삶이 공동체적 생산과 중첩된 상황을 조건으로 발생한 새로운 유형의 항쟁이다.

이 항쟁에서 전투경찰 및 경찰특공대를 앞세운 중앙지성적 제정권력과, 집단적 다중지성에 의해 조직된 제헌권력의 갈등은 첨예하면서도 익살스러운 것으로 나타났다. 제헌적 다중들은 '모든 권력은 국민으로부터 나온다'는 헌법1조가를 부르면서 명박산성을 조롱했다. 인터넷 서핑과 백화점 쇼핑에서 체득된 도시산책이 삶정치적 투쟁의 무기로 전용되었다. 1980년의 총이나 1987년의 화염병과는 달리, 각종 정보기구를 통해 유통되는 말(언어)이 다중을 접속시키는 수단이었다. '우리의 말이 우리의 무기입니다'(마르꼬스)가, 결코 구호가 아닌 실재 그 자체로 나타났다. 지도부 없는, 아니 외부 지도부를 거부하는, 아니 오히려 누구나가 지도자가 되고자 한 이 이성과 정동情動의 공동체의 출현은 신자유주의 하에서 전개된 생산의 인지적 진화와 비물질적 소통의 생산공동체를 떠나서는 이해할 수 없는 것이다. 2008년 촛불봉기는 1994년 사빠띠스따 봉기의 체험, 1999년 씨애틀에서 시작된 대항지구화 시위의 체험, 아르헨티나 피케떼로piqueteros 투쟁의 체험, 2003년 국제적 반전시위의 체험, 2005년 부안 방폐장 반대투쟁의 체험, 그리고 오래 축적된 페미니즘 운동의 경험 등 신자유주의적 자본주의에 대항하여 발생한 다양한 투쟁들이 메트로폴리스에서 합류되는 하나의 종합국면이었다.

포획장치로서의 창의도시

촛불을 삼키며 계속된 오세훈의 창의도시 캐치프레이즈는 자본에 의한 도시수탈로서의 젠트리피케이션(도심재개발)에 문화적이고 미학적인 외관을 부여하려 한다. 이명박 시장의 뉴타운 개발정책과 청계천 재개발의 정신은 동대문디자인플라자, 아트팩토리, 용산국제업무지구, 한강르네상스 프로젝트 등의 개발로 계승된다. 창의도시 캐치프레이즈의 참모습은 용산 남일당에서 드러났다. 창의도시화는 용역깡패, 전경, 법원을 동원해 기존의 건물을 허물고 새로운 건물을 짓는 것이었으며 사람들의 저항을 무력으로 짓밟는 것이었다. 창의도시는 많은 사람들을 죽이고 상처입히고 감금하면서 비로소 건설된다. 이 과정이 여기저기에서 반복되면서 도시의 노동자 및 빈민 주거지와 생활공간은 점점 주변부로 밀려난다. 이 때문에 도시 공동체들은 와해되고 그것들을 지탱했던 그 나름의 정서들과 이념들도 근거를 상실한다. 주변부로의 이주마저 불가능한 사람들은 노숙을 선택하지 않을 수 없게 되고, 이로써 그들의 삶은, 도둑고양이와 다를 바 없는 삶으로 추락한다. 창의도시는, 부와 빈곤, 과잉인구지역과 과소인구지역, 세련된 지역과 황폐한 지역으로 도시를 양분한다. 불합리하고 잔인한 창의도시화는, 건축에 의한 지역 개발만을 목표로 삼는 것이 아니라 도시공간의 완전한 재조직화를 목표로 삼는다. 그것은 건물을 팬시화하고 감시와 통제를 강화하고 전면화하며 교통과 정보흐름을 정교화하고 재산 가치를 상승시킴으로써 중산층에게 적합한 공간을 만들어 낸다. 그것은 우리의 생활 세계를 전력으로 그리고 전속도로 재조직한다. 이를 통해, 사람들의 삶은 총체적 통제 하에 포섭되고 자율적 시공간들은 빠르게 사라진다.

이러한 창의도시화는 국지적 현상이 아니라 권력의 전지구적 네트워크의 작동과정의 일부이다. 그것은 도처에 거대 메트로폴리스를 만들어 내면서 전세계적 남南에 거대슬럼지역을 창출하는 전지구적 재구축 과정의 일부이다. 우리의 삶은 지구 전체의 도시화에 포섭되어 있다. 창의도시화는 우리의 신체적 삶뿐만 아니라 정신적 삶까지 포획하려는 자본의 장치이다. 자본이 이 기획의 첨병으로 예술을 내세우는 이유가 여기에 있다.

메트로폴리스에서의 봉기와 위기

2008년 5월에 촛불봉기가 발생한 후 불과 4개월 뒤인 2008년 9월에 금융위기가 폭발했다. 전자가 후자로 이어졌다고 말할 수 있을까? 그렇다고 할 수 있을 것이다. 이것은 한국에서 발생된 촛불봉기가 금융위기의 직접적인 원인이었다는 의미에서가 아니다. 금융자본은, 다중의 전지구적 물질적 정신적 정동적 소통을 자본화한 형태이다. 2008년의 금융위기는, 생산의 비물질적 공동체와, 그 성과의 사유화 및 자본화 사이의 모순이 폭발된 형태이다. 이 모순은 농촌도 공장도 아닌 (아니, 농촌과 공장을 자신의 마디로 편입시킨) 메트로폴리스에 집적되어 왔고 촛불봉기는 이 모순의 집적과 집중을 행동으로 고발했다. 이명박 정부는 '소통 없는 먹통' 정부이고 국민과 소통하지 않는 정부는 정부가 아니라는 비판이 그것이다.

오늘날의 메트로폴리스는 고립된 섬이 아니라, 지구라는 우주선의 유기적 생산기관들이다. 그래서 저항들도 서로 닮고 서로 연결된다. 2008년의 촛불봉기는 2005년의 프랑스 방리외Banlieues 투쟁, 2006년의 CPE[49] 반대투쟁과 결코 분리된 것이 아니며 라틴아메리카를 뒤흔든 물 사유화 반대투쟁과 분리된 것이 아니다. 그것은, 경제위기를 다중들에게 전가하려는 정부에 항의하여 2009년에 일어난 그리스 노동자들의 파업투쟁과 분리된 것이 아니다. 또 그것은, 부시 일방주의에 반대하여 공화당을 패퇴시킨 미국 시민들의 표심과 분리된 것도 아니다. 그리고 그것은, 2010년 등록금 인상에 항의하여 일어난 영국 학생들의 투쟁과 분리된 것이 아니다. 또 그것은 공공부문 노동자들의 단체 교섭권 박탈 기도에 저항한 위스콘신 노동자 투쟁과 분리된 것이 아니다. 또 그것은, 2011년 벽두부터 아프리카, 중동, 나아가 세계 전체를 뒤흔들고 있는 아랍의 혁명운동들과 결고 무관하지 않다. 이제 투쟁은 비록 지역적 일국적 수준에서 폭발할지라도 전지구적 문제를 직접적으로 건드린다. 이런 맥락에서 우리는 촛불봉기가, 2008년 전후의 세계 각지의 다종다양한 투쟁들과 내밀하게 연결되면서 아직까지 지속되고 있는 금융위기와 세계 재구성 운동들의 계기로 작동한다고 말할 수 있다.

공통도시의 전망

여기에서 쟁점은 분명하다. 우리가, 다중에게 강제로 부과되는 이 자본의 장치를 깨고 삶의 내재적 조직화를 이룰 수 있을 것인가, 강제로 해체된 자율적이고 공동체적인 공간을 재조직할 수 있을 것인가, 지구를 특이성들의 소통과 공통되기에 의해 밑받침되는 다중의 공통도시로 만들 수 있을 것인가, 아니면, 우리가 다중의 생산공동체를 자본축적의 제물로 바치는 금융적 에쿠메노폴리스ecumenopolis의 포로로 계속 남아 있게 될 것인가, 거인들의 도시를 떠받치는 희생자로 살기를 계속할 것인가가 그것이다. 그런데 이 쟁점은 결코 이념상의 문제에 그치는 것이 아니다. 역사상의 여러 번의 혁명들이 입증하듯이, 1870년에 프랑스 파리에서, 1980년에 광주의 전남도청에서, 1987년과 2008년에 시청광장에서, 1989년에 천안문 광장에서, 1994년에 멕시코의 라깡도나 정글에서, 1999년에 미국의 씨애틀에서, 2011년에 이집트 타흐리르 광장에서 보여졌듯이, 이 외에도 수많은 경험들이 증언하듯이, 다중의 공통도시는 구성적이다. 그것은 생명의 약동으로, 지성의 불꽃으로, 정동의 숲으로 나타난다. 하지만 그것의 자치적 전개는, 다중의 생산공동체들이 자본과 권력, 요컨대 명령하는 주권의 지배를 깨뜨림으로써만, 그리하여 그것에서 벗어남으로써만 비로소 가능하다. 이것은 사회적 삶을 촘촘히 옭아매고 있는 자본관계들에 균열을 내는 행동들, 즉 '아니오'들의 전염적 연결망을 통하지 않고는 불가능하다. 그것은 생산의 무대인 삶을 투쟁의 무대로 전환시키지 않고는 불가능하다. 그래서 그것은, 다중의 특이한 생산성들을 활성화하면서도 그것들을 기존의 주권체의 굴레에서 해방시켜 자율적 소통의 정치체의 동력으로 전환시키는, 삶정치적 제도화의 노력을 요구한다.

이 노력은 분명 수많은 시행착오를 수반하지 않을 수 없을 것이다. 그런데 최근의 역사는 우리에게 이 노력이 이미 시작되었을 뿐만 아니라 그것이 전지구적 평면에서의 동시다발적 혹은 연쇄적 사건들로 나타나고 있음을 보여준다. 다중의 대장정은 라틴아메리카에서는 새로운 제도의 길을 따라서 전개되고 아프리카와 중동에서는 혁명의 길을 따라서 전개되고 있다. 이러한 사태는 우리에게 역사를 징후적으로 읽을 필요를 느끼게 하고, 또 이 세계사적 사건에 참여하고 싶은 욕망을 자극한다. 이 것은, 정치가들이나 기업가들이 미끼처럼 던지는 희망의 약속과는 질적으로 다른 실제적 변화에 대한 예감이며 자극이다.

바르셀로나 현대 미술관 MACBA(Museu d Art Contemporani de Barcelona) 전경

리차드 마이어(Richard Meier, 1934~)가 설계한 곳이다. 이 미술관은 도시의 급진운동과 도시하위문화운동, 그리고 문화산업의 결합이 만들어낸 곳이다.

파울 시트로엥(Paul Citroen, 1896~1983)의 메트로폴리스(Metropolis, 1923)

1896년 네덜란드인 부모의 아들로 독일 베를린에서 태어난 시트로엥은 1917년에 네덜란드로 이주했다. 1922년부터 1925년까지 바이마르에 있는 바우하우스에서 공부했고, 이때 그가 내놓은 실기 작품 가운데 하나인 몽타주 기법의 작품 〈메트로폴리스〉는 대도시의 건축물을 모티프로 한 공간구조물로서 당시 혁신적인 작품이었다. 영화감독 프리츠 랑(Fritz Lang)은 이 작품에서 영감을 받아 영화 〈메트로폴리스〉를 제작하게 된다.

프리츠 랑(Fritz Lang)의 영화 〈메트로폴리스〉(1927)의 한 장면

프리츠 랑(Fritz Lang, 1890~1976)은 대표적인 독일의 표현주의 감독이며, 그의 대표작 〈메트로폴리스〉는
표현주의를 집대성한 작품일 뿐만 아니라 수많은 SF 작품들에 영감을 주었다.

8장

인지자본주의에서 시간의 재구성

8장

인지자본주의에서 시간의 재구성

맑스와 시간

4장에서 언급했듯이 맑스의 자본주의 분석은 **시간을 둘러싼 투쟁**에 초점을 맞추었다. 그의 분석을 통해 두 가지 점이 명확해졌다. 하나는 교환관계의 일반화가 노동시간을 가치척도로 정립한다는 것이고 또 하나는 노동시간을 필요노동시간과 잉여노동시간으로 분절하는 것이 자본주의적 착취의 기반으로 정립된다는 점이다. 그의 분석에서 시간은 양적 '길이'로 나타난다. 그리고 이것은 자본주의 현실에서 사람들의 경험과 부합한다. 시간은 무엇보다도 길이로, 연장으로 경험되고 또 측정되었기 때문이다.

여기서 나는, 맑스의 분석의 주요 대상인 이 **현실적**[1] 시간과 그 경험

내용을, 근대 자본주의 사회가 시간을 조직한 특수한 방식이자 그 효과로 이해하려고 한다. 이런 이해 위에서 나는 우선, 현실적 시간을 구성하면서도 그것에서 독립적인 **가능적** 시간실체로서의 '때'[2]에 주목하고자 한다. '때'는 **잠재적** 시간으로서의 영원의 한 **동적** 단면이다. 『자본론』의 맑스는 노동과정 개념을 통해 가능적 시간을 사유하지만 잠재적 시간을 자신의 분석 속으로 가져오지는 않았다. 어디까지나 그의 분석의 초점은 노동의 지속시간에 의해 파악되는 현실적 시간에 두어져 있었다. 그는 노동력의 교환가치와 사용가치의 모순이라는 개념을 통해 현실적 시간, 지속으로 평가되는 시간의 한계를 분명히 지적했다. 하지만 그가 현실적 시간의 외부에 놓인 것으로 설정한 사용가치는 잠재적인 것으로서보다는 그것의 질에 따라 즉 현실적 외면성에 따라 사유되었다. 그 결과 잠재적 시간은, 그 다질성 속에서 이해되기보다, 사용가치를 갖는 가치실체(노동)로서 동질적인 것으로 이해되었다. 여기에서 나는, 구성능력constituent power으로서의 가능적 시간 및 잠재적 시간이 부르주아 사회의 현실적 시간형식에 미친 해체적 영향으로 인해, 시간의 재구성을 둘러싼 투쟁이 사회적 갈등의 초점으로 등장하고 있음에 주목하면서, 오늘날 명백한 현실로 되고 있는 자본주의의 인지화 과정 속에서 이 사회적 갈등의 지형이 어떻게 재구성되고 있는지를 살펴보려고 한다.[3]

전통적 맑스주의 분석에서 시간 개념은, 노동과정과 가치화과정이라는 자본주의적 생산과정의 두 계기 중에서 가치화과정에 초점을 맞추어 왔고 노동과정을 분석에서 배제하는 경향이 있었다. 맑스주의의 급진적 재구성의 시기에 노동과정론이 부상하곤 하는 것은 아마도, 전통적 맑스주의 분석의 이러한 일면성과 한계에 대한 비판이자 보완으로서일 것이다. 같은 맥락에서 나의 분석도 노동과정에 초점을 맞추며, 가치화과정은 노동과정을 전제하며 그것에 뒤따라 나오고 그것에 의해 규정되는 것으로 간주된다. 그래서 나의 분석은 가치형태에서 출발하지 않고 노동형태에서 출발한다. 이럴 때 우리의 시야에 노동의 인지화가 중요한 문제지평으로 들어온다. 나는 비물질노동, 삶정치적 노동, 인지노동이라는 새로운 노동형태의 대두를 주목하면서 물질노동에서 비물질노동으로, 산업노동에서 인지노동으로의 **헤게모니적** 노동형태의 이행을 당대의 시간 재구성의 사회역사적 조건으로 이해하고자 한다. 이 조건을 탐구하기 위해 시간을 거슬러 올라가서 산업자본주의 시대로부터 인지자본주의 시대로까지 역사적 흐름을 따라 내려오는 순서를 밟아보자.

공장노동, 형식적 포섭, 그리고 시간의 공간화

산업노동 이전에 농업노동, 즉 농경이 있었다. 농경은 유목이 아니다. 농업노동은 대지를 분절한다. 그것은 자연의 힘이 인간적으로 조직된 특수한 회로를 통과하도록 한다. 그럼에도 농업노동은 자연을 뒤따르며 자연이 하는 일을 돌보는 성격을 갖는다. 농경에서 시간은 **무시간적 순환**의 한 계기였다. 인간은 동일한 것의 영원한 반복과정의 한 계기로 종속되어 있었다. 농업노동의 이 양면적 성격은 반인반마半人半馬로 표상된다. 이 켄타우루스 존재에게서 시간은 존재하지 않는 것으로 경험되거나 반복의 단순한 계기로만 경험되었다. 다시 말해 시간은 영원에서 구분되지 않았고 영원의 계기로서만 경험되었다. '사는 것이 덧없다'고 하는 고대적 통념에서 이것은 뚜렷이 표현된다. '덧없음'은 시간의 부재, 무無시간을 의미하기 때문이다.[4]

공장은 근대에 탄생한 특정한 '곳'[5]이다. 그것은 대지의 절단된 일부를 의미할 뿐만 아니라 자연에서 분리된 부지의 구축을 의미한다. 그것은 순환하는 자연, 즉 무시간으로부터 시간을 독립적으로 구축한다. 이런 의미에서 근대적 의미의 시간은 공장에서 탄생했다고 해도 과언이 아닐 것이다. 사람들은 특수한 장소적 공간인 공장을 통해 현실적 변화를 생산하고 또 변화를 경험하며 동시에 자신을 변화시킨다. 더 이상 사는 것은 덧없지 않다. 점점 시간이 모든 것이고 나머지는 아무것도 아닌 것으로 된다. 이러한 변화는, '시간이 돈이다' 혹은 '시간 도둑이 가장 큰 도둑이다' 등의 관념으로 표현된다.

그렇지만 공장적 삶에서 왜 사람들은 '바쁘다'고, '시간이 없다'고 말하는 것일까? '바쁨'은 덧없음과는 다른 의미에서 '시간이 없음'을 의미한다. 노동자들은, 자신의 노동력의 재생산을 위한 시간 외의 대부분의 시간을 자본에게 빼앗긴다. 공장노동은 욕망의 활동이 아니라 강제되는 활동이다. 공장의 노동시간은 자신을 위한 시간이 아니라 타인을 위한 시간이다. 타인을 위한 시간이 길어지면 그럴수록 자신을 위한 시간은 줄어든다. 노동자가 '시간이 없다'고 말할 때 그것은 이 박탈의 구조를, 강제되는 삶을, '때'의 균열을 보여준다.

노동의 시간은 영원으로부터의 절단이다. 영원은 자기반복하는 누승적 힘이다. 시간은 영원의 화살, 그 누승적 힘의 새로운 펼침이며 혁신적 드러남이다. 시간은 영원의 동적 단면, 즉 '때'이다. 영원은 '때들'을 통해 자신을 펼친다. 시간이 영원으로부터 움직일 때 영원은 이제 '때들'인 시간으로 구성된다. '때'는 영원이 현실로 펼쳐질 수 있는 시간, 즉 구체적 상황 속에서의 구체적 힘으로 나타나는 영원의 시간이다. 그렇다면 노동의 시간은 그 구체적 상황 속에서의 구체적 힘으로서의 '때'인가?

공장은 대지大地에서 부지敷地를 잘라냈을 뿐만 아니라[6] 영원에서 시간을 잘라냈다. 그런데 공장의 시간은 노동시간이다. 노동시간은 영원한 자연적 삶으로부터 잘라져 나와 사건화하며 나머지 삶을 무의미한 것으로 만드는 의미의 시간으로 조직된다. 공장은, 출근에서 퇴근으로 이어지는 노동시간과 그 밖의 무의미한 시간을 양분하는, 아니 오히려 영원을 노동시간과 무의미시간으로 분할하는 특수한 시간조직의 장소이다. 자본주의는 이 분할을 통해 체계적으로 시간을 절도하는 기계이다.

산업 혁명이 증기기관에서 시작된 것이 아니라 시계에서 시작되었다는 말은 우스갯소리가 아니다. 노동시간은 기계시간이다. 영원으로부터 절단되어 나온 노동시간은 무엇보다도 길이로서 표상된다. 길이란 연장, 즉 '여기에서 저기까지'의 시간이다. 길이로서의 시간은, 공간이 연장에 의해 파악되는 것처럼, 연속에 의해 파악된다. 시간은 사물적으로, 공간적으로 파악된다. 힘으로서의 시간이 공간적으로 펼쳐지는 것이 노동시간이며 노동시간 속에서 시간은 공간화되는 것이다.

노동시간에서 시간은 연속을 통해 정의된다고 했다. 그것은 동일한 것의 지속을 통해 정의되는 시간이다. 지속으로서의 노동시간에서 '때'는, 다시 말해 틈과 단절이며 새로움의 구성인 저 '때'의 시간은 낭비로 정의되며 제거되어야 할 것으로 정의된다. 노동시간은 활동력이 갖고 있는 다질적 창조의 '때들'을 억압하면서 오직 그것을 하나의 목적론적 과제(가치생산)에 복무하게 한다. 노동시간이 삶을 지배하면 할수록 '때'로서의 시간이 억압되고 사라지는 것은 이 때문이다. 공장의 구축 이후에 찾아오는 바쁨은 바로 창조적 '때들'의 이러한 박탈과 제거의 효과이다.

삶의 시간인 '때들'과 삶의 공간인 '곳들'을 지속과 연장의 동일성으로 고정시키는 것은 권력이다. 왜냐하면 그 어느 누구도 공장의, 그리고 공장에서의 강제력이 없다면 동일한 지속의 노동시간에, 감금의 장소인 공장에 자신을 맡기고 있지 않을 것이기 때문이다. 영원으로부터 노동시간을 절단할 수 있게 하는 것은 강제력이며 권력이다. 공장은 이런 의미에서 권력 그 자체이다.

공장은 영원의 힘에서 권력을 잘라냄으로써 형성되는 유기적 '몸'7이다. 좀 더 정확하게 말하면 공장은, 힘으로서의 영원을 위계적 배치에 종속시킴으로써 탄생하는 특정한 형태의 몸이다. 권력에서 영원은 높낮이高度에 종속된다. 권력은 '때들'의 수직적 배치이다. 권력은 영원의 '때들'을 노동력으로 조직한다. 노동력은 권력에 의해 파악된 관념적 노동능력이며 노동은 그것의 실현이다. 이렇게 길이로서의 시간인 노동시간은 높이로서의 시간인 권력에 의해 조직된다. 공장은, 이 두 가지의 시간이 씨줄과 날줄로 합성된 몸이다.

본래는 지속을 알지 못하는 틈이자 단절이며 창조인 '때들'은 노동과정에서 지속의 갑옷 속에 봉인된다. '때들'에게 높이와 길이는 외부적이며 이런 의미에서 척도이다. 그것들은 '때'에게 부과되는 가치이다. 길이는 '때'의 경제적 가치를, 높이는 그것의 정치적 가치를 표상한다. 전자가 가치법칙(노동의 지속시간에 의한 가치측정)이라면 후자는 권력법칙(높이에 의한 가치측정)이라고 부를 수 있을 것이다. 이 두 법칙이 지배적으로 되면서, 부르주아 사회에서는, 부자가 되고 권력의 사다리를 오르는 것이 누구에게나 삶의 목표로 강제되는 것이다.

척도는, '지속이 아니기 때문에 그 자체로는 측정 불가능한 시간'을 봉인하고 그것의 힘을 흡수하는 방식이다. 척도로서의 시간은 '때들'의 협력과정을 교환과정으로 만든다. 교환의 보편화는 보편적 등가물이자 물화된 척도시간인 화폐를 삶의 보편적 조건으로 만든다. 화폐의 측정가능성, 분할가능성, 계산가능성은 시간이 공간화를 넘어 **사물화**하고 '때'의 힘들이 단순한 수로 전화함을 보여준다. 권력은 이제 수의 위계적 집합화를 통해, 다수성majority과 소수성minority의 위계적 구축을 통해 작용할 수 있게 된다.

그러나 권력은 단순히 높이만으로 자립할 수는 없다. 높이는 길이와 엮어짜임으로써만 그 구조를 유지할 수 있다. 다수성은 따라서 더 큰 길이를 장악하는 것을 필요로 한다. 잉여가치는 길이로서의 시간의 착취이지만 그것은 높이를 수단으로 달성된다. 척도에 종속된 노동시간에서, '때'의 창조성은 잉여의 창출로, 잉여노동시간으로 나타난다. 잉여노동시간의 집적과 집중이 권력의 존재방식이다. 그리하여 삶은 높은 곳에 더 긴 시간이 집중된 불안정한 역逆피라미드, 가분수의 모양을 취한다. 이것이 삶을 짓누르는 더 없는 무게이며 공간화된 사회로서의 자본주의의, 특히 산업자본주의의 근본적 불안정성이다.

실제적 포섭에서 시간의 공간화

그 불안정성은 저항抵抗이나 봉기蜂起, 즉 아래로부터의 항거에 의해 뚜렷이 반증된다. 이것들은 '아래부터의 일어남'이다. '아래에서'에 초점을 맞춰보면 그것은 현존하는 높낮이의 공간구조에 대한 거역이며 도전이고 '일어남'에 초점을 맞춰보면 기계적으로 연속되는 길이의 시간구조로부터 단절하는 것이다. 한편에서 그것은 전복이며 다른 한편에서 그것은 사건이다. 저항과 봉기에서 시간은 다시 유기적 몸을 벗어나 화살의 모양을 취한다. '때'의 힘이 회복되기 시작한다. 이로 인해 기존의 공간구조가 위기에 직면한다. 이런 의미에서 저항은 카이로스의 시간의 표현이다.

근대의 저항들은 힘의 흐름을 아래에서 위로 재조직하려 했다. 그것은 구조의 역전을 꾀했지만 높낮이의 공간구조를 유지했다. **위로부터 지**배하는 것은 '계급으로서의 부르주아지'를 대체한 '계급으로서의 프롤레타리아', 아니 '프롤레타리아를 지도하는 당'이었다. 또 그것은 길이로서의 노동을 보전했을 뿐만 아니라 오히려 더 폭넓게 일반화하는 길을 선택했다. 시간을 들여 직접 노동하는 자에게만 먹을 것이 보장되었기 때문이다. 사회주의적 저항은 무엇보다도 평등의 이념에 의해 이끌렸는데, 이것은 높이의 가파름을 제거하고자 했지만 높낮이의 구조 자체를 문제삼지는 않았다. 이 저항은, 필요노동시간에서 잉여노동시간의 분리와 후자에 대한 절도를 제거하고자 했지만 시간이 길이로 나타나는 구조로서의 노동 그 자체를 문제 삼지는 않았다. 시간의 공간화 경향은 완고하게 유지되었다. 그 결과 길이로서의 시간을 분절하는 것에 기초한 가치법칙은 사회주의에서도 온존되었다.

사회주의로 표상되는 근대적 저항이 시간의 공간화를 파열시키지 못했다는 것은, 간혹 주장되듯, 사회주의의 오류나 실수, 혹은 부르주아적 반혁명의 성공을 의미하는 것이 아니다. 그것은 사회주의의 심성, 지향, 상상 등에 내재했던, 무엇보다도 그것의 동력에 내재했던 논리가 실현된 것의 결과이다. 사회주의는, 산업적 노동 활동의 숙련자들이었고 그 활동의 지도자였던 전문 노동자들의 정치적 욕망과 상상력을 표현하는 것으로 발생하고 발전되어 왔다. 이 때문에 그것은, 시간의 수직적 수평적 공간화라는 산업노동의 구조를 벗어나는 사회를 상상할 수도 실현할 수도 없었다. 그 결과 사회주의적 저항은 가치체제와 권력체제에 다시 흡수된다. 그 저항을 자본을 근본적으로 대체하는 것을 의미하는 것이 아니라 새로운 자본화(전형적으로는 국가의 자본화로서의 국가자본)를 통해 '때'의 힘을 공간화할 새로운 방법을 개발하는 것을 의미한다. 예컨대 노동시간 단축을 위한 아래로부터의 투쟁은 공간의 밀도화를 통해 흡수되었다. 그것은 공간화된 시간 속에 잔존하는 틈과 단절의 제거를 통해 이루어진다. 시간의 밀도화는 틈과 단절로서의 '때'를 가속적으로 제거하는 과정이며 노동시간의 동질성을 드높이는 과정이다. 테일러주의는 여기에 복무한다. 이렇게 시간의 지속과정에 밀도의 차원을 더함으로써, 비노동시간의 축소 없이 때로는 비노동시간의 확장을 통해서도 잉여노동시간을 확장할 수 있게 된다.

우리가 잊지 말아야 할 것은, 선형적 시간의 밀도화가 시간의 고도화高度化에 의해 뒷받침된다는 사실이다. 요컨대 경제의 테크놀로지인 테일러주의와 포드주의는, 권력의 테크놀로지인 사회(민주)주의와 케인즈주의에 의해 육성되었다. 그것들은 시간의 압축기술이다. 시간을 압축하는 일차적 방법은 기계화였다. 그것은 권력의 더 큰 집중, 즉 시간의 고도화를 통해 달성되었다. 이제 국가가 시간의 직접적 압축자로 나타난다. 국가는, 사회에 흩어져 있는 분산된 시간들을 모으고 그것들을 합성함으로써, 잔존하는 '때들'을 조밀한 시간의 계기로 포섭한다. 이것이 시간의 공간에의 실제적 포섭이다.[8]

시간의 공간에의 실제적 포섭은 더 많은 시간의 공간화를 수반한다. 공장이라는 특수한 공간에서만 시간이 공간화되는 것이 아니라 공장 밖의 더 많은 삶의 '때들'이 공간화된다. 대지의 더 많은 '곳들'이 부지화되며 영원의 더 많은 부분이 시간화된다. 그리하여 사회 전체가 하나의 공장적 공간으로 전화하며 삶 자체가 노동시간으로 전화한다. 다시 말해 대지와 부지, 삶과 노동의 교집합이 점점 넓어지게 된다.

다른 한편 기계화를 통한 시간의 압축은 점차 더 많은 노동의 지성화, 서비스화, 정동화를 가져온다. 자본은 인간의 개체적 몸에 대한 포섭을 넘어선다. 그것은, 지각, 정서, 지성, 상상의 힘이자 그 무엇보다도 행동의 힘인 '뜻'[9]을 포섭한다. 우선 시간을 압축하는 수단인 기계화는 과학기술의 생산에의 응용이었는바, 그것은 지력을 포섭한다. 그리하여 이전에는 노동으로 파악되지 않았던 지성적 '때들'이 노동시간으로 봉인된다. 다음으로 기계화는 노동하는 사람들의 활동을, 기계를 감독하는 활동이자 보호하는 활동으로 만든다. 즉 산업노동이 점차 기계에 대한 봉사노동으로, 서비스노동으로 된다. 전통적 물질노동이 이제 감정, 정서 등과 깊은 연관을 맺게 되는 것이다. 이어서 교환과정에 포섭되지 않았고 자본주의 이전부터 존속해오던, 개개의 작고(가정) 큰(마을) 공동체들에서 수행되어온 사회의 정동적 협력과정이 교환과정 속에 포섭되어 가치화한다. 노동 외적 협력의 '때들'이었던 가사, 의료, 교육, 주거, 안전보장(보험), 놀이, 다양한 유형의 관리 활동 등이 교환에 의해 매개되는 노동관계 속으로 포섭된다.

나아가 지식, 정보, 소통, 정동 등을 포괄하는 비물질노동이 이른바 '기간산업'으로 전화한다. 정보고속도로와 두뇌들과 '살'[10]이, 그리고 그것들의 연결인 사회체가 핵심적 생산수단으로 전화하기 시작한다. 기계류가 인간의 두뇌에 통합되면서 싸이보그 사회가 출현한다. 물질적 상품을 생산하는 산업노동이 비물질적 상품을 생산하는 비물질노동에 에워싸인다. 산업노동이, 비물질노동에 에워싸일수록, 노동은 삶에 에워싸이고, 공간은 시간에 에워싸이며, 시간은 영원에 에워싸인다. 이로써 인지자본주의로의 이행을 위한 모든 요소들과 전제들이 준비된다.

비물질노동, 가상실효적 포섭, 그리고 시간의 초시간화

상대적 잉여가치의 생산을 위한 시간의 밀도화, 즉 시간압축은, 역설적이게도, 시간을 영원의 한 계기로 통합한다. 이 밀도화가 비물질화되고 인지화될수록 시간의 절단, 즉 영원으로부터 노동시간을 분리하는 것이 더욱 어렵게 된다. 물질노동과 달리 비물질노동은, 시작과 끝이 불분명하고, 그래서 비물질노동에서는 노동시간과 비노동시간의 분절이 어렵기 때문이다. 소통은 언어를 통해 공통적인 것[11]을 구축하는 '때'로 나타나고 지식은 공통적 집단지성의 화살로, 지성적 '때'로 나타나며 정동은 공통의 삶을 구축하는 보살핌과 돌봄의 '때'로 나타난다. 이것이 인지자본주의의 시간상황이다.

인지자본주의에서 근대적 공간구조는 흔들린다. 길이, 밀도, 고도로 짜인 물질적 공간구조물은 더 이상 견고한 기반을 갖지 않는다. 그것은 출렁이는 '때들'의 소용돌이 위에서 불안정한 동요를 겪게 된다. 정보화, 사회화, 세계화, 유연화, 금융화 등의 자본 재구조화 시도들은 상대적으로 시간의 단단했던 물질적·공간적 조직을 유동화하고 해체하는 과정으로 나타난다. 우리가 7장에서 살펴본 것처럼 공장과 시장은 서로 접속된 전 지구적 메트로폴리스 체제 속으로 통합된다.

이 과정에서 가장 먼저 허물어져 내리는 것은 길이의 축이다. 인지적 비물질적 노동에서 노동은 **연속**으로서보다는 오히려 **접속**으로 나타나고 그 때문에 더 이상 노동의 지속시간에 의해 측정될 수 없게 되는 것이다. 노동시간에 의한 가치평가로서의 가치법칙(의 한 축)은 근거를 잃고 동요하며 자신을 법칙으로 세우기 위해 정치적 기억의 힘에 더욱더 크게 의탁하게 된다. 노동의 일반화, 노동복지, 무노동무임금, 지적재산권 …… 등 지속으로서의 노동을 상기시키는 많은 법적 제도적 장치들이 위태롭게 된 가치법칙을 호위한다. 기억은 현재로까지 이어지는 과거이며 단절들, 불연속들, 특이성들 위에 부과된 연속이다. 무엇이 시간의 이 연속을 가능케 하는가? 연속을 결정하는 것으로서의 기억은 항상 권력의 기능이다.[12] 이를 통해 가치화가 다시 법칙으로서 부과될 수 있게 되는데 이때 가치는 이제 측정과 척도의 기능이 아니라 권력과 **명령**의 기능으로 나타난다.

이렇게 권력의 축이 더욱 중요한 것으로 된다면 높이의 축은 살아 있게 되는 것일까? 그렇지 않다. 길이의 축이 허물어지면서 높이의 축도 허물어져 내린다. 기반이 붕괴되는 조건에서 초월로서의 높이가 유지된다면 권력은 더 이상 '때들'을 절단하는 기능을 수행할 수 없을 것이다. 이 때문에 권력은, 더 다양해지고 더 분산되고 더 미시화되는 방식으로 자신을 재조직하면서, 공통의 삶들 쪽으로 한층 가까이 다가와, 그것에 밀착하는 방향으로 자신을 재구조화다. 산업자본주의 시대에는 권력의 외곽기구였고 수단이었던 문화가 권력- 주요한 자리로 부상하며, 주로 신체에 대한 작용을 통해 기능하던 권력이 마음, 영혼에 대한 작용을 통해 기능한다. 이런 의미에서 군주권력에서 훈육권력으로, 훈육권력에서 통제권력으로, 통제권력에서 감시권력으로의 권력의 전화는 권력의 인지화가 진행되어 왔고 또 진행되고 있는 여러 단계들과 국면들을 보여준다고 할 수 있다.

그러나 그 밀착이, 시간의 공간화와 수직적 높이화를 포기하는 방식으로 이루어지는 것은 아니다. 권력은 한편에서 지구화하고, 다른 한편에서는 군주화한다. 지구화가, 점점 다양화하고 이질화하면서 동시에 공통화하는 시간의 화살들을 포획하기 위한 권력의 수평운동이라면, 군주화는, 그것들을, 다시 한 번 수직적 위계공간의 형태로 배치하려는 수직운동이다. 제국은 이 두 운동의 합종연횡의 공간이다. 제국이 신자유주의(카리브디스)와 신보수주의(스킬라)의 두 얼굴을 갖는 것은 이 때문이다.[13]

제국은, 영원으로부터 시간이 절단될 수 없고 모든 시간이 영원의 출렁거림으로 된 조건 위에서의 권력이다. 제국은, 영원으로부터 시간의 절단이 아니라 '때들'의 공통성, 즉 영원 자체의 포획을 겨냥하는 권력이다. 그것의 본질은 **공통적인 것에 대한 전쟁의 지구화와 영속화**이다. 영원에 대한 포획은 더 이상 역사의 이름으로 전개되지 않는다. 역사의 종말이 선언된다. 진보의 관념이 기각되고 구원의 관념이 부상한다.[14] 공통에 대한 제국의 전쟁, 영원에 대한 제국의 포획은 공통적 영원의 파괴를 지향하지 않는다. 제국은 저 인지적이고 비물질적인 공통을 **신비화할** 뿐이다. 제국은 영원을, 시간의 화살들, '때들'의 구성적 힘이 아닌 초월자의 권능이라고 명명하고 **영원을 초월성으로** 변형시킨다. 근대 전쟁의 암호명이 진보였다면 탈근대 전쟁의 암호명은 **구원**이다.

다중은 시간의 화살들, '때들'이며 그 '때들'의 떼이다. 다중은 연장延長 속에서 **통일된 몸** 형태를 거부하면서 새로운 유형의 몸을 찾고 있는 **특이**한 살이다. 다중은 시공간적 동질성에 의해 구축된 노동계급과는 달리 다질적으로 움직인다. 다중은 주권에서 추방된 자들이며, 비동일자이며 이름 붙일 수 없는 사람들이다. 이런 의미에서 다중은 아감벤의 호모 사케르이고, 〈티쿤〉 집단[15]의 블룸[16]이며, 바우만의 잉여인간이고[17] 랑시에르의 아무개n'importe qui [18]이다. 그러나 다중은, 부정을 통해 움직이기보다 긍정을 통해 움직이며, 긍정을 통해 절대적 부정의 과제를 실현하는 힘에 대한 포착이라는 점에서 이 개념들과 차이가 있다. 다중은 집단적 '뜻'을 통해 공통적 영원을 구성하고 재구성한다. 다중은 공장적 부지(와 그에 기초한 노동계급)나 국가적 영토(와 그에 기초한 주권적 민중)를 넘쳐흐르는 삶의 '곳들'의 재출현을 보여준다.[19] 다중은, 지속으로서의 동질적 시간을 구축하기 위해, 억압되고 배제되었던 틈과 단절들, 저

영원의 '때들'의 복귀이다. 이런 의미에서 다중은 '것'thing, Ding의 정치적 주체이다. 브뤼노 라투르는 'Ding'의 어원이 모임 혹은 집회assembly이며 아직도 이런 의미들이 여러 나라의 말에 남아 있다고 보면서 물物정치 Ding-politik를 제안한다. 우리말의 '것'도 인간과 동물 및 사물에 두루 걸쳐 사용되며, 복수성의 집합과 공동관계에 적용되고, 어떤 소재적이고 실체적인 대상을 가리키기보다 발생, 과정, 계기를 가리키며, 인간주의적 정상성을 가정하지 않는 포괄성을 갖고 있고, 공식적으로 지정된 어떤 모임만이 아니라 다양하고 무수한 모임, 접속, 연결들에 권능을 부여한다. '것'이 부여하는 이 권능은 고정불변의 것이 아니라 부단히 다른 것들에 의해 침식되고 해체될 수 있고 변용될 수 있는 임시적이고 깨지기 쉬운 연합의 효과에 해당한다. 그렇기 때문에 그 '것'은 연속의 시간에 대한 어떤 강박에서도 자유롭다. 이 점에서 '~것, ~하는 것, ~적인 것 ……' 등등의 방식으로 변용되는 '것들'은 인지적 다중들의 다양한 정치적 가능성에 상응할 수 있다. '것들'의 정치는 신체로서의 민중, 사회에서 분리된 의회는 물론이고 노동자들만의 평의회를 통해서도 실현될 수 없다. 이것들은 공통세계를 상상한 근대적 형태들이다. 인지자본주의적 상황에서 재현과 매개, 그리고 표현의 가능성은 전혀 새로운 조건하에 놓이게 된다. 이제 이 조건에 걸맞은 방식으로 공통세계를 상상하고 실천적으로 구축하는 것이 절실하게 요구된다.[20] 진보는 더 이상 이 가능성을 재현하고 표현할 수 있는 적절한 개념이 아니다. 이것은 결코 어떤 진보도 있을 수 없다는 것을 의미하지는 않는다. 또 시간의 화살이 앞으로 쏘아질 수 없음을 말하는 것도 아니다. 그것은 우리가 (낡은 의미에서의 '진보'나 '혁명'과 같은) 매우 단순한 동거형태로부터 훨씬 더 충만한 동거형태로, 더욱더 많은 요소들이 고려되어야 하는 넘쳐흐름의 동거형태, 넘쳐흐름의 '것들'로 이행하고 있다는 것을 의미한다.

제국은, 다중의 이 넘쳐흐름을 뒤쫓는 주권의 재배치라는 점에서, 다중에 의해 불러내어진 주권형태이다. 다중이 영원의 화살들이라는 점 때문에 제국도 특정한 시간이 아니라 영원과 마주한다. 제국에서 무기가 심리화(공포로서의 핵)하고 자본이 금융화(비물질화한 명령으로서의 화폐)하며 기술이 에테르화(지성과 정동의 상품화)하는 것은 이 때문이다.

인지노동, 삶시간, 그리고 구성

인지노동은 실재적 공통성의 표현이자 동시에 재생산이다. 이 때문에 인지노동은 분리된 단위 시간으로 측정될 수 없다. 인지노동은 사유될 수 있지만 인식론적으로 대상화될 수는 없다. 인지노동에 대한 연구는 가치형태론에서 노동과정론으로의 전환을 가져오며, 이와 더불어, 가치론이 인식론에서 존재론으로 전환하도록 촉구한다. 노동과정이 공통적 삶에 기초하는 한에서, 투쟁은 공통적 삶을 둘러싸고 전개된다. 그것은 삶권력과 삶정치의 갈등이다. 이것들은 동일평면에서 전개되는 두 개의 벡터이다.

3장에서 나는, 자본의 인지화가, 산업 혁명이라기보다 오히려 **생태 혁명**이라 부르는 것이 적절할 변화의 새로운 국면을 개시한다고 썼다.[21] 인지자본주의 하에서 갈등은 이처럼 직접적으로 공통적 영원, 생태적 우주를 둘러싸고 전개된다. 오늘날 쟁점은, 누가 얼마나 가져가고 소유하는가?, 누가 지배하고 누가 종속되는가? 등의 근대적 질문을 한참 넘어선다. 문제는 더욱 근본적인 곳에서 제기된다. 인류와 생명은 계속 진화할 수 있을 것인가? 그것이 가능하려면 어떤 생명, 어떤 생태를 구축해야 하는가? 등으로 문제는 확장되고 심화되며 발본화된다. 우리는 과연, 영원과 우주가 삶권력에 의해 주권적으로 포획되는 것을 저지할 수 있을까? 아니, 영원과 우주를 공통적인 것의 다중적 구성과 재구성의 터전으로 만들어 그 '곳'이 생명의 약동들의 공간으로 기능하도록 만들 수 있을까? 그것이 가능하다면 그 방법은 무엇일까?

이 문제에 직면하여, 우리가 탈근대적 운동과 탈근대적 사유들 속에서 즉각 발견하는 것은 **시간에 대한 반동**이다. 한편에서 이것은 고도화와 밀도화를 수반하면서 선형적 진보를 표상해온 근대적 시간관념에 대한 하나의 거부를 표현한다. 다른 한편에서 이것은 시간의 부정, 시간의 **초시간화**, 초시간적 영원에로의 귀의를 표현한다. 전자는 탈근대적 운동들과 사유들의 일각에서 발견되는 강함이며 후자는 그것들의 취약함이다. 제국이 신비화를 통해 영원의 삶을 포섭하려고 시도하고 있는 현실에서, 시간의 공간화에 대한 저항이 초시간적인 것에 의지할 때, 저항력은 취약해지고 심지어 고갈된다. 다중의 잠재력을 생산적으로 폭발시킬 수 없는 저항과 운동은 결국 제국의 논리에 포섭될 수밖에 없다.

영원을 초시간화하는 사유는 다양한 양상을 띤다. 때로 그것은 영원을 순수자연과 동일시하는 특정한 생태주의적 사유로 나타난다.[22] 영원을 순수자연으로 이해하는 사유는, 근대적 진보에 대한 근본적 부정 위에서, 시간적 진화의 모든 계기들을, 진화적 '때들'을 부정하게 된다.[23] 영원을 대지와 모성에 연결 지으려는, 페미니즘적 사유들 중의 일부도, 역사적인 것에 대한 근본적 부정 위에서, 새로운 '때들'과 그 가능성에 대한 부정을 함축한다. 이러한 경향은 자주 영원을 기억으로 해석하곤 한다. 영원을 무의식의 범주 속에서 해석하려는 정신분석적 시도 중의 일부도 기억을 삶의 중심적 계기로 부각시킨다. 때로 이러한 경향은 영원의 미적 경험을 숭고崇高로 해석하려는 포스트모더니즘적 미의식으로 나타나기도 한다. 이와 같은 여러 경향들에서 영원은 정태화하며 시간은 정지된다.[24] 요컨대 영원은, 지금-여기에서의 행위를 벗어나 존재하는 신비적인 것으로 사유된다. 영원을 기억으로 이해하며 시간을 초시간화하는 이 다양한 사유형태들은, 영원으로부터 시간의 분리나 시간의 사물적 공간화라는 근대의 시간편성에 대한 그 심원한 비판에도 불구하고, 영원에 대한 신비화와 가상실효적 포섭을 꾀하는 제국의 논리에 쉽게 포섭되곤 한다. 왜냐하면 이것은, 근대에 대항한다는 그 주관적 의지에도 불구하고, 실제로는 영원을 무한한 지속으로 이해하는 것이며, 지속으로서의 시간이라는 근대적 시간 개념의 무한한 확장에 머물기 때문이다.

영원은 잠재적인 것이다. 그러나 잠재적인 것이란 무엇인가? 잠재적인 것은 현실화되지 않은 실재이다. 그러나 기억으로서의 영원은, 실재적인 것으로서의 잠재적인 것이 아니라 '상징적인 것'의 흔적이며 권력이 남긴 자취이다. 그것은 권력의 잉여효과이다.

잠재적인 것은 실재적인 것이다. 그것은 관념적인 것이 아니며 또 상징적인 것도 아니다. 잠재적인 것은, 시간의 화살들을 통해, 가능의 '때들'을 통해, 공통적인 것을 생산하는 실재적 힘이다. 한편에서 그것은, 지속으로서의, 기억으로서의 시간을 파열시키는 틈이자 미분의 힘이다. 다른 한편에서 그것은 공통적인 것을 생산하는 구성의 힘이다.

인지노동은 잠재적인 것의 실재성을 보여준다. 본질적으로 인지노동은 공통성의 화살들, 특이한 '때들'이다. 인지노동의 확장과 더불어 물질노동도 잠재적인 것의 현실화로, 공통성의 화살들로, 특이성의 떼들의 계기로 구성된다. 그것들은 삶 내재적 코뮤니즘의 시간으로 집대성된다.

하지만 시간의 적대적 발전 속에서 이 내재적 시간은 포획의 그물망, 제국의 네트워크에 걸려 있다. 핵우산이 육체의 안보를 대변하며, 금융과 신용이 생활의 안보를 대변하고, 정보가 정신적 삶의 안보를 대변한다. 영원을 포획한 제국이, 마치 자신이 단 하나뿐인 영원이자 공통인 것처럼 위장한다. 그러면서 그 어느 누구도 제국의 바깥에서는 살 수 없다고 위협한다. 제국은 그 자신을, 현실적인 것을 규정하는 잠재적인 것인양 내세운다. 이것이 바로, 제국이 창출하는 가상현실이며 가상실효적 포섭의 형식이다. 제국은 자신의 이 가상실효적 상징권력을 이용하여 실재를, 잠재력을 참칭한다.

가능적 잠재는 본질적으로 기억적인 가상현실의 권력을 파괴하는 시간의 화살들, 특이한 '때들', 지금여기에서의 사건적 시간이다. 그것은 영원의 능동적 힘들이다. 공통적인 것은 이 특이한 '때들'의 네트워킹을 통해, 네트워크들의 네트워킹을 통해, 다양한 살들의 접속을 통해 구성된다. 이것이 인지노동에 내재하는 시간, 즉 척도를 넘어선 시간이다.[25] 이것은 공간적으로 사물화된 시간도 초시간적으로 신비화된 시간도 아니다. 이것은 지금-여기에서의 실재적 '때'로서의 시간이다. 이것은 진보의 시간도 구원의 시간도 아니다. 이것은 특이한 발명과 창조의 시간이며 구성의 시간이다. 이 시간은 '다른 세상은 가능하다'의 시간이다. 이것은 진보와 구원이라는 낡은 표상을 그것들이 표상되었던 것과는 다른 새로운 평면에서 유물론적 방식으로 달성하는 다중의 시간이다.[26] 이 시간에서 영원의 살은 새로운 **몸**으로 구성되고 뜻은 새로운 때와 곳으로 실현되며 공통체들은 새로운 **것**들로 구현된다.

구성의 시간에서 삶의 '때들'은 직접적으로 정치적이다. 다중은 삶정치적 구성의 시간의 화살들, 그 특이한 '때들'의 떼이다. 다중의 특이한 '때들'을 통해 영원은 부단히 새로워진다. 구성적 '때들'은 **새로운 시작**의 시간이며 영원을 부단히 새롭게 한다는 의미에서 **발생적 역사**Geschichte 그 자체이다.

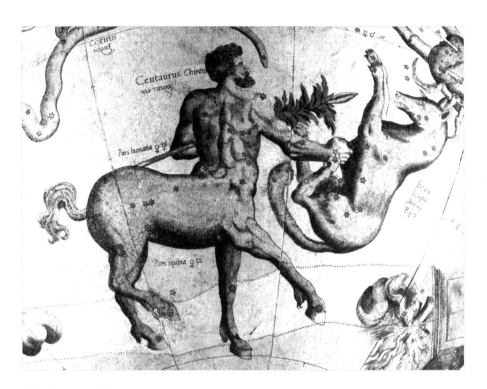

'반인반마'(半人半馬) 켄타우루스(Centarurus)

켄타우루스는 그리스 신화에 나오는 상반신은 사람의 모습이고 하반신은 말인 상상의 종족이다. 몸에서 말의 부분은 태양에 속하는 남성적인 힘을 나타내며, 이 힘을 다스리는 정신이 상반신을 이루는 사람 부분에 있다고 알려져 있기도 하다. 또한편으로 켄타우루스는 인간과 '말'로 상징되는 자연이 미분리 상태에 있는 농업노동 시기의 상징이기도 하다.

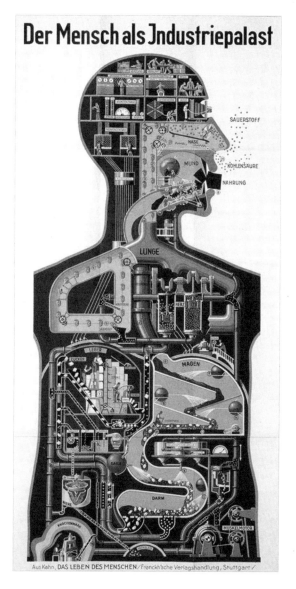

프리츠 칸(Fritz Kahn, 1888~1968)의 〈산업궁전으로서의 인간〉(Der Mensch als Industriepalast, 1926)

인간의 몸을 기계 작동 방식처럼 묘사한 작품이다.

영화배우 에드워드 노튼을 사이버그화한 가상도

사이보그(Cyborg)는 사이버네틱스(Cybernetics)와 유기체(Organism)의 합성어이다. 이 단어는 1960년 맨프레드 클라인즈(Manfred Clynes)와 나단 클라인(Nathan Kline)의 저서 『사이보그와 우주』에서 처음 사용되었다. 그들은 이 책에서 자체조절이 가능한 인간-기계의 결합인 사이보그가 우주진출에 유리할 것이라고 주장하였다. 1965년 클라인즈는 핼라시(D. S. Halacy)의 저서 『사이보그 : 슈퍼맨의 진화』(*Cyborg: Evolution of the Superman*)의 서문에서 "사이보그는 단순한 우주 탐험만이 아니라 정신과 물질이라는 내면의 우주와 외면의 우주에 가교를 놓는 새로운 개척자"라고 표현하기도 했다. 사이보그는 단순한 맨머신(man machine)이라는 의미만이 아니라, 양자가 일체가 되어서 하나의 유기적 조절계로서 활동하는 통합체라는 의미도 담고 있다.

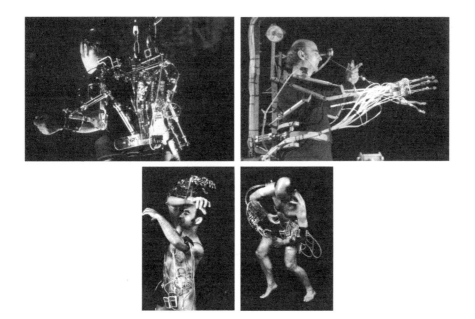

스텔락(Selarc)의 사이보그 퍼포먼스

호주 출신의 스텔락(Selarc, 본명 Stelios Arcadiou, 1946~)은 몸과 기계의 결합을 통합한 사이보그 퍼포먼스로 유명하다. 그는 몸에 대해 대안적이고, 무의식적으로 반응하는 인터페이스를 탐구하기 위해 의학기구, 보철, 로봇, 가상현실 시스템, 인터넷 등을 이용한다. 그의 작품에서 몸은 기술적으로 부착되거나, 기술에 의해 삽입되고 인터넷으로 연결되어 다른 사람의 지배를 받기도 하지만, 주체로서 확고한 기능을 하기도 한다는 점이 특이하다.

9장
인지자본주의에서 계급의 재구성

프롤레타리아트의 재구성과 다중

현대 프롤레타리아트에게서 배제와 불안정화의 문제

현대 프롤레타리아트에게서 자유, 자율의 문제

'독특한 노동' 의 잠재력과 진로

9장

인지자본주의에서 계급의 재구성

프롤레타리아트의 재구성과 다중

어떤 생산수단도 갖지 않아서 생존하기 위해서는 자신의 노동력을 팔아야만 하는 계급을 지칭하는 '프롤레타리아트'란 용어는, 자본이 더 많은 고용을 통해 더 많은 잉여노동시간을 착취함으로써 더 많은 잉여가치를 축적하려는 경향에 의해 지배되고 있던 시대인, 19세기에 만들어졌다. 우리는 더 많은 고용, 더 많은 축적의 경향이 20세기까지 지속되었음을 확인할 수 있다. 대도시들과 공장들은 전국 각지를 넘어 세계 각지로부터 인구를 흡수했다. 그 결과 세계 인구의 압도적 부분이 농민에서 노동자로 전환되었고 노동세계 외부에 머물러 있던 여성, 원주민 등도 노동세계에서 주요한 지위를 차지하게 되었다. 마침내 자본주의는 자본주의 외부의 농민, 여성, 원주민 등에서 노동자를 충원하기보다 노동계급의 자기재생산 과정으로부터 노동자를 충원하게 되었다. 그 결과 20세기에는 고용되어 노동하고 있는 계급을 의미하는 'working class'(노동계급)가 곧 프롤레타리아트와 동일시되곤 했다.

이러한 상황에서 산업예비군은, 순환과정에서 나타나는 일시적인 존재로 간주될 뿐이었다. 그래서 자본에 대한 노동자들의 투쟁은 주로 더 많은 임금, 더 좋은 노동조건, 더 짧은 노동시간을 둘러싸고 전개되었다. 작업장에서 반복적이고 연쇄적으로 벌어지는 생산자들의 이러한 경제적 투쟁은, 노동자 전위들의 지도를 매개로, 국가를 둘러싼 정치투쟁으로 상승할 것이며, 그 결과, 노동계급이 권력을 장악하고 생산을 관리하는, 사회주의 사회로 나아갈 수 있으리라는 기대가 높아졌다. 그래서 노동자들의 조직은 경제적 수준의 투쟁을 담당하는 노동조합과 정치적 수준의 투쟁을 담당하는 노동당으로 이원화되었다.

그러나 이러한 20세기는 1968년에 종결되는 단기短期의 세기였다. 1968년 혁명에서 시작된 21세기 세계에서는 이러한 그림이 더 이상 들어맞지 않는다. 전혀 새로운 상황과 현실이 나타나고 있는 것이다. 자본은 더 이상 더 많은 노동자를 고용하려고 하지 않는다. 이것이, 착취할 수 있는 불불의 노동시간을 축소시킬 것임이 분명한데도 그렇게 한다. 정규직으로 고용된 노동자들의 수는 점점 줄어들고 임시적으로만 고용되는 비정규직 노동자 혹은 실업자의 수가 늘어나고 있다. 발전된 자본주의일수록 이 경향은 뚜렷하다. 농민, 원주민의 노동자로의 전화라는 이전 세기의 주된 경향과는 정반대되는 현상, 예컨대 귀농이나 귀촌이 하나의 생활양식으로 나타나기도 한다. 노동하고 있는 계급인 working class와 프롤레타리아트가 더 이상 동일시될 수 없게 된다. 실업자는 순환과정에서 일시적으로 나타나는 존재가 아니라, 구조의 효과로 인해 점점 확장하는 존재로 된다. 그 결과 실업자의 다음 삶은 취업과 노동이 아니라 노숙이나 범죄나 죽음으로 된다.

프롤레타리아트 속에, 고용되어 노동하는 사람들인 노동계급working class과 자신의 노동력마저 상품으로 평가받지 못하는 실업계급non-working class의 분화가 나타나고, 그 중간지대에, 광범위한 비정규직, 달리 말해 불안정노동계급precarious-working class이 놓여진다. 실업자들은 구직과 복지혜택에 우선적 관심을 가지며, 비정규직은 정규직화에 주로 관심을 갖는다. 정규직 노동자들은 여전히 임금 투쟁에 관심을 갖고 있지만 그 관심의 정도는 과거와는 다르다. 일자리를 잃을 수 있다는 두려움에 의해 지배되는 이들은, 임금보다도 정리해고에 우선 관심을 갖는다. 개별 노동자에게 임금은 부분적 문제이지만 정리해고는 전면적 문제이기 때문이다. 그래서 대개 정규직 노동자들로 구성된 노동조합은, 자본에 대항하는 투쟁보다는, 한편에서는 자본의 정리해고 위협으로부터, 다른 한편에서는 실업 노동자들과 비정규직 노동자들의 압박으로부터 자신의 입지를 지키려는 실리적 의제에 관심을 갖게 된다. 각종의 노동당들은 프롤레타리아트 제 계층들 중에서 어떤 계층을, 어떤 방향에서 대의할 것인가에 따라 분화한다.[1]

이상의 사실은 21세기에 프롤레타리아가 급속하게 재구성되고 있음을 보여준다. 이 재구성이 어떤 축을 따라 전개되고 있는 것일까? 고용의 측면에서 볼 때 재구성은 불안정성의 증대로 나타난다. 포드주의 노동자들의 고용안정성은 와해되었다. 정규직 고용 노동자들의 비중은 점점 줄어들고 임시직 비정규직과 실업자의 비중은 나날이 늘어나고 있다. 시민권이 없는 이주 노동자들의 경우 그 불안정성은 고용 차원을 넘어 생활 전반에 걸쳐 있다. 노동과정의 측면에서 볼 때 재구성은 노동의 비물질화, 인지화의 증대로 나타난다. 물질적 상품을 생산하는 산업노동은 여전히 경제의 중요한 구성부분이지만, 지식노동과 서비스노동의 증대로 인해, 산업노동이 차지하는 비중은 날로 감소하고 있다. 교육, 연구, 보험, 디자인, 예술, 연예, 금융, 정보 등에 종사하는 사람들의 수가 늘어나면서, 인지노동의 비중은 점점 커지고, 그것이 산업 전체에 미치는 영향력이 증대되고 있다. 소득과 소비의 측면에서 볼 때, 프롤레타리아 내부의 소득 격차가 커지고, 불안정 노동자들의 경우에 부채의존도가 증가한다. 그리하여 이 층에 대한 금융통제의 정도는 높아지고, 신용불량자로 분류될 경우에는 경제적 시민권을 박탈당하기에 이른다.

이러한 재구성의 축들 중에서 어떤 것을 중심에 놓고 보는가, 혹은 그 축들을 어떤 전망 하에서 파악하는가에 따라 현재의 재구성 경향에 대한 평가가 달라지고, 현재의 프롤레타리아 재구성 경향에 대한 접근방식과 명명이 달라진다. 근래에 우리는 새로운 프롤레타리아트들에게 붙여진 다양한 이름들을 볼 수 있다.

일부의 이름들은 오늘날의 가난하고 힘없는 사람들을 시민사회의 일부였던 과거의 프롤레타리아트와는 질적으로 다른, 다시 말해 시민사회로부터 추방된 존재들로 보는 관점을 드러낸다. 바우만이 이들을 현대사회가 분비하는 '쓰레기'라고 명명할 때2, 그리고 아감벤이 이들을 '호모 사케르'라고 명명할 때3 그러한 관점이 나타난다. 이 관점이 바라보는 프롤레타리아트는 신용불량자들, 잠재적 범죄자들, 노숙자들, 잉여인간들, 상 빠삐에sans papier(신분증 없는 사람들) 등이다. 이들은 정치적으로나 경제적으로나 사회에서 배제된 자들, 전체주의 지배의 희생자들일 뿐이다. 이렇게 명명되는 존재들에서 과거의 프롤레타리아트가 가졌던 혁명적 이미지를 찾아내는 것은 어렵다.

어떤 이름들은, 이들의 존재조건 가운데 불안정성을 강조한다. 정규직을 기준으로 만들어진 비-정규직 노동자라는 용어가 그렇지만, precarious proletariat의 약어인 프레카리아트precariat는 특히 불안정성에 강조를 두는 이름이다.4 앞서 말했듯이 오늘날 프롤레타리아트는 고용의 다양한 측면의 불안정성을 겪고 있다. 임시적 고용, 부분적 고용, 특수고용 등의 형태로 나타나는 고용의 불안정성을 비롯하여, 직무안정성의 파괴와 끊임없는 재교육의 강제, 강도 높은 시공간적 이동성도 불안정성을 가져오는 요인이다. 당연히 소득 역시 불안정하다. 울리히 벡이 강조하는 위험사회적 특징들은 작업내용에도 나타나 노동의 직무적 불안정성을 심화시킨다.5 이렇게 프롤레타리아트가 불안정화되고 있다는 것에 초점을 맞출 때 그 대안은 흔히 **안정화**에서 찾아진다.

어떤 이름들은 이 불안정성의 측면을 자유로움의 조건으로 읽고 강요된 불안정성을 자발적 불안정성으로 역전시키는 관점을 드러낸다. 'free Arbeiter'의 약어인 프리터freeter나 'free worker'의 약어인 프리커freeker가 그러하다. 전자는 주로, 고용안정성이나 노동과정에 대한 통제력이 약한 임시직 비정규직 노동자(즉 아르바이터)를, 후자는 고용안정성이나 노동과정에 대한 통제력이 상대적으로 강한 자유 노동자를 일컫는 점에서 차이가 있지만, 고용노동, 강제노동에 대한 거부와 자유시간의 중요성을 부각시키는 점에서는 공통된다. 맑스는, 프롤레타리아트가 이중의 의미에서, 즉 생산수단에서 자유롭고(생산수단을 갖고 있지 않다) 자신의 몸을 자유롭게 팔 수 있다(인신적 구속에서 해방되어 있다)는 의미에서 자유로운 존재라고 보았다. 오늘날의 프리터나 프리커는 고용에서 자유롭고(정규직 일자리를 갖고 있지 않다) 자신의 몸을 자유롭게 팔 수 있다(언제 노동할 것인지를 스스로 결정할 수 있다)는 이중의 의미에서 자유롭다고 할 수 있다. 물론 이것이 조금이라도 **실제적** 자유에 접근하려면 언제든지 노동할 기회가 있다는 것, 즉 일자리가 무한하다는 전제 위에서일 것이다. 그런데 노동거부 운동에 대한 대응으로 탄생한 신자유주의는 기계화, 정보화, 금융화를 통해 일자리를 늘리기는커녕 오히려 축소시킨다. 그리하여 프리터가 추구했던 자유를 불안정으로 역전시킨다. 프리터는 비정규직 불안정 노동자로서 정규직 노동자와 차별되고 또 수탈당한다. 그래서 고용으로부터의 자유라는 선택이 점점 대안적 성격을 잃고 고통과 질곡 그 자체로 변화한다.

일부의 이름은 노동과정의 변화에 주목한다. 정보화와 신기술이 가져온 노동과정의 재구성에 초점을 맞추는 이름들이 그러하다. 어슐러 휴즈는 정보화와 신기술이 가져오는 노동계급의 변화를 사이버타리아트cybertariat로 명명했고6 베라르디는 노동의 인지적 변화에 초점을 맞추어 현대의 프롤레타리아트를 코그니타리아트로 명명했다.7 이러한 이름들은, 자본의 기술적 재구성이 노동에 가져오고 있는 변화를 주목하는 것으로 지식프롤레타리아트라는 이름이 오래전부터 주목해온 특징을 새롭게 조명하는 관점들이다. 이 관점들에 따르면 기계화와 정보화는 노동을 지식집약적인 것으로 만든다. 그리고 이 지식집약화로 말미암아, 지금까지 구상에서 분리되어 실행만을 담당했던 노동자들이 기획과 구상, 실행과 관리, 평가와 재조정 등의 역할까지 맡게 됨으로써, 노동과정 자체가 자본의 직접적 감독과 관리로부터 벗어나 자립화하는 경향을 띠게 된다.

이상 훑어본 이름들만으로도 프롤레타리아트의 재구성을 바라보는 관점이 매우 다양함을 알 수 있는데, 그 각각은 현대의 프롤레타리아트들의 속성들 일부를 올바르게 파악하는 반면 다른 속성들은 놓치거나 배제한다. 그렇기 때문에 현대 프롤레타리아트의 다양한 속성들을 그 **총체적 연관** 속에서 파악하고 그 연관들의 **내적 경향**을 밝혀내는 것이 현대의 프롤레타리아와 그 운동을 사유함에 있어 결정적으로 중요한 문제로 대두한다.

다중multitudes이라는 이름은 이 재구성된 프롤레타리아트의 속성들의 다양성과 그것들의 특이한 관계를 포착하기 위해 만들어진 용어이다.8

그것은 이미 우리가 살펴본 현대 프롤레타리아트의 내적 다양성과 이질성 및 복수성을 명명할 뿐만 아니라 그러한 성질들에도 불구하고 그것들이 달성할 수 있는 공통되기의 잠재력을 분명히 규정하기 위한 용어이다. 이 이름은, 현대 프롤레타리아트가 겪고 있는 부정적 경험들, 즉 고통, 비참, 불안정성, 배제, 추방의 측면들을 놓치지 않으면서 그것이 수행하고 있는 노동의 복합적(물질적-비물질적, 신체적-인지적) 성격을 규명하고 동시에 자본의 통제 속에서도 그것과 대항하고 그것을 넘어설 수 있는 잠재력(즉 자유)의 선을 그려내기 위해 사용된다. 잉여인간, 호모 사케르, 프레카리아트, 프리터, 프리커, 지식프롤레타리아트, 사이버타리아트, 코그니타리아트 등 제각각의 현실을 반영하고 있는 이 용어들은 다중의 관점에서 읽히고 재조명됨으로써 새로운 의미를 가질 수 있다. 이것들 각각이 통째로 받아들여지거나 거부되는 것이 아니라 그 각각이 다중의 다양한 특성들의 일부를 강조하는 용어들로 받아들여질 필요가 있다. 그럴 때 그 개념들의 위치가 좀 더 분명히 식별될 수 있을 것이며, 우리가 그것들 사이의 연관성을 숙고함으로써, 현실반영을 넘어 새로운 주체성을 발명하는 방향으로 한 걸음 더 나아갈 수 있을 것이기 때문이다.

현대 프롤레타리아트에게서 배제와 불안정화의 문제

　앞서의 이름들이 지시하는 현대 프롤레타리아의 속성들을 두 극으로 나누어 보자. 하나의 극은 배제와 불안정화이며 그 반대의 극은 자유와 창조성이다. 질적으로 상이하며 얼핏 보면 모순되어 보이는 이 두 극을 이제 다중이라는 관점에서 살펴보도록 하자.

실업자와 (사내외 하청, 파견, 임시, 계약직, 간접고용9, 특수고용10 등의) 비정규직 노동자의 문제, 그리고 여기에 이주 노동자, 장애인 노동자 등을 포함해서 부를 때의 통칭 '불안정 노동자'의 문제는 오늘날 고용문제로 인식되고 있으며 또 그렇게 다루어지고 있다. 실업이나 비정규직이 정규직과는 다른 고용형태임은 분명하다. 하지만 그것들이 사회문제로서 제기될 때 그것은 단순한 고용형태의 차이만을 함의하는 것이 아니다. 불안정노동은 가난, 불안, 억압, 갈등, 도망, 천대, 질병, 노숙, 자살 등의 고통스런 경험들을 수반한다. 이 경험들은 고용형태 그 자체에서 직접적으로 주어지는 것이 아니라 그 고용형태들에 뒤따르는 경제적 소득수준, 사회적 안전보장 수준, 정치적 도덕적 대우 수준, 보다 일반적으로 말해 경제, 정치, 문화적 삶의 자원들의 분배 수준의 격차에서 주어진다. 그것은 법과 제도를 통해 강제되는 배제를 수반한다.

그럼에도 불구하고 우리가 불안정노동의 문제를 시장상황에 의해 규정되고 경제적 수준에 국한되는 고용문제로만 사고하는 것은, '삶의 안전보장, 특히 소득은 고용/피고용 관계에 의존한다'는 부르주아 사회의 전통적 정식을 무의식적 사유습관에 따라 하나의 타당한 전제로서 받아들이고 있기 때문이 아닐까? 고용/피고용 관계는 자본주의라는 역사적으로 특수한 사회형태에서 사람들에게 강제로 주어지는 것이다. 자본주의 속에서도, 노동의 투쟁수준에 따라 계속적으로 변화해 왔다. 고용과 소득의 관계는 어떠할까? 자본주의의 전성기라 할 수 있는 20세기에도 소득이 고용/피고용 관계에 의해 전적으로 규정되지는 않았다. 수많은 복지장치들이 고용관계 외부에서 비경제적 방식으로 소득을 뒷받침해 왔기 때문이다. '소득 곧 고용'이라는 등식, 즉 고용되어야 소득이 생긴다는 관념이 자동화된 것은 결코 자연적인 것이 아니다. 오늘날 소득과 고용의 이 등치는 특히 신자유주의에 의해 일반화되었다. 불안전노동의 문제가 '소득 곧 고용'이라는 전제 위에서 다루어지게 되면 그 문제의 해법도 '고용만이 소득과 삶의 안전을 보장할 수 있다'는 부르주아적 통념을 강화하는 방향에서 찾아지지 않을 수 없다.

그런데 소득이 고용/노동에 의존하며 그것이 삶의 안전보장의 수단이라는 생각이 오늘날보다 더 의문시되는 시대가 자본주의의 역사에 또 있었던가? 앞서 말한 바처럼 근대의 산업자본주의는 인간의 활동력을 부단히 노동력으로 전환시키는 과정을 통해 세계에 대한 통제권을 더 넓게 확대해 왔다. 그런데 탈근대의 인지자본주의는, 소득을 얻기 위해 고용되고자 하는 사람들이 거대하게 누적되고 있음에도 그 사람들을 고용하지 못할 뿐만 아니라, 고용되어 있던 사람들마저도 해고함으로써 기존의 고용관계에서 추방하고 있다. 여성, 청년, 장애인, 이주민, 유색인은 이 메커니즘의 주요한 배제 대상이다. 오늘날 배제된 사람들은 호경기에 다시 고용될 '산업예비군'과는 다른 성격의 존재이다. 이 배제는, 주기적 불안정이 아니라 **구조적 불안정**을 야기한다. 권력과 자본은 여전히, 고용이 소득의 유일한 조건인 것처럼 주장하지만 고용이 더 이상 삶의 안전을 보장할 적절하고 보편적인 원천이 아님은 명확해지고 있다.

고용/노동이 소득과 삶의 안전을 위한 유일한 경로임을 받아들이는 것은, 고용되기 위한 경쟁을 받아들이는 것이며, 다른 사람들을 누르고 배제하며 이용하는 자본의 게임규칙을 받아들이는 것이다. 또 그것은, 다중이 연합할 수 있는 잠재력의 파괴를 자신의 내면윤리로 받아들이는 것이다. 소득이 고용을 조건으로 하기 시작한 것은 자본주의가 삶-활동의 특정한 부분을 고용관계에 포섭하고 그것에 노동이라는 특권적 지위를 부과하면서부터이다. 자본주의와 그 부는 고용노동 외에 수많은 비지불의 그림자 노동들에 의존하여 재생산되어 왔다.[11] 맑스는 사회의 부(여기서 부는 교환가치가 아니라 사용가치를 의미함을 주의해야 한다!)가 노동에 의해서만 생산되는 것이 아니고 자연도 그 부를 생산하는 데 기여한다고 강조했다.[12] 이것은 부를 생산하는 역량들의 다양성을 암시한다. 주의해서 살펴보면 자본주의에서는, 부를 생산하는 노동도 다양한 형태를 띤다. 부는 자본에 고용된 노동 외에 비고용의 노동들과 비임금의 노동들에 의해서도 생산된다. 비고용의 노동이 생산한 부는 GNP나 GDP 등에 의해 '국부' 즉 사회적 부로서 계산되는 대상에 포함조차 되지 않는다. 그럼에도 불구하고 우리의 삶은 그 계산되지 않는 (어쩌면 계량되는 사회적 부보다도 더 크고 중요할 수 있는) 사회적 부 없이는 재생산될 수 없다. 고용되지 않은 여성, 노인, 아이, 청소년 들에 의해 생산되는 사회적 부를 생각해 보라! 자본의 축적은, 이처럼, 교환관계와 교환과정에 대한 분석을 통해서만 비로소 확인할 수 있는 부불의 임금노동에 대한 착취에만 의존하는 것이 아니라, 교환관계와 교환과정 밖에서 이루어지는 비고용-비임금의 거대한 그림자 노동에 대한 무상의 **전유**와 수탈에 의존해 왔다. 고용관계를 확대해온 근대화 과정은 후자[수탈]에서 전자[착취]로의 진화적 발전의 과정인 것처럼 보였다. 하지만 오늘날 인지자본주의에서는 이 과정의 역전이 나타나고 있다. 자본주의가 착취보다 수탈에 더 많이 의존하게 되면서 전자의 비중이 다시 비대해지고 있는 것이다.

한 사회에서 생산된 부 전체를 사회의 총소득(화폐형태로 된 것은 그것의 일부일 뿐일 것이다)으로 간주해 보자. 그것이 고용노동에만 의지하는 것이 아니라 고용되지 않은 거대한 노동들(여성, 아동, 노인, 청년, 죄수, 실업자, 예술가 등의 활동들)에 의존하고 있다는 사실은 '고용에 따른 소득 분배'가 적실하지 않은 것임을 시사한다. 오늘날 자본주의가 인지노동에, 공통의 지성과 정동에 좀 더 명시적으로 의존하게 되면서 이전에는 고용 대상이 아니었던 많은 영역들이 고용의 대상영역으로 편입된 것도 사실이다. 이것은, 말없이 그림자 노동을 수행하던 사람들의 저항이 상승한 것의 결과이다. 이 상승한 저항의 사례를 우리는 1968년 혁명과 그 이후의 새로운 사회적 투쟁들에서 읽어볼 수 있다. 이에 따라 자본은, 이전에 무상으로 착취할 수 있었던 많은 부분에 대해 비용을 지불하지 않을 수 없게 되었다. 한편에서 자본이, 이렇게, 과거에는 지불하지 않던 노동에 대해 지불할 수밖에 없게 되었지만 다른 한편에서는 자본이, 인위적으로 더 큰 비지불영역을 창출하고 있는 것도 사실이다. 신자유주의라는 말은 후자의 현상들을 가져오는 자본의 전략에 붙여진 이름이다. 신자유주의 30년이 거대한 생태위기 외에도, 실업자, 비정규직, 이주 노동자, 장애인 노동자 등 경계선의 불안정노동 집단들을 대규모로 창출하게 된 것은 이 때문이다.

그러므로 오늘날 불안정노동의 문제는, 더 이상 과거에서처럼, 고용의 문제로만 제기될 수 없다. 노동력을 판매하여 노동하는 것은 결코 취향이나 자유의 결과가 아니었다. 그것은 자본주의라는 역사적 조건에서 살아 나가기 위해 부득이 행한 선택의 결과이다. 그것은, 삶을 안전하게 재생산하기 위해 선택하지 않을 수 없었던 불가피한 선택이었다. 그렇기 때문에 고용 문제의 **본질**은 개개인들의 삶의 안전을 보장하는 것에 있다. 어떻게 고용관계 속으로 진입하느냐의 문제는 그러므로, 어떻게 삶의 안전보장을 달성하는가라는 문제의 하위범주로 취급되어야 한다. 오늘날의 노동이 이미 고용/비고용의 틀 너머에서 전개되고 있다는 사실은, 어떻게 비고용의 사람들을 고용관계 속으로 진입시킬 것인가라는 문제가 허구적 문제임을 보여준다. 필요하고 또 중요한 것은, 어떻게 사람들의 생명과 삶을 안전하게 보장할 것인가라는 문제이며, 이를 위해, 오늘날 전 지구적 수준에서 사회화된 노동에 기초하여 재생산되고 있는 사회적 부를 어떻게 공통적으로 분배할 것이며 부의 공통적 생산을 어떻게 촉진시킬 것인가의 문제이다.

부를 생산하는 다중의 삶의 안전이 보장되지 않고서는, 사회의 안전한 재생산은 불가능하다. 사회의 위험성은 다중을 배제할 때, 사람들의 안전을 위태롭게 할 때 폭증한다. 오늘날 이 위험성은 나날이 증대하고 있다. 그런데 이러한 사태가, 삶의 안전보장을 위한 기초가 가장 성숙되어 있는 **사회화된 노동**의 조건에서 일어나고 있다는 점은 결코 경시할 수 없는 문제이다. 사회화된 노동의 일반화는, 자본주의가 근대에 다중에게 부과해왔던 **고역의 삶**을 끝낼 조건이 성숙되었음을 의미한다. 헐벗은 고역의 삶으로부터 행복하고 안전한 삶으로, 그리고 그에 기초한 독특한 노동(맑스에게서 이것은 강제된 노동과 대비되는 자유로운 노동, 즉 **욕구로서의 노동**이라는 말로 표현된다[13])으로의 전환을 위한 물질적 조건이 무르익은 역사적 조건에서, 기이하게도, 헐벗은 삶, 극단적으로 불행한 삶이 다중에게 강요되고 있다. 불안정은, 자유의 속성이 아니라 강제의 속성으로 되고 있다. 수없이 되풀이 되어온 성장의 장밋빛 약속들(미래의 행복을 위해 고역을 참고 성장하자)은 이제 바랠 대로 바래고, '성장은 행복은커녕 고역을 증대시키고 더 큰 헐벗음을 가져온다'는 것이 반복적으로 입증된 사실로 나타나고 있다. 그리고 마침내 2008년 금융위기는, 고역과 헐벗음이 극에 이른 상태에서는 성장도 더 이상 불가능하다는 것을 보여주었다. 자본은 모든 것을 가난한 다중들의 어깨 위에 지우면서 잔혹한 수탈의 행보를 계속하고 있다. 소수가 다수를 착취하는 관계를 유지하는 것이 오늘날만큼 괴기스런 양상으로 나타난 적이 있을까?

한국에서 이 기괴한 모습의 구조는 어떤 과정을 밟아 등장했을까? 크게 보아 노동의 불안정화는 두 개의 커다란 계기를 통해 급진전되었다. 하나는 1987년에 분출한 산업 노동자들의 투쟁(노동조합 조직화와 임금 인상)이며 또 하나는 1997년 경제위기(부채위기)이다. 이 두 계기를 통해 자본은 산업을 기계화, 정보화, 서비스화할 뿐만 아니라 정리해고, 비정규직 전환배치, 이주 노동자의 불평등 배치14, 여성-학생-청년의 비정규직 채용 등을 통해, 노동계급을 사회화하는 한편 그 내부에 위계와 차별과 적대를 도입하는 방식으로 대응한다.

자본은 1980년대에 지속된 노동자 투쟁의 조합조직화와 임금인상 요구를, 노동계급의 조직된 부분(조직된 남성 부분)에 국한하여 보장하는 한편, 그 비용을 불안정노동층의 광범위한 창출을 통한 저임금 비조직 부분의 상설화로써 상쇄했다. 이로써 노동자간 경쟁관계는 격화되었고 노동조합 조직력은 점차 취약해졌다. 그에 따라 기업 내에서 자본의 권력은 상대적으로 강화된다. 자본은 정규 노동자가 기피하는 작업들(위험업무나 잡무, 예컨대 청소, 시설관리, 운전 등)을 비정규직의 확대를 통해 대체하고 이로써 정규직을 '비정규직을 부리는 경영자이자 마름'으로 만들어 노동계급을 위계화하고 분열시켰다.15

노동자 주체의 이러한 재합성은, 기계화-정보화-사회화를 통해 노동과정이 기계적 과정으로, 즉 지적 정보적 기술적 사회적 과정으로 전화된 것에 조응하는 것이다. 기계화와 정보화를 통해, 숙련을 요하는 생산의 주요 기능이 기계적 정보적 메커니즘으로 전환되자, 노동인력은 그 메커니즘을 감독하는 보조적 위치에 놓이고 또 상시적으로 대체가능하게 된다. 자본은, 노동의 다기능화와 네트워크화(개별 자본 입장에서는 하청화와 외주화, 즉 아웃소싱)를 통해, 직접적 고용노동과 간접적 고용노동, 비고용노동 등을 네트워크된 위계적 통제체제 속에 편입시킬 수 있게 된다. 이제 고용은 경제적 성격(임금)보다 정치적 성격(노동자 통제)을 더 강하게 띠게 된다. 그 결과, 기업 내 정규직과 기업 내 비정규직을, 그 다음에는 하청화되고 외주화된 불안정 노동자(중소영세사업체 노동자, 특수 노동자, 임시 노동자)를 잇는 위계적 분절구조가 확립된다.[16] 이러한 노동자 재합성의 경향은, 1989년 대우조선 재구조화 과정에서 하나의 선례로서 이미 명확하게 표현된 바 있다.[17]

이러한 노동관계를 법제화하려는 시도는, 김영삼 정부의 신노사관계 구상과 노동법 개악시도에서 나타났으나, 그것은 1996/7년 전후 최초의 노동자 총파업이라는 강력한 도전에 직면했다. 신노동법의 핵심은 한편에서는 노동조합의 활동자유 보장(복수노조 허용, 정치 활동 허용)이었고 다른 한편에서는 고용관계의 유연화(정리해고, 파견근로, 변형근로)였다. 요컨대 이것은, 프롤레타리아트 내부에 포섭된 부분과 배제된 부분의 선명하고 다층적인 분할을 도입하기 위한 것이었다.

1997년 경제위기 이후, IMF의 요구(주요하게는 정리해고, 재벌개혁, 그리고 외자투자의 문턱 제거)를 수용하는 방식으로 전개된 김대중 정부의 일련의 위기극복 정책들은, 1980년대 이후 기업체 수준에서 도입되던 신자유주의적 노동통제를, 사회화된 노동자들인 다중 전체에게, 전 국가적 차원에서 부과하는 과정이었다. 김대중 정부는 노사정위원회를 본격적으로 가동하여 조직 노동자 상층을 신자유주의적 사회재편의 하위파트너로 활용하고자 했다. 즉 일부의 조직 노동자들에게 일자리의 안정성을 보장해 주는 대가로 다른 노동자들에 대한 정리해고, 비정규직 전환배치에 대한 동의를 이끌어 내고자 한 것이다. 실제로 노동조합원들은, 자신들이 기피하는 위험업무와 잡무 등에, 자본이 (특히 신규채용된) 비정규직 노동자들을 사용하는 것을 일정하게 용인하고 또 그것을 자신의 노동강도 완화의 완충제이자 일자리 안정의 안전판으로 활용하려는 모습을 보였다.[18] 또 전통적 노동조합운동은 주로 산업노동계급에 기초하고 있었기 때문에 정보부문이나 서비스 부문 등 점점 인지화되는 새로운 노동영역들에 비정규직 노동자들이 사용되는 것을 자신의 문제로 느끼지 못하는 경향도 있었다.

그래서 새로운 서비스직 노동부문(음식숙박업, A/S 기사, 배달판매, 학습지 교사, 매장관리, 계산업무)은 점차 아르바이트, 파트타임제, 책임할당제 등 특수 고용이라는 형태로 발전해 간다. 이렇듯 비정규직의 확대는, IMF 이후의 기술, 고용, 법제 등 여러 차원에 걸친 재구조화를 수반하며 또 그것에 기반하여 확대되어 간다. 기술적 재구조화로서의 정보화와 기계화가 급속하게 진행된 것도 불안정노동을 창출한 중요한 요소이다. 특히 IMF 이후 외자도입 및 인수합병 부문에서 이 경향은 두드러지게 나타난다.

고용의 재구조화는 정규직의 비정규직화 및 정규직/비정규직의 관계 재정립으로 나타난다. 피고용자의 대대적 정리해고는, 신자유주의화와 인지자본주의화 과정에 있는 사회들에서는 어디에서나 주요쟁점으로 대두되었다. 이 과정에서 수많은 노동자들이 해고되었다.[19] 정리해고를 면하고 살아남은 정규직 노동자들에게는 강도 높은 노동이 부과되었다. 자본은 정규직 일부를 기업가족으로 포섭하는 한편 이들을 비정규직 및 비고용 노동자를 착취하는 지렛대, 즉 마름으로 이용하게 된다.

노동이 하청계열화[20]하면서 점차 비정규직이 노동력의 주력으로 된다. 그 방법으로는 모듈화를 통한 조립공정의 외주화, 부품생산의 외주화, 물량도급, 사업부제 도입과 분사화 등이 이용되었다. 이 과정의 효과는 불균등하다. 정규직은 이 과정에서 일시적으로 노동조건 개선 등의 이득을 보는 경우도 있지만 하청계열화된 비정규직 노동자들의 조건은 어느 부문에서건 점차 열악해진다. 하청계열화를 떠받치는 임금제도는 연공제라는 전통적 형태를 벗어버리고 성과급으로 전환된다. 사회 전반에 일반화된 성과급제는, 노동자 내부의 집단들 사이에 또 개인들 사이에 경쟁을 자극함으로써 노동자들 사이의 계급적 단결력과 조직력을 약화시킨다.[21] 한편에서 노동자들은 자본과 계급적으로 적대한다. 하지만 정규직과 비정규직 사이, 개별 노동자들 사이의 심화되는 경쟁관계가 이 적대를 부차적인 것으로 만든다. 정규직과 비정규직의 뚜렷한 제도적 분리는, 정규직 노동자 일부로 하여금, 자신의 시장임금 형태 외에 여러 유형의 사회정치적 임금형태로 생산된 잉여가치의 일부를 분유 받도록 만든다. 그 결과 정규직 노동자층 일부는 사회적 지대^{地貸}를 수령하는 집단으로 되는 반면 비정규직은 시장임금 이하의 소득수준으로 내몰리게 됨으로써 노동계급 내부의 두 집단 사이에 계급적대적 요소가 형성된다. 정규직 노동조합은 노동을 착취하는 자본과 적대한다. 이 때문에 착취당하는 다른 사회집단들, 특히 비정규직 노동자들과의 연대 필요성을 느끼고 또 연대에 나선다. 하지만 정규직 노동조합은 다른 한편에서 비정규직을 비롯한 많은 비보장 노동자 집단의 노동성과를 사회적 지대형태로 수취한다. 이로 인해 정규직 노동조합은 정규직과 비정규직의 분할의 폐지를 원하지 않게 된다. 정규직의 비정규직에 대한 연대 행동이 늘 일시적이고 미봉적인 수준에 머물게 되는 것은 양자 관계의 이 이중성 때문이다.

이 이중성이 지속되면서 정규직 내부에 고용안정 이데올로기, 돈 벌기 이데올로기가 급속하게 확산되고 비정규직을 자신의 고용안정의 안전판이자 노동강도 강화에 대한 완충판으로 사고하는 경향이 확산된다(이른바 '신기업문화').[22] 그것은, 핵심 업무와 주변업무를 구분하고 정규직과 비정규직을 그 각각에 조응하는 것으로 사고하는 직능주의적 관념에 의해 뒷받침된다. 그러나 기계화와 정보화의 가속이, 사람이 하는 활동들 일반을 주변적이고 보조적인 위치로 만들면서 기업의 핵심 업무라고 여겨졌던 정규직의 일들조차도 비정규직의 업무로 된다. 이러한 과정의 결과로서 비정규직이 전체 노동인구의 절반을 한층 상회하는 역전된 노동구조가 형성된다.

법제적 재구조화는 이 과정을 법적으로 확인하며 때로는 가속시키는 기능을 수행한다. 노무현 정부는 2005년 '비정규직 법안'을 제정하여 파견근로, 하청근로 등에 법적 정당성을 부여하려 했다.[23] 이 비정규직 법안은 다중의 연합을 파괴하고 다중 내부에 위계제를 도입함으로써, 자본이, 소수의 정규직 고용 노동자를 지렛대로 파견근로나 기간제근로 등의 비정규 형태로 고용된 다수의 비정규직 불안정 노동자를 착취하려는 제도이다. 오랜 논란 끝에 2007년 7월 1일 발효된 이 법안은 비정규직을 더욱 확장하고 또 확고하게 안착시키는 기괴한 구조를 법률적 수준에서 완성한다.[24]

현대 프롤레타리아트에게서 자유, 자율의 문제

자본주의 사회에서 노동은 자본의 축적 욕구와 노동하는 사람들의 능력과 욕망, 그리고 그것들이 놓인 사회적 기술적 지적 조건들 사이에서 다양한 모습으로 결정된다. 예컨대 그것은 여성노동/남성노동, 육체노동/정신노동, 생산노동/비생산노동, 생산직노동/사무직노동 등으로 차별적으로 분화된다.

고용된 임금노동은, 인간의 삶활동의 일부가 자본관계에 포섭되면서 발생한다. 가장 먼저 임금고용관계에 들어가는 삶활동은 신체의 근력을 사용하는 육체노동이다. 육체노동도 상품을 생산하는 데 그치지 않고 삶을 생산하지만 그 생산방식은 간접적이다. 육체노동은 삶에 필요한 소비재나(I부문) 혹은 소비재 생산에 필요한 도구들(II부문)을 생산하는데,

이것들은 유통과 분배의 과정을 거쳐서야 비로소 일상적 삶에 유용하게 되거나(소비재의 경우), 아니면 오래도록 삶과는 매개적인 관계만을 맺는다(생산재의 경우).

육체노동이 고용노동으로 되고 고용노동이 삶에 헤게모니적 영향력을 행사하게 되면서 노동하는 사람들은 고용되어야 했다. 생산수단이 자신과 분리되어 있어 노동하려면 고용되어야 했기 때문이다. 자본주의의 발전수준이 고도화되면 그럴수록 물적 생산수단은 거대해졌고, 노동자는 그 거대한 기계체제에 예속되어 그것을 보조하는 역할을 떠맡게 된다. 앞서 말한 '고용 없이 소득 없다'는 관념은 이 시대에 한층 강화된다. 그리고 특별한 생산수단을 요구하지 않는 비가시적이고 비물질적인 활동들은, 이 시대에는, 비생산적 노동으로 평가되어 노동으로 평가되지조차 않았고 마치 자연처럼 육체노동에 하위계열화되어 자본에게 무상으로 수탈되곤 했다. 예컨대 지적 활동들의 성과들은 자본에게 무상으로 전유되었고 예술 활동들은 후원이나 구걸에 의해 유지되었으며 돌봄 활동은 성적으로 차별받는 여성에 의해 무상으로 수행되거나 하인과 같은 신분적 예속자들에 의해 수행되었다. 감옥, 정신병원, 마녀사냥, 해적퇴치, 임금제도 등은 이러한 노동질서를 유지하고 강화하기 위한 장치들이었다.

그러나 자본주의적 관계의 발전과 재생산은 이러한 구조를 파열시킨다. 우선 공장 노동자들의 저항이 그것을 촉진했다. 임금인상 및 노동시간 단축을 둘러싼 노동계급의 투쟁은 기계화라는 자본의 반격을 촉진했고, 그것은 다시 노동과정의 정보화와 정동화를 가속시켰다. 이 과정에서 과학기술의 생산에의 이용은 일반화되고 직접적인 육체노동의 필요성은 줄어들었다. 그 결과 여성, 아동 등 주변인들이 노동체제 속으로 인입될 수 있었고 노동과정은 급속히 인지적인 것으로 재편되었다. 둘째로 고용된 임금노동에 하위계열화되어 생산적 노동으로 평가받지 못하고 그래서 삶의 안전을 보장받지 못하고 있었던, 인지적 노동자들의 저항과 그 여파로 고용관계는 삶의 비물질적 활동들 전 영역에까지 확대된다. 이 과정에서는 여성들의 저항과 학생 및 지식인들의 저항이 주요한 계기가 되었다.[25] 인지노동은 거대한 생산수단에의 예속을 필연적 특징으로 갖지 않는다. 그것은 인간들 사이의 소통, 돌봄, 교류를, 그리고 이러한 것들에 대한 앎을 수행하는 노동이기 때문이다. 많은 경우에 인지노동의 수행은 사회 그 자체나 인터넷처럼 이미 보편화된 하부구조를 노동조건으로 삼으며 주로는 노동하는 사람들의 (뇌, 신경, 감각기관 등과 같은) 인지기관들만이 직접적인 생산수단으로 기능하게 된다. 그렇기 때문에 분리된 노동자와 노동수단을 분리시킨 후에 다시 결합시키는 장치로서의 고용 그 자체는 인지노동의 경우에는 부차적이다. 이러한 성격으로 인해서 인지노동은 특정한 노동시간, 특정한 노동장소에 구애받지 않고 그 어느 때, 그 어느 곳에서건 수행될 수 있게 된다.

인지노동의 이러한 특성을 자본은 비정규직, 임시직이라는 형태로, 요컨대 불안정노동형태로 이용한다. 인지노동이 헤게모니적인 것으로 등장하고 또 인지노동의 상당부분이 비정규적인 것으로 포섭되면 물질노동의 상당부분도 비정규직화할 수 있게 된다. 노동체제의 이러한 지성화와 정동화는 삶이 인지노동의 형태로 자본/노동 관계 속으로 편입되는 과정이며 고용관계가 이전과는 다른 방식으로 삶 속으로 확대되는 과정이다.

인지노동이 비정규직으로 더 많이 배치되는 이유에는, 그것이 시간적 공간적 제약으로부터 상대적으로 더 자유로운 활동이라는 점 외에, 여성이나 학생, 청년 등 사회에서 약한 지위에 있는 사람들이 인지노동에 더 많이 종사하게 된다는 사실과도 연관되어 있다. 사회적 법적 보장이 취약한 계층의 사람들을 비정규직으로 배치함으로써, 이를 무기로 자본은 나머지 노동계층에 대한 더 큰 통제력을 갖게 되기 때문이다.

그러나 인지노동이 노동의 불안정화를 용이하게 만드는 조건이 된다는 사실은 그것의 일면이지 전부는 아니다. 19세기의 혁명가들은 노동의 안정을 추구하기보다 인간이 인간을 착취하는 고용/피고용 관계로서의 자본관계 그 자체를 파괴하고자 했다. 고용/피고용 관계 속에서 (아무리 큰 소득을 얻는다 할지라도) 사람들은 결코 자유로울 수 없었기 때문이다.

소득의 관점이 아니라 **자유**의 관점에서 보았을 때 인지노동은 노동을 불안정하게 만든다는 **부정적** 측면과는 전혀 다른 **긍정적** 가능성을 나타낸다. 인지노동은 직접적 육체노동의 필요성을 사라지게 만듦으로써, 그리고 그 노동의 특성으로 인해서, 지난날의 안정된 고용관계를 해체하는 경향을 갖지만, 자유의 관점에서 보면 그것은 틀지어진 '정규적 고용관계', 즉 조직된 자본주의적 사회관계로부터 자유로울 수 있는 잠재력을 더 많이 갖고 있는 노동형태이다. 인지노동은, 소비재나 생산도구를 생산함으로써 삶과 간접적 매개적 관련만을 가졌던 물질노동들과는 달리, 소통, 교류, 돌봄, 교육 등을 통해 직접적으로 인간과 삶을 생산하고 재생산하는 기능을 수행한다. 이러한 노동들은 이중적 의미에서, 즉 고용/피고용 관계에서 상대적으로 자유롭다는 의미에서, 그리고 이 노동과정이 자본의 감독과 관리의 필요성을 갖지 않는다는 의미에서 자유롭다. 현실에서 이 노동이 고용 및 소득의 불안정성에, 그리고 외부로부터의 측정과 표준화에 시달리고 있는 것은 여전히 사실이지만, 잠재적으로 이 노동과정은 자유로울 뿐만 아니라 자율적인 성격을 갖는다.

적지 않은 사람들이, 정규직 고용노동을 거부하면서 필요한 경우에만 노동하고 나머지 시간을 자신의 욕망실현을 위해 사는 사람('프리터' 혹은 '프리커')으로 남고자 했던 것은 이러한 조건과 무관하지 않다. 이러한 사람들의 경우는 노동과 삶의 구획과 구분을 거부하는 경향을 띠며 노동과 삶을 연동시키고자 한다. 프리터들의 증대 경향에 직면하여, 신자유주의는 이들을 비정규직이라는 제도적 틀에 가두어 차별했고, 이를 통해 이러한 노동형태의 혁명적 잠재력을 통제하는 데 성공한다. 하지만, 프리터를 강요된 고통과 강요된 불안정으로 내모는 것은 노동과정의 특성이나 고용의 불안정성 자체가 아니다.[26] 그러한 고용형태가 불안전하고 불안정한 소득으로 귀결되도록 만들어 놓은 제도(예컨대 정규직과 비정규직의 차별법)가 이 고통의 근본적 원인으로 작용한다.

인지노동의 증대로, 노동은 직접적인 고용노동 현장을 넘어 사회 전체로 산포된다. 그 결과 삶활동의 대부분이 자본관계에 편입되면서 삶과 노동의 경계가 희미해지는 상황을 초래한다. 이것은 한편에서는 삶의 노동화를 가속시키는 것이다. 그 결과, 근대화 초기와는 달리 21세기에는 노동 외부의 삶을 발견하기는 어렵다. (고용관계를 통해서든 아니든) 살아가기 위한 행위들 모두가 자유롭다기보다는 강제되고, 그래서 심지어 (여가시간에 강제되는 소비 활동, 휴일에 강제되는 레저 활동처럼) **자유 자체조차도** 강제되어 자본의 축적에 복무하게 된다.

하지만 이것이 전부는 아니다. 인지노동의 헤게모니는 노동을 통한 삶의 해방의 가능성의 증대라는 또 다른 특성도 갖는다. 인지노동은, 사회가 공동체를 점진적으로 포섭한 결과 사회 외부에 놓여 있는 공동체가 사라지고 이 양자가 중첩되는 시대에 헤게모니적인 것으로 대두된다. 인지노동의 헤게모니를 통해 삶과 노동의 경계가 사라지면, 역설적이지만, 사회적 삶 자체가 하나의 잠재적 공동체로서의 성격을 띠게 된다. 이것은, 노동 외부의 삶에 속했던 활동들 대부분이 노동으로 전화되며 공동체 활동의 사회화가 이루어지는 것의 결과이다. 공동체 생산 활동의 사회화와 산업화의 사례를 생각해 보자. 출산(병원), 양육(베이비시터), 살림살이(파출부), 교육(교사), 보건(간호) 등의 보육산업은 인간을 재생산한다. 싸이월드, 게임산업에서 보이듯이 친목산업과 놀이산업은 인간의 정서적 삶을 재생산한다. 학교, 연구소, 방송, 극장 같은 곳에서의 연구, 연예, 정보산업은 인간의 지적 재생산을 담당한다. 택배서비스와 정보산업은 인간들 사이의 교류를 활성화한다. 실버산업과 보험산업 등은 인간의 안전을 재생산한다. 이러한 사례는 얼마든지 더 열거할 수 있을 것이다. 이러한 사실은, 인간들의 사회적 관계 자체가 산업으로 조직되어 노동이 사회와 사회적 삶을 생산하고 재생산하는 활동으로 변화하고 있음을 보여준다. 그 결과 물질노동도 이 커다란 사회적 노동매트릭스의 일부로 편입된다. 그런데 자본주의적 산업현실에서 이러한 전환의 결과는, 여러 번 강조했다시티, 끔찍하다. **노동 내용의 공동체적 경향과 그것의 자본주의적 산업형태가 가져오는 비참** 사이의 모순이 증폭된다.

그러므로 우리는 비정규적 불안정노동의 증대를 노동의 비참의 증대로만 읽을 것이 아니라 전통적 자본관계의 형태들이 오늘날의 사회화된 노동을 더 이상 포섭할 수 없게 되었다는 사실의 징후로도 읽어야 한다. 고용-노동-소득의 순환은 M-C-M′(자본운동)와 C-M-C(노동운동) 맞짝에 근거를 둔 것으로 근대의 물질노동 과정에서 형성된 메커니즘이며 잉여가치의 착취를 가능케 하는 메커니즘이었다. 인지노동의 성장과 그것의 헤게모니에 의해 조직되는 사회는, 이러한 순환 메커니즘들에 의해 제대로 관리될 수 없다. 이미 자본 자신이 이 사실을 고백하고 있다. 21세기에 자본은, 스스로 고용에 근거를 두는 자본으로서의 산업자본으로서의 지위를 포기하고 금융자본으로 전환했다. 금융자본은 점점 자율화되는 노동사회를 **명령**으로 포획하는 자본형태이다.[27] 자본은 노동과정을 감독하고 관리하기를 포기하고, 노동공동체 외부에서, 그것에 명령을 부과하고 그것을 수탈하는 자리로 이동했다. 그런데 그 명령이 외부로부터

온다고 해서, 그것이 과거처럼 직접적이고 폭력적이며 외면적이라는 것을 의미하지는 않는다. 금융자본의 명령은 금리조절, 환율변동, 인플레이션, 디플레이션, 위기, 구제금융, 신용불량 등으로 나타난다. 그것들은 그 누구도 어쩔 수 없는 객관적인 과정처럼 체험되며 공포와 불안으로 사람들의 마음속에 내면화된다. 이 비가시적 명령형태로서의 금융통제 사회를 극복할 수 있는 잠재력은, 인지화했고 또 인지화하고 있는 물질적/비물질적 노동공동체 외부에서는 찾을 수 없다.

'독특한 노동'의 잠재력과 진로

이 관점에서 다시 현실을 들여다보자. 현실에서 다양한 방식으로 표현되는 노동 활동들은 잠재적으로는 '노동하기'의 특이한 차원들을 갖는다. 이 차원이 직접적으로 실현되려면 현실에서 노동을 위계화하고 차별 짓는 조건들을 변혁해야 한다. 노동이 처한 강제조건들의 변혁을 통해 노동이 **욕구**로, **자율적 활동**으로 발현될 길을 열어야 한다. 욕구로 된 노동들은 특이성의 활동들에 다름 아닐 것이다. 그 활동들이 수평적인 사회적 네트워크, 사회적 협력체로 연결될 수 있다면, 그것들은 그 특이성과 공통성을 직접적으로 실현할 수 있을 것이다. 의미 있는 노동, 보람 있는 노동, 독특한 노동이 그것이다.

오늘날 노동은, 공장담 안에서 수행되는 소규모로 분산된 개인들의 활동을 넘어 전 사회적이며 전 지구적이고 공통적인 인류적 활동으로 되고 있다. 노동은 더욱 더 깊이 네트워크화되고 있다. 오늘날 직접적으로 임금노동에 연루되었는가 않았는가는 더 이상 노동하는가 않는가를 가르는 지표일 수 없다. 노동의 비물질화, 지성화, 기계화, 정동화, 공통화 등으로 인해 삶과 노동의 경계는 점점 흐려지고 있다. 자본관계는 이처럼, 양적으로 볼 때 삶의 모든 부면들을 노동화하고, 질적으로 볼 때 그것들을 더욱 긴밀하게 네트워크화시킴으로써만 재생산될 수 있게 되었다. 우리가 확인하는 새로운 임금노동형태들(연예노동, 게임노동, 연구노동 등) 외에, 다양한 비임금노동형태들이 이미 있어 왔거나(가사노동, 아동노동, 가족구성원의 심부름 등) 새로이 대두하고 있다(자영의 소호, 생산자공동체나 협동조합; 불안정노동 형태인 파출노동, 배달노동, 프리터). 임금/비임금, 생산/재생산을 불문한 인간의 모든 활동들이 오늘날에는 네트워크화되고 공통화되어 인류 및 생태의 삶을 생산하고 재생산하는 총화적 활동으로 전화하고 있는 것이다. 따라서 오늘날 착취는 더욱 넓고 깊게 네트워크화된 이 전 지구적 수준의 사회적 노동을 착취한다.[28]

　　오늘날 전 지구적인 사회적 노동은 분명히 '정규직/비정규직', '보장노동/비보장노동', '안정노동/불안정노동'으로 분할되어 있다. 이것은 고용관계를 통한 사회적 노동의 차별화로서 비정규직에 대한 법적 사회적 경제적 차별을 수반한다. 불안정노동은 신체적 건강을 위협할 뿐만 아니라 정서적 불안을 조성하여 공황감, 조울증을 증폭시킨다. 이것은 고용

불안정 그 자체의 위협이라기보다 고용불안을 소득불안정으로 연계시키고 여기에 사회적 차별을 덧붙이는 현존의 사회제도가 가하는 위협의 결과이다. 이것의 여파는 비단 비정규직 노동자들에게만 국한되지 않는다. 그 여파는 실업과 비정규직으로의 추락을 두려워하는 정규직 노동자들에게도 동일하게 미친다.

이러한 분할과 차별의 상황은, 노동이 고용/비고용, 임금/비임금, 물질/비물질을 불문하고 네트워크화되어 긴밀한 사회적 총체성을 구축하고 있다는 사실을 은폐한다. 실업자는 노동하지 않으며, 비정규직은 주변적 활동만을 하고 있다는 환상을 제공하는 것이다. 이러한 현실은 다중 속에 냉소주의의 조건을 확대한다. 실업자는 '오륙도', '삼팔선' 등의 언어로 자기를 비하하며 신용불량자는 사회로부터 낙인찍히고 추방당한다. 주거를 잃은 철거민은 쉽게 노숙자로 전락한다. 이렇게 삶을 덮치는 참기 어려운 고통을 회피하기 위한 방법으로 자살을 선택하거나 범죄의 유혹에 이끌리는 경우가 급속하게 늘어난다. 삶의 안전을 위해서 자본에게 고용되려는 노동자 내부의 경쟁의 격화로 인해, 노동하는 사람들 사이에 장벽이 만들어지고 분열과 경쟁이 심화된다. 다중의 삶은 그 만큼 불안전하게 되고 자본의 지배는 그 경쟁과 분열의 정도만큼 공고화한다.

이처럼 실업, 비정규직, 이주노동, 장애인노동 등 불안정한 노동의 문제는 결코 경제적 문제에 머물지 않는 정치적 사건이다. 그 속에는 종종 맹아적 계급투쟁이 포함되어 있으며 그것은, 한국의 비정규직 노동자 투쟁들, 프랑스의 방리외 봉기, 그리스의 실업자 투쟁, 아랍의 불안정한 청년들의 혁명에서 보듯 적극적 항쟁으로 표현되기도 한다. 이러한 현실에 대한 대응들은 어떻게 나타나고 있는가?

우선 자본은 노동계급의 저항에 대항하는 새로운 방법들을 고안하기에 여념이 없다. 노동과정을 기계화, 정보화하고 생산계열을 하청화하며[29] 고용조건을 비정규직화[30]하는 외에 기업들을 네트워크화한다. 이렇게 비정규직을 정상화하고 확대하는 과정을, 자본은, 성장이 일자리를 만들어 낸다는 환상으로 포장한다. 반면 정규직을, 자본과 운명을 같이 하는 존재로 가족화하여 이들을, 잉여가치를 분유하는 지대수령계층으로 포섭한다. 노사일체의 기업문화운동은 이러한 전략이 표현되는 방식이다.

정규직 노동자 조직들은 어떻게 대응하고 있는가? 정규직 노동조합들은, 표면적으로는, 임금인상과 성과급 동일적용을 통한 임금격차 완화를 주장한다거나 비정규직에게도 4대보험, 유급휴일, 복리후생제도를 적용하라고 요구한다거나 비정규직 사용억제 및 정규직화를 요구하곤 한다. 그러나 정규직 노동자가 지대수령계층으로 포섭되는 정도가 높아질수록 자본과 정규직 노동자의 대립은 부차화하고 정규직과 비정규직의 경쟁과 차별이 전면화한다. 이 과정에서 정규직 노동자의 의식은 자본의 이해관계와 점점 깊이 동화되며, 자본이 요구하는 바의 마름의 지위를 받아들이게 되는 정도도 높아진다. 그 결과 정규직 노동자들은, 한편에서는 노동계급의 일원으로서 비정규직과의 공동운명의식과 인한 연대감을 표현하면서, 다른 한편에서는 제도적 노동위계화와 차별의 수혜

계층으로서 자신의 특권을 지키려는 이중화된 태도 사이에서 동요한다. 그래서 정규직 노동자들은, 비정규직의 정규직화를 요구하면서도 실제로는 정규직-비정규직 차별축소에 그 요구를 제한하거나[31] 심지어 비정규직 투쟁을 자본으로부터 다른 양보를 얻어내기 위한 압력수단으로 삼는 집단이기적 태도까지 나타내곤 한다. 날이 갈수록 정규직 노조운동이 노동자 내부의 단결보다 기업조직, 동창회, 국민, 민족주의 등 기존의 시민사회 조직과 이데올로기에 의존하는 경향이 강하게 나타나며 이주 노동자에 대한 경계심이 표면화되는 것은 이 때문이다. 전체적으로 보아, 정규직 노동자들의 운동은 한편에서는 실리적 욕망, 다른 한편에서는 공포에 의해 점점 더 많이 지배되고 있다.

이러한 상황에서 이른바 시민단체들은, 비정규직의 정규직화라는 일반적 입장을 취하면서 그것에 약자를 보호해야 한다는 자선적 이미지를 새겨 넣는다. 이 대안들은 비정규직을 억제하고 해소하는 대책(예컨대, 일자리 창출)이나 차별시정 조치, 비정규직을 위한 사회보장 제도 확충 등으로 귀결된다. 이것들은 비정규직의 생활개선에 필요하고 또 그 나름의 현실적 가치를 갖는 것들이지만, 근본적 전망을 잃은 상태에서 이러한 운동에의 고착은, 노동의 불안정화 속에 잠재해 있는 자유와 자율의 잠재력이 현실화할 가능성을 점점 축소시킬 위험성을 갖게 된다.

정작 중요한 것은 비정규직 노동자들 자신일 것이다. 비정규직 노동자 운동의 요구도, 지금까지 정규직화, 차별철폐, 최저임금제, 생활보호 대상자 지정, 4대 보험 적용영역 확대 등의 요구를 크게 넘지 않았다. 하지만 근년에 들어 고용과 소득의 연계관계를 상대화시키고 소득을 삶과 연결짓는 방안, 즉 기본소득의 요구가 제기되고 있는 것은 주목할 만한 점이며 새로운 가능성을 보여주는 것이다. 기본소득 요구는, 현행의 일반화된 공통노동과는 더 이상 부합하지 않는 현재의 사적 자본관계를 척결하고, 자본관계와는 완전히 다른 방향에서 삶의 안전보장을 이룰 관계를 새롭게 창출하기 위한 노력의 일부이다. 오늘날의 고용안정 쟁취투쟁은 단순한 노동기본권의 요구를 넘는 것이며 삶의 안전을 보장받으려는 삶안보32 쟁취투쟁의 성격을 갖는다. 이 요구는 결코 자본의 시혜에 의해 충족될 수 없다. 이것은, 자본이 다중 내부에 위계를 도입하지 못하도록 만들고, 다중의 내재적 연합을 추구함으로써만 궁극적으로 충족될 수 있는 요구이다.

그런데 모든 노동의 정규직화와 총고용도 위계 거부의 한 형태이지 않을까? 물론 그것을 위계거부의 형태로 볼 수 있다. 하지만 삶의 안보가 고용을 통해 쟁취될 수 있다는 생각은, 아직은 자본의 게임 룰을 벗어난 것이 아니다. 그것은 위계를 거부하는 것이지만 강제노동을 받아들이는 것이기도 하기 때문이다. 삶의 안보를 도모하기 위한 다른 방향이 가능하다. 그것은 무조건적 보장소득, 삶의 위기를 초래하는 현재의 고용제도와 분배제도에 반대하면서 다중이 스스로 모든 사람들의 삶의 안전을 무조건적으로 보장하는 방법이다. 이것이야 말로, 모든 사람들이 삶의 생산과 재생산에 다양한 형태로 참가하고 있는, 오늘날의 생산조건과 부합한다. 다중의 일반화된 공통노동이 현대의 생산과 재생산의 근거인 만큼 그 공통노동에 연결되어 있는 모든 사람들에게 삶의 안전이 무조건적으로 보장되어야 하는 것이다. 이것이, 오늘날 다중의 연합을 위해 가능한 정치적 제도적 장치이다.

과연 무조건적이고 충분한 소득보장이 정당한가? 이 문제를 다루기 위해서는 기존의 고용-소득 기계에 대한 비판이 필수적이다. 앞서 말한 것처럼 고용-소득 기계는 더 이상 원만하게 가동되지 않고 있으며 지구 인구의 안전을 질서유지에 필요한 만큼도 보장할 수 없는 난관에 처했다. 고용-소득 기계의 부적실성은, 이미 비정규직이 정규직보다 더 큰 비중을 차지하고 있을 뿐만 아니라 이 경향이 더 가속되고 있다는 사실에 의해 입증된다.

고용-소득 관계의 부적실화는 그 나름의 역사를 갖는다. 본래의 공동체들은 인간과 자연의 생산적 관계였다. 공동체에서 대지는 거주지 및 공동체의 기초뿐만 아니라 노동대상을 제공하는 거대한 작업장이자 병기고였다. 공동체에서 인간(의 노동)은, 공동체 자체를 생산하고 재생산하는 공동체의 소유인 대지와 소박하게 관계했다. 공동체에서 인간 활동은 크게 보아 손발(작업), 두뇌(과학과 예술), 마음(사랑)의 활동으로 이루어졌고 이것들의 총체적 연관을 통해 공동체를 생산하고 재생산했다. 자본주의와 비자본주의는 빙산의 상부와 하부의 관계에 비유할 수 있다. 자본주의는 비(전)자본주의에 기생하면서 발전해 왔다. 혹은 Gesellshcaft(사회)는 Gemeinschaft(공동체)에 의존해서 발전해 왔다. 자본주의가 자신의 이러한 기생 혹은 의존을 정당화하는 방법은 **포섭**subsumption이다. 자본주의의 공동체 포섭은 형식적 포섭－실제적 포섭－가상실효적 포섭의 방식으로 전개되어 왔다.[33] 그리고 그 포섭은, 고용이라는 '좁은 문'을 통과하는 자에게만 소득을 제공하는 제도를 통해 발전되어 왔다.

역사적으로 변화해온 고용과 소득의 이 연계관계를 간략히 스케치해 보자. 우선 소상품생산 사회에서 노동과 소득은 자연적으로 연계되어 있었다. 근대자본주의에서 노동과 고용의 제1차 탈구가 이루어진다. 노동의 일부만이 고용노동으로 되기 때문이다. 이로써 자본주의는 노동-소득 연계를 고용-소득 연계로 전화시킨다. 고용되지 않은 노동에는 소득이 주어지지 않고 오직 고용관계 속의 임금노동에게만 임금이라는 소득이 주어진다. 이 때 노동과 소득의 연계관계는 계급에 따라 이중화되며 자본가는 예외적 지위를 갖게 된다. 즉 생산수단을 소유한 자본가는 이 연계관계 밖에 있어서 노동을 하지 않아도 소득이 있지만(소유-소득) 노동자는 노동을 하지 않으면 소득이 없게 되는 것이다(노동-소득). 노동의 일반화(누구나 노동하기)라는 사회주의 전략은 이 자본가 예외주의에 대한 투쟁으로 나타났다. 사회주의의 붕괴 이후 탈근대자본주의에서 노동과 고용의 제2차 탈구가 나타난다. 가사노동의 사회화에도 불구하고 '일반지성'과 '정동노동'의 많은 부분이 비고용 관계에 배치되고 또 고용관계가 유연화함으로써 노동과 고용의 탈구형태가 혁신되는 것이다. 이제, 고용되지 않은 노동(특히 인지노동)이 사회 재생산에서 주요한 역할을 수행한다는 역설이 나타난다. 여기서 우리는 두 개의 괴리를 발견한다. 하나는, 노동은 사회적인데 고용은 기업적인 데서 오는 괴리이다.

또 하나는 고용은 기업적인데 소득은 사회적으로 차별적인 데서 오는 괴리이다.

이 괴리로부터 우리는, 오늘과는 다른 잠재적 소득 원리를 예상해 볼 수 있다. 사회적 노동 하에서의 사회적 소득 원리는 소상품생산 사회에서의 노동–소득 원리의 보편적 확장이다. 그런데 노동은 다층화되고 비가시적이며 편재적이기 때문에 직접적으로 고용되어 노동하는가 않는가 여부에 소득이 구애받을 수는 없다. 소득은 그 자체로 직접적으로 생산적인 **삶의 호흡**이자 순환의 일부로 되어야 한다.

권위주의적 산업자본주의 하의 노동과 삶이 '고역의 삶'이었다면 신자유주의적 인지자본주의 하의 노동과 삶은 '벌거벗은 삶'으로 나타난다. 이러한 이행경향에 대한 노동의 반작용적 대응이 누구나가 **고용된 삶**(그래서 누구나가 고역일 수밖에 없는 삶)으로의 회귀 요구로 나타나곤 한다. 완전고용, 총고용, 정규직화의 요구가 그것이다. 노동의 불안정화는 지금까지 강조해온 것처럼 삶과 노동이 자본에 포섭되고 그것에 의해 지배되는 형태이지만 다른 한편에서는 노동자들이 자본관계와 고용관계에서 이탈하려는 욕구를 표현하고 있다는 점도 주목되어야 한다. 자본/노동 관계를 전제로 하는 '노동(기본)권' 주장이, 자본주의의 인지적 변형과 그 결과에 대한 비판을 행할 수 있는 것은 사실이지만, 그것은, 자본/노동 관계를 넘어서야만 풀릴 수 있는 인지자본주의 사회의 고유한 문제들을 드러내지도 건드리지도 못한다. 노동권의 차원에서 이 문제에 접근하면, 탈고용, 즉 탈임금노동의 욕망과 노력은 일탈적인 것으로 이해될 뿐이다. 그러므로 오늘날의 노동과 삶을 '벌거벗은 삶'이면서 동시에 '공통화된 삶'이라는 이중성의 관점에서 읽는 것이 중요하다. 예컨대 프리터나 특수고용은 고용—소득 형틀에 종속되어 있지만 다중의 탈임금노동의 욕망과 무관하지 않다. 현대 사회에서 이것들이 커다란 비참을 수반하면서 나타난다 할지라도 다른 한편에서 이것들은, '독특한 노동'의 잠재력이 자본주의 사회의 틈바구니에서 현실화되는 일그러진 모습임을 주목할 필요가 있다. 따라서 대안은 '벌거벗은 삶'에서 '고역의 삶'으로의 회귀의 방향에서가 아니라 다중들의 '독특한 삶'으로의 전진적 극복의 방향에서 찾아져야 한다. 독특한 삶은 독특한 노동들과 그것들의 공통되기에 의해 구성될 것이다.

프리터는 현대 사회에서 독특한 삶에 대한 욕구가 표현되는 삶의 한 형태로 출현했다. 정규고용을 회피하면서 혹은 정규고용으로부터 배제되면서 '욕망하는 삶'을 살아보려고 하는 프리터들은 삶의 다른 형식을 실험하곤 했다. 프리터의 확산은 (그 자체가 새로운 삶으로 되지는 못했고 신자유주의가 이러한 실험들을 이미 포섭해 버렸지만) 오늘날 새로운 삶의 잠재력이 무르익었음을 보여주는 하나의 징후임이 분명하다. 신자유주의 하에서 프리터는 그 뜻과는 달리 자본의 게임 룰(고용/비고용, 정규/비정규, 취업/실업)에 도전하기보다 그것에 조응되는 방식으로 움직임으로써 자본의 발전을 돕는다는 면을 갖는다. 이것은 어떤 교훈을 남기는가? 욕망하는 삶에 대한 **개인적** 추구는 자본관계에 쉽게 포섭된다. 오늘날 생산조건이 공통적인 한에서, 욕망하는 삶에 대한 추구도 **공통적**

이고 집단적일 때에만 실질적으로 충족될 수 있다. 다중이 정치적인 것의 주체성으로 진화할 필요성의 문제는 바로 여기에서 발생한다.

자본주의 체제의 피라미드(Pyramid of Capitalist System, 1911)
그림에는 다음처럼 써 있다.

CAPITALISM - 자본주의 / WE RULE YOU - 우리가 너희들을 지배한다. / WE FOOL YOU -
우리가 너희들을 멍청하게 만든다. / WE SHOOT AT YOU - 우리가 너희들을 쏴 죽인다. /
WE EAT FOR YOU - 우리가 너희들을 위해서 먹어준다. / WE FEED ALL - 우리가 모두를 먹
여 살린다. / WE WORK FOR ALL - 우리가 모두를 위해 일한다.

디에고 리베라(Diego Rivera, 1886~1957)의 〈디트로이트 산업 벽화〉(Detroit Industry Murals, 1932)

리베라가 〈포드 자동차 회사〉에 27개 판들로 그린 산업 시리즈이다. 이 벽화는 리베라의 맑스주의 사상 때문에 논란이 빚어지기도 했다. 20세기 산업노동자들을 생생하게 묘사한 역작이다.

이주노동자의 휴식

2009년 4월 중국 장시성 응담(Yingtan)의 시멘트 공장에서 일하는 이주노동자가의 쉬고 있는 모습이다. 오늘날 이주노동자들은 전지구적으로 퍼져 있으며, 그들은 인지자본주의 시대의 중요한 주체성이다.

10장

인지자본주의에서 정치의 재구성

정치적인 것, 감각적인 것, 생산적인 것

현대 자본주의 정치의 두 수준과 양동전략

치안 개념에 묶인 대안운동의 정치 개념과 주체 개념

다중의 전 지구적 대장정과 '정치적인 것'

수동 혁명을 넘어서

10장

인지자본주의에서 정치의 재구성

정치적인 것, 감각적인 것, 생산적인 것

현대 유럽의 정치철학에서 우리는 **정치적인 것**[1]의 만회를 위한 다양한
주장들을 대면한다. 정치적인 것의 귀환(무페)[2], 정치적인 것의 가장자리
에서(랑시에르)[3], 문화적인 것의 정치학(지젝)[4], 사건으로서의 정치(바디
우)[5], 삶정치적 생산(네그리)[6] 등이 그것이다. 왜 정치적인 것이 만회되
어야 하는가? 정치가 사라졌던 적이 있었던가? 정치는 여전히 삶을 구조
화하는 지배적 틀로서 작동하고 있지 않은가?

확실히 정치는 사라진 적이 없으며 오히려 강화되었다고 해도 과언
이 아니다. 신자유주의는 국가에서 시장으로 권력을 이전하는 체제라고
했지만 신자유주의 삼십 년은 오히려 정치권력을 더욱 강력한 것으로 만

들어 놓은 듯이 보인다. 그런데 우리가 시선을 저항운동에로 돌려보면 사정이 다르다. 저항의 온건한 부문이 선거를 통한 기존의 대의정치에 통합된 가운데 그에 반대하는 급진적 저항운동은 탈정치적인 혹은 반정치적인 경향으로 기운 듯이 보이기 때문이다.

현대 유럽의 주목할 만한 정치철학자들이 '정치'라는 용어로부터 '정치적인 것'이라는 개념을 분리시키는 것은 이러한 사정과 무관하지 않다. 예컨대 랑시에르는 감각적인 것7의 현존하는 분배양식을 재생산하는 행위를 '치안'으로 파악한다. 여기에는 기존의 정치 범주가 포함되겠지만 치안은 협의의 정치보다는 넓은 범위를 포괄한다. 그는 '정치적인 것'을, 치안에 의한 감각적인 것의 분배양식에 대항하면서 감각적인 것을 재분배하는 행위로 정의한다. 이러한 구분법은 무페나 바디우, 지젝 등에게서도 어느 정도 유사하게 나타나는 것이다.

이것을 전통적 맑스주의에서 강조해온 고전적 의미의 정치 개념의 부활 요구로 볼 수 있을 것인가? 그렇지는 않다. 전통적 맑스주의는 정치적인 것을 경제적인 것으로부터 분리된 것으로 파악하면서도 그것의 토대를 경제적인 것에서 찾았다. 그래서 정치적인 것을 대표하는 당은, 경제적인 것을 대표하는 노동조합으로부터 독립적이면서도, 노동조합이 전개하는 대중운동과의 결합을 주요한 과제로 설정했다. 그런데 그 결합의 노력은 역사에서 예상 밖의 모습으로 나타났다. 소련과 동유럽에서 그것은 노동조합을 당의 전동벨트로 배치하는 것으로 귀결되었고 서유럽에서는 노사정의 협의를 통해 좌파 정당/노조가 우파 정당 및 사용자와 함께 자본주의 국가를 공동운영하는 것으로 귀결되었기 때문이다. 유로코뮤니즘 정당들에 의해 주장된 **정치의 자율성** 명제는 이러한 관계를 정당화하는 이데올로기로 사용되었다.

1968년의 운동이 이미 폭로한 것처럼 당과 노동조합의 이러한 결합은 더 이상 혁명적으로 작용하지 않는다. 그것은, 자본주의 체제 내에서, 즉 주어진 질서 속에서 노동자들의 경제적 정치적 위치를 상대적으로 높이는 진보적 장치로 사용될 수 있지만, 그것이 감각적인 것의 기존 분배질서를 재생산하는 데 충실히 복무한다는 점에서는 보수적인 장치로 작용한다. **정도상으로는** 진보적이지만 **원리상으로는** 보수적인 장치로 작용한다고나 할까. 현대 유럽정치철학자들이 정치적인 것의 만회를 요구하는 것의 중요성이 여기에서 발생한다. 왜냐하면 이들이 말하는 정치적인 것의 만회는, 경제적인 것과 구분되는 정치적인 것의 요구나 정치적인 것의 자율성의 요구가 아니기 때문이다. 그것은 정치적인 것의 자리를 상부구조에서 훨씬 더 아래로 끌어내린다. 정치적인 것은 경제적인 것과 구분되는 것으로서의 정치적인 것이나 문화적인 것에서 찾아지는 것이 아니라 일상적이고 감각적인 것의 수준에서 찾아진다.

또 21세기 유럽의 정치철학들이 '정치적인 것'에 다시 주목하는 것은, 20세기 후반 사회(민주)주의 운동의 보수화가 낳은 폐해에 대한 대응을 넘어 포스트모더니즘을 비롯한 20세기 말의 탈정치적 사유에 대한 비판을 겨냥한다는 점에서도 중요한 의미를 갖는다. 20세기 후반에 득세했던 '정치의 자율성' 명제가 국가의 자율성을 의미하는 것으로 기울고, 그것이 정치적 개혁주의의 이론적 버팀목으로 사용되었을 때, 새로운 사회운동들은, 정치로부터 사회 및 일상으로의 강조점 이동을 통해 이에 대응했다. 그 중 주목되는 경향들 중의 하나는 반反정치와 탈정치의 경향이다. 즉 정치에 대한 비판을 정치적인 것에 대한 폐기로까지 밀고나간 경향들이다.[8]

현실정치가 가져오는 나쁜 결과들에 대한 비판에서 출발하여 정치의 외부를 강조하는 쪽으로 기운 이 조류들은 정치적인 것을 사유할 수 없었고 또 이 조류들이 정치적인 것을 실천하는 것은 더욱 어려웠다. 이 경향들에서 아이러니, 근본성, 인문학, 원시성 등은 정치적인 것을 빨아들이는 블랙홀로 기능한다. 그렇다고 이 경향들이 정치와 담을 쌓았다고 생각할 수는 없다. 이 경향도 현실정치와 부단히 관계를 맺었는데, 이 때 이 경향들은 아이러니하게도 매우 실용주의적인 태도를 취하곤 한다. 실제로 이 경향들에게 정치 그 자체는 커다란 의미를 갖지 않기 때문에 어떤 태도를 취할 것인가가 중요하지 않고 또 그렇기 때문에 실용주의가 그들의 행보를 지배하게 된 것이다. 이들은 자신들의 사유가 초월적이면 초월적일수록 현실정치 문제에서는 현실적으로 힘 있는 것, 실제로 유용한 것, 달성 가능한 것, 지속가능한 것 등을 추구함으로써 자신의 실제적 이해관심사를 충족시키는 것에 만족하곤 한다. 정치적인 것에 대한 사유의 부재 속에서 이루어지는 초월적이고 근본주의적인 이념과 직접적인 유용성 관심의 무원칙한 결합은 현실에서 좌충우돌의 정치적 태도를 산출하곤 했다.

이러한 사정을 고려할 때 평등 명제에 입각하여 정치적인 것을 재구축하려는 시도(랑시에르), 해방이나 변형과 구분되는 시민인륜적 갈등에 입각하여 민주주의를 재구축하려는 시도(발리바르),9 맑스의 혁명적 코뮤니즘을 마키아벨리적 계기를 통해 실현하려는 시도(네그리·하트) 등은 정치적인 것의 경화와 해체라는 두 개의 극단화를 극복하는 작업에서 매우 의미심장한 것으로 받아들여져야 할 필요가 있다. 우리가 현대 사회를 인지자본주의로 파악할 때 필요한 것은, 정치에 대한 전통적 개념이 낳은 경직화를 현 시대에 맞게 유연화하는 한편, 탈정치적이고 반정치적인 방향에서의 정치 해체가 가져오는 무력함을 넘어설 방법을 찾는 것이다. 이를 위해서는 정치적인 것의 자리를 일상의 감각적 문화적 사건적 수준으로까지 끌어내려 사고하되 그것을 탈정치적 개인화에 내맡기지 않을 필요가 있다. 다시 말해 정치적인 것을, 감각적인 것의 현존하는 분배를 고수하려는 치안세력에 대항하는 저항력이자 새로운 삶을 창조하는 구성력으로 조직하는 것이 필요하다.

그런데 주로 알뛰세르적 기원을 갖는 지젝, 랑시에르, 발리바르와 이탈리아 오뻬라이스모에서 기원하는 네그리 사이에는 하나의 중요한 차이가 있다. 전자의 이론가들 사이에서 상당한 정도로 공유되고 있는 생각이 있는데 그것을 단적으로 표현하면, 객관적인 것에서 주체적인 것은 생산되지 않는다는 명제로 요약할 수 있다. 이것은 경제적인 것으로부터 정치적인 것을 도출하려 했던 고전 맑스주의 이론전략에 대한 거부를 의미한다. 계승되는 것은 고전 맑스주의가 아니라 오히려 정치의 자율성을 옹호했던 유로코뮤니즘이다. 지젝, 랑시에르, 발리바르에게서 정치적인 것이 국가의 자율성으로 경화되거나 협소화되진 않는다. 하지만 그것이 **객관적인** 어떤 것으로부터 독립된 것으로 파악된다는 점에서는, 정치의 자율성론이 이들에게서 변형되어 계승된다고 볼 수 있기 때문이다. 이들은, 해방은 객관적 조건에서 도출되지 않으며 정치는 **사회역사적** 고향을 갖고 있지 않다고 주장한다는 점에서, 그리고 해방은 장소들과 기능들에 의해 규정된다는 생각을 거부하면서 정치가 근본적으로 새롭고 보편적인 주체성의 생성임을 주장한다는 점에서 서로 공통된다. 정치는 객관적인 것에서 발생하는 것이 아닌 어떤 보편적인 것, 즉 인권, 평등, 자유 등을 실천하는 행동으로 간주되는데 이런 점에서 이들의 사유는 본질적으로 정치주의적이며 보편주의적이다. 네그리와 하트는, 이들과는 달리, 정치적인 것이 객관적인 것으로부터 독립된다고 주장하기보다 정반대로 이 양자의 **역사적 유착과 혼성**을 더욱 강조한다. 이들은, 정치와 경제의 이분법을 거부하면서, 정치적인 것이 생산적인 것과 동어반복적인 것으로 되고 있는 현실에 주목한다. 다시 말해 네그리와 하트는, 경제적인 것을 정치적인 것의 토대로 보는 전통적 맑스주의 관점으로부터도 거리를 두지만, 경제적인 것 없이 정치적인 것을 사유하는 '정치의 자율성론'으로부터도, 그리고 그것의 변형적 계승으로 이해될 수 있는 '정치적인 것의 자율성' 관점으로부터도 거리를 둔다. 이들은 경제적인 것을 생산적인 것으로 확장하면서, 정치적인 것이 바로 이 생산적인 것의 표면이자 그 효과로 되고 있는 탈근대적인 **역사적** 이행에 눈을 돌린다. 이 때 특별히 주목되는 것이 생산적인 것의 **비물질화**와 **인지화**이다.

현대 자본주의 정치의 두 수준과 양동전략

　자본주의 대의정치는, 수적으로는 소수인 자본가계급의 이익을 수적 다수의 지지라는 형식을 통해 도모해 나가는 장치이다. 이처럼 자본주의 대의정치의 본질과 그것의 형식 사이에는 모순이 있고 그것은 자본가계급과 시민 모두에게 어려움을 초래한다. 우선 자본가계급은, 본질적으로 사적인 자신의 이익을 다수의 지지를 통해 공적인 방식으로 끌어내야 하는 문제에 봉착한다. 투표권을 가진 모든 사람들은 자신의 의사에 따라 투표할 수 있지만, 그것이 대의적 구조를 갖는 한에서는, 누구로 하여금 자신을 지배하도록 할 것인가라는 게임 속에 갇히며, 선거가 끝나고 나면 선거권자는 선출된 대표의 정치행위를 규제할 모든 수단을 상실한다. 이 모순들 때문에 자본주의적 법은 항상 자신이 배제해야 할 자신의 외부(위로부터의 탈법과 아래로부터의 위법)를 법 속에 포함한다. 그래서 자본주의적 주권은 스스로를 예외상태를 규정하는 합법권력으로 설정하며, 이와 반대로 다중들은 혁명을 통해 법 외부를 합법화한다. 결국 자본주의적 주권은 적대의 공간으로 된다.

　대표자가 선출자로부터 자유롭게 되는 자유주의적 대의제도의 부단한 갱신은 이 적대의 폭발을 억제하고 지연시키는 수단이다. 대의제도가 성공적으로 가동되는 한에서 한 사회는 통치자와 피치자로 분할되고 정치는 정치가들의 세력관계의 장으로 고착되며 사람들은 정치의 수동적 구경꾼이자 소비자인 대중으로 배치된다. 대중이 이 장에 참여하도록 요구받거나 허용되는 경우에조차 치자와 피치자의 구분은 결코 사라지지 않는다. 그 참여는 정해진 대의의 패러다임, 대의의 규칙, 대의의 다이어그램, 대의의 매트릭스 속에서만 이루어지기 때문이다. 이 대의의 분할선을 제거하지 않는 한, 사람들이 형식적으로는 주권자로 정의되면서도 실제로는 피치자, 구경꾼, 소비자에 머무는 현실을 타개하는 것은 불가능하다. 이것은 자본주의 역사에서 반복되어온 반란, 항쟁, 혁명의 필연성을 설명해 준다.

대의체제의 모순에 기초해서 폭발해 나오는 혁명들의 이 지속과 반복은 자본에게 대의정치만으로 다중을 통치할 수 없다는 교훈을 남겨주었다. 특히 1968년의 혁명들은, 그 전의 혁명들과는 달리, 기존의 대의정치를 거부했을 뿐만 아니라 스스로를 대안적 대의세력으로 재현하지도 않음으로써 대의정치 자체를 거부하는 형상을 취했다. 국가권력 장악을 목표로 삼지 않는 것이 그것이다. 이것은 대의정치에 대한 중대한 도전이었다.

자본의 신자유주의적 전략전환은 바로 이에 대한 대응이다. 그것은, 대의정치를 유지하면서도 그것의 위태로움과 취약성을 감각정치를 통해 보완하려 한다. 직접적인 삶의 생산과 재생산의 차원에서 자본의 지배에 대한 지지를 이끌어내면서, 표면정치가, 그 성과를 종합하는 일종의 대의 시뮬레이션으로 기능하도록 하는 것이 그것이다. 오늘날 인터넷과 모바일폰을 비롯한 통신 산업에서 나타나듯이 사회적 삶의 생산과 재생산은, 자본이 제공하는 다이어그램과 알고리즘 속에서 이루어진다. 우리가 5장에서 살펴보았듯이, 구글은 대중의 소통과정에 간단한 알고리즘을 설치해 둠으로써 그 소통과정이 동시에 가치생산과정으로 작용하도록 만든다. 이것은 대중의 소통과정에 대한 감시를 전제로 하면서도 개개인들이 자신의 이익을 위해 이 감시를 적극적으로 수용하고 또 욕망하도록 만드는 장치이다. 자본의 지배에 대한 동의는, 훈육을 통해 이데올로기적으로 이루어지는 것이 아니라, 이해관계를 통해 참여적으로 이루어진다. 대중은, 자본의 지배에 스스로의 욕망에 따라 참여함으로써 그것에 의해 착취되는, 역설 속에 빠져든다. 여론조사기관들은 자본의 알고리즘에 갇힌 이 욕망의 분포를 조사하고 그것을 여론으로 만들어내며, 대의장치들은 이 여론의 흐름에 따라 대의의 수준과 절차와 형식을 적절하게 바꾸어 나간다. 적어도 표면상으로는 통치자와 피치자의 구분은 점점 모호해진다. 이 변경의 과정이 정교하면 할수록, 대중들은 스스로의 의지에 따라 자신의 삶을 지배하며 정치가를 자신들이 움직이고 있다는 환상을 더 크게 갖게 되기 때문이다. 그러나 이것은, 치안으로서의 정치가 사회적 삶으로부터 분리되어 있는 대의제도들을 넘어 사회적 삶의 직접적 현장으로 침투한 것의 결과이며, 치안이 훈육의 방식으로 전개되는 것이 아니라 감시, 차별화, 보상을 통한 동기부여, 게임화 등의 방식으로 전개됨으로써 나타나는 효과이다.

치안 개념에 묶인 대안운동의 정치 개념과 주체 개념

자유주의 및 신자유주의 부르주아지의 이 양동작전[10]에 대한 저항운동들 중에서 20세기를 지배해온 것은 사회민주주의이다. 제2인터내셔널에서 기원하는 사회민주주의는 제1차 세계대전을 전후하여 크게 보아두 개의 노선으로 분화되었다. 하나는 무장봉기와 혁명을 통한 권력장악과 폭력적 단절적 이행을 주장하는 혁명적 사회주의였고 또 하나는 선거를 통한 사회민주당의 집권과 평화적 연속적 이행을 주장하는 개혁적 사회민주주의였다. 격렬한 양상을 보였던 이 양자의 대립관계는 20세기 후반에, 특히 1968년 혁명을 경유하면서 사라졌다. 1953년 스탈린 사후 유럽공산당들의 유로코뮤니즘으로의 전환, 1991년 소련 사회주의의 해체 이후 각국 공산당들의 각종 사회민주당들로의 전환은 이 대립관계의 소멸과정을 보여주는 단계적 양상들이었다. 핵무기, 생화학무기 등 대량학살을 넘어 인류 자체의 존립을 불가능하게 할 수 있을 만큼 폭력수단들이 거대하게 집적되고 집중된 시대에, 전통적 의미의 무장봉기를 혁명의 수단으로 사고하기 어렵게 된 것[11]이 이행의 방법을 둘러싼 사회민주주의 두 조류의 재접근을 가져온 조건이다. 하지만 이것을 실천적으로 가시화한 것은, 공산당과 사회당 모두가 체제 내 야당으로서 자본주의를 구출하는 역할만을 할 뿐이라고 비판했던 1968년의 혁명이었다.

이후 사회민주주의로 재통합된 이 조류는 1990년대에 제3의 길 노선에 따라 유럽에서의 좌파부흥을 이끌었는데 이 과정에서 사회민주주의는 신자유주의와 식별하기 어려울 만큼 혼종되었다. 사회민주주의와 신자유주의의 구분은 정책적일 뿐 계급적인 것이 아니며 **정도상의 것일 뿐 원리상의 것이 아니다.** 아감벤은 20세기 유럽역사를 종합하면서 민주주의는 전체주의와 본질적으로 다르지 않다고 함으로써 파시즘과 사회민주주의, 자유주의의 식별불가능성을 구명했다.[12] 만약 이 진단이 옳다면 이것은 서유럽, 동유럽, 중유럽, 그리고 세계 전체를 지배했던 20세기의 정치형태들(자유주의, 사회민주주의, 혁명적 사회주의, 파시즘) 전체가 그 본질에서는 동질적인 것의 다른 표현형태들이고 그렇기 때문에 서로 수렴될 수 있었다는 것을 의미한다.

오늘날의 사회민주주의가 자신의 대안성을 상실하면서 이렇게 자유주의적 전체주의에로 수렴되어온 이유는 무엇일까?

첫째로 사회(민주)주의의 발생 및 발전과정에서 그 이유를 찾을 수 있다. 사회주의는 산업자본주의 시대 부르주아지의 착취에 대한 프롤레타리아트의 대응과정에서 발생했다. 당대에 프롤레타리아트는 공장 내의 숙련 노동자들에 의해 지도되고 있었다. 산업생산에서 전문성을 지닌 숙련 노동자들은, 노동하지 않는 자본가계급을 제거하고, 모든 사람들이 함께 노동하게 될 때, 착취가 사라질 수 있다고 보았고, 노동계급 내부의 숙련, 지식의 차이는 교육과 훈련을 통해 해소될 수 있다고 보았다. 전위 당과 노동조합·노동자평의회의 민주집중제적 결합을 통한 주체구성과, 기존 국가권력 장악(사회민주주의) 혹은 기존 국가의 파괴 후의 새로운 국가의 수립(혁명적 사회주의)을 통한 사회주의로의 이행이라는 변혁관념은, 노동계급을 이끌고 있던 선진 노동자 및 좌파 전문지식인의 정치적 비전을 표현하는 것이었다. 러시아 혁명은 이 정치적 비전의 성공적 실현이었다. 숙련 노동자들의 헤게모니의 이러한 정치적 성공에 직면하여 자본은, 대공장의 일반화와 테일러주의의 도입을 통해 숙련요소를 기계로 흡수함으로써, 전위주의의 위험성을 파괴하는 것으로 대응했다. 하지만 이것으로 전위주의가 일거에 소진된 것은 아니다. 노동계급은, 단순조립공으로 표현되는 대중 노동자로 재구성되어, 더 이상 전문성의 격차가 정치적 위계로 나타날 수는 없게 되었지만, 노동 내부의 일정한 위계는 존속했다. 연공서열, 부문별 임금격차, 조직화 여부 등이 노동 내부의 위계를 지속시켰는데, 이러한 위계의 존속은, 노동을 분할통치하려는 자본 자신의 필요에 따른 것이기도 했다. 20세기 중반에 나타나는, 노동당들(공산당과 사회당)과 노동조합의 이접disjunction이라는 정치구도는 이러한 상황의 산물이다. 이러한 구도 위에서 노동당들은 노동계급에 의한 국가권력 장악을 유일무이한 대안으로 설정했고, 그 방법은 선거를 통한 다수표의 획득으로 굳어졌다.

이를 통해 노동계급 정치는, 평의회 운동 시기의 **구속적 대의주의**를 지우고 **자유주의적 대의주의**에 통합된다. 선출된 사회민주주의 대표는, 임기동안에, 자신을 선출해준 사람들로부터 정치적으로 완전히 자유롭게 된다. 노동의 당과 자본의 당의 반복적 교체(양당정치)가 정치의 장을 지배하게 되면서 사람들은 이 정치적 스펙터클의 구경꾼으로 배치된다.13 주권의 담지주체가 자본의 당과 노동의 당 사이에서 순조롭게 교체되기를 반복할수록, 주권의 안정성은 강화되고, 자본주의적 주권 구조 자체는 마치 자연처럼 공고해지게 된다. 이 공고한 주권구조 하에서 인민은 정치의 주체로 부단히 호명되지만, 그 호명은 인민을 정치의 대상으로 배치하여 고정시키기 위한 담론적 기술에 지나지 않는다. 정치가 경제로부터 분리되고 국가가 상부구조로 되는 대의적 주권형태에 대한 비판의 불철저함으로 인하여, 그리고 집권과정에서 이 주권형태에 대한 도전으로까지 나아가는 프롤레타리아트 대중을 통제해야할 필요성으로 인하여 사회주의는 자유주의 및 파시즘의 주권형태와 계속해서 접근하게 된다.

둘째의 이유는 사회주의 사상이 지성의 불평등을, 단지 **역사적인** 현상에 그치지 않는, 어떤 **본래적이고 원리적인** 현상으로 파악하는 것에서 찾아볼 수 있다. 맑스는 공산주의자를 노동계급 운동의 **선진적 부분**으로 파악했다.[14] 이것은 『무엇을 할 것인가』의 레닌에게서 대중을 지도하는 전위의 이론으로 발전하는데, 그것은 자생성이라는 이름으로 대중의 지성에 일정한 한계를 설정하는 것이었다.[15] 레닌은 대중의 자생성에 전위의 목적의식을 대치시킨다. 『무엇을 할 것인가』에서 나타난 이러한 전위론은, 1905년 혁명 당시에 레닌으로 하여금 소비예뜨의 잠재력을 간과하게 만든 인식틀로 작용했다. 1905년의 패배 후 오랜 망명 생활을 마치고 1917년 4월 귀국한 레닌은, 부르주아민주주의 혁명은 2월 혁명으로 완수되었고 이제 사회주의 혁명으로 연속해서 나아가야 한다면서 '모든 권력을 소비예뜨로!'로 라는 슬로건을 제시한다.[16] 이것은 소비에뜨를 봉기의 기관을 넘어 권력기관으로 평가하는 획기적인 시각전환이었다.[17] 소비예뜨에 대한 이러한 재평가는, 부르주아민주주의 혁명에서 사회주의 혁명으로의 혁명의 성격 변화에서 도출된 것이라기보다, 레닌이 『무엇을 할 것인가』에서 제시했던 대중의 자생성 테제를 사실상 접음으로써 가능해진 것이라고 보아도 좋을 것이다. 자생성의 한계를 갖는 대중이 봉기 주체를 넘어 의식적인 사회주의 혁명의 권력주체로 될 수 있다고 보는 것은 일관되지 않기 때문이다. 하지만 1917년 7월 사태 이후 소비에뜨 대중에 대한 레닌의 이러한 재평가는 회수되고, 그는, 봉기를 통한 러시아사회민주당(볼셰비끼)의 집권이라는 전위주의 계획으로 다시 돌아간다.[18] 이처럼 레닌은, 그가 가장 급진적이었던 1917년 초에 일시적으로 지성의 불평등 명제를 폐기하지만, 그 전과 후에는 이 불평등 명제를 다시 유지한다.

이후 스탈린주의 하에서 지성의 불평등 명제는 체계화되고 구체화되어 영도자–지도정당–지도계급–대중으로 이어지는 지성의 위계적 전동구조가 확고히 확립되고, 이것이 세계 사회주의 운동의 조직론적 뼈대를 구성하게 된다. 그람시의 유기적 지식인론은 이 하향적 지성위계와는 달리 대중으로부터의 상향을 사유한다는 점에서 예외적 사례로 남아 있지만 지성의 불평등 개념 그 자체를 폐기하는 데까지 나아간 것은 아니다. 지성불평등 이념을 거부하는 네그리의 다중지성론이나 랑시에르의 지성평등론으로 나아오기까지는 오랜 시간이 필요했다.

왜 지성평등론이 도래하기까지 오랜 시간이 필요했던 것일까? 그것은, 지성불평등론이 당대의 계급구성과 연관되어 있었고 이 계급구성의 실제적 변화 없이는 소멸하기 어려웠기 때문이다. 우리는 앞에서 고전적 맑스주의의 사회주의 사상을 초기 산업자본주의 시대의 숙련-선진-전문 노동자의 세계이해와 정치적 비전의 표현으로 이해했고, 그럼으로써 그것의 내재적 가능성과 한계를 이해할 수 있었다. 생산력을 삶일반이 아닌 경제적인 것에 국한하여 이해하는 것, 공장 중심의 조직화론, 교육과 문화를 통한 훈련, 규율에 대한 강조 등은 당대의 계급구성에 일정하게 조응하는 것이었고 이런 한에서 역사적 타당성을 갖는 것이다. 그러나 테일러주의와 포드주의에 의한 숙련노동의 파괴는 지성불평등 명제를 침식했고, 포스트포드주의에 의한 계급구성의 변화는 구상과 실행의 분리라는 지성불평등론의 골간을 허물어뜨림으로써 지성평등주의의 기반을 조성한다.

그런데 초기산업자본주의가 아니라 후기산업자본주의의 시대에도, 좀 더 정확히 말하면 인지자본주의 시대에도 사회주의 운동에서 공고화된 지성 불평등 관념은 재생산되고 있다. 이것을 우리는 어떻게 설명할 수 있는가?

현대의 사회주의 운동이, 전통적 사회주의처럼 위로부터 사회주의 정치의식을 주입하려는 발상법을 유지한다고 말하기는 어렵다. 하지만 이 운동은 지도력의 집중과 위계 없이는 성공할 수 없다는 오래된 생각을 고수한다. 그런데 오늘날의 담론생산과 정보흐름에서 지도력의 집중과 위계라는 지성 불평등 테제를 유지하는 것이 과연 유효한가? 대항세계화 운동, 한국의 촛불봉기, 그리고 최근의 튀니지와 이집트 혁명에서 보이듯이 오히려 청(소)년과 중년, 남성과 여성, 노동자와 실업자, 중심부와 주변부, 농촌과 도시 등을 불문한 모든 사람들이 지도자로 되는 **지도력의 빅뱅**big bang이 현실로서 나타나고 있다고 해야 하지 않는가? 트위터, 페이스북, 웹2.0과 3.0의 시간은 사유와 발화의 관계를 수평적 횡단적 관계 속으로 가져간다. 무리들의 소란스런 소리와 소문·풍문이 트위터를 지배한다. 여기에 가르친다, 선전한다, 선동한다, 교육한다 등의 발화양식이 자리 잡을 공간은 없다. 하이데거가 말하는 세인들Das Mann과 그들의 잡담이 담론세계는 물론이고 운동과 혁명을 이끈다.[19] 랑시에르적 의미의 지성의 평등은 과제이자 동시에 이미 현실이다. 네그리적 의미의 다중지성은 가능성이자 동시에 엄연한 실재이다.

그런데 왜 사회주의자들은 지성의 불평등과 위계라는 표상을 유지하고, 운동과 혁명의 내적 한계를 지도의 오류, 지도력의 취약성 등으로 부단히 환원하는 것일까? 그것은 전통에서 유래하는 근거 없는 환상인가 아니면 현실 속에 어떤 근거를 갖는 것일까? 적어도 오늘날에는 공장숙련이 이 위계의 근거가 아니라는 점은 분명하다. 하지만 주의깊게 살펴보면, 지성의 위계를 주장할 요소들은 현대 사회에서도 재생산되고 있다. 그 중 무엇보다 중요한 것은 **전문화**이다. 과학, 기술, 의료, 경제, 교육, 외교 등에서 전문성은 매우 큰 역할을 한다. 대중적으로 사용되는 정보기구들, 예컨대 컴퓨터와 소프트웨어, 그리고 인터넷조차도 상당한 전문성을 요한다. 전문가의 분업적 생산과 재생산은 지성의 위계를 주장할 수 있는 현대적인 실제적 근거이다.

그렇다면 현대의 사회주의는, 이에 근거하여, 전문가를 운동의 지도적 추동력으로 설정하는 것일까? 과연 전문성의 이 현존과 재생산을 정치적 변혁운동의 근거로 삼으면서 지성의 위계론을 정치학의 부동의 요소로 설정해도 좋은 것인가? 그렇지 않다. 여기서 그람시의 노조 비판을 전용해 볼 수도 있다. 오늘날 전문성은 자본주의적 생산과 축적의 필요에서 발생하는 요소이지 인간적 필요에서 발생하는 것은 아니다. 기술발전이 반드시 전문성을 고도화하는 것으로 되어야 할 이유는 없다. 생산은 지금보다 훨씬 더 단순해질 수 있다. 예컨대 '해적'이라 불리는 소말리아 무장선박이 갖추고 있는 AK47 소총은 1947년형인데 지금까지 널리 사용된다. 그것이 너무나 단순한 원리로 만들어져 있어 누구나 쉽게 짝퉁을 복제·제작할 수 있기 때문이다. 이러한 사실은 복잡성과 전문성이 필연적인 것이 아니라는 것을, 전문성의 과잉이 자본주의의 사적 축적 방식에 의해 조장되고 있다는 것을 암시한다. 전문성은 비밀과 불투명의 특권 메커니즘에 의해 강화되고 또 보장된다. 그렇기 때문에 정보투명성을 높이고 비밀세계를 타파하면 지금 전문가만이 수행하는 일을 감당할 수 있을 사람들의 수는 크게 늘어날 것이다. 앞에 언급한 바 있는 위키리크스의 **투명성 운동**은 이런 점에서 중요한 역사적 의미를 갖는다.

랑시에르가 일관되게 강조하는 지성의 절대평등성은 오늘날에는 잠재적일 뿐만 아니라 현실적이다. 전문가주의의 장벽에도 불구하고 오늘날 지성의 평등은 광범하게 그리고 **경향적**으로 실현되고 있다. 다중의 협력을 착취하는 현대의 생산은 다중의 지성, 모든 사람의 지식인되기를 필수적 생산력으로 요구하기 때문이다. 이러한 경향에도 불구하고 존재하는 지성의 현실적 불평등은 그 현실적 불평등에 이해를 갖고 있는 사람들의 작위의 산물이지 인간에게 운명적인 것이 결코 아니다. 근본적인 것은 지성의 평등이므로 불평등을 생산하는 요소들, 관계들, 구조들(예컨대 소유의 위계, 생산에서의 역할 위계, 분배와 소비에서의 격차, 학력과 경력 위계 등)을 타파하여 평등성을 구현할 수 있는 관계를 창출하는 것이 변혁운동의 과제여야 할 것이다. 그리고 이것은 지성의 불평등 명제를 전제로 삼고 있는 운동에 의해서는 달성될 수 없다. 사회주의의 지성 불평등 전제가 성찰되고 해체되어야 하는 이유가 여기에 있다.

셋째 사회주의 운동은, 주권체제에 대항하는 아래로부터의 대중의 신체적 정동적 감각적 자기재구성 과정에 결합할 미시적 능력을 갖추지 못함으로써, 거시/미시, 표면/이면, 공식/비공식 등의 양동전략을 펼치는 자유주의적 주권재구성에 대한 대안능력을 보여주지 못했다. 사회주의 운동은 자신의 대안제시를 전통적 상부구조인 국가의 장場에 집중하고 이것을 통해 하부구조로서의 경제를 발전시킨다는 전략을 내놓는다. '신자유주의 국가를 복지국가로!'와 같은 오늘날 유행하고 있는 대안 제시는, 신자유주의가 낳은 빈부의 양극화라는 현실에 주목한 대안이지만 자본의 지배가 일상 속에서 정동적 감각적 지성적 수단을 통해, 다시 말해 통제, 감시, 자극의 방법으로 이루어지고 있는 현실은 간과하거나 숨긴다. 아니, 복지의 실행이 신체와 생명에 대한 더 많은 감시, 더 많은 통제, 더 많은 자극을 요구했다는 역사적 사실을 고려하면, 복지국가 대안론이 감시와 통제와 자극의 위험성에 대해 갖는 무관심은, 그것이, 신자유주의가 수행해온 이 생명권력적 통치양식과 그 본질에서 일맥상통하는 것이기 때문에 나타내는 불감증인지도 모른다.[20] 이 어느 쪽이든 복지국가적 대안논리는, 대중들이 스스로의 몸과 마음의 힘으로 삶의 대안을 찾고 혁명적 자기변형을 이루어나가고 있는 **자율적 삶정치의 움직임**을 적극적으로 돌아볼 의지를 보이지 않는다. 이러한 태도가 가져올 결과는, 현실 사회주의 체제들이 인간을 **경제적 동물**로 이해하면서 아래로부터의 대중의 요구와 욕망, 저항과 변형을 감지하지 못했었고 따라서 그것과 관계할 유효한 수단들을 만들어 내지 못했던 것에서 이미 확인된 바 있는 것이다. 그것에 주어진 대가가 바로 체제해체와 신자유주의로의 동화였다.

20세기 사회주의는, 제국주의에 대해 승리해야 한다는 강박관념을 내면화하면서, 가능성 있는 대안체제로서의 능력을 상실했다. 경제발전 속도에서의 승리, 과학기술에서의 승리, 군사적 승리 등이 거듭되었지만 그 승리들이, 사람들의 활력puissance의 해방, 증대, 자유화로서의 **윤리적인 것**과 연결되지 못함으로써 내부적으로는 승리(협력)가 아니라 패배(분열)를 키우는 것으로 기능했기 때문이다. 싸우면서 닮아간다는 것은 이런 경우를 두고 하는 말일 것이다. 그 결과 20세기 사회주의 시대는 국가나 제국과 같은 주권권력과, **인민/민중**으로 호명되면서도 주권에 오직 배제적 방식으로만 포함되는 다수의 사람들 사이의 적대를 유산으로 남기면서 마감되었다.

다중의 전 지구적 대장정과 '정치적인 것'

그렇기 때문에 우리가 20세기의 후반, 특히 1968년 혁명 전후에, 세계 전체에서, 정치에 반대하는 흐름(반정치)의 강력한 솟구침을 목격하는 것은 필연적이라고 할 것이다. 이것은 동구사회주의, 서구사회민주주의(케인즈주의), 제3세계권위주의 모두가 갖는 정치권력의 물화에 대한 반발이었다. 민중들은 더 이상 주권 체제의 부속물로 기능하기를 원치 않았고 자기조직화와 자기가치화self-valorization의 길을 걷기 시작했다. 민중의 다중으로의 이행이 시작되었다. 정치적인 것을 더 이상 주권의 영역·수준에서 찾지 않고 다중의 삶의 영역·수준에서 찾기 시작하면서 정치에 대한 파괴가 시도되었고 정치적인 것을 최소한도로만 추구하려는 노력이 시작되었다. 그것은 탈정치적 정치라고 불리는 것으로서, 다르게는 정치에서의 미니멀리즘이라고도 불릴 수 있는 것이다.

이 흐름에서 정치는 주권의 행사로서가 아니라 주권정치의 경계를 사고하고 그 경계의 너머를 실천하는 것으로 정의된다. 자유는 이제 주권 속에서의 자유가 아니라 주권 없는 자유로서 상상된다. 어떻게 그것이 가능한가? 그것은, 시장과 대의민주주의의 절합으로 구성된 주권장치를 파괴하는 것이다. 시장은 사람들을 상품소비자(구매자)로, 대의민주주의는 사람들을 정치소비자(선거권자)로 정의한다. 전자는 **행복의 시뮬레이션**을, 후자는 **자유의 시뮬레이션**을 제공한다. 메트로폴리스는 이 두 개의 정체성이 맞물려 돌아가도록 만드는 주권공장이다. 이 공간에서 다중의 생산능력은 자본에게, 다중의 정치능력은 국가에게 체계적으로 양도된다. 주권장치를 파괴한다는 것은, 이 메트로폴리스가 상품소비자나 정치소비자 정체성을 생산하는 공간으로서가 아니라 다중 자신의 실제적인 자유와 행복을 생산하는 공간으로 기능하도록 역전시키는 것을 의미한다. 이것을 위해서는 누구나가 생산과 정치의 주체로 될 수 있어야 했다. 누구도 자신의 능력과 권리를 자본이나 국가에 양도하지 않으면서, 누구나가 지도자인 동시에 피지도자이고 누구나가 통치자인 동시에 피치자이며 누구나가 전위인 동시에 대중이고 누구나가 예술가인 동시에 향유자일 수 있어야 했다.

탈정치적 운동주의가 이 역사적이고 윤리적인 요청을 충분히 달성했던 것은 아니다. 1968년 혁명이 자본의 신자유주의의 에너지로 흡수되었고 포스트모더니즘으로 봉쇄되었기 때문이다. 주권은 자신을 **생체권력**, **생활권력**, **생명권력**으로 유연화함으로써 혁명을 반혁명의 에너지로 전화시켰다. 하지만 이 상황에서도, 혁명이 내적 한계를 극복함으로써 신자유주의의 장벽을 넘어서 노력이 중단되었던 것은 아니다. 메트로폴리스가 한편으로는 봉쇄와 주권의 장치로 작용하면서 이와 동시에 다른 한편에서는 생산적이면서 혁명적인 **다중**을 생산하는 장치로 기능한 것은 이 노력 덕분이다. 공장 생산을 넘는 대도시적 생산은 소통, 정보, 지식, 돌봄, 봉사, 애정 등을 주요한 생산력으로 요구하는 것이었고 생산자들은 늘 새로워지는 생산영역의 주체들이자 동시에 부단히 쇄신되는 욕망주체들로서 호명되었다. 이 다양한 주체들이 바로 **사회학적** 의미의 **다중들**

이다. 이 사회학적 다중은 **존재론적 다중**에 근거한다. 인간의 생산력이 자연에 의해 제약되면서도, 동시에 이 제약을 넘어서 자연 그 자체를 생산하는 힘으로 전화하면서, 사회적 생산력은 존재론적 역량에 접근한다. 이 접근과정을 통해 다중은 사회학적 차원뿐만 아니라 존재론적인 차원을 획득한다. 이것은, 상품의 생산에서 생활의 생산으로, 생활의 생산에서 생명의 생산으로, 생명의 생산에서 존재의 생산으로의 이행을 통해 가시화된다. 다중이 존재를 생산하는 힘에 접근할 때 다중은 점점 존재론적 다양체이자 그것의 활력으로 나타난다. 사회학적 다중은 이렇게, 한편에서는 주권적 권력, 다른 한편에서는 존재론적 활력이 갈등적으로 중첩되는 **정치적** 공간에서 움직인다. 경제적 생산과 재생산이 단순한 상품생산을 넘어 사회적 삶을 생산하고 재생산하는 과정으로 확장되면서 경제와 정치의 경계는 허물어진다. 이 과정은 이중적 성격을 띤다. 한편에서 그것은 **삶권력적이다**. 자본의 축적이 기존의 감각질서를 특정하게 배분하는 것에 의존하는 한에서 이 과정은, 다중의 삶에 대한 위로부터의 명령을 실현하는 과정이었기 때문이다. 다른 한편에서 그것은 **삶정치적인** 것이다. 삶권력에 대해 저항하고 그것에 면역되면서 삶을 새롭게 구성하는 다중의 발명적 역량의 축적도 이 과정 속에서 이루어지기 때문이다. 이렇게 다중은 존재론적, 사회적, 정치적인 수준을 순환하면서 구성되고 진화한다.

자유주의와 사회주의를 넘으려는 다중의 새로운 혁명적 대장정은 깊이 가려져온 체제의 외부, 주변부, 심층부 등에서부터 시작되었다. '민주주의의 승리', '역사의 종말', '새로운 세계질서'의 수립이 선언된 1991년 바로 다음해인 1992년에 일어난 봉기는, 그 질서의 종주국이었던 미국의 로스앤젤레스에서 일어났다. 흑인을 비롯한 유색인 빈민들에 의해 주도된 그 봉기는 이 모든 선언들을 비웃기라도 하듯 적대의 낡은 온존을, 민주주의에 대한 억압을 고발하고 역사의 새로운 시작을 알렸다. 그것은 두 해 뒤인 1994년에 아메리카대륙의 서부 해안선을 따라 내려가 멕시코 치아빠스주 라깡도나 정글에서 폭발한 원주민들의 봉기로 이어졌다. 사빠띠스따 봉기는 인터넷이라는 새로운 소통망을 타고 전 세계에 대항세계화의 불길을 지폈다. 새로운 혁명의 이 대장정은, 20세기 말 유럽에 좌파 도미노 바람을 불게한 후, 21세기에는 미국의 안뜰이라고 불렸던 라틴아메리카에 탈식민주의적 좌파 붐을 일으켰다. 2001년 9/11은 제국이 더 이상 낡은 방식으로 재생산될 수 없다는 신호탄이 되었다. 그것은 아프가니스탄, 이라크 등지를 필두로 세계 전체에 항구적 전쟁상태를 조성하면서 2008년의 금융위기를 재촉했다. 파리에서의 방리외banlieu 봉기와 CPE 반대투쟁, 서울에서의 촛불봉기, 그리스와 아이슬란드에서 발생한 반란들, 그리고 영국에서의 학생투쟁은 신자유주의를 무너뜨리는 다중의 전 지구적 대장정의 일환이다.

2010년이 저물던 겨울, 마침내 이 대장정의 카라반은 세계의 어둠으로 표상되어온 아프리카에 도달했다. 튀니지와 이집트에서의 혁명은 아프리카 예외성을 끝내고 아프리카 장벽을 무너뜨렸다. 한 실업청년 부아지지의 분신에 의해 촉발된 튀니지의 혁명에서 우리는 세계 다중의 편재성을 다시 한 번 확인한다. 아시아, 아메리카의 유럽 대륙의 다른 나라들에서와 마찬가지로 튀니지에서도, 신자유주의에 의해 배제된 후 그것에 포함된 실업자들, 가난한 사람들, 여성들, 청년들, 노동자들 등이 혁명을 이끌었다. 이집트에서의 혁명은, 무슬림과 기독교인, 무신론자를 불문한 청년들, 노인들, 주변 노동자들, 여성들, 탈영병들 등 다중의 얼굴을 가시화시켰다. 명망가, 당들, 정치단체들의 목소리는 방향을 잃고 빈 들에서 홀로 부르는 독창이 되거나 다중의 혁명적 아우성 가운데 하나인 작은 목소리로 기능할 뿐이었다. 아랍의 다중들은 돈에 눈멀고 술에 취한 19세기의 룸펜프롤레타리아트가 아니었다.[21] 그들은, 인터넷이 마비되고 텔레비전이 넝청스레 거짓말을 늘어놓으며 진상을 알리려는 언론들이 구금되는 상황에서도 진실의 감각을 잃지 않았고, 지혜와 용기를 발휘했으며, 스피노자적 의미에서의 기쁨의 실천을 지속했다.[22] 공포를 조성하는 경찰의 방패를 냄비뚜껑과 생수병으로 막았고 타락의 이미지를 조성하기 위한 사복경찰들의 약탈행위를 인간띠로 저지했으며 말과 낙타와 자동차가 돌진해 오는 가운데서도 온몸으로 해방광장을 지켜냈다. 주권세력들은 시위대의 물리적 바리케이드를 흔들 수는 있었지만 이집트 다중의 마음속에 자리 잡은 지혜, 용기, 협력의 바리케이드에는 접근조차 할 수 없었다. 왜냐하면 그들의 눈은 그 바리케이드를 볼 수 있는 능력을 갖고 있지 않았기 때문이다.

아프리카의 다중들은 결코 고립된 무리가 아니었다. 세계 전역의 사람들은 트위터나 페이스북과 같은 SNS를 통해, 유튜브를 통해, 그리고 인터넷의 각종 블로그와 웹사이트와 언론을 통해 아프리카와 중동에서의 혁명에 참여했다. 세계의 다중들은 투쟁의 목소리를 전파하고 투쟁의 동영상을 나르고 투쟁의 전술과 전략을 제시하고 투쟁의 성과를 일반화하고 권력의 거짓을 폭로하고 권력의 약점을 드러내고 투쟁을 위한 물자와 자금을 모으고 세계 각지의 대사관들 앞에서 지지시위를 조직하고 미국을 비롯한 관련 정권들에 무바라크 퇴진압력을 넣도록 하고 무바라크에 대한 모든 지원을 중단할 것을 요구하면서, 구경꾼으로 머물지 않고이 역사적 사건에 실시간으로 참여했다. 세계의 다중들은 각종의 정보수단들을 변혁수단으로 전용하면서 지금여기에서 다른 미래를 창출하려는 혁명적 참여자이자 창조적 예술가로 움직였다.

수동 혁명을 넘어서

1968년 혁명은 1917년 혁명 이후 들어선 국제적 사회민주주의 주권체제[23]에 대한 최초의 도전이었다. 그것은 국가사회주의(파시즘)적 총력전 체제를 붕괴시키고 사회민주주의적 케인즈주의를 전복시키며 민족주의적 사회권위주의를 뒤흔든 사건이었다. 1968년 혁명은 분명 새로운 정치적 욕망의 분출이었고 낡은 것들을 불가능하게 만들었지만 긍정적 방향의 윤곽을 드러내기에는 아직은 모호한 출발이었다. 그것은 정치의 낡은 전통을 거부하면서 운동에 충실했지만 정치 대 운동이라는 이분법에 머물렀다. 그것은 정치를 파괴하기보다 외면하면서 운동이 그것에 오염되지 않을 수 있는 방법을 모색했다. 낡은 정치에 대한 거부는 정치적인 것 일반에 대한 거부로, 자본주의적 생산력에 대한 거부는 생산적인 것 일반에 대한 거부로, 낡은 노동들에 대한 거부는 노동 일반에 대한 거부로, 낡은 조직들에 대한 거부는 조직화 일반에 대한 거부로, 제도들에 대한 거부는 제도화 일반에 대한 거부로 귀착되곤 했다. 이것이 바로 1968년 혁명의 새로움이자 강점이지만 동시에 약점이기도 하다. 그것의 탈정치적, 탈생산적, 탈노동적, 탈조직적, 탈제도적 경향은 그것이 거부하는 것을 지배영역에 온존시키는 결과를 가져왔다. 이러한 상황을 이용하여 신자유주의적 인지자본주의는 포스트포드주의화, 정리해고, 정보화, 유연화, 민영화 등을 통해 1968년 혁명의 신경향들 대부분을 자본주의적 축적의 동력으로 흡수할 수 있었다.

이렇게 1968년 혁명은 신자유주의의 수동 혁명 방파제에 갇혔다. 이후에 사빠띠스따 봉기, 대항세계화 운동, 피케떼로 운동 등이 솟구쳐 올랐지만 정치는 신자유주의와 사회민주주의 사이에서 진자운동을 계속해오고 있다. 이 과정 속에 전진이 없는 것은 아니다. 인구의 일부였던 프롤레타리아는 인구의 대부분으로 되었고 프롤레타리아를 진압하던 무기였던 테크놀로지들도 혁명의 무기로 전용되기 시작했다. 양극화라는 전 세계적 현상은 극소수의 부자와 압도다수의 가난한 사람 사이의 적대를 세계사회의 전형적 풍경으로 만들었다. 한편에는 천문학적 규모의 금융자본, 다른 한편에는 하루 2달러 미만의 극빈이, 한편에는 초고층의 초호화 빌딩, 다른 한편에는 슬럼과 노숙이, 한편에는 부패와 독재, 다른 한편에서는 난민과 탈주민들이 서로 대립하는 세계. 세계가 이렇게 극단적으로 양극화되면서 자본주의와의 작별을 기꺼워할 수밖에 없는 경제적 조건, 사회적 조건, 문화적 조건, 심리적 조건 등이 여기저기서 축적되고 있다.[24] 그것이 지금 세계 전역에서의 다중의 반란들로 표출되고 있는 것이다.

아프리카의 반란은 다중의 전 지구적 대장정의 최근 국면이다. 이 국면도, 낡은 정치가 만회되고 신자유주의와 사회민주주의(그리고 유럽에서 부흥하고 있는 네오파시즘) 사이의 진자운동이 계속되는 것으로 닫히고 말 것인가? 20세기가 21세기에도 반복될 것인가? 술레이만-오바마 연합이 〈무슬림형제단〉과 앨바라데이를 끌어들이면서 만들어낼 신자유주의-사회민주주의 혼합방파제에 갇히고 말 것인가? 혁명이 가다피의 폭력에 떠밀려 열세에 처한 틈을 타서 서방 제국주의가 인도주의의 이름으로 다시 발호하고 제국주의자들이 혁명과 민주주의의 보호자요 시민을 지키는 호민관처럼 행세하기 시작한 리비아의 상황전개는 이러한 불안감을 갖게 하기에 충분하다.[25]

보수와 개혁의 변증법을 통해 오랫동안 연주되어온 서구모델이 이곳에서 다시 재연되어야 할 역사적 필연성은 전혀 없다. '시장 더하기 대의민주주의'라는 (이제는 전 지구화된) 서구모델을 실현할 세력이 오히려 이곳에서는 취약하기 때문이다. 이 때문에 아프리카야말로 1968년 혁명 이후의 다중운동을 가두고 짓눌러온 이 양두마차를 부수고 나올 최초의 지역이 될지도 모른다. 이곳이야말로 동 대 서, 사회주의 대 자유주의, 무슬림과 기독교, 혁명과 개혁, 보수와 진보 등 20세기를 지배한 온갖 이분법들을 가로지르는 사선diagonal이 그어질 곳인지 모른다.26 어쩌면 이곳에서야말로 정치와 운동의 분리를 넘는 정치적인 것이 바로 생산적인 것 그 자체의 직접적 전화로서 출현하는 장소가 될지 모른다. 아프리카와 중동은, 20세기의 지배적 정치 패러다임과 냉전이 생산한 예외지대들이다. 이 예외들이 그 특이성을 발휘하면서 전 인류를 연결할 공통되기의 용광로로 작용할 수 있다면, 그것이야 말로, 수십 년을 이어오고 있는 세계 다중들의 전지구적 대장정의 모색과 실험의 성과들을 모아 정치적인 것의 새로운 기관으로 만드는 정치적 도약의 발판이 될 수 있을 것이다.

1917년 러시아 혁명. "동지여! 공화국 혁명에 동참하라!"(Comrades! Join the Republican Revolution!)

1917년 10월에 러시아의 노동자, 농민, 병사들은 볼셰비끼의 지도하에 무장봉기에 나섰다. 볼셰비끼는 이 무장봉기를 통해 권력을 장악한 후 소비에트에 그 권력을 양도했다. 러시아 혁명은 선진노동자들이 당 형태로조직되어 낡은 권력을 파괴한 중요한 사례이다. 이것은 서방의 자본가계급으로 하여금, 노동의 권력을 자본주의적 체제틀 속에서 일정하게 인정하는, 포드주의-케인주의적 개혁에 나서도록 만든 계기가 되었다.

1970년대 오뻬라이스모(Operaismo) 그룹의 행진

오뻬라이스모는 자본과 국가, 그리고 전통적 노조의 명령으로부터 자율적인 노동계급 행동을 지칭한다. 오뻬라이스모는, 이 자율적 주체성이 생성되는 생산의 물질적 조건이 무엇인가를, 즉 계급의 정치적 구성과 기술적 구성이 어떻게 연계되어 있는가를 깊이 있게 탐구했다. 1961년에 첫 호가 발간되어 좌파정치가들, 조합간부들, 작업장 활동가들, 평당원들 사이에 커다란 관심을 불러일으킨 『꽈데르니 롯씨』는 작업장 현실과 노동자들에 대한 조사를 통해 이 탐구를 수행했다. 그리고 이 들이 발전시킨 계급구성 개념은, 투쟁들을 통한 노동력의 다양한 층들의 결속에 의해 새로운 노동계급이 발전되어 나온다 는 생각을 구체화함으로써, 사회주의 사상의 교육에 의해 노동계급이 형성되어 나온다는 레닌주의적 계급의식 개념을 대체 했다.

1968년 5월 프랑스 파리에서 시위하는 학생 투사들

1968년 혁명들은 대의정치에 대한 도전이었다. 그들은 대의정치를 주장하지 않았고, 스스로를 대의정치 세력으로 내세우지 않음으로서 대의정치 자체를 문제시했다.

11장

인지자본주의에서 지성의 재구성

인지력의 확산 및 지도력의 빈병

인지자본주의에서 지성의 산업화와 그것의 두 얼굴

인문학의 우향우와 발전전략으로서의 인문학의 부상

좌파 인문학의 동요와 신보수의 인문학주의의 대두

고전 붐 안에서의 두 가지 흐름

다중지성 시대의 고전과 공통적인 것을 둘러싼 투쟁

11장

인지자본주의에서 지성의 재구성

인지력의 확산 및 지도력의 빅뱅

자본주의가 민중의 인지능력을 집중시켜서 이용한다는 것은 비교적 널리 알려진 사실이다. 자본주의 체제는 일반적으로 지성을 집중시켜 중앙지성[]에 절대권력을 부여하는 방식으로 권력을 운영해 왔다.[1] 근대 자본주의에서 인지능력의 집중은 세 가지 지형에서 각각 다른 방식으로 이루어져 왔다. 생산에서 그것은, 인지력을 가치화하여 상품 속으로 흡수하고 착취하는 방식으로 이루어진다. 그 집중의 주요한 무대는 공장이었다. 사회에서 그것은, 인지양성의 전문기관인 학교와 대학의 전국적 확산과 집중적 관리, 그리고 교사와 교수 권위의 강화를 통해 이루어진다. 정치에서 그것은, 각급에서 이루어지는 각종의 대의제도를 통해 행정, 입법,

사법 등의 국가기구와 국가권력을 구축하는 방식으로 이루어진다.

이러한 상황에서 평등을 강조하는 사회주의 운동은 착취와 지배에 대항해온 19~20세기의 가장 주류적인 저항형식이었다. 그런데 우리가 10장의 세 번째 절에서 살펴보았듯이, 사회주의 운동은 경제적 평등을 주장하고 실천하면서도 지성에 있어서는 평등보다 불평등을 옹호해 왔다. 앞의 장에서 사회주의 운동에서 지성불평등 개념의 역사적 전개에 대해서는 이미 검토했으므로 여기서는 사회주의 혁명가 중에서 인지능력의 혁명적 의미를 다른 누구보다도 중시한 그람시를 예로 들어서 사회주의 운동의 지성관의 일단을 간략히 살펴보기로 하자. 이를 위해서는, 인지적 정치학으로 일관되게 이어지는 그의 인간철학과 정치철학의 핵심을, 약간의 도식화를 무릅쓰고라도, 명제화시켜보는 것이 유익할 것이다.

첫째 인간은 노동을 통해 동물성을 극복하는 존재이다. 경제적 생산과 재생산은 노동을 통해 역사를 정립하는 과정이며 그렇기 때문에 경제적 생산과 재생산 없이 인간사회와 역사는 존재할 수 없다. 그러므로 인간에게서 경제적 생산의 관리가 결정적으로 중요한 문제이다. 그런데 오늘날 대부분의 정치운동은 생산의 문제를 회피하면서 종교적이거나 신비적이거나 분배적인 문제에 몰두하고 있다.

둘째 오늘날 경제적 생산의 결정적 부분은 프롤레타리아에 의해 이루어지고 있다. 소생산들은 공장생산, 즉 산업생산의 헤게모니 하에서 발전하고 있다. 그런데 많은 정치적 사고법들은 이 역사적 변화를 간과하고 소생산들을 생산의 모델로 생각하는 경향이 있다.

셋째 지주나 자본가계급은 생산 문제를 신비한 형태로 다룰 수는 있지만 그들 스스로 직접 생산을 관리할 수는 없고, 생산을 수행하는 프롤레타리아트로 하여금 생산력을 향상시키는 방향으로 움직이도록 영향을 미칠 수도 없다. 부르주아 자유주의는 이런 의미에서 생산을 효율적으로 관리할 수 있는 정치형태가 아니다.

넷째 부르주아 헌법은 주권과 민중의 상호충성 협약이다. 하지만 그것은 본질적 측면과 형식적 측면에서 모순을 함축한다. 본질적으로 헌법은 지배계급의 이익을 보장하는 행위만을 합법적인 것으로 간주한다. 형식적으로 헌법은 대의적 한계 내에서 모든 계급들의 권리를 인정한다. 주권과 민중의 상호충성은 이 형식적 측면의 요구인데 이것은 지배계급만의 이익을 보장하는 헌법의 본질적 측면과 모순된다. 이 모순이 프롤레타리아트의 계급투쟁에 실제적 이유를 제공한다.

다섯째 파시즘은 기존의 헌법체제에 대한 소생산자의 불만을 동력으로 집권했지만 갈수록 금융자본가의 이익을 보장하는 방향으로 움직이고 있다. 파시즘은 그 집권의 과정에서 무장준동을 통해 헌법적 합법성의 이 형식적 측면을 깨뜨렸다.[2] 파시즘 자체가 헌법적 상호충성의 약속을 파괴했기 때문에 파시즘에 대항하는 민중의 저항과 투쟁은 형식적으로 합헌적이다.

여섯째 노동자 대중은 방어를 위해 노동조합이라는 형태로 자신을 조직한다. 하지만 그것은 자본과의 거래에서 노동력을 더 유리한 조건에

판매하려는 경제적 이해관계의 조직에 불과하다. 생디칼리즘은 이러한 노동조합을 정치적 사고의 중심에 놓는다. 그리고 그러한 한에서 생티칼리즘은 개량주의를 벗어날 수 없다.

일곱째 노동 생산력을 극대화시킬 수 있는 조직형태는 평의회이다. 그것은 공장 내부위원회로부터 발전해 나올 수 있다. 평의회로 조직된 노동자들이 산업생산을 이끌면서 사회의 나머지 생산부문들을 선두에서 이끌 때 생산력은 극대화될 수 있다. 미국식 포드주의와 청교도주의는 생산력의 이러한 극대화에 유익하다.

여덟째 평의회로 조직된 노동자들은 자신을 이끌 정당형태로서 공산당을 만든다. 본질적 측면, 정치적 측면에서 프롤레타리아의 이익을 대변할 당은 노동수행상의, 즉 직업상의 전문가나 기술자로 구성될 수 없으며3 프롤레타리아 외부에서 구성될 수도 없다. 프롤레타리아트를 국민적 차원과 국제적 차원 모두에서 지도적 계급으로 성장시킬 당의 형성을 위해서는 정치적 선전선동만이 아니라 문화적 수준의 사회주의 교육이 절대적으로 필요하다. 이것을 통해 프롤레타리아트로부터 새로운 습관과 규율로 무장한 유기적 지식인들이 성장해 나오고 이들의 네트워크가 새로운 군주, 즉 공산당으로 조직되어야 한다.

아홉째 사회적 생산은 국제적으로 조직될 때 가장 효율적이다. 그러므로 공산당들의 국제연합을 통한 세계정부가 필요하다. 코민테른은 세계노동자정부의 맹아이다. 공산당의 독립적 구축이 필요한 것은 사회당이 소생산자들을 대변하는 파시즘과 철저하게 단절하지 않고 은연중 협

력하고 있기 때문이다.[4]

맑스, 레닌, 로자, 트로츠키 등 고전적 맑스주의 일반이 대체로 공유하고 있는 것과 대동소이한 그람시의 이 사회주의 사상을 나는 산업자본주의 성장기의 숙련-선진-전문 노동자의 세계이해와 정치적 비전의 표현으로 이해한다. 이러한 관점을 채택함으로써 우리는, 그람시의 사유가 (그리고 고전 맑스주의 일반이) 가졌던 정치적 가능성과 그것의 역사적 한계를 동시에 이해할 수 있다. 생산력을 삶일반이 아닌 경제적인 것에 국한하여 이해하는 것, 헌법에 대한 계약론적 이해의 잔재, 공장 중심의 조직화론, 교육과 문화를 통한 훈련, 규율에 대한 강조 등은 긍정적 미래 전망을 일관되게 제시하지 못했던 당대의 다른 사상 및 이념들에 비한 고전 맑스주의의 탁월성을 보여주면서 동시에 근대성의 한계 안에 붙들려 있는 그것의 역사적 한계를 드러내기도 한다.

그러므로 우리가 물어야 할 것은 다음과 같다. 초기산업자본주의가 아니라 후기산업자본주의의 시대에, 좀 더 정확히 말하면 인지자본주의 시대에도 그람시를 포함하는 고전 맑스주의가 표현했던 사회주의 관점들은 타당한가? 오늘날도 재생산되는 사회주의 관점들을 우리는 어떻게 설명할 수 있는가? 그것을 규정하는 사회적 조건, 그것을 주장하는 사회적 계급집단들은 누구인가?

사회주의는 오늘날 그람시 시대의 사회주의와는 달리 경제적 생산능력의 향상을 위해서 제시되지 않는다. 경제적 의미의 생산능력이라면, 그것은 신자유주의에 의해 어쩌면 더 잘 향상되고 있기 때문일 것이다.

오히려 사회주의는 생산력의 신자유주의적 발전이 가져오는 위험에 대한 생태주의적 경계와 결합하면서 발전주의 비판으로 나아가고 있으며, 또 많은 경우에, 고전 맑스주의가 강조했던 생산의 문제보다 분배의 문제에 더 많은 관심을 집중하고 있다. 그래서 사회(민주)주의라는 말은 점점 복지국가와 동의어로 되어 가고 있다.

이러한 상황에서 현대의 사회주의 운동이 전통으로부터 완고하게 계승하고 있는 주요한 주제들 중의 하나는 대중의식의 자생적 한계론, 지성의 불평등론 및 지성의 위계론이다. 당 형태는 지성의 불평등과 위계론에 기초하여 그것을 정당화하고 제도화하는 조직방안이다. 현대의 사회주의가 사회주의적 정치의식을 주입하려는 발상법을 유지한다고까지 말하기는 어렵고 또 그것이 대중에게 주입할 일관된 목적의식을 갖고 있다고 보기도 어렵지만, 운동은 지도력의 집중과 위계 없이는 성공할 수 없다는 오래된 생각을 고수하고 있는 것만은 사실이다.

그런데 2008년 촛불봉기에서 보였듯이, 이른바 사회주의 운동의 자임하는 '전위'5들은 현대의 정보수단들을 신속하고 유연하게 이용하는 데에서 다중들보다 오히려 뒤처지곤 했다. 현대의 정보수단들이 지성을 유통시키는 방법에서 나타나는 수평성과 탈집중적 분산성, 그리고 단편성이 이 전위들의 집중주의적이고 체계적이며 위계적인 지성 관념과 갈등하는 것이 이 지체와 과연 무관할까? 그렇지 않을 것이다. 그렇기 때문에 우리는, **모든 사람들의 지도자화**6라고 표현할 수 있는 인지력의 확산 및 지도력의 대폭발이 현실로서 나타나고 있는 오늘날의 담론생산과 정보

흐름 및 지성재구성의 지평에서, 지도력의 집중과 위계라는 고전적 관점을 유지하는 것이 과연 가능한가를 물어야 한다.

인지자본주의에서 지성의 산업화와 그것의 두 얼굴

자본주의와 사회주의의 인지집중화와 지성위계의 관념을 부적합하게 만드는 박차拍車는 현대자본주의의 인지적 재편 경향 자체에서 가해지고 있다. 여기서는 이 인지적 재편이 가져오는 인문학의 위기와 분화를 중심으로 인지자본주의에서 지성의 재구조화 문제를 살펴보도록 하자.

이 문제를 다루기 위해서는 우선, 구상과 실행의 분리, 즉 인지노동과 산업노동의 체계적 분리가 근대 포드주의-케인즈주의 체제의 기초였음을 상기하는 것이 필요하다. 이 체제에서 지성은 연구, 기획, 관리, 감독 등의 역할을 담당했고 **직접적 노동과정 외부**에 놓여 있었다. 지성의 특수 형태로서의 인문학은, 사회과학이나 자연과학과 마찬가지로, 생산과정 바깥에서, 노동하는 인간들과 시민사회를 관리하고 운영하는 데 필요한 학문으로서 그 고유한 기능을 수행했다. 그리고 이에 저항하는 혁명적 인문학은 경제적 생산영역 외부, 국가를 둘러싼 영역, 이른바 정치적 영역에 노동자들이 관심을 갖게 하는 데 초점을 맞추었다. 하지만 포스트 포드주의적 신자유주의 하에서 지성은 근본적 재구조화를 겪는다. 지성의 직접적 가치생산 활동으로의 전환, 지성의 산업화, 지성의 자본에의 포섭, 경제적 생산영역으로의 지성의 인입이라고 부를 수 있는 것이 그 것이다. 이것은 사회적 지성을 대표하면서 사회 외부의 기관('상아탑')으 로 존재해온 제도기관인 대학에, 그리고 교육체제 및 전 사회적 지성구 조에 커다란 변화를 가져왔다.

한편에서 그 변화는, 입시제도를 매개로 초중등 교육에 결정적 영향 을 미쳐온 대학이 기업 및 (점점 기업화하는) 국가에 종속되는 것으로 나 타난다. 이른바 '인문학의 위기' 현상을 가져온 대학의 산업화와 실용화 가 그 현상형태이다. 예컨대 문학, 역사, 철학 등 전통적 인문학 학과들이 점점 사라지고 부동산관리학과, 관광학과, 방송연예학과 등이 부상하는 것, 언어교육이 인문언어교육에서 실용언어교육으로 전환되는 것 등이 그것이다. 이러한 변화의 결과 대학을 비롯한 제도교육 체계 전체는 일 종의 산업연수원으로 전화되어 가고 있고 그 결과 학생은 산업연수생으 로 배치되며 교사와 교수는 산업의 요구를 충실히 뒷받침하는 교관의 기 능을 수행하도록 강요받고 있다. 이러한 경향은, 신자유주의적 기업국가 가 공적자금을, 지성의 산업화와 실용화라는 목적을 관철시킬 통제수단 으로 사용함으로써 더욱더 심화된다.

그런데 이것이 전부는 아니다. 이와는 다른 한편에서 그 변화는, 대학 바깥에서 이루어지는 지성 활동의 고조와 확산이라는 형상으로 나타나 고 있다. 대학이 실용화하면 할수록 대학은 사회로부터 구분되는 지적 성역, 상아탑으로서의 성격을 상실한다. 그래서 기업들은 연구소(예컨대 삼성경제연구소)를 직접 창설함으로써 자신들의 산업적 필요를 충족시키려 하며, 산업의 지성화는 산업에 직간접적으로 때로는 종속적으로 연결되어 있는 사회적 다중의 직접적 지성 활동을 촉진한다. 정보기술의 발전, 인터넷의 대두, 스마트폰으로 대변되는 무선통신 기기의 발전, 그리고 이에 기초한 각종 개인 미디어들(예컨대 블로그) 및 소셜 미디어들(예컨대 트위터, 페이스북 등)의 활성화는 다중의 지성을 서로 연결하고 다중들 사이의 직접적 소통을 일상화한다. 다중은 서로의 소통을 위해 관료나 기업가, 언론인의 매개를 점점 덜 필요로 한다.

물론 이것이 사회 전체적 차원에서 다중들의 자치를 가져온 것은 아니다. 구래의 지배자들은 매개자, 훈육자에서 명령자, 통제자, 감시자로 자신들을 재정의하면서 사회와는 원격관계를 맺는 외부적 위치로 옮겨갔고 적대는 다른 형태로, 어쩌면 이전보다 더 적나라한 형태로 재생산되고 있기 때문이다. 하지만 이렇게 될수록 다중들은, 산업적 생산의 필요 때문만이 아니라 (산업적 생산과 구분하기 힘들게 얽혀있는) 자신의 삶을 운영하고 발전시킬 필요 때문에, 스스로 느끼고 생각하고 직접적으로 소통할 수 있는 인지적 능력을 더 많이 필요로 하게 된다.

그 결과 앞서 살펴본 제도지성의 실용화와 산업화의 이면에서 **다중지성의 인문화** 현상이 나타난다. 대학에서 추방된 인문학이 다중들의 소통 공간 속으로 자리를 옮겨 다시 나타나는 것이다. 다음 인용문은 이러한 상황을 사실적으로 반영한다.

오늘 한국 대학은 희망의 보루이면서 동시에 절망의 상아탑이 되고 말았다. 한국 대학의 운명이라기보다는 세계 각국의 대학이 걸어온 운명이라고 하는 것이 적절하다. 그 중심에 자리를 못 잡고 표류하는 인문학이 있고 인문학자가 있으며 인문정책이 있다. 압축 근대화 결과 사회 전반은 경제적 가치, 물질적 풍요를 제일주의로 여기는 풍조가 강화됐다. 이쯤에서 자본주의 시스템 안에서 자본주의 한계를 고민하고 넘어서려는 소수의 목소리가 곳곳에서 미약하게나마 제기되기 시작했다. 이른바 강단 인문학이 위기담론을 안고 뒹굴 때, 대학 밖에서 다양한 인문학적 사유의 실험이 경계를 가로지르고 있었음을 기억할 필요가 있다. 아트앤스터디(http://artnstudy.com/inmoonsoop), 철학아카데미(http://www.acaphilo.org), 수유+너머(http://transs.pe.kr), 다중지성의 정원(http://daziwon.net), 그리고 '마실네'(마포실천인문네트워크) 등의 실천 인문학자 그룹의 활동이 또 그렇다. 인터넷을 기반으로 한 블로거들의 인문주의 실어나르기도 눈길을 끌고 있다. 그들의 날렵하고 경쾌한 행보를 벤치마킹할 수는 없을까? 왜 대중이 그들의 강좌에 환호하고 있는지, 그들의 지식 체계와 생산, 유통 방식을 대학에 접목할 수 없을지 …… .7

최익현이 열거한 비제도연구교육기관들의 확산, 인터넷 상에 자리를 잡은 온라인연구비평공간들의 활기, 온라인과 오프라인에 걸쳐 나타나고 있는 책읽기모임들의 정확하게 집계하기 어려울 정도의 증식 등은 다중지성의 인문화의 현상형태들에 속한다. 그에 이어 재소자를 위한 인문학, 노숙자를 위한 인문학, 장애인 야학 등 비제도 인문학 등이 기동하면서 급기야 대학들도 공식커리큘럼 외부에 인문학 특강들을 설치하기 시작했고 학술진흥원은 HK(인문한국)의 이름으로 인문학의 국가화(왕립 인문학)를 유도하기 시작했으며 최근에는 CEO를 위한 인문학이라는 이름으로 인문학의 경영적 산업적 포섭을 위한 반작용들까지 나타나고 있다. 요컨대 다중지성의 인문화와 다중 인문학 현상에, 대학, 기업, 국가 등의 기존제도가 반작용하면서 인문학 위기 속의 인문학 붐이라는 기현상을 창출하고 있는 것이다.

인문학의 우향우와 발전전략으로서의 인문학의 부상

이 현상을 여러 가지 사태가 결합된 복합적 문제로서 진지하게 대할 필요가 있다. 어느 유명한 인문학 강사는, "운동단체에 강의 가면 달랑 10만원 주면서 거기서 술값 내라고 한다. CEO를 위한 인문학 강의를 갔더니 100만원, 200만원씩 딱딱 입금되더라"고 말한 바 있다. 운동단체에서의 인문학 강의와 CEO를 위한 인문학 강의의 이 보상의 차이가 무엇을 생산할 것인가?

CEO를 위한 인문학은 확대일로에 있다. 서울대 인문대에 CEO를 위한 Ad Fontes Program이 생겨났고 성공회대 인문학습원에까지 CEO를 위한 인문학 강좌가 개설되었으며 이외에도 CEO를 위한 인문학 강좌나 CEO를 위한 인문학 책자가 홍수를 이루고 있다. 생각해 보면 이것은 생산의 지성화, 비물질화와 연관되어 있다. 오늘날 기업의 생산물은 결코 물질적 필요를 충족시키는 상품만이 아니다. 생산의 주체가 인간사회일 뿐만 아니라 생산의 목적도, 그리고 실제적 생산물도 인간사회이다. 인터넷 망 사업과 스마트폰 사업이 전형적으로 보여주듯이, 사람들 사이의 효과적인 소통을 잘 생산해 내는 기업이 살아남는다. 오늘날에는 영화산업과 광고산업이 예시하듯이 기업은 대중이 소비할 감성을 생산해야 한다. 자동차산업과 부동산산업에 종사하는 기업은 인간들 사이의 차별을 상품 차이 속에 각인해야 한다. 보험산업과 보안산업, 의료산업과 실버산업 등이 보여주듯이 기업은 안전을, 위험으로부터의 도피를 생산해야 한다. …… 이렇게 기업은 오늘날 직접적 생산물이 아니라 인간들의 다양한 삶의 가치들(그것이 부정적인 것이든 긍정적인 것이든)을 생산하는 방향으로 나아가고 있고 그렇기 때문에 인간에 대한 앎 없이는 기업 활동이 불가능한 상황에 처해있다. 그러므로 기업들과 기업가들이 인문학과 맺는 관계는 점점 긴밀하고 복잡한 것으로 되지 않을 수 없다. 이것이 다중지성의 시대, 다중 인문학에 대한 반작용으로서 나타나는 기업 인문학의 경향이다. 이것은 인간사회의 지식집약적 재구조화와 다중지성 현상을 기업의 이익을 위해 포섭하기 위한 위로부터의 노력에 해당된다.

기업의 대응이 이러하다면 국가의 대응은 어떠한가? 앞서 언급한 것처럼 대학의 산업화와 산업에의 종속, 그리고 신자유주의화는 대학의 위기를 가져왔다. 대학의 위기를 고찰할 때, 우선적으로 주목되는 것은 인문학 교육의 위기이다. 대학 인문학과는 통합이나 폐과 혹은 실용교육으로의 교과내용 변환을 통해 축소, 폐지, 변형되었다. 대학에서의 인문교육은 황폐해졌다. 이와 더불어 인문학 계열 대학교수직(일자리)은 크게 축소되었다. 그만큼 인문계열에 소속된 학생들의 미래는 불투명해졌고 교수들의 연구나 생활은 불안정해졌다. 인문학 계열로 진학하려는 학생들이 사라지기 시작한 것은 이것의 자연스런 결과이다. 하나의 사회담론으로서 '인문학 위기론'의 핵심에는 이렇게 학생축소, 교수직 축소로 위기에 처한 대학 인문학과들의 비명이 들어 있다. 정규직 노동자들의 정리해고로 위기에 빠진 노동조합들이 국가의 재정지원을 요구하듯이, 금융위기로 파산위기에 내몰린 은행들이 국가에 구제기금을 요구하듯이, 위기에 처한 인문학과는 국가에 재정지원을 요구함으로써 이 위기를 모면하고자 했다.

이에 대한 응답이 HK(인문한국)로 주어졌다. HK는 시장지배가 가져온 위기 속에서 인문학 교수들을 살리는 것, 즉 대학이 보호하지 못하는 학과와 교수, 학생을 국가의 힘으로 보호하는 것에 그 목적이 있다. 보호는 지배의 이면이다. 국가로부터 재정지원을 받아 연명하는 인문학과(와 교수)가 국가의 권위에 종속되는 것은 필연적인 것이다. 대학의 산업에의 종속은 이런 식으로 인문학의 국가에의 종속을 불러온다. 국가에게 인문학은 권력의 재생산을 위해 필요하다. 왜냐하면 다중지성의 활성화는 잠재적으로 자본주의적 착취질서가 요구하는 신분제와 위계제를 붕괴시키고 프롤레타리아 내부의 분열을 해소시킬 위험이 있기 때문이다. 다중지성이 생산과정에서 자본으로부터 자립화하는 경향을 띠어 가면 갈수록 국가에게는 권력, 위계, 차별, 신분을 **인위적으로라도** 재생산하는 일이 필요해지고 그것을 정당화하고 설득하는 일의 중요성이 커진다. 공적자금의 재정지원(학술진흥기금, 인문주간 프로젝트 등)이 이것을 위한 수단으로 사용되면서 대학내외의 왕립 인문학은 정치권력을 인문적 방식으로 재생산하는 역할을 맡게 된다.

기업을 위한 인문학과 국가를 위한 인문학이라는 위의 두 가지 경향이 합류하면서 나타나는 것은 **인문학의 우향우**이다. 이것이 나타나는 현상형태는 무엇인가? 우선 인문학의 국가에 대한 종속의 현상형태를 살펴보자. 첫째의 것은 인문학 생산의 국가관리이다. 대학교수들은 학생들을 가르치는 일보다 학진으로부터 프로젝트를 받아내는 일에 더 큰 관심과 노력을 쏟는다. 이 프로젝트들이 국가의 감독을 받는 한, 이 프로젝트들의 선정이, 넓은 의미에서 국민의 형성과 통제라는 국가의 기능과 목적에서 벗어나는 것을 상상하기는 어렵다. 둘째로 위로부터 주어지는 재정지원 방식은 대학사회 내에 국가와 유사한 위계질서를 복제한다. 대학의 정규직교수와 비정규직교수 사이에 신분과 재정의 흐름에 따른 위계구조가 확립되며, 교수와 학생 사이에 역시 신분과 재정의 흐름에 따른 위계구조가 발생한다. 심지어 학생사회에서도 박사과정과 석사과정 사이에, 대학원생과 대학생 사이에 위계가 발생한다. 심지어 그 위계는 각급 학년 사이에서도 나타난다.[8] 셋째 각 프로젝트는, 인간 사회 및 학문 활동의 제 영역에서 국가의 필연성과 필요성을 대전제로 삼을 뿐만 아니라 국가형태에 반대하는 지성경향에 대한 비판과 공격을 집단적으로 수행한다. 이명박 정부 하에서 시행되고 있는 바, 촛불집회에 참가한 단체에 대한 재정지원 제외 방침과 반성문 요구는 국가 재정지원의 정치적 성격을 노골적으로 보여주는 것이다.

기업 인문학은, 두 말할 필요조차 없이, 이윤목적에 인문학을 종속시킨다. 지식 생산의 측면에서 기업 연구소들은 주로 경제, 경영적 주제에 집중해 왔지만 점점 기업연구소들의 연구는 사회전략, 정치, 정책 등 인문적 영역으로 확대되고 있다. 특정한 상황을 맞이한다면, 이것이 반자본의 인문학, 다중의 인문학에 대한 대대적 공세로 나타날 것으로 충분히 예상할 수 있다. 거시정치적 관여만이 문제가 아니다. 기업문화 조성을 목적으로 하는 기업 인문학은 사실상 이미 생활 깊숙이 파고들어와 있다. 기업들은 이미 주요한 대학들을 장악했고 적어도 대학을 통제할 수 있는 위치에 놓임으로써 학생들의 의식은 상당한 정도로 친기업적이고 친자본적인 방향으로 기울어져 있다. 기업은 광고를 매개로 언론을 통제함으로써 인문학 관련 기사가 친자본, 친기업의 방향으로 조직되도록 영향을 미친다. 이 가시적인 형태들보다 더 중요한 것은, 사람들의 마음속으로 기업정신이 침투하는 것이다. 오늘날 점점 상승하는 처세도서들에 대한 수요는, 인문학이 기업에 종속됨으로써 나타나는 인문학의 기업적 대중화 현상의 하나이며 기업문화가 삶의 모든 영역으로 깊이 파고들어 내면화되는 과정이기도 하다.

요약해 보면, 대학에서 전통적 인문학이 주변학문으로 밀려나는 이른바 '인문학 위기'의 상황 속에서 대학 인문학은 국가 인문학으로 흡수되고 기업 인문학의 영향범위가 넓어지면서 인문학의 전반적 우향우가 빠르게 진행되고 있다고 할 수 있다. 그 결과 인문학은, 글로벌 경쟁, 아웃소싱, 노동체계의 복잡화와 노동의 인지화, 다중의 출현과 도전, 지구화, 이주 노동자 등 기업과 국가 안팎의 다양한 문제들을 인문학적 사유를 통해 극복해 나가는 신자유주의적 **발전전략**의 일부로 배치되고 있다.

좌파 인문학의 동요와 신보수의 인문학주의의 대두

주의해서 살펴야 할 점은 기업과 국가가 주도하는 인문학의 이러한 우향우 흐름에 진보-좌파 지식인들이 직접적으로 혹은 간접적으로, 가시적으로 혹은 비가시적으로 합세하고 있다는 사실이다. 대학이 인문학의 위기를 외치고 있지만 그 위기 담론이 무엇으로 구성되어 있고 무엇을 겨냥하는 것인지는 좀 더 엄밀하게 분석되고 평가되어야 한다. 위기가 있다면 그것은 일차적으로 학문적인 것 이전의 것, 즉 실제적인 것이다. 다시 말해 위기는 일자리, 입학생수, 소득 등과 관련된 것이다. 신자유주의가 본격화되기 전에 대학의 인문학과에 취업할 수 있는 일자리가 그 후보다 많았고 학생들의 수도 그러했다고 말할 수 있을 것이다. 이런 맥락에서 인문학의 위기가 말해진다면 그것은 인문학과의 위기인 셈이다. 그러나 학문 내적 측면에서 보면 대학의 인문학은 신자유주의 이전에도 위기였다고 해야 한다. 1970년대와 1980년대에, 일부 예외를 제외한다면, 제도로서의 대학은 인문지식을 생산한다는 본연의 역할을 제대로 수행하지 못했다. 인문적 능력과 지향이 있는 학생들과 교수들은, 오히려 대학을 벗어나 그 바깥에서, 즉 공장이나 농촌이나 거리나 운동조직과 같은 사회현장에서, 혹은 그 현장들과의 내밀한 유대를 통해 인문학에 활기를 불어넣고 있었기 때문이다. 신자유주의 이후에 인문학은 다시 한 번 대학을 벗어나는데, 이 탈선에서는 공장, 농촌, 거리의 민중보다 국가나 기업이나 시장이 인문학의 활동 공간이자, 연대의 대상으로 나타난다.

그 전에 자발적으로 대학을 벗어났던 인문학은, 사회주의가 붕괴한 시대인 1990년대에, 거리, 공장, 농촌으로부터 제발로 다시 대학으로 돌아왔는데, 21세기에 들어서는 다시 강제적으로 대학에서 추방될 위기를 맞는다. 그렇지만 이 위기가 대학의 인문학에 좌파적이고 저항적인 활력을 불어넣은 것으로 작용하고 있지는 않다. 대학 인문학의 축소는, 오히려 국가 인문학과 기업 인문학에 폭넓은 토양을 제공하면서, 풍선의 다른 부분을 부풀리는 효과를 낳고 있다. 이제 우리는, 혁명을 위한 인문학에서의 후퇴와 기권의 체험을 가진 1970~80년대의 진보-좌파 지식인들이 기업 CEO들을 위해 인문학을 가르치는 모습을 드물지 않게 발견할 수 있다. 이것은 대학에서 추방될 위기에 처한 인문학(자)이 찾아간 곳이 바로 기업임을 알 수 있게 한다. 공장의 노동자들 대신 기업의 최고경영자들을 자신의 수요층으로 찾고 있는 인문학은 어떤 성격을 갖게 되는 것일까? 사회주의의 붕괴 이후에 우리는 정치적 신보수주의화의 대홍수를 목격했다. 진보지식인들과 투사들의 상당수가 보수정당에 투신했고 권력 장악을 위한 대열에 뛰어들었다. 이것이 뉴라이트로 불리는 정치적 신보수주의의 형성과정이었다. 그것은 한국 사회에서 자본과 운동의 1차 결합의 산물이다.

이제 인문학 위기를 계기로 좌파인문지식인이나 학자가 자본과 결탁하면서 자본과 운동의 2차 결합이 실행되고 있다. 이것을 우리는 **정치적 신보수주의**에 이어 **인문적 신보수주의**가 등장하고 있는 것으로 규정할 수 있다. 미국의 경우에 부시로 대변되는 정치적 신보수주의는 탈트로츠키 운동과 유대인 자본, 그리고 기독교 근본주의의 종합국면에서 태어났다. 그것은, 다중의 등장과 생산과정에서 다중지성의 자율화 경향을 포획하기 위한 위로부터의 대응방식이었다. 앞서 말한 바처럼, 한국에서 한나라당으로 대표되는 정치적 신보수주의는, 탈좌파, 특히 탈주사파 운동과 독점재벌의 합세를 통해 탄생했다. 이것 역시 민족-민중의 다중으로의 전환에 대한 부정적 대응방식이다. 오늘날 인문적 보수주의는, 다중지성의 대두와 그것의 위계해체적 기능에 대한 반작용으로서, 탈좌파 지식인이 국가 및 기업과 합세하는 과정 속에서 탄생하고 있다. CEO를 위한 인문학은 그 합류지점을 표상하는데, 이 강좌를 수강한 바 있는 어떤 사람은 그 강좌를 이렇게 평가하고 있다.

오늘날 시중에서 떠도는 CEO를 위한 인문학 강좌는 대부분 기업 오너와 경영자들에게 종업원을 어떻게 하면 힘들이지 않고 더 열심히 일하도록 동기부여할 것인지를 가르치고 있습니다. 아울러 참석자들에게 사회지도층으로 올라서기까지 고생한 보람을 느낄 수 있도록 자부심도 불어넣어

줍니다. 현대 경영의 기술이 얼마나 비인간적인 것인지를 말하지 않습니다. 참석자의 비위를 슬쩍 맞춰주면서 온갖 경영의 단편적 기술을 가르치고 있는 것처럼 보입니다. 기업세계의 비인간적 경쟁과 환경파괴적 행태에 대한 비판적 사유는 건드리지 못한 채, 그럴 듯한 미사여구로 경영자들의 사유세계의 천박함을 유식함으로 살짝 포장해 줍니다. 인문학 강좌를 들은 사람들은 대부분 강사의 해박함과 화려한 프리젠테이션 스킬에 탄복합니다. 그런 강좌를 들은 것 자체가 매우 유식해진 것처럼 느끼게 해 줍니다. 만약 중간관리자들이 이 강좌를 들었다면, 더 열심히 일해서 경영자의 자리에 올라야 한다는 생각을 갖게끔 할 것입니다. 그리고는 명함을 나누면서 세상사는 처세술을 교환합니다.[9]

다중의 새로운 유형의 혁명으로 평가될 수 있는 2008년 촛불봉기[10]와 그것에 대한 인문학의 반응양식은 인문학의 신보수주의화와 그것의 위험성에 대해 생각하도록 만든다. 촛불봉기는, (어떤 당이나 정파나 저명인사도 아닌) 익명의 고등학생 안단테에 의해 제안된 이명박 탄핵 인터넷 서명에서 발화되었고 청소년들이 광범위하게 참가한 청계천광장 집회(5월 2일)를 통해 기폭되었다는 점, 이름 없는 다중들이 1500여개 이상의 단체로 뒤늦게(5월 6일) 구성된 광우병국민대책회의의 지도를 흘러넘쳐 광범한 살쾡이wildcat 시위[11]를 조직했다는 점, 이 흘러넘침 현상이 아고라로 집결되었던 무수한 인터넷 커뮤니티들 및 블로그들의 지적 정치적 연결망에 의해 이끌렸다는 점, 시위나 집회가 개인 생중계방송이나 핸드폰과 같은 첨단의 개인미디어들에 의해 유기적으로 연결되었다는 점, 전통적으로 시위주체로 등장하지 못했거나 부차적이었던 주부, 예비군, 여중고생 등등이 주도적으로 움직였다는 점 등에서 이목을 끌었다.

전통적 관점에서 지성적이라고 평가되기 어려우며 조직적으로 통제되지 않고 분명한 정치적 목적의식성을 보여주지 않는 촛불봉기의 이러한 특성들에 관해 대립적인 해석이 출현한 것은 촛불집회가 개시된 시점부터였다. 한편에서는 이것이, 노동계급이나 민중 혹은 시민이나 대중과는 다른 새로운 사회적 주체성인 다중 및 집단지성에 의한 삶정치적 운동의 등장이라고 해석했다. 하지만 이 해석은 처음부터 거센 역풍에 직면했다. 먼저 그것은 촛불다중을 지성이 아니라 광기에 이끌리는 괴담집단으로 몰아붙이는 정부와 조중동(특히 조선일보)에 의해 이루어졌다. 그리고 좌파 전위의 목적의식적 지도를 강조하는 일부 정파와 지식인들은, 이러한 해석을 비판하면서, 촛불집회는 위험한 성격의 소시민적 애국주의 운동이자 파시즘적 대중운동이라고 비판했다. 촛불집회가 끝난 후에 이러한 평가는, 촛불운동은 환상을 쫓는 산보자 운동이었고 아무것도 달성하지 못한 유령운동이었다는 냉소주의적 해석으로 이어졌는데 이러한 해석을 제출한 것은 일부의 진보적 인문주의자들이었다.[12]

촛불로부터의 거리두기, 촛불에 대한 매도, 촛불에 대한 냉소, 이것은 좌우파의 전통적 제도지식인들의 촛불에 대한 접근방식이었고 또 평가방식이었다. 나는 이것이 오늘날 인문학 위기론과 신인문주의를 잇는 접점이자 제도 내 좌파지식인과 우파지식인의 반反다중 연합을 가져오는 지적 흐름이라고 이해한다. 인터넷이라는 새로운 지성공간의 창출과 과학 기술로 무장한 다중적 지성주체들의 대두는 대학과 연구기관들의 기업 논리에의 깊은 종속, 정당과 노조와 같은 기존 조직들의 부패와 대비되고 또 대립하는 것이었다. 인문적 신보수주의는 이러한 상황에서 대두한다. 촛불다중의 형성을 광기와 환상에 사로잡힌 우중의 출현으로 평가하는 데에서 기존의 좌파와 우파가 동맹하면서 인문학에서의 신보수주의적 흐름이 형성되는 것이다.[13]

이것은 자연과학 및 사회과학 영역에서의 전문지식인들 일부가 오히려 다중의 운동을 옹호하면서 자신을 다중지향적인 특이지식인으로 구축한 사례와 뚜렷한 대조를 이룬다. 우희종, 우석균, 홍상표, 정태인 등과 함께 광우병국민대책회의에서 활동했던 송기호 변호사의 다음 말은 새로운 지성 시대에 대한 지극히 정당한 인식과 태도를 표현하고 있다.

전문가가 시민을 압도하는 게 아니라 시민이 결정을 하고, 시민이 선택을 하되, 시민이 정말 필요해서 물어보는 하나의 어떤 조언이나 자문 정도 해주는, 그런 전문가들이 있는 그런 시스템이 필요하다, 그런 게 더 나은거다 라고 생각해요 …… 촛불사태는 그 엄청나게 많은 사람들이 무엇을 먹느냐는 지극히 일상적이고 평범한 문제들이 전문가들이 그냥 자기 책상, 자기 실험실에서 이걸 어떻게 해야 할 것이냐 그런 영역이 아니에요. 많은 사람들의 기본적인 삶조차, 제 표현이 맞을지 모르겠습니다만, 전문가 독재에 의해서 좌우될 수 있다는 걸 보여주는 사건이겠지요.[14]

이렇게 전문가 독재의 위험성을 경계하고 그것을 비판하는 대신, 다중지성에 전문지성을 대립시키고 후자의 이름으로 전자를 우중이라 비난하는 인문학, 착취자들을 자신의 소비자들이자 후원자들로 만든 인문학이 과연 인간을 위한 사유를 올바로 수행할 수 있을까? 프롤레타리아를 위한 혁명의 인문학에서 기업과 국가를 위한 착취의 인문학으로 인문학이 전향할 때 그것은 단지 인문학 일자리나 인문학 학생수의 축소, 인문학 종사자의 수입감소 등으로 나타나는 인문학의 위기가 아니라 반反인문학의 암적 성장을 통한 인문학 그 자체의 최종적 죽음을 표시하게 될 것이다.[15]

고전 붐 안에서의 두 가지 흐름

오늘날 과학은 나노과학, 생명공학, 인공지능 등 최첨단을 지향한다. 그리고 첨단의 과학논쟁이 직접적으로 정치적인 사안으로 등장하는 경향은 강화되고 있다. 광우병 원인과 전염성에 대한 논쟁, 용산 남일당 화재의 원인에 대한 논쟁, 4대강 사업에서 보건설과 준설이 물확보와 수질개선에 미치는 영향에 대한 논쟁, 천안함의 폭발 원인과 폭발주체에 대한 논쟁, 원자력발전(소)의 존폐논쟁 등이 보여주듯이, 정치는 결정적인 곳에서 과학화하며 첨단의 과학은 정치적인 것의 핵심으로 부상된다.

그런데 이와 같은 과학의 흐름과는 반대로, 인문학에서는 첨단이 아니라 **전통**으로 돌아가는 듯한 지적 흐름이 발견된다. 고전의 부흥, 예컨 대 고전출판, 고전강의, 고전읽기 등의 붐이 그것이다. 과거에 전집류로 출판되어 바겐세일되었던 고전은 이제 출판사의 주력사업으로 등장했고 고전을 다시 읽는 리라이팅 시리즈가 인기를 끌고 있다. 자발적으로 구 성된 세미나 모임들에서 고전읽기가 광범위하게 이루어지고 있으며 기 업들도 사원들에게 고전읽기를 권장하고 있고 비제도교육기관들에서는 고전을 텍스트로 한 강의를 일상적으로 진행하고 있다. 그리고 이 흐름 이 주로 출판사, 자발적 세미나모임들, 비제도교육기관들 등에서 즉 대 학 밖에서 진행되고 있다는 점도 주목할 만한 점이다. 이것은, 실용보다 이론, 세속보다 진리를 추구했던 대학이 이론보다 실용, 진리보다 세속 을 추구하는 방향으로 나아간 것과 정반대의 흐름이다.[16] 그런데 자세히 살펴보면 인문학에서의 고전 붐이 두 가지 대립적인 **흐름**의 교차과정에 서 나타나고 있음을 알 수 있다.

첫 번째 흐름은 앞서 말한 신보수주의적 인문주의, 즉 위로부터의 흐 름에 의해 촉발되고 있다. 우선 이것은 국가의 재정 및 정책 지원과 분리 해서 생각하기 어렵다. 고전출판의 부흥은 노무현 정부 하에서 특별히 부각된 입시에서의 논술 강화와 연관되어 있다. 그것은, 강남을 중심으 로 하여 전국에 논술학원을 확장시키는 것으로 작용했고 논술은 입시학 원의 주력사업으로 배치되었으며 논술훈련에서는 고전을 읽는 것이 정 석으로 자리 잡았다. 고전에 대한 이 수요는 고전출판을 수익성 있는 사 업으로 만들었고 고전출판을 촉진하는 계기로 되었다. 물론 고전출판에는 우수학술도서, 우수교양도서로의 선정을 통한 국가로부터의 직간접적 지원도 뒤따랐다. 국가에 의한 지원이 이 고전 붐의 성격을 직접적으로 규정한다고 말하기는 어렵겠지만 그것에 일정한 한계를 부과한다고는 할 수 있을 것이다. HK 사업이 인문학을 국가화하는 것처럼, 그래서 HK 프로젝트들이 국가의 절대적 필요성 논리를 강화시키는 것처럼, 국책에 의해 뒷받침되는 고전출판과 입시논술은 국가 기획을 넘어서지 않는 범위 내에서 발전되는 경향이 있기 때문이다. 이것은, 국가의 골간 교육제도인 입시를 위해 출제하는 교수들이 어떤 텍스트를 출제자료로 삼을 것이며 그 문제의 각도가 어떠할지를 생각해 보는 것으로, 그리고 입시제도에 기생하는 논술학원과 논술교사들이 대체로 어떤 고전들을 학생들에게 읽힐 것인지를, 그리고 국가기관에 의해 선임된 출판지원기구의 심사위원들이 어떤 성격의 책을 지원대상으로 선정하게 될지를 사고해 보는 것으로 충분할 것이다.

이 흐름에 두 번째의 흐름, 즉 아래로부터의 흐름이 교차하고 있다. 이 흐름은 몇 가지 **경향**들의 종합에 의해 구성된다. 첫째로는 위로부터의 고전출판과 고전교육 흐름의 내적 균열에서 나오는 경향이다. 위로부터의 흐름은, 그 흐름을 만들어 낸 국가주체들의 의도를 넘어서 사람들로 하여금 인간과 사회에 대한 광범한 관심을 갖도록 자극하기도 한다. 독자들이나 학생들은 출판사나 교육기관의 의도대로 조각되는 질료로서만이 아니라 능동적 주체로서 학업과 독서행위에 참여하게 되기 때문이다. 둘째의 경향은 위로부터의 이 제도적 흐름이 비제도역 영역과 이룬 특수한 교차현상에 의해 만들어진다. 이 위로부터의 흐름은 광범한 논술시장을 창출하고 논술학원들의 대량적 발생을 가져왔는데 이 비공식 논술교육영역의 주요 담당자들은 1980년대에 저항운동을 한 경력으로 인해 배제되어 비제도적 흐름에 머물고 있었던 전임前任 활동가들이었다. 이 때문에 논술학원은 한편에서는 경쟁교육의 치열한 현장이자 그것의 최전선이면서 동시에 1980년대 운동세대의 인문사회과학 지식과 저항 감각이 새로운 세대에게 무의식적으로 전수되는 공간으로서의 이중적 기능을 수행했다. 셋째는 좀더 독자적인 경향으로서, 첫째와 둘째 경향이 갖는 제도적 한계와 시장적 한계를 아래로부터의 자율적인 공부모임을 활성화함으로써 돌파해 나가려는 제도 바깥에서의 고전학습의 경향이었다. 이 세 가지 경향들을 고려할 때, 2008년의 촛불봉기가 노무현 정부하에서 논술과 고전 교육을 받고 성장한 청소년 세대들에 의해 촉발되고 주도되었다는 평가는 그 나름의 타당성을 갖는다. 그런데 이러한 평가는 이명박 정부하에서 정략적으로 전용되었다. 촛불 트라우마에 시달리던 이명박 정부는 논술을 약화시키고 교육의 초점을 고전공부가 아니라 실용의 영어교육으로 역이동시키기 시작했다. 공교육에서의 논술교육을 해체시켰을 뿐만 아니라 논술학원들의 대규모 폐업사태를 불러온 이 전환은, 노무현 정부와의 차별성을 부각시키기 위한 것만은 아니었다. 오히려 그것은, 다중들 사이에 싹트고 있던 고전 공부의 능동적이고 주체적인 요소들이 저항적으로 결집되면서 공식정치에 가져다주는 위험성을 제거하는 데에 초점을 맞추고 있는, 교육정치적 우선회의 수단이었다.

이것은 앞에서 언급한 두 가지 흐름 중에서 첫번째 흐름을 단절시키는 것으로 작용했고 남은 것은 두 번째 흐름, 그 중에서도 세 번째 경향이다.

여기에서, 정부의 이 실용주의적 정책전환에도 불구하고 존속할 뿐만 아니라 오히려 새로운 흐름을 창출하며 확장되고 있는 이 세 번째의 경향, 즉 아래로부터의 능동적인 고전 공부 경향이 국책의 논술강화 프로젝트의 잉여효과였던 것만은 아니라는 점이 강조될 필요가 있다. 그것은 비판과 자기비판을 통해 발전하는 다중의 자율적인 지적 흐름을 투영하고 있다. 어떤 의미에서 그렇다고 말할 수 있을까?

한국에서 진보지성은 1960~70년대에는 인문학, 특히 문학과 미학이 이끌었고(감성시대) 1980년대에는 사회과학, 특히 정치경제학이 이끌었다(과학시대). 이 중에서 후자는 맑스레닌주의의 변증법적 유물론을 방법론으로 삼곤 했는데, 이것은 인문고전의 대부분을 관념론 전통의 산물로, 요컨대 왕족, 귀족, 부르주아지 등 과거 지배계급의 이데올로기적 표현물로 간주했다. 프롤레타리아의 변증법적 유물론이 그 관념론 전통을 비판하면서 나온 최종적 집약체라고 보았기 때문에, 좌파 지성은 인문고전을 공부하기보다 권위 있는 소련공산당 교과서들을 주요 텍스트로 삼아 공부하면서, 자신들의 주요한 에너지를 고전연구보다는 현재 전개되는 사태에 대한 분석과 비판 및 투쟁방략(혁명성격론, 정세분석론, 전략전술론 및 조직론)을 개발하는 데에 투입했다. 1980년대 지성의 주요성과물이 사회구성체론이나 당면 혁명의 성격론으로 나타났던 것은 이 때문이다.

1990년대 초 사회주의의 해체는 이러한 지적 경향이 더 이상 지속될 수 없도록 만들었다. 이것은, 진보적 지성들로 하여금 자기비판과 더불어, 다양하고 다각적인 탐색의 노력을 기울이도록 만든 획기적 계기로 작용했다. 알뛰세르, 발리바르, 푸코, 들뢰즈, 네그리, 랑시에르, 바디우, 아감벤, 지젝 등 서구 주요 지성에 대한 출판 및 연구 붐은 이 탐색의 연장선상에서 이루어졌다. 그런데 공부가 계속되면서 이들 서구 지성들의 연구성과들 대부분이 서구 고전들에 대한 광범하고 깊이 있는 탐구를 바탕으로 산출된 것이었음이 발견된다. 예컨대 알뛰세르는 맑스를 스피노자, 프로이트와 연결시켰을 뿐만 아니라 고대 원자론자들의 세계와도 연결시켰다. 푸코와 아감벤은 고대 그리스의 사유들에서 현대 사회를 읽을 자원을 끌어내 온다. 네그리는 마키아벨리, 레오파르디,[17] 스피노자로부터 맑스주의를 혁신할 자원을 끌어온다. 그와 마이클 하트의 3부작 공저인 『제국』, 『다중』, 『공통체』는 16세기 이후 서구 고전들에 대한 광범한 비판적 섭렵에 토대를 두고 있다. 지젝은 헤겔, 라깡을 맑스와 결합시킨다. 이런 사정 때문에, 서구의 현대 정치철학에 대한 독해는 서구고전에 대한 진지한 관심으로 발전되고, 그것은, 서구고전을 넘어 동양 고전에 대한 관심으로까지 확대된다. 예컨대 마뚜라나나 바렐라의 현대 인지과학에 대한 공부는, 공자나 맹자 그리고 불교에 대한 새로운 관심을 불러일으켰다. 이러한 흐름 속에서 형성된 고전에 대한 수요는 출판사로 하여금, 위로부터 국가에 의해 자극된 수요만이 아니라 다중으로부터의 자발적 요구에도 관심을 기울이도록 만든다. 플라톤, 아리스토텔레스, 스피노자, 칸트, 니체, 프로이트, 벤야민, 라깡의 저서들의 발간 혹은 재출간 작업은 맑스 저작들의 재출간 작업과 더불어 이러한 아래로부터의 고전 요구를 반영하는 흐름들이라고 할 수 있다.

다중지성 시대의 고전과 공통적인 것을 둘러싼 투쟁

그렇기 때문에 우리는 고전 붐이 국민을 교육하여 국력을 신장하기 위한 위로부터의 기획과 자본주의를 넘어서기 위한 아래로부터의 혁명적 기획이 합류하면서 나타나는 복합현상이라고 말할 수 있다. 그러므로 고전 붐은 실제로는 고전을 둘러싼 사회세력들 사이의 투쟁이 격화되고 있는 것의 결과라고도 할 수 있다. 그렇다면 왜 고전을 둘러싼 투쟁이 격화되고 있는가?

고전에 대한 관심은 두 가지 의미에서 위기의식의 표현이다. 그 하나는, 짧게는 1989년 이후, 길게는 1968년 이후 본격화된 대안 위기의 표현이다. 20세기에 자본주의를 대체할 대안을 추구하던 사람들은, 미시적 차원에서는 서로 상이할지라도 거시적으로 보면 서로 수렴되는 방향에서 새로운 세계의 상을 찾아왔다. 그것은 사회주의였고 사회주의는 일종의 **대안공통어**로 기능했다. 하지만 1968년 혁명에서 기존의 사회주의 및 공산주의 당들이 다중에 의해 부정되고, 1989년 냉전을 상징하던 베를린 장벽이 붕괴된 뒤, 그리고 그에 뒤이어 소련이 해체된 뒤, 사회주의는 공통어로서의 기능을 상실한다. 이리하여 자본주의에 대한 불만은 (1) 절망감을 이기지 못하고 '더 이상 대안은 없다'는 신자유주의 표어에 동화혹은 **포섭**되거나 (2) 자본주의 속에서 이룰 수 있는 작은 개혁과 **약한 사유**[18]를 현실적 대안으로 받아들이거나 (3) 여전히 전통적 사회주의 대안을 고수하거나 아니면 (4) 현재까지의 역사적 경험을 바탕으로 이 어느것도 아닌 새로운 대안의 **발명**을 추구하는 등의 네 가지 방향으로 분화되었다. 바로 이렇게 대안운동에서 구심력 보다 원심력이 커진 시대에 고전은 분화 속에서 그 분화를 넘어설 수 있는 공통어를 제공하는 역할을 수행한다. 왜냐하면 고전은 시대를 넘어 살아남은 인류의 유산으로서 인류의 오랜 역사적 체험을 농축하고 있고 그 속에 후세대가 다듬어 사용할 수 있는 사유의 장비들과 무기들이 저장되어 있기 때문이다.

위기에 처한 것만은 대안운동만이 아니다. 자본의 순환도 위기에 처했다. 우리가 앞의 6장에서 살펴본 것처럼, 2008년의 금융위기로 정점에이른 신자유주의의 위기는 사회민주주의-케인즈주의 정책들에서 그 구제책을 찾았다. 지난 삼십 여 년 동안 사회민주주의-케인즈주의의 역사적 대안으로 자임해온 **신자유주의**에게 이러한 사태는, 자신 내부에 위기극복의 힘이 없음을 자인하는 것이고, 지난 수 세기 동안 절대주의에서자유주의로, 자유주의에서 사회민주주의-케인즈주의로, 다시 신자유주의로 나아온 **자본주의**에게 이러한 사태는, 자신의 순환이 그 종국에 이르렀으며 남은 것은 이 역사적 과정의 희극적 반복뿐임을 시사하는 것이다. 이렇게 심각한 위기에 처한 자본은, 다중지성의 포획이라는 커다란 목표 속에서 고전에 대한 다중의 관심을 가로채고 또 그것을 왜곡하며 훼손한다. 그것은, 고전이 해방과 자유를 찾는 다중의 공통어로 기능하지 못하도록 저지하면서 오히려 고전으로부터 삶에 명령질서를 부과할 가능성을, 그리고 그렇게 하는 것의 정당성을 찾아내려는 작전의 일부이다.

이 두 가지 흐름의 교차로 인하여 고전 붐은 격렬한 사회적 투쟁의 장으로 된다. 더 이상 사유재가 아니며 지적재산권의 제약도 미치지 못하는 고전은 현실의 다중지성만큼이나, 아니 어쩌면 그보다도 더 **공통적**인 성격의 자원이다. 그러나 공통적인 것이란 결코 단일하다는 것을 의미하지 않는다. 공통적인 것은 오히려 다양성의 바다이며 다양한 가능성들과 경향들의 공존에 의해 특징지어진다. 그리고 그것은 고정된 것이 아니라 유동적인 것이다. 이미 정해져 있는 고전의 세계란 존재하지 않는다. 그것은 전승되어야하는 것일 뿐만 아니라 발견되어야 하는 것이며 심지어 발명되어야 하는 세계이기도 하다. 그렇기 때문에 다중의 입장에서 고전공부의 문제는 바로 지금의 사회적 투쟁에 어떤 목적을 가지고 어떤 방법으로 참가할 것인가의 문제로 된다.

우리는 이 장의 앞 부분에서 인문학의 위기 국면에서 인문학이 우선회하면서 신보수주의 인문학으로 정향되는 현상에 대해 살펴보았다. 자본 입장에서의 고전 접근은 이 흐름의 내적 경향과 합치한다. 이 접근법은, 구 계급사회의 지배 엘리뜨들의 사유방식을 현대적으로 복원하는 것, 요컨대 **경쟁**은 인간 본연의 것이고 경쟁을 조절하기 위해서는 **질서**가 필요하며 질서를 위해서는 국가가 필요하고 국가의 존립은 소수의 수중에 권력을 위임하고 집중하는 것에 의해 효율적으로 보장되며 대의제도야말로 경쟁하는 대중들의 국가에의 복종, 즉 질서를 이끌어낼 최선의 장치다 …… 라는 식의 논변을 고전의 언어 속에서 추출해 내고 재생산하는 것을 업으로 삼는다. 실제로 무수한 고전작가들은, 그들 자신이 노예소유주들이거나 영주 혹은 성직자들이거나 자본가들이었다. 그렇지 않을 경우에도 고전작가들 중의 다수는 이들 지배계급의 친구이거나 이들로부터 후원을 받았던 지식인들, 예술가들, 전문가들이었다. 그렇기 때문에 고전의 세계는 위와 같은 자본의 접근법에 너무나도 풍성한 자원을 직접적으로 제공해 줄 수 있다.

이런 조건을 고려할 때, 역사 속에서 늘 배제된 자들이었고 가시화될 수 없었던 존재인 다중의 입장에서 고전을 그 자체로 전유한다는 것은 결코 단순하고 쉬운 일이 아니다. 고전의 세계가 유동적이고 복합적이기 때문에 다중이 고전을 자신을 위해 사용할 여지가 있다는 것은 분명하지만, 그것에서 문제적인 계급적 성별적 인종적 관점들의 침전물들을 걸러내야 하는 복잡한 정련精鍊 작업이 수반되어야 하기 때문이다. 기울여야 할 노력은 다음과 같은 것들이다. 첫째로 다중은 고전들을 거꾸로, 비판적으로 읽음으로써 다른 역사상과 미래 전망을 이끌어 낼 수 있다. 하나의 주장이나 명제는, 그와 다르거나 그에 반하는 무수한 주장들이나 명제들에 대한 거부 속에서 구성되는 만큼, 비판적 고전읽기는, 고전들의 빈 공간을 상상케 함으로써 억압되어온 역사, 잠재된 역사의 이미지를 열어낼 수 있기 때문이다. 둘째로 다중은 고전의 세계에서 주변화된 소수적 고전의 세계를 재발견함으로써 새로운 고전의 세계를 만들어 낼 수 있다. 1980년대의 맑스 출간 붐은, 사실상, 억압되었던 고전세계를 재발견하고 새로운 고전상을 만들어 내는 역사적 투쟁의 한 예였다. 우리는 오늘날 스피노자, 프로이트, 니체, 베르그손 저작들의 출판과 읽기에서 그러한 투쟁의 요소를 발견할 수 있다. 칸트 저작의 재출간에서도 다중은 다수적 칸트와 병존하는 소수적 칸트를 전유해낼 기회를 만들어낼 수 있다. 셋째로 다중은 **새로운 고전 전통**을 발명할 수 있고 또 그렇게 할 필요가 있다. 혁명지성의 역사가 우리에게 말해주는 것이 이것이다. 19세기에 출현한 맑스-엥겔스의 과학적 사회주의는 영국의 고전정치경제학(아담 스미스, 리카도 등)과 독일의 관념론 철학(헤겔), 그리고 프랑스의 공상적 사회주의(푸리에, 생시몽 등) 등을 근대자본주의에 대항하는 투쟁을 위해 비판적으로 전유한 산물이었다. 또 20세기 사회주의는 맑스-엥겔스의 과학적 사회주의를 러시아의 반봉건 투쟁 및 민족해방투쟁에 전용하는 과정에서 형성되었다. 이 전통은, 플라톤-아리스토텔레스-홉스-칸트-헤겔로 이어져온 주류 고전의 이미지를 전복하는 데는 성공했지만 탈근대자본주의에서 형성된 새로운 주체성인 다중의 잠재력을 현실화시킬 능력을 충분히 갖고 있지 않음을 드러냈다. 그렇기 때문에 다중에게 고전의 문제는, 단순한 복원이나 계승 혹은 비판에 그치지 않는 과제, 요컨대 새로운 고전상의 **재발명**이라는 과제를 제시한다. 이것은 넓게 보면 **새로운 인류의 발명**이라는 과제의 일부이다.

수많은 차이들을 양산하는 현대의 첨단기술문명 속에서 움직이고 있는 다중이 그 내적 특이성을 잃지 않으면서 어떻게 새로운 인류의 발명이라는 공통되기의 과제를 떠안을 수 있을 것인가? 20세기 사회주의는 부르주아 착취자의 고전상을 거부하고 전복했으면서도 결국 새로운 착취체제로 귀결되고 말았다. 20세기 사회주의가 고전에 대해 취했던 거부와 전복의 태도를 넘어서면서, 그리고 신보수주의적 방식의 고전 전유 작업을 무력화하면서 공통적 유산으로서의 고전을 새로운 세계, 새로운 인류를 구축할 새로운 **공통되기**의 잠재력으로 전화시키는 것, 이것이 오늘날 다중의 지적 인문적 실천이 달성해야 할 중요한 과제들 중의 하나임은 분명하다. 다음 장에서는 이 공통되기의 문제로 관심을 돌려보도록 하자.

14세기 볼로냐 대학 강의실의 풍경

대학에서 전통적 인문학이 주변학문으로 밀려나는 이른바 '인문학 위기'의 상황 속에서 대학 인문학은 국가 인문학으로 흡수되고 기업 인문학의 영향범위가 넓어지면서 인문학의 전반적 우향우가 빠르게 진행되고 있다고 할 수 있다.

상아탑(象牙塔, Ivory Tower)

대학은 흔히 '상아탑'이라고 불린다. 영어 Ivory Tower는 1869년 프랑스어 tour d'ivoire에서 유래된 단어이다. 상아탑은 '현실과 거리가 먼 정신적 행동의 장소'라는 의미로, 대학이 사회 외부의 기관임을 알려준다.

2008년 한국의 촛불봉기

다중의 새로운 유형의 혁명으로 평가될 수 있는 2008년 촛불봉기와 그것에 대한 인문학의 반응양식은 인문학의 신보수주의화와 그것의 위험성에 대해 생각하도록 만든다.

cognitive capitalism

인지자본주의

12장

상품에서 공통적인 것으로

인지적 지배의 모순과 인지적 저항의 잠재력

인지적 생산의 이중성

공통되기와 공통되기의 계기로서의 미메시스

공통적인 것의 발명과 공통적인 것의 경제표

공통적인 것들의 공통되기

인지적 공유지와 인지적 치유

12장

상품에서 공통적인 것으로

인지적 지배의 모순과 인지적 저항의 잠재력

인지적 저항의 이론들 및 그 한계

먼저 최근 중요한 쟁점으로 부상하고 있는 기술주의 대 생태주의의 갈등에서부터 우리 시대에 필요한 인지적 저항의 문제를 살펴보기로 하자. 기술주의는, 탈근대성을 조형하고 있는 기계화, 정보화 등이 일정한 고통의 시기를 거치더라도 궁극적으로 기술발전의 성과를 사회전체에 나누게 됨으로써 계급적대나 성차별, 환경파괴가 없는 이상적 사회를 가져올 수 있으리라는 전망을 제시한다. 반면 생태주의는, 무한발전의 가능성을 너무 쉽게 긍정하는 기술주의에 맞서 기술발전의 생태적 한계를 부각시키고 자연의 섭리에 인간이 적응하고 순응하는 삶의 태도를 요구한다. 이 두 전망은 나름의 고유한 진리치를 갖는다. 생태주의는, 기술주의가 갖고 있는 위험성을 숙지하고 경계하면서 인간이 기술존재이기 이전에 자연존재이고 생태존재임을 상기시킨다. 반면 기술주의는, 생태 그 자체가 인간이 살기에 적합하게 구조화되어 있지 않다는 것을 직시하면서 인류가 발톱이나 독이나 보호색이나 빠른 개체증식과 같은 방법 대신 기술적 생산수단의 사용을 진화의 방법으로 선택해 왔다는 것을 부각시킨다. 생태주의는 과거 속에서, 기술주의는 미래 속에서 상상력을 가져온다. 생태주의는 이미 주어진 것을, 기술주의는 창조적 가능성을 강조한다. 생태주의는 지구의 유한성을, 기술주의는 개발의 무한성을 부각시킨다. 생태주의는 자연과 감성을, 기술주의는 기술과 지성을 대안으로 사고한다. 하지만 생태주의와 기술주의는 자연존재이면서 동시에 기술존재인 인간의 양면성을 종합적으로 파악하기보다 그 중의 한 쪽 면을 극단화시키는 경향을 갖는다. 그 결과 인간이 이 둘 사이에서 분열되도록 만든다. 이러한 상황에서 절실해지는 것은, 과거와 미래의 공통되기, 농촌과 도시의 공통되기, 자연과 기계의 공통되기, 감성과 지성의 공통되기 등의 가능성을 사유하는 것이다. 자연, 인간, 기계의 경계를 주어진 것이 아니라 구성된 것으로서 사고하고 그 현재적 경계들을 넘어설 방법을 모색하는 것이 필요하다. 인간의 신체를 단순히 생물학적인 것으로서가 아니라 생물학적이면서 동시에 사회정치적인 것으로서 이해하고 인간성을 생물적이면서 동시에 문화적인 것으로 이해하는 것이 필요하다.

이런 관점에서 보면 인지적 지배 역시 전면적이고 일방적인 것일 수 없다. 공포, 우울, 불안의 정서들은 다양한 힘들이 상충하는 신체정치적이고 생물문화적인 상황의 산물이기 때문에, 우리는, 인지적 지배 속에 인지적 지배를 넘어서고 벗어나려는, 자신의 현재를 극복하려고 노력하는 힘들과 경향들의 다양성 역시 존재한다는 것을 발견할 수 있다. 인지적 지배는 필연적으로 인지적 저항을 수반한다. 지금까지의 인지적 저항이 새로운 유형의 인지적 지배에 의해 부단히 흡수되어 왔다고 하더라도 그러하다. 우리는 지금까지 인지가 결코 두뇌의 기능만이 아니고 다양체로서의 신체의 기능이기도 하다는 관점을 유지해 왔다. 정동은 신체와 정신을 잇는 매개적 운동공간으로서, 인지적 지배와 인지적 저항이 실제적으로 각축하는 장으로 기능한다. 요컨대, 모든 인지는 정동적 인지이고 정동적 인지는 상충하는 힘들의 각축장이다. 그러므로 인지적 지배와 인지적 저항의 관계라는 우리의 문제는, 문화적 실천들의 집합으로서의 생물문화적 진화과정이라는 관점에서 효과적으로 고찰될 수 있다.

이 작업은 일단, 종말론적이고 묵시록적인 세계이해로부터 일정하게 거리를 두지 않고는 달성될 수 없다. 지금까지 묵시록적 세계이해는 공황, 조울, 불안의 전일적 지배를 밝혀내는 데에서 탁월한 능력을 보여주었다. 예컨대 아감벤은 테러를 통한 예외상태의 조성이 우리 시대 권력의 주요한 통치방식임을 구체적으로 그리고 깊이 있게 밝힌다. 민주주의의 결론은 전체주의라는 것이 그의 이론의 도달점이다.[1] 공황, 조울, 불안에 의해 지배되는 현재의 상황의 전체주의적 성격을 강조하는 것은 근대민주주의의 역설과 위선을 폭로하는 데 분명히 효과를 발휘한다. 하지만 그것이 비판적 결론으로만 제시될 때에는 오히려 저항적 출구를 닫는 효과를 가져온다. 다시 한 번 강조하거니와 인지적 지배는 결코 전체주의적일 수 없다. 인지가 신체적이고 정동적인 한에서, 신체의 본래적 다양성이 그 지배에 한계를 부여하고 다른 인지의 가능성을 열어놓기 때문이다. 그러므로 우리의 작업은 인지적 지배과정 내부에서 지배적 인지형태를 극복할 또 다른 정동적 인지의 잠재력을 찾아내고 그것을 현실화할 길을 찾아내는 것으로 나아가야 한다.

독에서 해독제를 추출하기의 전략

이 지점에서, 우리가 5장에서 참조했던 빠올로 비르노의 생각이 다시 유익하게 참조될 수 있다. 그는, 불편함, 허무주의, 기회주의, 냉소주의, 호기심, 잡담 등의 감정형태들을 다중의 노동과정 및 생활과정의 특징이라고 말하면서도, 그것을 타락, 비본래성 등의 술어를 통해 부정적으로 묘사했던 하이데거와는 달리, 바로 그 속에서 새로운 가능성의 역량을 읽어내려고 한다. 그에 따르면 "주체는 전쟁터다."[2] 그래서 그는 다중의 정동적 인지의 이중성의 가닥을 세심히 따라 간다. 그는, 불편함, 허무주의, 기회주의, 냉소주의, 호기심, 잡담 등과 같은 '나쁜 감정들'에서 출발해서 중립적인 핵심으로, 즉 원리상 그처럼 편재하는 것과는 아주 상이한 방향전환을 생기게 할 수 있는 근본적 존재방식으로 올라가야 한다고 주장하면서, 지금 당장은 독처럼 보이는 것으로부터 해독제를 뽑아내자는 입장을 취한다.[3]

이런 시각에서 볼 때 허무주의는, 다중의 부정적 정조일 뿐만 아니라 동시에 다중의 "역량의 근본적 구성성분"4으로 이해되며 기회주의는, "호기에 대한 날카로운 감수성, 만화경처럼 다채로운 기회에 대한 친숙성, 가능한 것 자체와의 친밀한 관계"5의 능력으로 이해되고 냉소주의는, 모든 척도로부터 벗어나 새로운 가능성과 친숙해질 수 있는 능력으로 이해되며 호기심은, 순수인식에만 몰두하는 관조적 삶에 대한 평민들의 패러디로서 사유의 특권을 해체하는 감각의 눈으로 이해되고6 잡담은, 모든 순간에 새로운 담론의 창안과 실험을 가능케 하는 생활양식으로 이해된다.7 부정적인 이해에서 출발하여 긍정적인 이해로 나아가는 비르노의 이 방법 속에서 우리는, 이론의 은유적 눈과는 다른 신체의 감각적 눈, 감각적 배움, 정동적 관계양식이 이 '나쁜 감정들'의 똥거름 속에 적극적으로 살아움직이고 있음을 발견하고 그것을 놓치지 않는 유물론적 탐구방법을 확인할 수 있다.

인지적 지배의 독에서 인지적 치유의 해독제를 뽑아내는 것은 어렵지만 중요하다. 그런데 인지적 치유의 해독제가 독으로부터 추출될 수 있는 것은, 독 그 자체가 변형과 착취를 통해서이지만 근본적으로는 인지적 능력에서 연원하는 것이었기 때문에 가능한 것이다. 이렇게 인지적 지배력이 다중의 인지적 능력과 잠재적 공통체에 대한 착취의 산물인 한에서, 우리가 인지적 치유의 방향을 유독 인지적 독에서만 찾아야 할 이유는 없다. 아니 우리는, 인지적 독의 장소보다 훨씬 더 근원적이고 폭넓은 장소에서 인지적 해독제를 찾아낼 수 있다. 그것은 인지적 생산이 전개되는 삶 자체라는 장소이다.

인지적 생산의 이중성

우리가 주목해야 할 것은 인지적 생산의 이중성이다. 상품이 교환가치와 사용가치로 이중화되고 생산과정이 가치증식과정(교환가치 생산)과 노동과정(사용가치 생산)으로 이중화되듯이, 인지생산도 상품 생산과정과 공통되기의 생산과정으로 이중화된다. 상품을 뜻하는 영어 commodity는 본래 **적합함**, 편리함을 뜻하는 라틴어 commodus(com+modus)에서 유래하여 이후에 **이익**, 수익을 뜻하게 되었고 다시 그것은 편리하고 유용한 상품을 뜻하게 되었다. 자본주의에서 그것은, 사용가치와 교환가치의 모순적 결합 속에서 사용가치가 교환가치에 의해 지배되는 물物, **상품**을 의미하게 된다. 그런데 어떠한 상품도 사용가치 없이는 상품으로 기능하지 못하듯이 인지상품도 그 고유의 사용가치에 근거해서만 상품으로 기능하게 된다. 인지상품의 사용가치는 공통적인 것의 생산에 있다. 공통적인 것을 의미하는 영어 common은 라틴어 communis에서 유래하는 것으로 '공동으로ko 나누거나mei 공동으로 책임지는 것munia', 즉 '모두에게 속하는 것'을 의미한다. 자본주의 이전부터, 이 공통적인 것의 절편화와 절취 및 사유화에서부터 상품이 발생했다. 이 상품 속에 내재하는 상품성과 공통성, 사적인 것과 공통적인 것의 모순은 교환가치로서의 상품과 사용가치로서의 상품 사이의 이중성과 모순이라는 형태로 자본주의에서도 재생산된다. 그런데 상품이 더 이상 교환을 통해 분배되지 않고 생산과정에서 직접적으로 공통적인 것으로서 소비되는 인지생산에서는 어떨까? 인지생산에서 이 이중성과 모순은 사라지기는커녕 더욱 첨예하게 되고 심지어 적대적인 것으로 된다. 이 모순과 적대는 인지적 병리현상을 심화하고 보편화하여 그것이 계속 지속되기는 어려운 것으로 만든다.[8] 그 결과, 앞서 말한 공포, 우울, 불안 등의 정동적 위기 위에 생태적 위기, 사회적 위기, 지적 위기 등이 중첩되어 한층 복합적인 것으로 나타나며 자연적인 것과 신체적인 것, 감각적인 것과 정동적인 것, 지성적인 것과 이성적인 것, 사회적인 것과 정치적인 것 등 모든 차원과 영역에서 위기가 일반화되는 것이다.

이 위기를 치유할 방법이 있다면 그것은 상품논리에 종속되어 있는 공통적인 것을 만회하고 그것을 상품적인 것의 틀 너머로 확장시키는 것에서 찾아야 할 것이다. 공통적인 것이 인류됨의 가능성의 역량을 구성하기 때문이다. 이 공통적인 것의 역량을 가진 사람들이 수동성과 예속, 슬픔의 정동에 빠지게 되는 원인은 인간들이 맺고 있는 사회적 관계, 즉 상품관계와 자본관계 그 자체에 있다. 인간이 이 관계를 바꿀 수 있는 가능성이 있다면 그것은, 변용의 능력인 정동이 수동적이기만 한 능력이 아니라는 것에 있다. **정동**은 수동과 능동의 교차지점에 놓이며 수동으로부터 기쁨과 공통을 이끌어낼 수 있는 가능성과 주체성의 장이다. 인지적 지배 하에서 인지적 기쁨과 인지적 공통의 가능성을 추출하고 집적하는 것은 무엇보다 인지적 정동, 정동적 인지에 의해 가능해진다.

공통되기와 공통되기의 계기로서의 미메시스

이 가능성의 추출과 집적은 상상, 이성, 직관의 능력을 동시에 요구한다. 합리주의자들은 상상력을 부적합의 인식능력으로 파악하고 그것을 대안적 인지능력들의 범주에서 배제하며, 구조주의자들도 상상(이데올로기)의 실재성을 인간적 삶의 필연적 조건으로 파악함으로써, 대중은 스스로의 두뇌로는 이 상상이라는 조건을 넘어설 수 없고 따라서 자신의 삶을 자율적으로 통치할 수 없다는 결론을 도출한다. 이들은 더 많은 상상이 더 많은 빈번함, 더 풍부한 정신의 원천이 될 수 있다[9]는 것을 부정한다. 이리하여 상상의 구성적 역할은 거부되고 대안적 인지능력은 오직 이성에서만 찾아진다. 이러한 방법은 흔히 사도나 전위, 혹은 (대중에서 분리된) 국가의 필요성을 옹호하는 사상적 무기로 사용된다. 그렇지만 이것은 상상에 대한 일면적이고 소극적인 해석에서 파생되는 효과이다. 상상은 다양체들과 관계하는 다양체의 능력이며, 이성은 다양체들의 공통관계를 인식하는 공통되기의 능력이고, 다양체들을 영원의 상 아래에서 파악하는 공동체적 직관력(덕성)은 공통되기를 습관과 제도로서 구성하기 위해 구성원들에게 필요한 능력이다.[10] 스피노자에게서는 상상-이성-직관의 인식진화론이 코나투스conatus-쿠피디타스cupiditas-비르투스virtus로의 정동진화론을 수반하는데, 이는 다양체-사회체-공통체로의 신체진화론을 인식진화론과 매개한다. 다시 말해 스피노자는 인식, 정동, 신체 모두에서의 공통되기를 이론화했다.

공통되기를 좀 더 깊이 있게 이해하기 위해 우리가 상대적으로 친숙한 주제를 거쳐 우회하는 것이 허용된다면, 우리는 20세기 서구 유물론의 주요한 논쟁 주제였던 반영과 미메시스mimesis의 능력을 공통되기의 한 계기로 해석하는 것에서 시작해 볼 수 있다. 당대의 논쟁은 반영으로서의 미메시스에서 출발했고 또 그 선을 따라 전개되었지만, 그것을 공통되기의 계기로서의 미메시스에 대한 개념을 발전시키는 계기로 이해하는 것이 가능하다. 미메시스에 대한 고전적 개념을 유지하는 루카치의 미메시스론11은 '유사하지 않은 것들의 공통되기'의 과정에 수반되는 일정한 사태들에 대한 인간중심적이고 시각중심적인 해석의 하나로 볼 수 있다. 벤야민은 미메시스를 상응에서 번역으로 치환하고 재현보다 표현을 중심적 계기로 설정함으로써 미메시스 개념을 확장한다.12 아도르노는 미메시스를 '비동일적인 것das Nichtindentische 혹은 타자를 지각하고 경험하는 방식 혹은 그러한 요소들에 합당하고자 노력하는 사고의 의식적 태도'로 변용함으로써 미메시스를 공통되기의 계기로 설정하는 사유에 한층 가까이 접근한다.13 이 때, 반영론에서 객관적인 것 혹은 대상으로 간주되어온 것은 비동일적인 것, 즉 타자로 고려되고 반영은 탈마법화 (벤야민)나 경험하기(아도르노)로 이해되는 데 이 탈마법화나 경험하기의 과정은 바로 공통되기를 구성하는 하나의 계기로 될 수 있다.

공통적인 것의 발명과 공통적인 것의 경제표

우리가 미메시스론을 공통되기의 한 계기로 파악할 때 결정적인 것은 공통적인 것을 주어진 것으로 받아들이는 것이 아니라 경험과 번역의 과정에서 발명하고 구성하는 것으로 파악하는 것이다. 이 작업에서 무엇보다도 중요한 것은 우리의 삶의 공장인 메트로폴리스를 공통적인 것이 생산되고 축적되고 실현되는 장소로, 일반적인 생산의 조직으로 이해하는 것이다. 인지적 지배는 이 공통적인 것의 포획을 위해 설치된 인지적 다이어그램과 인지적 알고리즘을 통해 기능한다. 그러므로 공통적인 것을 되찾기 위해서는 구성적이고 제헌적인 과정이 펼쳐지는 메트로폴리스 공간을 재정복해야 한다. 그것은 인지적 다이어그램에 사선diagonal을 대치시키고, 바둑판형에 간극을 대립시키고, 위치에 운동을 대립시키고, 정체성에 생성을 대립시키고, 단순한 자연에 무한한 문화적 다양성을 대립시키고, 기원의 참칭에 인공물을 대립시키는 것이다. 정치적으로 이것은, 자유의 발명을 추구했던 근대민주주의에 공통적인 것의 발명을 추구하는 절대민주주의를 대치시키는 것이다.[14]

이런 관점에서 네그리(와 하트)는 화폐나 상품의 순환과 재생산을 그린 케네의 경제표나 맑스의 재생산도식을 공통적인 것의 순환과 재생산을 그린 삶정치적 경제표로 대체하자고 제안한다. 왜냐하면 오늘날은 농업이나 공업이 아니라 삶정치적 생산이 헤게모니적이며 모든 산업들은 삶정치적으로 되고 공통적인 것의 경제표에 종속되기 때문이다. 이 경제표의 작성은 두 가지 어려움에 직면한다. 첫째는 삶정치적 노동의 자율성이 표의 일관성을 위협한다는 것이다. 자본은 여전이 삶정치적 노동에 의존하지만, 삶정치적 노동의 자본에 대한 의존성은 점점 약화된다. 둘째 삶정치적 생산의 생산물은 척도를 거부하며 그것을 초과한다. 생산의 주체성이 삶정치적 가치 발생에 점점 중요하게 되면서 이 문제는 심화된다. 주체성은 사용가치지만 자율적으로 생산하는 능력을 갖고 있으며, 주체성은 교환가치지만 양화하기 불가능한 교환가치이기 때문이다. 그런데 전통적 가치도식으로서 경제표를 제시함에 있어서의 이 어려움을 네그리와 하트는 삶정치적 경제표의 불가능성을 의미하는 것으로 받아들이지 않고 다른 경제표의 필요성을 의미하는 것으로 받아들인다.[15]

필요노동은, 삶정치적 맥락에서는, 공통적인 것을 생산하는 것으로 고려되어야 한다. 삶정치적 경제에서도 임금갈등은 존재하지만 임금관계가 그것을 봉합할 수는 없다. 그것은 점점 공통적인 것을 둘러싼 투쟁으로 된다. 삶정치적 경제에서 사회적 재생산은, 사적인private 혹은 공적인public 관리나 명령하에 있지만, 그것에 대립하는 것으로 생각되어야 한다. 잉여노동과 잉여가치는, 자본에 의해 전유되지만, 자본의 생산물이 아니라 사회적 협력과 공통적인 것the common의 생산물로 이해되어야 한다. 잉여가치율은, 개별적인 노동자의 노동력에 대한 착취수준이 아니라, 사회적 노동력을 구성하는 생산의 공통적 힘에 대한 자본의 착취수준으로 이해되어야 한다. 삶정치적 시대에, 자본주의적 생산의 사회적 성격과 자본주의적 축적의 사적 성격 사이의 모순은 더욱 극단적으로 된다. 자본이 공통적인 것을 축적하면 할수록 그것의 생산성이 저지되기 때문이다. 점점 자율적으로 되면서 자신에 적대적인 힘으로 전화하는 사회적 노동력에 직면하여 자본은 위기에 처한다. 이에 대한 자본의 대응 방식이 바로 군사적–경찰적 수준과 금융적–화폐적 수준, 그리고 사회적 –노동적 수준에서의 인지적 지배였다. 그 결과 이제 **교환의 순환**을 담은 **경제표**로는 사회적 삶의 순환과 재생산을 온전히 그려낼 수 없다. 이제 사회적 삶의 순환과 재생산은 자본에 의한 인지적 착취와 인지적 지배에 대항하는 삶정치적 투쟁의 순환을 담은 경제표로써만, 아니 **정치표**로써 만 충실하게 그려낼 수 있다. 안또니오 네그리와 마이클 하트는 다음과 같은 내용으로 그 정치표의 밑그림을 제시한다.[16]

	I	II	III
정의	삶정치적 노동의 자유의 방어	사회적 삶의 방어	민주주의의 방어
내용	노동에 대항하는 공통적인 것의 투쟁	임금에 대항하는 공통적인 것의 투쟁	자본에 대항하는 공통적인 것의 투쟁

삶정치적 재생산을 표현하고자 한 이 그림에서 재생산 순환의 I부 문은 노동에 대항하고, II부문은 임금에 대항하고, III부문은 자본에 대항 하는 역할을 맡지만 모두 공통적인 것의 행위로 나타난다. 여기에서 공 통적인 것은, I부문에서 삶정치적 노동의 자유를 방어하고 II부문에서 사회적 삶을 방어하며 III부문에서 민주주의를 방어하는 투쟁을 수행하 면서 삶정치적 순환을 지속시켜 나가는 힘으로 나타난다.

공통적인 것들의 공통되기

공통적인 것의 투쟁과 순환에서 다중이 풀어야 할 두 가지 중요한 문제가 있다. 하나는 삶정치적 생산에서 서로 다른 역할을 담당하는 다양한 공통적인 것들이 어떻게 연결될 것인가의 문제, 즉 공통적인 것들의 공통되기의 문제를 푸는 것이다. 그런데 이 문제는, 지금까지 공통되기를 독점적으로 자임하고 참칭해온 국가라는 실체에 직면할 수밖에 없다. 왜냐하면 국가는 사적인 것들 사이의 갈등을 조정한다는 명분으로 거대한 권력을 행사해 왔지만, 공적인 것이라고 불리는 그 권력 행사의 효과는 끊임없이 본질적으로는 사적인 것으로 귀착되어 왔기 때문이다. 공통적임을 참칭하는 공적 국가의 이 사적 성격을 맑스주의 고전가들은, "국가는 부르주아지의 공동위원회다"(맑스), 혹은 "국가는 한 계급이 다른 계급을 억압하기 위한 도구다"(레닌) 등의 말로 표현해 왔다. 그러므로, 공통적인 것을 참칭하면서 사적인 행동을 수행해온 국가에 대해 삶정치적 공통되기의 운동이 어떤 태도를 취할 것인가가 또 하나의 문제로 대두된다.

첫 번째 문제는 생태적 투쟁과 사회적 투쟁의 연대의 문제를 중심으로 마이클 하트에 의해 다루어졌다.[17] 그에 따르면 공통적인 것에는 두 개의 영역이 있다. 하나는 '생태적인 공통적인 것'이며 또 하나는 '사회경제적인 공통적인 것'이다. 이것을, '자연적인 공통적인 것'과 '인공적인 공통적인 것'으로 나눌 수도 있다. 하지만 삶정치적 관점에서는 이 두 영역의 경계가 흐려진다. 이 두 영역은 동일한 논리에 따라 작동한다. 가령

이 두 영역은, 소유관계에 의해서는, 모두 도전받고 악화된다. 그리고 두 영역은 전통적인 경제적 가치를 좌초시키며 삶의 가치를 가치평가의 유일하게 정당한 저울접시로 만든다.

그렇지만 이 두 공통적인 것이 **상반된** 논리에 의해 움직이는 것처럼 보이도록 만드는 두 개의 본질적 측면이 있다. 우선, 생태적 담론은 공통적인 것의 **보존**에 초점을 맞추고, 또 지구 및 생물형식들의 **제한성**에 초점을 맞춤에 반해, 공통적인 것의 사회적 인공적 형식들에 대한 담론은 일반적으로 **창조**에, 공통적인 것의 생산의 무한하게 **열린 성격**에 초점을 맞춘다. 둘째, 사회적 담론이 인간의 이해관계를 중심적으로 취급함에 반해, 환경담론은 인간 세계 혹은 동물 세계보다 **훨씬 넓은** 이해관계의 영역을 만들어낸다. 그렇다면 이렇게 이질적으로 보이는 공통적인 것의 이 두 영역들은 어떤 관계 속에 있으며 어떻게 서로 대화할 수 있을까?

마이클 하트는 이 문제의 해법을, 우리가 앞의 삶정치표에서 확인한 것처럼, **공통적인 것의 중심성**에서 찾는다. 주지하다시피 생태운동과 생태적 사유에서 공통적인 것의 중심성은 지속적으로 강조되어 왔다. 이와는 달리 사회경제적 사유와 사회운동의 전통에서 공통적인 것의 중심성은 그다지 널리 인지되지 않았고 또 그만큼 강조되지도 않았다. 그런데 이러한 경향은 최근의 변화된 사회경제적 상황과 잘 조응되지 않는다. 더 이상 산업생산이 헤게모니적이지 않고, 헤게모니가 비물질적 생산의 인지적 정서적 활동과 그 구조로 이행하면서 사회경제적인 것에서 공통적인 것의 비중과 역할이 크게 높아지고 있기 때문이다. 이 과정에 상응하는 인식의 전환을 꾀하고 운동을 재편하는 것이 결정적으로 중요하다. 현대의 생산형식은 점점 사회관계와 삶형식을 창조하며 이런 의미에서 삶정치적인 것으로 되고 있다. 그리고 사회적 생산이 삶정치적 생산으로 되어 가면 갈수록 그것이 생태적인 것의 생산 및 재생산에 접근해 간다. 이 상황은, 사회적 사유 및 운동을 생태적 사유 및 운동에 접근시키고 궁극적으로는 양자 모두를 삶형식의 생산과 재생산이라는 틀 속에서 수렴할 수 있는 조건으로 작용할 수 있다.

오늘날의 삶정치적 상황에서 생태적 영역과 사회적 영역이 공유하는 첫 번째 논리적 특징은, 이 두 영역 모두에서 공통적인 것은 소유관계에 의해 퇴락한다는 것이다. 지적재산권이라는 사유화 법法의 효과가 일상적으로 입증하듯이, 비물질적 형식의 사회경제적 공통적인 것에 대한 배타적 권리는 공통적인 것의 퇴락을 가져오며 미래적 생산성의 커다란 감소를 가져온다. 그렇기 때문에 자본주의적 생산에서는, 생산성의 향상을 위해 공통적일 필요와 축적을 위해 사적일 필요 사이에 항상 긴장과 모순이 발생한다. 생태적 영역에서도 공통적인 것은 사적이고 공적인 소유관계에 의해 퇴락한다. 환경에 미치는 어떤 작용들은, 그 효과가 유익한 것이든 해로운 것이든, 항상 국경의 경계도, 소유의 한계도 넘어서 발휘된다. 문명세계뿐만 아니라 극지방에까지 영향을 미치고 있고 그것이 다시 문명세계에 반작용하고 있는 지구 온난화 문제는 이 사실을 보여주는 공인된 예증일 것이며 2011년에 일본에서 나타난 지진과 쓰나미, 그리고 방사능의 파괴적 연쇄반응 및 그것에 대한 일국적 관리방식이, 일본은 물론이고 국경 너머 전 세계의 시민들에게, 나아가 지구 생명체 전체에 공포와 불안을 확산시키고 있는 것도 그것의 다른 한 예증일 것이다. 생산의 전 지구적 공통적 성격은 자본주의적 축적의 사적 성격과 충돌할 뿐만 아니라 국가를 축으로 하는 공적 관리와도 충돌한다. 마이클 하트는 이것을, 맑스가 규정한 바 있는, 생산의 사회적 성격과 축적의 사적 성격 사이의 모순의 현대적 확장으로 이해한다.

두 영역의 공통적인 것이 공유하는 두 번째 특징은, 그것들이 가치의 지배적 척도를 파괴하고 또 초과한다는 점이다. 신자유주의 경제학에서의 외부효과[18], 무형자산 등의 개념은 이미 사회경제적인 공통적인 것의 실재성을 직간접적으로 가리키는 것이고 그것에 대한 수탈을 정당화할 이론적 모색을 표현하는 것이다. 그러나 공통적인 삶정치적 생산과 그것의 사적인 관리 및 수취 사이의 모순은 위기를 통해 반복적으로 드러난다. 최근의 전 세계적 금융위기는, 이 삶정치적 생산을 자본주의적 척도로는 측정할 수도 지배할 수도 없다는 사실이 표현된 가장 대규모적인 사례이다. 삶은 척도를 초과한다. 그리고 경제적 재화나 경제 활동의 가치조차도 전통적 척도를 초과하며 그것을 벗어난다. 생태적 영역에서도 공통적인 것의 가치는 측정 불가능하다. 삶의 형식들은 기존의 척도로는 측정불가능하며, 삶 및 생명의 가치에 기초한 근본적으로 다른 저울눈을 필요로 한다. 맑스는, 자본주의 역사에서 심화되는 생산의 사회화와 그만큼 심화되는 소유와 관리의 사유화를 주목하면서, '사회적 생산에 사회적 통제를!'이라는 요구를 내세웠다. 사회적 생산은 삶정치적으로 깊숙이 공통되어 가고 있는데 그 결과의 수취나 관리의 양식(사적이거나 공적인 소유와 관리)은 이것과 섬뜩할 정도로 괴리되어 있는 우리 시대에 그 요구는, '공통적 생산에 공통적 통제를!'로 변형되어야 할 것이다.

공통적 통제에 대한 요구를 하트는, 공통적인 것의 두 가지 상이한 형식들에 대한 관리방식들을 민주적으로 서로 연결시킬 필요로 받아들인다. 공통적인 것의 두 형식들이 때로 상반된 방향으로 작동하곤 하기 때문이다.

첫 번째 연결의 필요는 창조의 논리와 보존의 논리를 연결하는 것으로 주어진다. 생태적 사유와 정치는 지구의 유한성과 그 생명체제의 유한성을 강조해온 반면 경제사회적 영역의 공통적인 것의 사유와 정치는 일반적으로 생산의 무한한 성격을 강조해 왔다. 여기에서, 유한성 의식에 기초한 보존과 제한에 대한 요구가, 창조적 잠재력의 무한성 의식에 기초한 발전과 자유의 요구와 상충하곤 한다. 그렇다고 해서 생태적으로 공통적인 것에 대한 사유는 발전에 반대하고, 사회경제적으로 공통적인 것에 대한 사유는 발전 지향적이라고 단순화해서는 안 된다. 두 경우에 '발전'이 근본적으로 상이한 것을 의미할 수 있기 때문이다. 특히 삶정치 시대에는, 공통적인 것의 사회적 생산에 포함된 발전이 과거의 산업발전과는 아주 다른 것을 의미할 수 있다. 전통적으로는, 생산은 창조를 의미하고 재생산은 보존을 의미하는 것으로 구분되어 왔는데, 삶정치적 맥락에서는, 생산과 재생산 사이의 이 전통적 구분이 해체된다. 한쪽에서의 보존에 대한 요구가 다른 편에서의 창조에 대한 요구와 대립하기는

커녕 서로 상보적일 수 있다. 보존에 대한 요구와 창조에 대한 요구 모두가 근본적으로는 삶의 형식의 생산과 재생산을 지향하기 때문이다. 이때 공통적인 것의 두 가지 형식이 서로 연결될 수 있다.

두 번째 연결의 필요는 인간적인 것에 대한 관심과 생태적인 것에 대한 관심을 연결하는 것으로 주어진다. 공통적인 것을 위한 두 영역의 투쟁에서 두 번째의 갈등적 지점이, 인간의 이해관계를 어느 정도로 자신의 준거틀로 받아들이느냐에서 주어지고 있기 때문이다. 사회경제적 수준에서의 공통적인 것의 투쟁에서는 인간의 문제가 중심에 놓여 있다. 그래서 가장 중요한 과제는 위계의 극복, 계급과 소유, 젠더와 섹슈얼리티, 인종과 민족성의 제거에 놓인다. 생태적 투쟁은 자신들의 프레임을 인간 너머로 확장하곤 한다. 생태적 담론에서 인간의 삶은 다른 생명형식 및 생태계와의 상호작용 및 그것들에 대한 돌봄 속에서 조망된다. 일부의 심층생태적 담론에서는 비인간 생명에게 인간 생명과 동등한 수준의 관심이 두어지거나 때로는 인간보다 우선적인 관심이 두어지기도 한다. 이 차이는 중요한 차이지만 극복 불가능하거나 파괴적인 차이는 아니다. 생태적 투쟁이 사회적 위계의 성격과 그것과 싸울 수단에 좀 더 큰 관심을 기울이고, 사회적 투쟁이 지구의 유한성과 다른 생명형식들에 좀 더 많은 관심을 기울인다면 이 차이는 연결 가능해질 수 있을 것이다. 각 투쟁들 사이의 분기는 절합되고 협상되어야 할 공통적인 것의 상이한 면모들을 향하고 있다. 하트는 이 차이들이 건강한 성격의 것이며 그 차이들에 참여하면서 그것을 새롭게 조직하기 위해 노력하는 것이 우리를 전

진시킬 수 있다고 말한다.[19]

서로 다른 공통적인 것들을 이렇게 서로 연결하려고 할 때 직면하게 되는 것은, 지금까지 공통적인 것들을 연결하는 주체로 자임해 왔고 또 대중에 의해 그렇게 인정받는, 국가의 문제이다. 이 문제는 닉 다이어-위데포드에 의해 중요한 문제로서 다루어졌다. 고전적 맑스주의는, 국가가 공통적안 것을 관리한다는 가상에 대한 비판에 초점을 맞추면서 프롤레타리아트 정치는 궁극적으로 국가를 파괴하고 해체해야 공통적인 것에 대한 진정한 관리방식을 발견할 수 있다고 주장해 왔다. 그런데 닉 다이어-위데포드는 그러한 전통적 관념과는 달리, 국가를 상품commodity의 유통 기관이 아니라 공통적인 것the common의 유통 기관으로 만들자는 국가 기능 혁신의 제안을 내놓는다. 2006년에 쓴 「공유지의 유통」에서 다이어-위데포드는 공통적인 것을 (생태적인 것과 사회경제적인 것의 두 수준으로 구분했던 하트와는 달리) 대지적 공유지terestrial commons, 계획자 공유지planner commons, 네트워크 공유지networked commons 등의 세 수준으로 나누고 그것들의 복합과 혼성을 고찰한다.[20]

닉 위데포드가 말하는 대지적 공유지는 마이클 하트가 말하는 생태적 공유지ecological commons와 상응하고, 네트워크 공유지는 사회경제적 공유지socio-economic commons와 일정하게 상응한다. 위데포드는 이 세 가지 공유지 중에서 네트워크 공유지를 전략적으로 결정적인 위치를 갖는 것으로 평가하는데, 이 점에서도 그의 생각은 하트의 생각과 유사하다. 두 사람 사이의 결정적 차이는, 계획자 공유지라는 개념이 마이클 하트에게는 설정되어 있지 않고 닉 위데포드에게서는 유의미한 자리를 차지한다는 것이다. 계획자 공유지라는 용어는 사회주의와 케인즈주의 국가 형태를 분석하면서 네그리가 사용했던 계획자국가planner-state를 변용한 용어일 것이다.[21] 이것은, 그가 계획자 공유지의 예를 사회주의 국가나 복지국가에서 찾고 있는 것에서 확인된다.

그런데 우리가 기존의 사회(민주)주의적 국가를 공유지의 형식으로 인정할 수 있을까? 이것은 다이어-위데포드가 스스로 속해 있다고 자임하는 자율주의적 맑스주의 전통에서는 생소한 것이다. 자율주의적 맑스주의는 고전적 맑스주의와 마찬가지로, 아니 그것보다 훨씬 더 강하게 국가 형태를 비판해 왔기 때문이다. 자율주의적 맑스주의 관점에서 국가는, 그것이 계획자국가라 할지라도, 공유지를 포획하는 기관으로 이해되며 그렇기 때문에 공통적인 것을 관리함에 있어서 국가와는 질적으로 다른 형태(가령 코뮌)의 구축을 실천적 과제로 설정해 왔기 때문이다. 그렇기 때문에 국가를 공유지의 하나로 이해하는 위데포드의 생각을 특별히 주의를 기울여서 살펴보는 것이 필요하다.

다이어-위데포드는, 공적 소유와 국가관리가 새로운 산업능력을 집단성의 형식으로 정렬한다고 보며 그런 한에서 그것은 생산에서의 공유지를 촉진하는 기관이라고 생각한다. 다시 말해 그는, 국가가 수행하는 집단화의 효과에 주목한다. 생각해 보면 20세기의 역사는, 좌충우돌의 경험 속에서이지만, 생산에서 더 큰 사회화를 촉진해 왔다. 사회민주주의에서만이 아니고 신자유주의에서도 동일한 과정이 진행되었다고 할 수 있다.[22] 이 과정에서 국가가 수행한 역할은 결정적이었다. 국가는 한편에서 공유지들을 포획하여 국영의 형태(사회민주주의 방식) 혹은 민영의 형태(신자유주의 방식)로 사유화해 왔다. 하지만 소유의 수준에서 이루어진 공유지의 이 일관된 사유화에도 불구하고 그 사유화된 것들은, 축적을 지속하기 위해서는 생산에 재투입되지 않으면 안 된다. 국가는 여기에서 다시, **생산의 수준**에서 더 거대한 사회화가 이루어질 수밖에 없도록 촉진하는 기능을 수행한다. 여기서 우리는 국가의 **모순적 기능**, 이중적 기능이라는 현상에 직면한다. 한편에서 그것은 민중이나 다중과 같은 생산적 주체성들을 사적으로 착취하도록 만드는 기관이다. 그러나 다른 한편에서 그것은 사람들을 더 크고 깊은 실제적 **연합** 속으로 끌고 들어간다.

그렇다면 문제는 착취를 위해 국가가 촉진하는 생산적 주체성들의 연합이 공통적인 것, 혹은 공유지의 개념에 상응할 수 있는가 하는 문제이다. 공통적인 것은 사적인 것과 구분될 뿐만 아니라 공적인 것으로부터도 구분되어야 하는 것이다.[23] 분명히 국가형태 속에서 정립되는 공적인 것은 공통적인 것이 아니다. 하지만 그것은 순수하게 사적인 것도 아니다. 공적인 것은 사적인 것과 공통적인 것의 복합체요 긴장이다. 특히 국가가 **삶권력적 기관**으로 전화하면서 사회의 상층으로부터 내려와 사회적 삶의 심층으로 깊이 진입하고 있는 현실에서 이 긴장과 복합성은 한층 강화된다. 국가가 계급투쟁의 장이 되는 것은 이 이중성과 복합성 때문이다. 한편에서는 국가를 사유화하려는 계급들의 투쟁이 있고 다른 한편에서는 국가를 공통화하려는 계급들의 투쟁이 있다. 이 이중성의 문맥에서 우리는 국가를 직접적으로 공유지의 형식으로 받아들일 수는 없지만 그것이 공유지 혹은 공통적인 것의 형식으로 전화할 수 있는 가능성을 받아들일 수 있다. 현실적으로 국가는 공유지가 **아니지만** 그것은 공유지로 전화될 수 있는 **가능성**을 갖고 있다. 이런 의미에서 다이어-위데포드가, '투쟁의 순환 개념이 자본의 유통과 공통적인 것의 유통의 적대적 나선의 서사로 다시 씌어질 수 있다'고 말할 때, 그 생각 속에서 우리는 국가의 문제를 현대적 복합성 속에서 재고하려는 유의미한 관점진전이 나타나고 있다고 인정할 수 있다.

그런데 다이어-위데포드는 국가의 공유지적 성격을, 그것의 공유지로의 전화 가능성에 대한 인정이라는 수준을 넘어 그보다 더 적극적으로 평가한다. 이러한 그의 평가는, 산업자본과 계획자 공유지를, 상인자본의 지구생물적 공유지에 대한 약탈을 저지하기 위한 대응으로 이해할 때 나타난다. 그는, 이 적극적 의미를 갖는 계획자 공유지가 소통산업과 연결된 금융자본의 등장으로 쇠퇴하고 있다고 파악한다. 여기에서 나는 상인자본이 생태적 공유지에 대한 착취형식인과 것과 마찬가지로 산업자본과 계획자국가도 사람들의 사회경제적 공유지에 대한 착취형식임을 잊지 말아야 한다고 강조하고 싶다. 이 측면에서 보면 계획자 국가는, 차티스트 운동이나 노동조합 운동, 혹은 정당 조직과 같은 아래로부터의 사회적 공유지들에 대한 제도적 흡수장치로서 등장한다. 다이어-위데포드는 이런 관점과는 달리, 계획자국가를 그 **직접적** 형식에서 공유지 형식으로 간주하는 쪽으로 기울어진 서술들을 하고 있는데 이것은 착취자로서의 국가기능을 묻어버릴 위험성을 갖는 서술로 보인다.

그런데 4년 뒤인 2010년에 다이어-위데포드는 같은 제목으로 다시 쓴 글에서[24] 자신의 2006년 주장에 일정한 비판적 수정을 가한다. 그 수정에서 눈에 띄는 것은 국가에 대한 관점의 변화이다. 그 변화의 지점들을 살펴보자.

여기서 다이어-위데포드는 국가기구가 강제력으로 사유재산을 지키며, 노동력 판매를 위한 사법적 틀을 제공하고 소통에 지적재산권을 강제한다는 점을 강조한다. 이러한 강조는 2006년 글에서는 발견되지 않았던 요소이다. 그렇다고 그가 현대의 공통적인 것의 운동에서 국가가 중요하다는 주장을 포기하는 것은 결코 아니다. 그는 라틴아메리카 좌파정치에서 이 문제에 대한 새로운 시각을 열 사례를 발견한다. 그는 브라질, 베네수엘라, 에콰도르, 엘살바도르에서, 권위적 국가계획이 노동자 협동체의 탈집권적 네트워크와 상호작용하면서 탈상품화 활동의 퀼트나 쪽모이의 기초를 제공하는 사회변화의 모델을 찾아낸다.

이것은 바로, 안또니오 네그리가 『글로발』[25]에서 제시하는 주제와 상통하는 것이다. 네그리는 이 책에서 브라질, 볼리비아, 칠레 등을 사례로 정부government와 운동movement의 협정이 코뮤니즘적 이행을 촉진하는 계기가 될 수 있다는 관점을 제시했다. 네그리와 하트는 『다중』에서, 군주 존 왕에 대항하는 다중과 귀족의 협정운동과 마그나 카르타의 탄생을 이행의 정치적 계기로 설명하는데, 『글로발』은 이 관점을 라틴아메리카를 사례로 구체화한 것이라고 보아도 좋을 것이다. 이 책에서, 라틴아메리카의 다중들이 귀족적 형식인 정부형태와의 협정을 통해 민주주의로의 이행을 수행하고 있다는 분석이 제시되고 있기 때문이다. 이 분석을 적극적으로 고려할 때, 2010년에 다이어-위데포드가 라틴아메리카의 사례를 들어 다시 한 번 국가의 가능성을 강조하는 것은 네그리 사유의 진화와 일정하게 공명하는 것이다. 우리는 이것들을, 자율주의 운동 속에서 국가의 위치와 역할에 대한 새로운 이해방식의 성장이라는 커다란 맥락에서 긍정적으로 이해할 수 있다.

2010년의 글에서 다이어-위데포드는, 운동들의 운동을 위한 공유지에서 중요한 것은 사회변화의 **비국가적** 모델을 제공하는 것, 그리하여 권위주의의 역사적 그림자로부터 그것을 해방시키는 것이 중요하다고 말한다. 이것은 2006년의 관점으로부터의 일정한 변화지점을 보여준다. 하지만 그는, "이것은 우리가 국가 문제를 회피한다는 것을 의미하지는 않는다"고 덧붙이는데 이제 문제는, 참으로 중요한 것, 즉 비국가적 모델을 추구하면서 국가를 회피하지는 않는 길이 실제로 무엇인가로 귀착된다. 이 문제에 대한 다이어-위데포드의 응답은 의미심장하다. 그는 오늘날의 남미 사례들에 다시 눈을 돌리면서 그것들이, 국가로부터의 거리두기와 원주민 자치를 선택했던, 멕시코 사빠띠스따의 투쟁방법과는 상이한 길을 통해 변화를 이루어가고 있는 것에 주목한다. 그는 이 남미 사례들을 개량주의의 사례로 읽는 관점과 거리를 두면서, 이것들을, 국가를 통해 운동이 무엇을 할 수 있는가를 보여주는 **실험실**로 간주한다. 다시 말해 그것들이, 국가와 공유지 제도들의 상호작용을 통해 **협력체들**을 파종하고 있는 것으로 파악한다. 이 사례들에서 국가는, 상품 유통의 기계가 아니라 공통적인 것의 유통의 기계로 기능한다고 이해하는 것이다. 이러한 추론을 통해 다이어-위데포드는, 국가가 상품 유통의 기관에서 공통적인 것의 유통의 기관으로 전환될 가능성을 실현하는 것을, 운동의 중요한 활동영역으로 설정할 것을 다시 한 번 강조한다.

여기서도 나는, 국가가 비국가적 양식으로 작동하도록 만드는 것, 즉 국가가 상품 유통을 보장하는 기관이 아니라 공통적인 것의 유통을 보장할 기관으로 작동하도록 만들 필요성과 그 가능성에 동의하면서도, 그것을 가능케 할 구체적 조건이 무엇인지를 숙고하는 것이 필수불가결하다는 점을 강조하고 싶다. 국가형태는 사회로부터 분리되어 있는 집중기관으로 출발했고 오늘날 그것은 사회를 자신 속으로 흡수했다. 국가가 시민사회 속으로 들어와 있는 것으로 보이는 것은 실제로는 시민사회가 국가 속으로의 흡수된 현실이 현상하는 방식이다.[26] 국가는 그 자체로서는, 그리고 자동적으로는, 공통적인 것의 유통의 기관으로 기능할 수 없다. 그렇기 때문에 국가에 비해, 아래로부터 네트워크 공유지가 갖는 전략적 중심성을 반복적으로 강조하는 것이 필요하다. 네트워크 공유지의 전략적 중심성이 약화될 경우, 국가는 네트워크 공유지의 힘을 흡혈하는 기관으로 순식간에 돌변할 것이다. 국가가 비국가적으로 기능하도록 만들 수 있는 것, 국가형태를 해소하면서 비국가적인 혹은 공통적인 사회 변화의 가능성을 높일 수 있는 것은, 무엇보다도 아래로부터 네트워크 공유지의 양육과 그 영향력의 확산이다.

인지적 공유지와 인지적 치유

하트와 다이어-위데포드의 공유지에 대한 논의 속에서 우리는 공통적인 것이 다양한 차원과 범주를 갖고 있다는 것을 알 수 있다. 하트가 '사회경제적 공유적인 것'으로, 위데포드가 '네트워크 공유지'라고 부르고 있는 것이 우리가 앞에서 다뤄온 인지적 차원의 어떤 측면을 지시하긴 하지만 정확히 대응하는 방식으로 그렇게 하고 있는 것은 아니다. 우리가 제3기 자본주의를 인지자본주의라고 부른 것은, 인지적 차원이 전략적 층위로 되고 있다는 사실을 드러내기 위한 것이었다. 그러므로 여기서는 인지적 차원을 사회경제적 차원이나 네트워크적 차원으로 환원하지 말고 **독자적 차원**으로 고려하도록 하자. 이럴 때 우리는 사회경제적 공유지 속에서 물질적 차원과는 구분되는 공통적인 것의 독자적 차원으로서 **인지적 공유지**를 상정할 수 있다. 이 인지적 공유지야말로, 우리 시대에 국가를 상품 유통의 보증기관에서 공통적인 것의 유통의 보증기관으로 전화시킬 동력으로, 그리고 생태적 공유지와 사회적 공유지라는 공유지의 두 층위를 아우를 연합의 영혼으로 기능할 수 있는 것이지 않을까? 이 문제를 다루기 위해서는 우선 인지적 공유지가 실재하는지, 실재한다면 어떤 양상을 띠고 있는지, 또 어떻게 기능하는지를 검토해야 한다.

앞서 우리가 살펴본 인지적 착취의 양상들(공황, 우울, 불안)은 우리가 카오스의 상태에 처해 있음을 의미한다. 베라르디는 이 카오스가 의

미영역의 가속화 및 정보크러스트의 비대화와 깊은 관련이 있다고 파악한다.[27] 우리를 둘러싼 기호세계의 **가속화**, 상징들과 정보의 **과잉자극**이 공황, 조울, 그리고 불안의 정동들을 생산한다는 것이다. 직설적으로 표현하면 우울은, 공황감을 느끼도록 가속화된 정보자극 이후에 찾아오는 욕망의 감퇴현상이다. 이것은, 오늘날의 인지적 착취의 과정이 정보와 정동을 자본의 필요에 따라 과잉 자극하여 인지주체가 두뇌를 자극하는 정보흐름을 더 이상 이해할 수 없게 되거나 과잉정동의 요구들에 마비됨으로써 나타나는 현상이다. 이렇게 되면 우리는 구체적 상황들에 대해 지적 대응과 심리적 반응을 할 수 없게 되며 결국 인지적 소통의 장을 떠나고자 하는 경향을 갖게 된다. 관객들의 웃음을 이끌어내기 위해 '먼저 웃는 것'을 직업으로 삼는 사람은, 자신의 내적 인지적 욕망 이상으로 웃기를 반복함으로써 결국 웃을 수 있는 능력을 상실하게 된다. 이 **인지적 과잉**은 지성, 정보, 정동, 소통 등 인지 활동의 전 영역에 걸쳐 나타나고 있다. 그것이 외부적으로 강제되는 형태가 아니라 외관상 자발적인 형태로 나타날 때조차도, 그것이 과잉이라는 사실은 변함이 없다. 흔히 게임 중독, 도박 중독, 인터넷 중독, 쇼핑 중독 등의 사회적 중독들은 인지적 과잉(조증)이 나타나는 현상형태이다. 중독현상은 대인 기피, 성적[性的] 기피, 음식 기피 등의 다양한 기피현상들(울증)과 병존한다.

그런데 **인지적 과소**로서의 이 우울은, 단순히 병리현상으로 치부되는 데 그쳐서는 안 된다. 그것은 하나의 앎의 형태이다.[28] 우울은, 마음이 덧없음이나 죽음에 대한 앎을 갖게 되었음을 의미한다. 그것은 아픔에 대한 지각이며 모자람에 대한 지각이고 무력함에 대한 지각이며 노쇠와 해체에 대한 지각이다. 그것은 인지적 착취로부터의 탈주의 형태이다. 맑스는『정치경제학 비판 요강』에서 신체의 직접적 노동 대신 **일반지성**이 노동하는 사회에 대해서 서술했다.[29] 이러한 사회의 상은, 과학과 기술이 생산에 응용되어 직접적 노동의 필요성이 사라지는 자동생산체제에 대한 표상이다. 여기서 일반지성은 인지적으로 착취되는 과정 중에 있는 지성의 형식이다. 자본에 종속된 과학, 기술, 기계의 연쇄로서의 일반지성은 인지적 특이성의 추상화, 평준화, 배제의 과정을 거쳐서 구축되는 지성형식이다. 그것은 지적 능력에 대한 억압, 지성의 소외를 수반하지 않을 수 없다. 정동에서도 이러한 일반화가 진행된다. 그리하여 일반지성에 상응하는 **일반감정**의 형태들이 인지적 지배를 위해 고안된다. 경쟁을 일반화하는 우월, 소비를 재생산하기 위한 쾌락, 소유를 방어하기 위한 안전 등은 우리 시대의 일반감정이다. 그리고 우리가 인지적 지배의 양상들로 고찰한 공황, 고통, 불안 등은 그것들의 직접적 효과이자 이면이다.

일반지성과 일반감정의 형태들이, 다름 아니라, 자본이 다중들의 인지적 능력을 착취하고 강탈하는 양식인 한에서, 그리고 그것의 결과로 인지적 병리현상들이 지속적으로 발생하는 한에서 그것들로부터의 탈주와 **새로운 인지적 재구성**은 결정적인 실천적 문제로 주어진다. 여기서 인지적 지배의 결과로 발생하는 감정들, 요컨대 공황, 조울, 불안과 같은 음(-)의 일반감정들은 단지 부정적 의미만을 갖는 것이 아니라 긍정적인 양

(+)의 의미를 갖기도 한다. 그것들이, 인지적 지배를 가능케 하는 조건이면서도 동시에 인지적 지배로부터의 탈주라는 측면을 갖고 있기 때문이다. 우리가 우울을 앎과 지각의 형태로 파악하는 것은 이 때문이다. 하지만 음의 일반감정들은 출발점일 수는 있어도 도달점일 수는 없고 문제제기일 수는 있어도 해결책일 수는 없다.

일반화는, 추상화를 통해, 특이한 것the singular을 특수한 것the particular으로 전환시킴으로서 달성된다. 특이한 것들은 공통화될 수는 있어도 일반화될 수는 없고 오직 특수한 것들만이 일반화될 수 있기 때문이다. 인지적 지배는 이렇게 인지적 능력들을 특수-일반의 변증법 속으로 끌고 가는 치환작업을 통해 비로소 가능해진다. 이 치환은, 자신들의 내적 상태와는 다른 감정을 표현해야만 하는 엘리베이터 걸, 전화 교환원, 은행원, 간호원, 교사, 연예인 등이 자주 겪게 되는 우울증의 원인이 된다. 그렇기 때문에 혁명의 문제는 일차적으로 이 강요된 치환의 메커니즘으로부터 정동의 건강을 회복하는 인지적 치유의 문제로 제기된다.

들뢰즈와 가따리도 『철학이란 무엇인가』의 서문에서 철학을 인지적 치유의 문제와 연결시킨다. 이들이 보기에 개념concept은 오늘날 상업적 직업형성의 수단으로 되어 있다. 마케팅, 정보학, 디자인, 광고학, 직업정치 등이 개념을 장악하고 있는 것이다. 세계자본주의의 견지에서 봤을 때는 복음일 수 있고 또 사회적 혜택일 수 있는 이 상황을 들뢰즈와 가따리는 "사유에 있어서의 절대적 참상"으로, "파국적 시대"로 파악한다.[30] 이들의 **철학적 치유작업**은 이러한 인식에서 시작되는데, 이 작업은 순수

사유, 일반개념Universeaux, 관조나 반성이나 소통으로서의 철학에 대한 대결과 전쟁을 함축한다. 그것은, 순수사유가 철저하게 배제시켰다고 여겼던 타자와의 생생한 관계를 사유 속에 다시 끌어들이는 작업이다. 다시 말해 친구를 불러들이고 우정을 가꾸어 나가는 일이 그것이다. 철학의 친구란, 어떤 외부적 인물, 사례 혹은 경험적 상황이 아니라, 사유에 내재된 어떤 현존présence, 사유 자체의 가능태의 조건, 살아 있는 범주, 초월론적인 체험을 지칭한다. 친구를 불러들여 우정을 가꾸려는 노력은, 순수사유나 일반개념을 정립하여 특이성을 특수성으로 전환하고 철학을 관조나 반성이나 합의도출을 위한 소통의 기술로 치환하는, 국가나 제국의 철학 포섭전략에 철학이 맞서는 길이며, 개념의 창조라는 철학의 고유한 영역을 개척하는 방법이고 또 자유로운 경쟁자들의 공동체인 친구들의 사회, 즉 아공Agôn 31 사회의 철학을 수립해 나갈 노선이다. 그래야만 철학이 자신 안에 스스로를 세우는 자기정립auto-position을 성취하고 자기제작적autopoiétique 특이성을 향유할 수 있을 것이기 때문이다.32

들뢰즈와 가따리가 보기에 우정은, 철학이 자신의 우울을 극복하는 방법이다. 우정은 인지 안으로 타자들, 친구들을 끌어들이는 것이고 친구들과 감각 및 관점을 공유하며 공통의 리듬을, 즉 리토르넬로ritornello 33를 공유하는 것이기 때문이다. 여기서 친구들은 그 나름의 주장자들이고 이 때문에 다름 아닌 경쟁자들이다. 그러므로 우정은 경쟁자 친구들인 타자들과 맺는 창조적 관계이다. 주장자들 사이의 경쟁적 친구관계는, 일반개념이나 순수사유와 같은 총체성의 지배를 허용하지 않고 그것에서 벗어나면서, 특수한 것으로 강제치환된 우리의 인지능력을 재특이화 re-singularization할 수 있게 한다. 이것이 관조도, 반성도, 소통도 아닌 창조로서의 인지이며 이 재특이화하는 창조야말로 인지적 치유의 과정을 구성한다. 가따리는 이 창조적 재특이화의 치유가 단순히 정신병적 위기 이전에 존재했던 환자의 주체성을 재주조하는 문제가 아니라 고유한 생산의 문제라고 파악한다. 이 생산적 과정이, 환자들로 하여금 그들의 실존적 신체성을 재구성하고 그들이 반복적으로 처하는 곤경에서 벗어날 다양한 가능성을 제공하면서, 실질적으로 그들을 재특이화한다는 것이다.[34]

베라르디는 이 정신치료법을 **정치적인 것**으로 독해해야 할 필요성을 제시한다. 가따리에게서 분열분석의 목표는, 환자의 행동에 어떤 보편적 규준을 재설치하는 것에 있다기보다는 오히려 그와는 반대로 그/녀가 자신들의 차이를 의식하게 되도록 돕고, 그/녀에게 자신의 다름, 자신의 실제적 가능성과 좋은 관계를 맺을 능력을 부여함으로써 그/녀를 **특이화**하는 것에 있다. 이처럼 우울을 다룰 때의 문제는 우울증에 빠진 사람을 다시 정상상태로 돌려놓는 것, 그의 행동을 정상적인 사회적 언어의 보편적 표준 속으로 재통합하는 것에 있지 않고 그/녀의 침체된 주의의 초점을 변화시켜 마음과 표현적 흐름을 재초점화하고 탈영토화하는 것에 있다. 우울은 한 사람의 실존적 리토르넬로의 경직에, 그것의 강박적 반복에 근거하며, 우울에 빠진 사람은 그 반복적 리토르넬로를 떠날 수 없고 계속해서 그 미로 속으로 되돌아오기 때문이다. 그렇기 때문에 분열분석의 목표는 그/녀에게 다른 풍경을 볼 가능성을 주어서, 초점을 바꾸도록, 새로운 상상의 길을 열도록 만드는 것이다. 이것을, 새로운 관계의 모델을 구축하는 일로 재해석할 때, 분열분석은 정치적인 것으로 전화될 수 있다.

> 우울을 극복하는 것은 몇 개의 발걸음을 의미한다 : 강박적 리토르넬로의 탈영토화, 욕망의 풍경의 재초점화와 변경, 그리고 공유된 믿음의 새로운 성좌의 창조, 새로운 심리적 환경에 대한 공통지각, 그리고 새로운 관계 모델의 구축.[35]

요컨대 철학이 특이한 개념을 창조하는 것이듯이, 인지적 치유로서의 혁명은 강박적 틀의 탈영토화를 통해 특이한 인지와 정동을 창조하는 것이다. 이제 새로운 혁명들 속에서 인지적인 것이 어떻게 배치되어 있고 또 어떻게 움직이고 있는지를 살펴봄으로써 인지적 치유가 근거해야 할 잠재력과 그것이 나아가야 할 방향을 점검해 보기로 하자.

존왕, 1215년 마그나 카르타(Magna Carta)에 서명하다.

잃어버린 영토를 찾는 전쟁을 위한 빈번한 과세와 군역, 교황으로부터 파문을 당한 존 왕은 당시
귀족들의 신망을 잃게 된다. 결국 민중의 지지를 받은 귀족들의 반란이 성공하여 존왕은 귀족들
의 요구가 담긴 마그나 카르타에 1215년 6월 19일 러니미드(서리지역 템즈강 제방의 초원)에서
서명한다. 네그리와 하트는 『다중』에서 이것을 군주 존 왕에 대항하는 다중과 귀족의 협정운동
과 이행의 정치적 계기로 설명한다.

행진하는 체 게바라(Che Guevara, 1928~1967)와 게릴라 전사들

아르헨티나 산타페 로사리오(Rosario)에서 태어난 게바라는, 영화 〈모터사이클 다이어리〉에서 그려졌듯이, 1951년의 라틴아메리카 여행을 통해 혁명을 사유하게 된다. 그 후 라틴아메리카의 사회 운동과 혁명 정부들의 패퇴 속에서도 저항을 멈추지 않는 혁명가가 되었다. '게릴라 혁명가'로 우리에게 잘 알려진 그는 라틴아메리카의 혁명적 전통의 중요한 한 축을 구성하고 있다.

"이것은 혁명이다", 사빠띠스따 민족 해방군(Ejército Zapatista de Liberación Nacional, EZLN)

1994년 1월 1일 북아메리카 자유무역협정(NAFTA)이 발효되던 날에 사빠띠스따 민족해방군이 멕시코 정부와 전지구적 자본주의와의 전쟁을 선포하며 출범하였다. 그해 1월 8일 이들은 라깡도나 밀림에서 처음으로 혁명법을 선언한다. 미할리스 멘티니스는 『사빠띠스따의 진화』에서 이들의 출현이 "혁명의 시대가 끝났다고 믿었던 사람들"(18쪽)을 당황케 하였다며, 사빠띠스따 혁명의 독특함을 제시하고 있다. 이들은 탈근대 혁명에 선두에서 움직이면서, 21세기 라틴아메리카 좌파 운동에 강력한 상상력을 부여했다.

아르헨티나 피케떼로(piqueteros)의 행진

피케떼로는 실업자들이 만든 조직으로 '피켓을 든 사람'이라는 뜻이다. 2001년에 피케떼로들은, 도심으로 향하는 도로를 점거하는 강력한 투쟁을 벌였다. 이것은 실업자 문제를 전 사회적 문제로 각인시키는 계기가 되었다. 인지자본주의 시대에는 어떤 보상도 받지 못하는 실업자들도 사회적 노동망의 일부로 기능한다. 실업자들이 새로운 사회운동의 주체로 부상하는 것은 이 때문이다. 피케떼로들의 시위는 실업자들의 힘을 증명해 보였다.

브라질 대통령 룰라(Luiz Inácio Lula da Silva, 왼쪽), 베네수엘라 대통령 차베스(Hugo Chavez, 가운데), 그리고 볼리비아 대통령 모랄레스(Evo Morales)

2009년 덴마크 코펜하겐에서 열린 유엔 기후변화협약 컨퍼런스에 모인 룰라, 차베스, 모랄레스의 모습이다. 다이어-위데포드는 이 세 사람으로 상징되는 라틴아메리카 사회운동을, 비국가적 모델을 추구하면서도 국가를 회피하지 않는 방법이라는 관점에서 고찰한다. 네그리에게 라틴아메리카 사회운동은 '현대판 마그나 카르타'적 계기이다.

13장
21세기 혁명과 인지적인 것

근대 혁명에서 인지적인 것

탈근대 혁명과 인지적인 것

21세기 혁명에서 인지적인 것

"지도자 없는 혁명"인가 "누구나가 지도자인 혁명"인가

인지적인 것과 신체적인 것

13장

21세기 혁명과 인지적인 것

근대 혁명에서 인지적인 것

맑스는, 점점 거대하게 축적되는 자본의 맞은편에서 동시에 거대하게 축적되는 산업프롤레타리아트와 그들의 투쟁에서 자본주의를 극복할 희망을 찾았다. 봉건적 농촌사회에서 분산되어 있었던 **몸들**이 하나의 장소에 집결되고 공동의 생활을 하고 공동의 투쟁 경험을 갖게 됨으로써 형성될 연대심과 단결력, 그리고 계급의식이 혁명의 **인지적 동력**으로 되리라는 생각에서였다. 맑스에게서 물리적 동력과 인지적 동력은 이처럼 함께 작용한다. 그런데 레닌은, 산업 프롤레타리아트의 이 자생적 투쟁력과 인지력이 혁명의 근거이자 동력인 것은 분명하지만 그것이 조합주의적 경제투쟁의 한계를 넘어서지 못하고 있는 현실에 직면했다.[1] 그래서 그는, 이 자생적 투쟁을 목적의식적인 사회주의 정치투쟁으로 발전시킬 수 있는 인지적 장치를 요청했다. 그것은 전국적 정치신문의 창간이었다. 이것이 수행하는 인지적 역할은, 노동운동 외부에서 과학적 사회주의를 발전시키는 것, 개별의 투쟁들에 대한 정치적 분석을 통해 목적의식적 정치폭로를 수행하는 것, 이를 기초로 해서 사회주의 전위당을 건설하는 것, 그리고 궁극적으로 자생적인 노동자 대중운동과 목적의식적인 사회주의 운동을 결합하는 것 등으로 요약할 수 있다. 레닌이 제기한 것은 **정치적 지도**의 절대적 필요성이라는 문제였다. **지도력**은, 국가를 둘러싼 제 계급의 동태를 분석하고 이로부터 프롤레타리아트 투쟁의 목표와 방법, 전략과 전술을 이끌어내어 대중이 이에 따라 생각하고 행동하도록 선전하고 선동하고 조직하는 능력이다. 정치적 지도의 문제에 대한 레닌의 강조는, 그러므로, 근대 혁명에서 인지적인 요소가 갖는 결정적 중요성에 대한 강조로 이해할 수 있다.

그렇지만 레닌은, 프롤레타리아 혁명은 궁극적으로는 프롤레타리아트 자신이 수행하는 **물리적 기동전**을 통해서만 완수될 수 있다고 생각했다. 1917년 10월 혁명은 분명히 승리한 기동전이었다. 그런데 레닌은, 기동전에서의 승리가 혁명의 승리를 가져오는 것은 아니라는 현실에 다시 직면한다. 그가 보기에, 프롤레타리아 대중의 **사회심리적** 발전의 지체와 인지적 준비 부족은 혁명의 전진과 승리를 가로막는 커다란 장애로 작용하고 있었다. 레닌은 이 장애를 혁명적 **규율**의 도입과 그것의 **습관화**를 통해 극복하려 시도한다. 하지만 그가 죽을 때까지 이 문제는 미결로 남게 된다.

　이러한 사태를 경험한 안토니오 그람시는 레닌보다 인지적 요소를 더 강조하는 쪽으로 나아간다. 시민사회가 발전된 서구 자본주의에서, 혁명은 기동전만으로는 부족하고 유기적 지식인들에 의한 문화적 헤게모니가 선행되어야 한다고 보았다. 시민사회를 경제적 갈등의 공간으로뿐만 아니라 문화적 인지적 갈등의 공간으로 해석한 것이다. 그람시는, 당과 국가가 정치적 지도자로 될 수 있는 것은, 오직 그것들이 탁월한 교육자일 때뿐이라고 생각했다. 그는 말년의 레닌처럼 노동규율을 강조하고 건강한 습관의 형성을 중시했다. 이런 관점에서 그는, 생산과정에 테크놀로지를 도입하여 노동자들이 기계의 리듬을 따르게 하고 노동 후 시간을 건강하게 보내도록 청교도주의적 생활조직을 강조하는 포드주의를 지지했다. 그람시가 포드주의를 지지한 것은, 포드주의의 이러한 기술적 도덕적 장치들이 자본축적에 복무한다는 사실을 몰랐기 때문이 아니다. 그는, 노동자들이 새로운 인간으로 변화되는 주체적 과정이 혁명에 선행할 때에만 혁명이 실제적으로 승리할 수 있다고 보았다. 그리고 이 새로운 인간유형은 인간 내부에 잔존하는 동물성을 극복함으로써 비로소 가능해지며 새로운 규율과 습관을 훈련시킬 기술적 도덕적 장치들을 갖춘 포드주의 공장이 혁명의 승리에 필요한 이 새로운 인간유형을 산출하는 공간으로 기능하리라고 생각했다. 그람시의 관심을 끈 것은, 포드주의의 훈육적 교육적 장치들 자체가 아니라, 포드주의에서 자본가에 의해 강제되고 있는 이 훈육의 과정과 그 효과가, 어떻게 프롤레타리아트 자신의 내재적이고 **자율적인** 규율과 습관으로 전화될 수 있을 것인가하는 것이었다. 이것이 바로 프롤레타리아 자신에 의해 수행되는 **진지전**이라는 그람시의 고유한 문제설정인데, 이것은 고도의 **인지투쟁**을 추구하는 전략이었다.

1930년대 이후 운동과 혁명의 이론에서 인지적인 것의 위치는 더욱 높아진다. 프랑크푸르트 학파에게서 인지적인 것의 자리는 당이라는 정치적 공간에서 노동이라는 사회경제적 공간으로 내려온다. 인지투쟁을 각별히 강조하면서도 그 인지투쟁의 성과가 노동으로부터 독립적인 곳에 유기적 지식인들의 형태로, 그리고 그 유기적 지식인들의 네트워크인 현대의 군주(즉 당)라는 형태로 집적되는 것으로 상상했던 그람시의 역사적 한계를 고려할 때, 인지적인 것의 이러한 하향적 위치이동은 중요한 의미를 갖는다. 프랑크푸르트 학파의 문화산업론에서는 인지 활동이 산업으로 전환됨으로써 노동이 그 자체로 인지적인 성격을 띠는 것으로 파악되기 때문이다. 하지만 노동의 이러한 인지적 전환에 대한 프랑크푸르트 학파의 시선은 대체로 부정적이다. 예컨대 마르쿠제는, 노동의 **인지화** 과정이 프롤레타리아트를 더욱 **깊숙이** 그리고 **전면적으로** 자본에게 포섭되도록 만들고 사회와 인간을 일차원화한다고 보았다. 이 일차원화가 프롤레타리아의 혁명적 잠재력을 축소시키기 때문에, 고도산업사회에서 자본주의에 대한 비판의 가능성은 비판적 지식인들, 학생들과 같은 노동 외부의 지성들에게만 남게 되고 혁명의 가능성은 문명화된 서구 **외부의** 가난한 나라들로 옮겨간다고 본다.[2]

탈근대 혁명과 인지적인 것

1968년의 혁명은, 한편에서는 프랑크푸르트 학파의 추론에 대한 긍정이며 다른 한편에서는 그것에 대한 부정이다. 혁명이 노동자들이 아니라 학생들에 의해 기폭되었다는 점에서 1968년 혁명은 프랑크푸르트 학파의 생각을 뒷받침해준다. 하지만 그것이 고도산업사회 서구에서 폭발했고 학생이나 비판적 지식인 외에 노동자를 비롯한 광범한 사회층을 동원했다는 점에서 1968년 혁명은 프랑크푸르트 학파의 생각을 부정한다. 1968년 혁명의 문화 혁명적 성격은, 노동의 인지화가 자본 아래로 노동이 포섭되는 과정일 뿐만 아니라 새로운 주체성, 새로운 인간형의 형성 과정이기도 하다는 점을 보여준다. 그리고 1968년 혁명은 지식의 혁명화뿐만 아니라 정서의 혁명화를 보여준다. 여성, 동성애자 등이 혁명과정에 능동적으로 참여하면서, 혁명은 **지성적 인지화**를 넘어 **정동적 인지화**로 나아간다. 더 이상 인지노동은 지식노동으로 환원할 수 없게 되고 감각, 지각, 정보, 욕망, 정서, 감정, 소통, 판단, 의미, 지향성, 수행성 등등의 광범한 인지 활동들을 포괄하게 된다. 이로써 인지의 문제설정은, 정치적 지도력을 중심으로 한 고전 맑스주의의 문제설정뿐만 아니라 과학 기술 및 문화의 산업화라는 비판이론의 문제설정도 넘어서도록 요청받는다.

이 요청에 비추어 볼 때, 사회주의가 붕괴한 직후인 1994년에 멕시코 치아빠스주州의 깊은 정글 라깡도나에서 일어난 사빠띠스따 봉기가 주목할 만한 방향을 제시한다. 이 봉기는 마야 공산주의의 기원을 갖고 있는 원주민 공동체들에 의해 주도되었다. 농사를 지으면서 부족한 소득을 인근 도시 공장에서의 부업으로 메우는 젊은 농민공들은 이 투쟁의 주요한 동력으로 기능했으며 원주민 여성들도 오랫동안의 정치적 배제와 소외를 벗어던지고 투쟁에 참여했다. 이것들은 사빠띠스따 봉기에 젊음의 활기와 여성적 감성을 불어넣는 요소들이었다. 물론 지성적 요소가 수행하는 혁명적 기능은 간과될 수 없다. 사빠띠스따들은 무장봉기라는 고전적 형식을 선택했음에도 불구하고 그들의 주요한 투쟁수단은 총이 아니라 말이었다.[3] 부사령관 마르꼬스는 마오주의 혁명이론과 알뛰세주의 철학으로 무장한 혁명가였지만 그 이론과 철학을 원주민들의 전통적 지혜에 종속시켰다. 투쟁을 호소하는 글들과 성명서들은 테제와 지침의 형식으로 제시되기보다 에세이, 동화, 시와 구별하기 힘든 감각적이고 정서적인 형식과 문체로 표현되었다. 원주민들의 생각 및 감성과 조화를 이루는 혁명담론의 이 **인지적 진화**야말로 사빠띠스따 봉기를 오늘날까지 살아 있게 만드는 중요한 힘들 중의 하나이다.

21세기 혁명에서 인지적인 것

운동과 혁명의 이러한 인지화와 인지적 진화는 총체적 포섭시대인 21세기의 주요 혁명들에서도 뚜렷하게 나타난다. 여기서는 2008년 한국에서 전개된 촛불봉기와 2010~11년에 북아프리카와 중동 지역을 중심으로 전개된 아랍 혁명을 사례로 이러한 특징들을 확인해 보도록 하자.

혁명의 인지적 조건

한국에서 신자유주의는 자유화 더하기 민주화로 나타났다. 신자유주의의 본격화가 군부독재의 청산과정 및 민선정부로의 이행과 병행했기때문이다. 물론 한국에서 신자유주의의 기원은 군부독재 시대에로 거슬러 올라가서 발견할 수 있다. 박정희 정권이 이미 유신말기에 마산창원지역에서 신자유주의를 국지적으로 실험한 바 있고 전두환 정부가 마산창원 수출자유지역 설치를 통해 이를 계승한 바 있기 때문이다.[4] 하지만신자유주의의 전국화 시도는, 자본이동 자유화를 의미하는 세계화 정책과 "세계는 넓고 할 일은 많다"는 (김우중의) 해외진출 구호를 결합한 김영삼 정부에서 이루어진다. 그러나 김영삼의 세계화 드라이브는 자본의영역에 머물렀고 노동은 그것에 강력하게 저항하는 진지로 남아 있었다. 1996/7년의 신자유주의적 노동법 개정시도가 전후 최초의 총파업이라는 거대한 반발에 직면했던 것은 이 때문이다. 노동 세계의 신자유주의화는 1997년의 경제위기를, 그리고 이것을 계기로 노동이 신자유주의를수용하도록 설득하고 또 강제한 김대중 '민주정부'의 헤게모니 시대를 기다려야 했다. 노무현 정부에 의한 한미FTA 추진에서 그 정점에 이르는한국의 신자유주의화는, 이렇게 자본의 자유화와 정치의 민주화를 동시적으로 수반하는 이중적 성격을 띤다. 자유화와 결합된 민주화는 궁극적으로 개인주의로 수렴되었다. 그리하여 신자유주의는 이전에 위와 아래로부터 서로 다르게 강조되고 또 형성되었던 사회적 요소들의 급격한 해체를 수반했다. 위에서는 민족국가의 위기가 나타나고 아래에서는 저항의 공동체들이 소멸해 갔다. 개인적 권리와 개인적 욕망이 사회적 필요나 공동체적 상상을 압도하는 인지적 분위기는 이로부터 형성되었다.

아랍에서는 이와 달리, 신자유주의가 독재 더하기 자유화로 나타났다. 독재는 두 가지 유형으로 나뉜다. 하나는 군부독재다. 튀니지, 이집트, 리비아는 모두 수 십 년에 걸친 군부독재 아래에서 신음해 왔다. 벤 알리, 무바라크, 가다피는 모두 군인 출신들로 군부의 독재를 이끌었다. 또 하나는 왕정이다. 바레인, 사우디아라비아, 쿠웨이트, 아랍에미리트, 카타르, 오만, 모로코 등은 왕정국가로서, 이슬람형 입헌군주제에 의해 주도되었다. 이러한 이슬람 독재는 시아파와 수니파의 갈등이라는 조건 때문에 정당화되기도 한다.[5] 왕정국가에서는 권력세습이 합법적인 것이다. 그런데 군부독재 국가들에서도 개헌 등을 통해 실질적 세습이 이루어져 왔다. 아랍에서의 신자유주의는 이 두 유형의 독재를 침식하기는커녕 도리어 강화시켰다.

아랍 세계를 조금 더 긴 역사적 평면에 다시 놓아 보자. 19세기 이후 제국주의의 거듭된 침략에 노출되었던 아랍 국가들은 (1) 지역 왕조들이나 종교지도자들 등에 의해 이끌린 식민지적 종속, (2) 국가관료, 교사, 지식인, 장교 등에 의해 주도된 민족주의와 아랍 민족주의, 그리고 (3) 주로 쁘띠부르주아지에 의해 주도된 이슬람 근본주의 사이를 진자振子처럼 운동했다. 이집트의 근대 지배계급은 (1)의 방향, 즉 종속을 선택했다. 이에 맞서 민족독립을 주장하며 등장한 이집트의 〈와프드당〉이나 이란의 레자 한, 그리고 제2차 세계대전 이후 등장한 민족주의 세력인 이집트의 낫세르, 리비아의 가다피 등은 (2)의 방향을 선택한다. 종교와 세속의 결합을 주장하면서 1929년에 경전인 꾸란Quran 6과 공동체인 움마Ummah 7를 기반으로 하산 알 바나가 구축한 〈무슬림형제단〉은 (3)의 흐름을 대표한다. (2)와 (3)은 계급적 기반은 유사하지만 이슬람에 대한 태도에서 차이가 난다.

1970년대 들어 이라크의 팔레비나 이집트의 사다트 등이 그러했듯이 아랍 지배계급 일부가 다시 (1)의 노선으로 돌아선다. 과거와는 달리 이것은 식민지 종속이 아니라 신자유주의화로 나타났다. 이것은 제국주의 나라들과의 야합, 자본에 대한 개방, 경제적 정치적 부패, 그리고 심각한 경제침체 등을 가져왔다. 이와 같은 신자유주의는 튀니지, 이집트, 사우디아라비아, 예멘 등지로 넓게 확산되었다. 1979년부터 이슬람 근본주의가 다시 득세하기 시작한 것은 이러한 추세에 대한 일종의 반작용이었다. 특히 거대한 나라 이란에서 호메이니가 팔레비 왕정을 뒤엎고 이슬람 근본주의를 제창한 것은 커다란 영향을 미쳤다. 이것은 아프가니스탄의 탈레반, 팔레스타인의 하마스, 레바논의 헤즈볼라, 이집트의 지하드 등 급진적 근본주의 세력의 발전으로 이어졌다. 그런데 앞서 언급한 것처럼 현대의 아랍 정치는 식민주의적이든, 신자유주의적이든, 민족주의적이든, 근본주의적이든 세습독재와 연결된다는 공통점을 갖는다. 자유,

민주주의, 존엄을 요구하고 있는 최근의 아랍 혁명이, 튀니지, 이집트, 예멘 등에서 신자유주의 지배에 대한 거부에서 출발해 리비아에서 가다피의 신민족주의에 대한 거부로 발전하고 이란, 시리아 등에서는 이슬람 근본주의에 대한 거부로까지 발전하고 있는 것은 이 공통성과 무관하지 않다. 그것은, 지금까지의 아랍 정치의 3대 조류 모두에 대한 거부를 표현하는 것일 뿐만 아니라 사실상 20세기의 전 세계적 정치조류 모두에 대한 거부를 표현하는 것이고 세계 전체를 향해서 정치의 근본적 전환을 요구하는 것이다.

아랍 혁명의 이러한 특징은, 그것이 제기하는 문제가 전근대성이나 저발전에서 비롯되는 문제가 아님을 반증한다. 많은 사람들은, 아랍을 세계의 여타 지역과는 차이가 나는 후진 국가, 후진 지역으로 다룸으로써, 아랍 혁명을 아랍에 특수한 문제로 국지화하는 태도를 취한다. 그러나 혁명이 발생한 튀니지나 그것이 더욱 급진화된 이집트와 리비아의 경우만을 생각해 보더라도, 이 나라들은 아프리카 내에서의 선진국이지 후진국이 아니며 세계 기준에서 보더라도 후진국이나 저발전국으로 부를 수 없는 나라들이다. 현재 아랍 사회가 직면해 있는 문제는 발전의 산물이지 저발전의 산물이 아니다. 그래서 현재의 혁명도 발전에 대항하는 것이지 후진이나 저발전에 대항하는 것이 아니다. 오히려 아랍의 경우를 통해 우리는, 신자유주의가 흔히 알려진 것과는 달리, 시장 주도적인 것이 아니라 국가주도적인 체제라는 사실을 분명하게 확인할 수 있다.[8]

하지만 차이는 있다. 한국의 신자유주의에 비교해서 아랍의 신자유주의는 아래의 대중들의 욕망과 훨씬 덜 결합되어 있다. 한국에서의 신자유주의의 경우도 위로부터 자본이 주도하고 있다는 점에서는 아랍과 같다고 할 수 있지만 그것은 대중들의 상호경쟁과 욕망을 아랍보다 더 광범하게 동원하고 있는 유형에 속한다. 이에 반해 아랍의 경우에는 신자유주의가 왕족, 세습권력, 사회엘리뜨, 군부지배층 등의 부패와 훨씬 더 밀접하게 결합되어 있다. 이 차이는, 신자유주의가 주로 노동공동체에 대한 수탈을 겨냥하고 있는가 부존자원에 대한 수탈을 겨냥하고 있는가의 차이에서 비롯되고 있다.

사회구성과 정치구성에서의 이러한 차이가 혁명의 성격 차이를 가져오는 것은 자연스럽다. 한국에서는 신자유주의에 대항하는 투쟁이 소통부재에 대한 비판, 생명경시에 대한 비판, 비정규직화 등 차별에 대한 항의, 교육·전기·철도·의료 등 공적 삶의 민영화에 대한 항의 등으로 나타났다. 아랍에서는 무엇보다도 일인-일가 세습독재에 대한 거부, 독재자의 학정과 관료들의 부패에 대한 항의, 자유와 민주주의에 대한 요구로 나타났다. 물론 그 요구들은 깊은 곳에서 청년 실업을 중심으로 하는 신자유주의적 실업난, 식량난과 물가고에 대항하는 항의, 안전한 삶에 대한 요구 등과 내밀하게 연결되어 있다. 이 후자의 항의와 요구들은, 결코 아랍에 특수한 문제가 아니고, 세계적 보편성을 갖는 것이다. 실업은, 생산의 **인지화**를 기초로 진행되는 고용의 절약과 공통적인 것에 대한 착취 경향의 결과이다. 식량난 역시, 생산의 인지화와 그에 기초한 비대칭적 국제분업의 결과이다. 물가고는, 인지적 생산의 위기로 인해 비롯된 주택 및 생필품 값의 상승에, 그리고 세계 금융위기로 이어진 이 위기에 미국을 비롯한 각각의 국가들이, '양적 완화'라는 수수께끼 같은 이름으로 불리는, '화폐 찍어내기'로 대처하고 있는 것에 관련되어 있다. 이것은 아랍과 한국, 아니 세계 전체의 공통적 문제이다.

주체성의 인지화

한국의 봉기와 아랍의 혁명에서 나타난 주요한 변화는 투쟁 주체성의 변화이다. 20세기에 산업 노동자들이 혁명의 주요한 주체성이었던 것에 비해 21세기의 혁명에서는 실업자, 비정규직 노동자, 학생, 청년, 청소년, 여성 등이 중요한 주체로 등장한다. 정규직 노동자들의 파업투쟁도 지속되고 있지만 그것은 전과 달리 혁명적인 것으로보다는 개혁적인 것으로 기능한다. 한국의 촛불봉기에서 시위의 기폭은 청소년인 고등학생 안단테에 의해 이루어졌고 튀니지 혁명은 실업청년이자 노점상이었던 부아지지의 분신에서 시작되었으며 이집트 혁명은 구글의 이집트 임원인 청년 와엘 고님에 의해 촉발되었다. 한국에서는 청소년층의 선도에 교사와 여성들의 광범한 공감과 참여가 잇따랐고 튀니지와 이집트에서는 청년실업자층의 선도에 학생, 여성, 노동자 등의 광범한 참여가 잇따랐다. 이 참여는 한국에서는 인터넷 커뮤니티들과 포털 사이트의 전용을 통해 이루어졌고 튀니지와 이집트에서는 트위터나 페이스북 같은 사회연결망서비스(SNS)의 전용을 통해 이루어졌다.

우리가 3~6장 및 9장에서 검토한 바와 같이 청년 실업은 인지자본주의의 구조적 문제이다. 인지자본주의는 인지적 능력을 갖춘 사람들, 즉 지적으로 교육받고 정서적으로 단련되고 예술적으로 훈련받은 사람들의 활동을 요구한다. 현대의 청년들이 고용되어 있건 실업상태에 있건 비물질적인 인지적 활동에 연루되어 있는 것은 이 때문이다. 두드러진 것은, 대학이나 대학원과 같은 교육기관의 증설이다. 이 기관들은, 사회적으로는 인지적 활동에 대한 자본의 요구를 뒷받침하기 위해 만들어지며, 정치적으로는 실업자 증가로 인한 사회적 분노의 폭발을 저지하기 위해 이루어진다. 물론 이러한 조치는 모순된 것이다. 더 많은 인지적 노동자들이 양산되지만 그들의 대다수는 체제의 외부에 혹은 경계선에 강제적으로 적체되기 때문이다. 인지 활동에 대한 인지적 착취가 고용관계를 매개로 하지 않고도 금융적 방식을 통해 이루어질 수 있다는 사실은 이 적체를 가속시키며, 그것이 낳을 결과에 대한 둔감함을 키운다. 그 결과 불만으로 전화할 불안정이 빠르게 적체되고 분노로 폭발할 가연소재가 거대하게 축적된다. 이 가연소재의 핵인 청년 고등실업자의 폭증은 한국, 아랍뿐만 아니라 전 세계적 문제이다. 2005년의 방리외 봉기와 2006년의 CPE 투쟁과 같은 프랑스에서의 사회적 투쟁, 그리고 그리스와 영국에서 일어난 청년들과 학생들의 반란도 이에 속한다.

5장에서 언급한 것처럼, 노동의 인지화의 다른 측면은 노동의 정동화다. 노동의 정동화는 전 사회적, 전 계급적, 전 성별적으로 전개되지만 특히 여성이 정동노동·감정노동의 주요한 담당자라는 것은 엄연한 현실이다. 촛불집회에서 〈쇼울 드레서〉, 〈쌍코〉, 〈화장빨〉 등 여성커뮤니티들의 활동, 유모차 부대의 등장은 노동의 인지화의 정치적 효과이다. 아랍에서 부르카Burqa 9를 쓰거나 벗은 여성들의 대규모 시위참여는 이전에는 상상키 어려운 사태였을 뿐만 아니라 혁명에 활력을 불어넣고 윤리정치적이고 정동정치적 특징을 부여한 요소이다. 2011년의 아랍 혁명은 아랍 여성의 이미지를 혁신하는 데에 중요한 계기로 작용했다. 이것은 향후 아랍 세계 및 전 세계의 성별관계에도 커다란 영향을 미칠 것이다.

투쟁의 인지적 유통

혁명에서 정동적 요소는 여성의 참여에만 국한된 것이 아니다. 아랍의 혁명들에서 관건적 문제는, 오래 지속된 비상계엄법 하에서 조성된 공포를 극복하는 것이었다. 튀니지 중부의 소도시 시디 부지드시ᵗⁱ 거리에서 무허가로 청과물 노점상을 하던 중 여성 단속반원에게 뺨을 맞는 모욕을 당한 뒤 시청 앞에서 분신한 모하메드 부아지지의 자살이 가져온 공분은 공포를 극복하는 계기가 되었다. 이집트에서 와엘 고님은, 경찰에 끌려간 뒤 2010년 6월 6일에 의문의 죽음을 당한 청년 칼레드 사이드와 우리 모두가 공동운명체임을 강조함으로써, 즉 누구나가 칼레드 사이드가 겪은 것을 똑같이 겪을 수 있다는 사실을 알리고 공분을 조직하는 페이스북을 운영함으로써 공포를 넘어설 수 있는 계기를 마련했다. 타흐리르 광장에서 시위대들이 나눈 해방감은 인터넷과 휴대폰이 끊어진 가운데서도 서로를 연결시키는 매질媒質로 기능했다. 그 결과 타흐리르 광장은 새로운 사회의 맹아를 보여주는 협력하는 공동체로, 작은 코뮌으로 나타났다. 한국의 촛불집회에서도 다음 아고라와 시청 광장, 그리고 청계천 광장은 유사한 역할을 수행했다. 물론 그곳을 이끈 정서의 질은 달랐는데 아랍에서는 분노나 순교정신 같은 것이 지배적이었다면 한국에서는 패러디와 유희가 지배적이었다. 이 어느 쪽이건 구축된 코뮌들은 참가자들의 역량을 증대시키고 즐거움과 기쁨의 체험을 가져다주는 공통되기의 공간으로 기능했다.

장례식이 연대를 조직하는 중요수단이 된 것도 주목할 만하다. 한국의 1987년 6월 항쟁이 이한열의 장례식을 계기로 타올랐던 것과 유사하게 튀니지, 이집트, 리비아에서도 경찰이나 군인에 의해 희생된 열사들의 장례식이 분노의 감정을 증폭시키고 시위 참가를 자극하는 중요한 제의로 되었다. 참가자들을 삶과 죽음의 문제에 직접적으로 대면케 하는 장례의식은 생명, 자유, 정의, 존엄 등과 같은 인지적 가치를 북돋우고 그것을 짓밟는 권력자들에 대한 적대감을 고조시켰다. 2008년의 촛불 집회에서는 촛불들의 집결과 행진이 숭고감을 북돋우고 성찰적 태도를 고조시키면서 소통, 생명, 민주주의와 같은 인지적 가치를 부각시켰다. 분노의 감정에 의해 조직되었던 아랍의 혁명들에서도 파괴의 감정은 최대한 억제되었다. 수탈과 억압과 학살에 책임이 있는 독재자들에 대한 시위군중의 일반적 태도는 '타도'나 '죽이자'와 같은 파괴적인 것으로 나타나지 않고 '튀니지를 떠나라', '이집트를 떠나라', '리비아를 떠나라'와 같은 공동체로부터의 축출 요구로 나타났다. 부패와 독재의 추방을 통해 그것들이 파괴하는 사회적 삶의 공동체를 복구하고 보존하려는 정서가 지배적인 것이었다.

혁명의 진행과정에서 사진이나 동영상, 벽화, 만화 등과 같은 이미지, 혁명을 위한 노래 등이 수행한 정서적 역할은 중요했다. 알자지라 방송은 실시간으로 시위와 봉기의 소식과 이미지를 전했다. 경찰의 잔혹함을 보여주는 이미지들은 분노를 증폭시켰고 그 잔혹한 진압에 맞서는 시위대의 투쟁을 보여주는 이미지들은 용기, 헌신, 사랑의 정서를 촉발시켰다. 트위터나 페이스북 같은 사회적 네트워크는, 유튜브나 블로그 같은 인터넷 매체들과 연결되어 이들 이미지와 소리를 전 세계에 전파시켰고, 세계시민들의 적극적 연대반응이 다시 다른 지역의 아랍인들을 촉발함으로써 혁명은 아프리카와 중동 전역으로 빠르게 확산되었다. 인터넷이 강제 차단된 상황에서도 전화 목소리를 텍스트로 바꾸어 주는 프로그램은 전화기만으로 인터넷에 접속한 전 세계의 사람들에게 탄압상황과 시위상황을 알릴 수 있게 했다. 이러한 것들은 혁명이 국지적으로 봉쇄되지 않고 넓게 확산될 수 있었던 중요한 조건들이었다. 이러한 국제적 정보연결망의 도움으로 미국, 영국, 프랑스, 한국 등 세계 각지에서 지지와 연대시위가 조직되었고 전 세계적으로 유통되는 격려의 메시지들과 지적 아이디어들은 혁명이 그때그때 직면한 장애와 한계를 돌파하는 데 중요한 힘으로 작용했다.

이러한 점에서 아랍 혁명은 한국에서의 촛불봉기와 많은 유사성을 갖는다. 주지하다시피 촛불봉기에서도 이미지와 노래, 그리고 전자소통 매체들이 봉기를 전진시키는 중요한 매체로 작용했기 때문이다. 시위자

개인들이 찍어 블로그나 커뮤니티에 올린 사진들은 권력을 감시하는 눈으로 기능했을 뿐만 아니라 두려움을 넘어설 수 있는 용기와 자신감을 불어넣어 주었고 인터넷 방송사 아프리카를 통한 개인 및 단체의 TV 방송들은 실시간으로 투쟁을 중계함으로써 봉기의 시간을 사회 성원들 모두와 공유할 수 있게 만들었다. 촛불봉기와 아랍 혁명이 보여주는 것은, 인지자본주의에서 혁명들은, **투쟁의 인지적 유통**을 통해, 그것이 어떤 장소에서 발생하건, 하나의 **세계사적** 사건으로 전화한다는 사실이다.

전문적 진보적 지식인들의 역할

다중들에 의해 핸드폰이나 인터넷, 그리고 SNS를 통해 이루어진 이 실시간의 전황보고와 투쟁의 인지적 교류 외에 21세기 혁명의 인지적 요소들 가운데 **빼놓을** 수 없는 것 중의 하나는, 매일매일의 진행 상황에 대한 전문적 지식인들 및 혁명적 지식인들의 분석글의 유통이다. 알자지라는 아랍 혁명의 역사, 동인, 과정, 목표, 전망 등에 대해 아랍 세계를 전문적으로 연구해온 지식인들의 기사를 지속적으로 실었다. 이것들은 인지자본주의적 세계질서 속에서 아프리카와 중동이 처해 있는 일그러진 현실을 드러내고 사람들이 겪어온 고난의 역사를 드러냄으로써 서구적 관점으로 구부려져 있는 세계시민들의 지적 편향을 바로잡는 데 기여했다. 가디언을 비롯한 전통매체들이나 독립적인 인터넷 매체들은 아랍 혁명에 대한 안또니오 네그리, 슬라보예 지젝, 임마누엘 월러스틴, 알랭 바디우, 노엄 촘스키, 알랭 뚜렌느 등 국제적으로 저명한 서구 진보 지식인들의 관점을 실어 혁명에 대한 전 지구적 전망을 갖는 데 도움을 주었다.

한국의 촛불봉기에서도 다중지성과 전문지성 사이에 이와 유사한 협력이 진행되었다. 포털사이트 다음의 아고라를 통해 다중들은 투쟁의 상황을 서로 알리고 분석하고 전략과 전술을 토론했다. 다양한 인터넷 커뮤니티들의 소속 회원들은 투쟁이 자신들과 갖는 구체적 연관에 대해 논의하면서 서로의 투쟁의지를 결집시켰다. 이 흐름과는 별개로 의학과 법학, 국제관계학의 전문가들인 우희종, 박상표, 우석균, 송기호, 이해영 등은 광우병의 의학적 특성, 한미FTA의 국제관계적 맥락, 그리고 미국산 소 수입이라는 정부조치의 법률적 측면 등에 대한 전문지식을 기고나 강연, 인터뷰 등을 통해 대중들에게 소개함으로써 시위참여자들의 지성을 첨예하게 만드는 데 기여했다. 그렇다고 해서 전문적 지식인이나 진보적 지식인이 다중의 지성과 투쟁을 지도했다고 할 수는 없다. 오히려 전문 지식인들은 자신의 지적 생산에서 다중의 인지적 활력과 운동에 의해 자극을 받고 정보를 얻기도 했기 때문이다. 미네르바 사건은 다중지성이 전문지성을 앞지르면서 전문지성에 영향을 미친 하나의 뚜렷한 사례이다. 미네르바는 학술적 사유에 고착되어 있는 전문 지식인들과는 달리 실물경제적 직관을 통해 당시의 경제상황을 핍진하게 드러내고 다가오는 경제위기에 대한 전망을 제출했다.[10] 이러한 경험들을 통해 우리가 확인할 수 있는 것은, 봉기적 상황이나 혁명적 상황에서 전문지성과 다중지성은 서로 협력하고, 일상에서보다 한층 가까이 접근함으로써 투쟁의 공통된 지도력으로 작용한다는 것이다.

"지도자 없는 혁명"인가 "누구나가 지도자인 혁명"인가

이상의 분석을 통해 우리는, 21세기 혁명에서 지도력의 문제에 대한, 통념과는 다른, 해답을 찾아낼 수 있다. 지도력 문제에 대한 생각은 극에서 극으로 진동하고 있다. 우파 정치나 좌파 정치 모두를 지배해온 전통적 생각은, 전문적으로 단련된 소수의 정치적 전위들만이 혁명에서 지도력을 발휘할 수 있고 이러한 전위적 지도력 없이 혁명은 불가능하다는 것이었다. 촛불봉기와 아랍 혁명의 경험적 현실에 직면하여 이러한 생각은 수증기처럼 증발하고 그와는 정반대되는 극단의 생각이 유행하고 있다. 그것은 촛불봉기나 튀니지와 이집트의 혁명을 "지도자 없는 혁명"이라고 부를 때 나타나는 생각이다.

이 두 생각은 서로 반대되는 극단으로 보이지만, 그것들은, 다중은 지도자일 수 없고 다중은 지성적일 수 없다는 관념, 소수의 전위나 수령만이 지도자일 수 있다는 생각을 공유하고 있다. 앞 절에서 우리가 살펴본 것처럼 이것만큼 잘못된 생각은 없다. 다중은 봉기와 혁명의 과정에서 그 어느 때보다도 인지적인 주체성으로 나타나기 때문이다. 전문 지식인들의 지적 기여도, 그들의 부르주아 사회의 전문가적 위치를 고수함으로써 이루어진 것이 아니다. 그들이 자신에게 주어진 전문가적 위치에서 떨치고 일어나, 위험을 무릅쓰고 투쟁하는 다중지성의 일부가 됨으로써, 그들의 지성은 비로소 권력비판적이고 체제비판적인 성격을 획득하게 된다. 그러므로 "지도자 없는 혁명"이라는 생각은 소수 전위만이 지도자일 수 있다는 전통적 관념이 21세기 혁명 앞에서 느끼는 궁지를 표현하고 있는 것이라고 보아야 할 것이다.

북아프리카에서 이른바 저 "지도자 없는 혁명"은 수많은 사람들의 열망과 힘을 결집시켜 독재자를 퇴진시켰고 중동을 비롯한 아랍권 전체로 혁명을 확산시키는 데 성공했다. 어떻게 그것이 가능했겠는가? 이 물음 앞에서 우리가 주목해야 할 것은 **지도력의 부재**가 아니라 **새로운 지도력의 탄생**이다. 인지자본주의로의 자본주의의 전화에서 지도력의 문제는 강화된 문제이지 쇠퇴한 문제가 결코 아니다.

'지도자가 없다'는 표현은 인상적 수준에서는 타당한 표현이다. 이집트를 사례로 들어볼 때 레닌식의 전위당은 존재하지도 않았고 합법화된 정당들은 연약했으며 〈무슬림형제단〉은 지도할 의사를 갖지 않았고 청년들은 지도자이기를 거부했기 때문이다. 하지만 이 표현은 훨씬 더 중요하고 본질적인 문제를 숨기고 억압한다. 이집트 혁명의 기폭자로 기능한 와엘 고님은, 자신이 영웅이 아니라 혁명에 나선 모든 사람들이 진정한 영웅이라고 말함으로써 대중들로부터 독립된 지도자가 아니라 한 사람, 한 사람의 다중들을 지도자로 사유할 수 있는 관점을 표현했다. 이 관점에서 보면 '지도자가 없다'는 표현은 타당하지 않다. 아랍 혁명의 지도력은, 수많은 참가자 다중들의 신체적 정신적 영적 지적 지도력이 합류하는 종합국면에서 생성되어 나오는 것이었다. 혁명은 지도력의 엄청난 폭발을 가져왔고 그것은 특정한 부위로 수렴되기보다 확산되는 경향을 보였다. 누구나가 **지도자가 되는 경향**은 지도력의 이러한 확산의 원인이자 동시에 결과였다. 그러므로 우리는 아랍 혁명에서 **지도자가 없는 혁명**이 아니라 누구나가 **지도자인 혁명**이 가시화되었다고 말해야 한다. 우리는, 촛불봉기 당시에 이미, "배후가 없는", "주동자가 없는", "지도자가 없는" 등의 표현을 반복해서 접한 바 있다. 이것은 '촛불의 배후'를 찾는 데 혈안이 되었던 이명박과 조선일보의 시선에 대한 비판으로 유효했지만 지도력의 확산과 빅뱅이라는 실재를 드러내기에는 부적합한 것이었다. 그것은, 촛불봉기가, 각 커뮤니티들에서 아고라로 집결되고 다시 각 커뮤니티와 각 개인들에게 확산되었던, 광범하고 광대한 인지적 역량들에 의해 지도되었던 과정을 적실하게 표현해 내지 못한다. 멕시코 정부가 부사령관 마르꼬스를 체포하려고 혈안이 되었을 때, 원주민 사빠띠스따들은 "마르꼬스는 없다"로 대응한 것이 아니라 "우리 모두가 마르꼬스다"로 대응했다. 이러한 대응은, 검은 방풍마스크를 쓴 얼굴들 하나하나를 지도자 마르꼬스로 나타나도록 만들었다. 중요한 것은 특정할 수 있는 지도자가 아니라 다중의 공통되기를 통해 구축되는 보편적 지도력이다.

일반적으로 특정한 지도자를 실체적으로 구분하려는 생각은, 운동 속에서 능동적인 부분과 수동적인 부분을 구별할 수 있다는 생각에, 내가 앞의 10장과 11장에서 서술한 바 있는 인지적 불평등론과 지성위계론에 근거를 둔다. 우리는, 잠재적 수준에서 인지적 평등의 절대성과 인지자본주의 하에서 그 평등성의 현실화를 검토함으로써, 인지적 불평등론의 역사적 한계를 밝혔다. 여기서는 수동성이 갖는 능동적 측면에 대한 강조를 통해 수동적 부분과 능동적 부분이 식별될 수 있다는 생각의 한계를 살펴보자. 스피노자적 관점에 따르면, 다른 사람들의 말을 듣고 이해할 수 있는 능력, 사태를 겪으면서 느낄 수 있는 능력과 같은 수동능력들은 능동능력을 포함한다. 수동의 과정 속에서 발현되는 능동을 집적함으로써만 수동에서 능동으로의 이행이 가능하고 슬픔에서 기쁨으로의 이행이 가능하다. 능동적 기쁨을 산출하는 것은 수동적 기쁨들이다. 그렇기 때문에 능동과 수동은 실체적으로 구분될 수 있는 것이 결코 아니다. 그 능력들은 부단한 상호전화 속에 있다. 수동 속의 능동을 이해할 때에만 그리고 능·수동의 상호전화를 인식함으로써만 우리는 지도자를 특정의 실체적 집단에서 찾는 지적 함정을 피할 수 있다. 21세기 혁명들에도 지도자는 있다. 그러나 그것은 대중에서 분리된 전위집단들, 정치가들, 활동가들이 아니라 그들의 역량까지도 포괄하면서 상호의존하고 상호전화하는 집단적인 다중지성 그 자체이다.

이 집단적인 다중지성은 서울, 튀니스, 카이로, 알렉산드리아, 벵가지, 트리폴리 등 주요한 메트로폴리스를 중심으로 구축되었고 뉴욕, 파리, 런던, 베를린 등과 연결되었다. 이것은 결코 우연한 것이 아니다. 메트로폴리스야말로 인지적인 것의 결집체이고 다중지성의 장이기 때문이다. 21세기 혁명의 성공여부는, 이 집단적인 다중지성을 얼마나 충분하게 촉발할 수 있고 양성할 수 있으며 또 공통화할 수 있는가에 달려 있는 것으로 보인다. 그리고 새로운 사회의 형상 역시도 바로 그 집단적인 다중지성의 형상 속에 내재하고 있다.

인지적인 것과 신체적인 것

하지만 2장에서 서술한 것처럼 인지적인 것은 결코 그 자체로 독립적인 것이 아니다. 인지적인 것은 존재가 펼쳐지는 양태들 중의 하나로서, 역시 존재의 양태의 하나인 신체적인 것과의 관계 속에서 작용한다. 튀니지와 이집트에서 노동자파업은 청년들의 투쟁을 예비했고 또 그 투쟁을 계승했다.[11] 1987년 투쟁에서도 동일하게 노동자파업이 청년학생 및 시민들의 투쟁을 예비했고 또 계승했다.[12] 인지적인 것은 신체적인 것과의 긴밀한 연계 속에서 그것의 능력을 가장 잘 발휘할 수 있고 신체적인 것은 인지적인 것을 매개로 해서 그 잠재력을 잘 실현할 수 있다. 그러므로 인지적인 것과 신체적인 것을 분리시키고 어느 하나를 선택하려는 노력은 무모하다고 할 수 있다. 21세기에 인지적인 것의 부상은 결코 인지적인 것의 유일성이나 우월성을 입증하는 것이 아니다. 오히려 이것은 이전 시기에 유지되어왔던 이 요소에 대한 열등평가를 정정하고 있는 과정으로 볼 수 있다. 이런 관점에서 보면 인지자본주의는 그 이전의 자본주의, 특히 산업자본주의로부터의 단절이 아니다. 인지자본주의의 관점에서 지난 역사를 되짚어 보면 산업자본주의는 인지자본주의의 전사前史로 이해될 수 있다. 산업기계들은 인간 인지력의 물화에 다름 아니었다. 이런 방식으로 추론해 보면, 인지자본주의뿐만 아니라 자본주의 일반이 그 어떤 역사적 생산양식보다도 더 인간의 인지력에 의지하고 또 그것을 착취했다. 자본주의가 착취하는 것은 로빈슨 크루소의 노동, 개별화된 신체노동이 아니라 매뉴팩처, 공장, 메트로폴리스 등에서 이루어지는 인간들의 사회적이고 인지적인 협력체의 노동이기 때문이다. 이런 의미에서 우리는, 자본주의에는 인지화의 경향이 내재하며 인지자본주의는 그 경향이 발현되는 최근의 국면이라고 말할 수 있다. 이제 우리에게 문제는, 인지자본주의에서 그 정점에 이른 이 사회적 인지능력을 어떻게 자본관계의 지배로부터 벗겨내어 **공통된 삶**의 에너지로 전화시킬 것인가라는 형태로 주어진다.

2011년 이집트 봉기 동안 그려진 카이로의 그래피티.

이집트 군의 차량에 그려진 그래피티

그래피티(graffitti)는 '긁다, 긁어서 새기다'라는 이딸리아어 graffitto의 복수형이다. 이것의 기원은 고대 동굴벽화나 이집트 상형문자에서 찾아지기도 한다. 현대적인 의미의 그래피티는, 1960년대 후반 인종차별에 저항하는 미국 흑인들이 뉴욕 브롱크스 벽에 스프레이와 페인트를 그리는 것에서 시작되었다고 한다. 유명한 그래피티 아티스트로는 뱅크시(Banksy, 1974~), 장-미셸 바스키아(Jean-Michel Basquiat, 1960~1988), 키스 해링(Keith Haring, 1959~1990) 등이 있다. 이집트 혁명의 과정에서 학생들과 시민들은 그래피티를 통해 자신들의 생각과 요구를 호소력 있게 표현했다.

카를로스 라투프(Carlos Latuff)의 〈타흐리르 광장에 민주주의를 심자〉(Planting Democracy in Tahrir Square, 2011)

이집트 수도의 카이로에 있는 타흐리르 광장은 2011년 이집트 혁명의 구심점이었다. 아랍어로 타흐리르는 '해방'을 의미한다. 대규모 시위가 시작되던 1월 25일에 15,000여 명이 모였고, 이후 이곳은 줄곧 시위대들의 모임 장소로 되었다.

'명박산성 위에 오른 시위대', 그리고 '곧 이명박을 싣고 갈' 전경 버스

명박산성은, 2008년 5월 2일에 시작된 촛불봉기 당시에 이명박 정부가 시위대의 청와대 진출을 차단하기 위해 6월 10일 새벽부터 도심 곳곳에 설치한 컨테이너 바리케이드이다. 상단의 사진은 6월 11일에 명박산성에 올라 깃발을 흔드는 시위대의 모습이다. 하단의 사진은 6월 11일 새벽, 세종로 근처 길을 막은 전경 버스에 시민이 현수막을 달아 놓은 것이다.

cognitive capitalism

인지자본주의

종장

공통되기의 존재론과 가치론을 위하여

축적을 위한 인지 혁명에서 공통되기를 위한 인지 혁명으로

종장

공통되기의 존재론과 가치론을 위하여

　계급사회는 공통된 것들을 분할하고 공통되기를 저지하는 사회이다. 계급사회에서 공통된 것들은, 생산하는 것과 소비되는 것, 반복되는 것과 창조되는 것, (반복과 재생산에) 필요한 것과 그 이상으로 남는 것 등으로 분할된다. 계급사회에서는 생산, 생성, 창조가 초과와 잉여로 나타난다. 부르주아 사회는 최근의, 그리고 최고의 계급사회이다. 이 사회에서 반복에 필요한 것과 초과하는 것 사이의 분할은 가치를 척도로 이루어진다. 예컨대 필요가치와 잉여가치의 구분이 그것이다. 창조의 문제가 잉여가치의 문제로 다루어지기 때문에 창조력의 원천이 무엇인가를 둘러싼 논쟁은, 누가 잉여가치를 수취할 것인가의 문제로, 다시 말해 지배권력의 조형과 배치를 둘러싼 논쟁으로 곧바로 전화한다. 창조력의 원천으로 인정받는 자가 잉여가치의 수취권을 갖게 되기 때문이다. 이 논쟁에서 여러 계급들은 자신들의 유기적 지식인들을 내세워 각각 그 자신(의 소유물)이 잉여가치의 원천을 제공한다고 주장했다. 이 논쟁과정에서 이론들은 권력의 구축과 작동을 위한 기관으로 된다. 이 이론들 속에서, 공통되기를 통한 생명의 자기혁신과 자기창조autopoiesis의 문제는 잉여가치를 강탈, 착취, 전유하기 위한 이해관계의 틀 속에 갇힌다.

이 제한의 역사적 경향들과 흐름을 살펴보자. 우선 상인자본가들의 이해관계를 표현한 **중상주의자들**은 잉여가치가 유통과정에서 발생한다고 보았다. 상품이 구매한 가격보다 더 높은 가격으로 판매될 때의 차액, 즉 양도이윤을 잉여가치로 파악했다. 이것은 상업을 정당화하고 상업을 창조 활동으로, 그것도 유일한 창조 활동으로 정당화하는 이론적 방법이었다. **중농주의자들**은 중상주의자들과는 달리 잉여가치가 생산과정에서 발생한다고 보았다. 농업노동이 잉여가치의 원천이라고 본 점에서 중농주의자들에 비해 전진된 입장을 보인다. 그러나 이들은 생산과정에서 농업노동이 잉여를 산출할 수 있는 것은 토지 때문이라고 보면서, 노동하는 인간에서 분리된 자연인 토지의 소유자들에게 잉여가치를 귀속시킨다. 즉 자연의 생산력이 농업노동으로 하여금 잉여를 산출할 수 있도록 하기 때문에 잉여가치인 지대는 그 자연의 소유자인 지주에게로 귀속되어야 마땅하다고 주장한다. 산업자본가들의 이해관계를 표현하는 **고전 정치경제학자들**은 가치가 노동과정에서 발생함을 인정하지만 잉여가치가 노동에서 발생한다는 사실을 인정하는 데에는 주저한다. 많은 경우에 이들은 임금 이외의 잉여가치는 생산수단들에서 발생하는 것으로 간주한다.

맑스는 이 세 가지 관점을 새로운 평면에서 종합한다. 그는 (중농주의자들을 따라) 잉여가치의 원천을 생산과정에서 찾고 (고전 정치경제학자들을 따라) 그 창조력을 유통이나 자연이 아닌 노동에서 찾으며 (중상주의자들을 따라) 그 노동이 화폐에 의해 매개되는 일반화된 사회 속에서 이루어진다고 본다. 그러므로 맑스가 가치의 원천으로 바라보는 것은 개별화된 노동이 아니라 **사회화된 노동**이다. 맑스가 상품의 가치를 '그것의 (재)생산에 사회적으로 필요한 노동시간'으로 정의했을 때 이미 사회적 노동, 사회화된 노동이 가치론의 핵심범주로 사용되고 있다고 해야한다. 맑스의 사회적 노동 개념은 전문노동, 대중노동에 이어지는, 탈근대적 생산 주체성 범주로서의 사회적 노동과는 차이가 있다. 맑스의 사회적 노동은, 화폐 시대라는 역사적 조건에서 모든 노동들이 (시간을 척도로 하는) 교환관계 속에서 맺는 일반적 추상가능성과 그 경향을 일컫는다. 그러므로 전문노동이나 대중노동도 맑스의 사회적 노동 개념 속에서는 사회적 노동의 역사적 출현 형태들로 이해될 것이다. 우리가 전문노동, 대중노동, 사회노동 등의 개념을 사용할 때 그것들은 맑스의 사회적 노동 개념에 비하면 구체적 노동양태에, 즉 노동의 계급적 구성에 붙인 이름에 더 가깝다. 이에 비할 때 맑스에게서 사회적 노동이라는 용어는 구체적 유용성을 추상한 추상노동 개념이다. 이 추상화를 한편에서는 이론이, 다른 한편에서는 화폐가 매개한다. 교환에 기초한 사회관계를 바탕으로 **화폐**가 실제적으로 행하는 것을 **이론**이 관념적으로 사유한다고 해도 좋을 것이다.

맑스의 **사회**는 한편에서는 노동을 동력으로 생산되지만 다른 한편에서 그것은 교환과 화폐를 통한 추상과정을 매개로 생산되는 결과물이다. 사회에서 노동의 가치는 노동력의 가치로, 노동력을 (재)생산하는 데 사회적으로 필요한 노동시간으로 나타난다. 맑스는 잉여가치의 사회적 창조가, 중상주의자들이 말하는 유통이나, 중농주의자들이 말하는 자연적 노동이나, 고전 정치경제학자들이 말하는 기계에 의해서 이루어지는 것이 아니라 사람들의 사회적 노동에 의해 이루어지고 있다는 사실을 입증하기 위해 노력했다. 이 노력은, 화폐지배 사회에서 노동시간이 척도로 되고 노동력 재생산에 필요한 사회적 노동시간 이상 부분이 잉여로 되는 메커니즘의 규명을 통해 이루어졌다. 이것은 정확히 '자본주의' 사회의 운동 메커니즘에 충실한 설명방식이다. 이것을 통해 맑스는, 자본가들이 노동자들의 노동시간을 잉여가치(이자, 이윤, 지대)의 형태로 착취한다고 고발할 수 있었다. 맑스의 목소리는 산업 혁명과 산업화의 과정, 즉 자본주의 사회의 발전 과정에서 지주, 상인, 금융자본가, 산업자본가 등과 대립하고 있는 노동계급의 목소리였다. 자본주의 사회에서 노동이 가치생산의 유일한 원천이고 노동시간이 가치의 척도로 기능한다는 것은 큰 설명력을 갖는다. 하지만 맑스 자신도 말하고 있는 것처럼 노동은 가치의 유일한 원천이지만 부의 유일한 원천인 것은 아니다. 자연력과 기계력도 부의 생산에 노동력과 더불어 참가한다. 아니, 기계력이나 노동력도 본질적으로는 자연력이므로, 이런 의미에서는, 부를 생산하는 것은 자연력뿐이다. 여기서 **가치의 창조**와 **부의 창조** 사이에 간극이 발생한다. 맑스가 노동을 유일한 가치 원천으로 규정한 고타강령[1]을 호되게 비판한 것은 독일사회주의노동자당의 고타강령이 이 간극과 모순을 무시하고 교환가치의 세계만을 유일한 세계로 설정하는 **개혁주의**로 **빠져들고 있다**고 보았기 때문이다.

교환가치 맥락과 사용가치 맥락의 혼동이나 동일시는 고타강령만의 문제가 아니고 맑스 이전의 거의 모든 정치경제학이 드러내는 아킬레스건이기도 했다. 예컨대 중상주의자들은 사용가치 맥락을 고려조차 하지 않았으며 중농주의자들은 끊임없이 교환가치 맥락과 사용가치 맥락을 혼동했고 이 혼동을 통해 차지借地농업가를 옹호했다. 아담 스미스 역시 부富생산과 가치생산 사이에서 끊임없이 동요한다. 이 혼동은, 토지나 기계가 노동과 마찬가지로 가치를 생산한다는 식의 혼란에 문을 활짝 열어주었다. 맑스는 이 혼동의 사슬을 끊고 자본주의 사회에서 가치의 문제를 교환가치 중심으로 설명해 낸다. 이것으로 하나의 사회로서의 자본주의 메커니즘이 더 잘 설명되는 것은 분명하다. 그 방법은 노동시간을 유일한 가치척도로 설명함으로써 가치의 결정적 요소 논쟁(땅인가 기계인가 화폐인가 노동인가)에 종지부를 찍는 것이었다.

그런데 창조력의 양量에 초점을 맞추는 이러한 설명방식이 고도화되고 또 높은 설득력을 얻어갈수록 부, 소재, 사용가치, 즉 창조력의 질質의 문제는 맑스의 논리에서 부차화되어 갔다. 맑스는 「바그너의 『정치경제학』 평주」[2]에서, 자신이 사용가치를 무시한다는 비판에 맞서 자신이 사용가치를 무시한 적이 없음을 강조했어야 했다. 이것은 교환가치와 사용가치의 관계에 대한 사회의 동시대의 수용양상이 맑스의 의도와는 무관하게 전개되어갔던 것의 결과로 읽을 수 있을 것이다. 확실히 맑스는 사용가치를 의식하고 있었지만, 그것은 끊임없이 정치경제학 비판의 논리 외부로 밀려나는 요소로 남아 있었다.

그러므로 회복해야 할 것은 교환과정 이전에, 혹은 그것과는 별개로 부의 생산과정에서 이루어지는 인간들 사이, 그리고 인간, 기계, 자연 사이의 창조적 공동협력에 대한 인식이다. 자본주의는 이 창조적 공동협력을 가치 술어로 환원한 후, 이것을 가치라는 척도에 따라서 필요한 것과 남는 것으로 분할한다. 즉 여러 힘들 사이의 공동협력과 공통되기를 가치 요소들로 분할한다. 맑스는 잉여가치의 착취메커니즘을 설명하기 위해 생산과정의 이 요소적 분할의 논리를 받아들였고 그 중에서 노동 요소의 근본성과 가치형성에서의 유일성을 단언했다. 교환가치적 맥락에서 노동시간이라는 요소의 근본성과 유일성 강조하는 것이 옳다 하더라도 사용가치적 맥락, 부의 맥락에서 그것을 강조하는 것이 정당화되는 것은 결코 아니다. 부의 맥락에서는, 자연력과 노동력 그리고 기계력은 각각의 요소로서가 아니라 그것들 사이의 긴밀한 접속과 연결을 통해, 아니 오히려 단일하고 공통된 자연력으로서 생산적 창조력으로 기능한다.[3] 창조적인 것은 이 접속과 협력이며 바로 공통되기의 이 과정이다. 창조력은 공통되기의 질과 정도만큼 고조될 수 있다.

자본주의적 교환가치 체제는 이러한 의미의 공통되기를 자신의 목표로 삼지 않으며 오히려 그것에 무관심하다. 오히려 자본은 공통되기의 생산력을 분할하여 수취하는 것에만 관심을 갖는다. 그것은 공통되기의 협력을 가치회로(공장과 시장의 망) 속으로 밀어 넣고 가치회로 속으로 들어오지 않는 것들을 철저하게 무가치한 것으로 (즉 공짜인 것으로, 외부성으로) 만들고자 시도한다. 노동자들은 이러한 자본의 시도에 임금투쟁으로 대응했다. 임금투쟁은 노동력의 가치를 높이려는 투쟁이지만 잉여가치를 늘리려는 자본의 투쟁과는 질이나 방향이 다르다. 잉여가치를 늘리려는 투쟁은 교환가치를 증식하려는 투쟁이지만(M-M′) 노동력의 가치를 높이려는 투쟁은 더 많은 사용가치, 더 많은 소재적 부를 사용하려는 투쟁이다(M-C). 자본의 투쟁 속에서 사회는 교환가치로 번역되지만 노동의 투쟁 속에서 사회는 사용가치로, 자기가치로, 공통되기로 지각된다.

앞의 3장에서 살펴본 것처럼, 노동자들과 싸우는 과정에서 자본은 기계류를 늘려 노동을 생산과정에서 추방하는 자동화의 길을 선택한다. 이것은 스스로 자본주의의 가치토대인 노동시간을 침식하는 것으로 귀착된다. 기계화가 진전될수록 직접적 노동이 불필요해지기 때문이다. 이것은 가치척도의 권력을 축소하며 이렇게 될 때 **명령**이라는 낡은 방식이 복귀한다. 이 과정에서 화폐의 주된 기능도 변화한다. 화폐는 노동시간의 **재현적 등가물**(상대적 등가물; 유통수단, 지불수단)의 기능보다 사회적 노동의 **유일한 재현체**(일반적 등가물; 권력, 물신, 명령)로서의 기능을 더 많이 갖게 된다. 그 결과 (토지에 대한 소유독점을 통해 초과이윤을 수탈하는) 토지소유계급이나 (노동과의 교환을 통해 축적하는) 자본가계급보다 화폐소유계급이 더 큰 지배력을 행사한다. **교환가치**보다 **명령가치**가 더 비중이 커진다. 교환가치가 공통되기를 요소로 분할하여 지배하는 가치형태라면 명령가치는 공통되기를 총체적으로 식민화하여 통제하는 가치형태이다. 전자에서 **경제적인 것**의 지배가 나타난다면 후자에서는 **정치적인 것**의 지배가 나타난다. 전자에서 정치가 경제의 상부구조라면 후자에서 경제는 정치의 효과로서 나타난다.

교환가치로서의 화폐의 시대에, 공통되기는 **은폐**되어 있었지만, 명령가치로서의 화폐의 시대에, 공통되기는 직접 표면에 **출현**한다. 맑스가 비물질노동과 비물질생산을 발견하고서도 그것을 지엽적이고 주변적인 것으로 간주한 것은, 리카르도가 가치의 착취를 발견하고서도 그것을 잉여가치론으로 발전시키지 않은 것과 유사하다. 맑스는 직접적인 공통되기의 생산과 재생산의 현상(생산물이 유통을 거치지 않고 직접적으로 소비되는 현상)을 인지했지만 그것을 자신의 정치경제학 비판의 경계 밖으로 밀어내었다. 이런 의미에서 맑스는 산업 혁명의 시대정신에 한계 지워져 있다.

화폐가 척도(상대적 등가물)로서보다 명령(일반적 등가물)으로 기능하는 시대에 가치 개념의 쌍은 달라진다. 화폐가 척도로 기능하는 시대에, **교환가치**에 **사용가치**가 맞짝을 이루었다면 화폐가 명령으로 기능하는 시대에는, **명령가치**에 **공통가치**가 맞짝을 이룬다. 이 변화된 상황에서, 가따리의 욕망가치 개념은 집단적으로 사고될 때에만, 즉 '사회적 욕망'으로 이해될 때에만 공통가치에 접근한다. 루카치, 아그네스 헬러의 사용가치적 접근,[4] 즉 필요 이론도 한계에 직면한다. **공통되기의 순환**은 교환가치 맥락으로 환원될 수도 없고, 사용가치 맥락으로 환원될 수도 없다. 그것은 공통되기의 삶정치적 순환이라는 새로운 평면을 갖는다. 이 평면은 자본의 명령에 맞서는 투쟁 속에서 공통된 것(공통재와 공통체)의 재생산의 과정을 본령으로 삼는 순환의 평면이다.

공통되기의 순환은, 공통적인 것을 요소적으로 분할하려는 자본의 시도를 저지하면서, 각 요소들 사이의 더욱 긴밀한 협력을 추구하고, 공통적인 것을 점취하여 사유하려는 시도에 대항하여, 공통적인 것을 정치적 공통체로 공고화하는, 정치적 실천의 과정이다. 공통되기의 운동 속에서 자연, 인간, 기계의 경계는 철폐되며 물질적 생산과 비물질적 생산의 구분도 폐지된다. 생산적 노동과 비생산적 노동의 경계 역시도 철폐된다. 강렬하게 대두되는 것은 공통되기와 명령하기 사이의 대립이다.

이 평면에서, 지금까지 잉여가치로 파악되어온 것은 공통되기의 양적·질적 확장이라는 맥락에서 재해석되고 재수용된다. 필요한 것은 공통된 것의 재생산이며 창조적인 것은 공통되기의 변형, 새로운 삶의 형성이다. 소통, 지식, 정동, 정보의 회전을 배제하고서 공통되기는 이해될 수 없다. 공통되기에서 물질적인 것과 비물질적인 것은 서로의 순환의 계기로서 기능한다. 자본주의의 운동이 이 공통되기의 운동에 대한 착취와 수탈로서 서술되어야 한다면 이에 대한 투쟁은 무엇보다도 공통되기 운동의 메커니즘, 그 전략과 전술을 발견하고 발명하는 것에서 시작되어야 한다. 이것은 자연과 인간과 기계의 존재론적 활력들과 그것들의 혼성을 서술하는 문제이다. 오늘날 명령권력의 부상은 공통되기에 대한 직접적 접근과 그것에의 참여가 시급하다는 사실에 대한 반증이다. 그렇기 때문에 공통되기의 존재론과 공통되기의 윤리정치학은 계급사회의 종식을 위한 이론적 무기가 될 수 있다.

공통되기의 주체성인 다중은 (1) 잉여가치법칙의 자기침식 과정을 조건으로 (2) 자신의 삶의 독자적 요구인 공통되기를 제기하며 (3) 잉여가치법칙을 공통되기의 운동[과정]으로 대체하기를 원한다. 이것은, 자본관계가 은폐하고 억제해 왔던 새로운 헌법의 요구이며 새로운 인류되기의 요구이다. 인지노동 및 비물질노동의 헤게모니화라는 조건은, 그 자체가 잉여가치법칙과 배치되기 때문이 아니라 (현실에서 그렇지 않다), 다중의 공통되기의 운동을 제기할 수 있는 조건을 가져온다는 점에서 혁명적 의미가 있다. 이것은 모든 생산조건들의 요소적 분리를 저지하고 혁명적 재결합을 추구할 필요를, 필요가치와 잉여가치의 분리를 공통가치로 대체할 필요를, 사용가치와 교환가치의 자본주의적 분리를 **공통가치** 속에서 재통합할 필요를 상상하게 한다는 점에서 의미가 있다.

축적을 위한 인지 혁명에서 공통되기를 위한 인지 혁명으로

신자유주의로 불려온 양극적 경제는 오늘날 깊은 침체에 **빠져있다.**

이 경제의 견인차였던 미국과 일본의 현 상태가 보여주듯이 이 경제는 지난 20년간 짧은 붐과 긴 침체를 거듭해 왔으며 2008년 이후에는 공황 상태에서 헤매고 있다. 이것은 발전의 지체가 낳은 결과인가? 결코 그렇지 않다. 오히려 정보 흐름의 속도가 너무 빠르고 너무 복잡하여 사람들이 그것을 해독하고 예측할 능력이 부족할 때, 그래서 그것에 유의미한 대응을 할 수 없게 될 때 공황이 발생하기 때문이다. 공황의 상황에서는 욕망이 투자를 거부하게 되고 이 투자 거부가 침체를 불러오기 때문이다. 경제학자들과 정치가들은 침체와 공황을 벗어나기 위해 (우리가 요구하는 공통되기의 개시가 아니라) 성장의 재개가 필요하다고 목청을 높이곤 한다. 그것을 위해서 금융화에서 산업화로의 유턴U-turn이 필요하다는 신케인즈주의 노선과, 지금까지의 금융화와 부동산 투기에의 호소 외에는 달리 길이 없다는 신보수주의 노선 사이의 논쟁이 가열되곤 한다. 과연 전자가 말하는 재산업화나 후자가 말하는 금융화·투기화의 강화가 현재의 일반적 공황상태를 극복할 수 있는 방법일까?

단적으로 말해, 오늘날의 경제적 붕괴는 경제적 사유, 경제적 도구를 통해서 치유될 수 있는 것이 아니다. 여전히 지배적 경제담론들은 성장의 재개만이 불황의 극복 방안이라고 반복해서 주장하지만 이미 성장을 재개할 에너지는 고갈되었다. 1930년대의 공황은 국가의 재정지출을 통해, 그리고 궁극적으로는 대규모 군사적 산업적 재정지출을 강제한 세계 전쟁에 의해 극복될 수 있었다. 그것이 거대한 국가채무를 누적시켰음은 물론이다. 하지만 오늘날 국가채무는 붕괴나 전복의 위험을 무릅쓰지 않고는 더 이상 추가로 늘릴 수 없는 수준에 이르렀다. 이 사실은 아일랜드, 그리스, 스페인 등 제국 체제의 비중심부 나라들의 문제만이 아니다. 그것은 구 제국주의 종주국이었던 영국, 세계 2위 경제대국이었던 일본, 그리고 무엇보다도 수 십 조 달러의 부채를 짊어짐으로써 세계 최대의 부채대국이 된 제국의 군주국 미국의 문제이기도 하다. 이것이, 성장론이 직면한 첫 번째 한계이다.

재정만이 한계로 작용하고 있는 것이 아니다. 지구생태도 자본주의의 새로운 확장을 더 이상 지탱할 수 없게 되었다. 일본에서 발생한 대지진과 거대한 쓰나미도 인간의 산업적 인지적 생산력이 에워싸여 있는 실제적인 자연조건을 보여주는 것이지만, 그것의 여파로 나타난 원전폭발과 방사능오염위기는 인지 혁명이 고려해야 할 한계를 너무나 분명하게 보여준다. 핵에너지의 이용가능성은 인간의 인지 혁명에 의해 주어졌지만, 인간이 아직은 이 에너지를 통제할 능력을 갖고 있지 않다는 것이 명백히 드러난 것이다. 이에 더하여 우리는 이미 오래전부터 지각되어온, 그러나 해결방향과 해결의 수단을 아직 찾지 못한 문제들도 고려해야 한다. 대기오염, 오존층파괴, 온난화 등으로 인해 생태계의 균형은 깨졌다. 자연이 제공해 주던 삶의 안전 수준을 회복하는 것이 가능한지도 의문이려니와 그것이 가능하다고 해도 그것을 실현하는 데에는 거대한 비용이 요구된다. 사회가 낳은 이 문제를 감당할 책임은 많은 경우에 개인들에게 비용이라는 형태로 전가되곤 한다. 그래서 그것을 감당할 비용을 지불할 수 없는 사람들은 질병과 죽음으로 내몰린다. 이런 상황에서도, 축적 없이는 재생산될 수 없는 자본주의의 생존논리로 인해, 생태보존과 생명재생산이라는 요구는 외면되기 일쑤이다. 기후정상회담이 계속 겉 돌고 공허한 빈말로 일관되고 있는 현실은 이 사실을 증언한다. 이것이, 성장론이 직면한 두 번째 한계이다.

무엇보다도 결정적인 한계는 아래로부터 다중들의 투쟁, 다시 말해 다중들의 전 지구적 대장정에 의해 부과되고 있다. 앞서 언급했듯이 일본 후쿠시마의 원전 사고를 계기로 다시 부상한 반핵·반원전 운동은 원자력 확대 정책에 한계를 부여한다. 이와 마찬가지로 1994년 멕시코의 라깡도나 정글에서, 1995~6년에 유럽의 메트로폴리스들에서, 1999년 씨애틀에서, 2001년 아르헨티나에서, 2005년 프랑스 방리외에서, 2008년 서울에서, 2009년 그리스에서, 2010년 영국에서, 그리고 마침내 2011년 튀니지, 이집트, 리비아 등 북아프리카와 중동 전역에서 터져 나온, 신자유주의에 대항하는 다중의 전 지구적 대장정들, 이 사회적 지진과 쓰나미는 인류의 인지 혁명을 축적을 위해 전용하고 그것이 역으로 인류의 삶을 궁핍하게 만드는 인지자본주의 논리에 한계를 부여하고 있다. 이것이 성장론이 세 번째 한계이다.

이 세 가지 사실은 현재의 체제하에서 경제성장 요구가 실현 가능성도 없으려니와 바람직한 방안도 아니라는 것을 보여준다.

바로 이 사실의 인식 위에서, 지금까지 생태주의자들은, 자본주의가 낳는 문제의 치료제로서 탈성장을 제안해 왔다. 그런데 2008년 위기 이후 탈성장은 앞으로 **성취해야** 할 과제로 주어지고 있지 **않다.** 그것은 자본주의가 지금 겪고 있는 현실이자 통증이다. 도처에서 국민총생산이 하락하고 있고 성장이 둔화되며 수요가 주저앉고 있기 때문이다. 주로 자본의 건강상태를 의미하는 경제적 공식지표들만이 이렇게 둔화와 하락을 보여주고 있는 것에 그치지 않는다. 수많은 사람들의 실제적 삶은 상승하는 물가, 높아가는 실업률, 거듭되는 소득압박, 끊임없이 사라져가는 공유지들, 가열되고 있는 경쟁압력, 땅과 물과 대기의 부패, 생활세계 전반에 가득찬 권력의 통제와 감시, 은밀히 혹은 노골적으로 자행되는 기업손실의 사회화 등으로 인해 인류 역사상 전례 없는 삶의 침체와 위기를 경험하고 있다.

인간의 인지적 능력을 축적원천으로 삼아온 지난 30년의 최종적 귀결이 바로 탈성장이다. 그렇다면 인지의 폐기가 필요한 것일까? 아니다. 인지의 자본주의적 사용이 궁지에 몰린 지금이야말로 인지력과 인지관계의 진정한 혁명이 필요하다. 축적을 위한 인지의 전용이 아니라 삶의 혁신과 행복을 위한 인지 혁명이 필요한 때이다. 부를 구매력과 동일시하고, 쾌락을 소유와 동일시하며, 노동과 소득 사이에 엄격한 상관관계를 설정하고, 성장을 광적으로 추구하는 지금까지의 경제주의적 인지양식을 해체하고 부와 쾌, 그리고 행복에 대한 질적으로 다른 인지양식을 창출해야 할 때이다. 이것이 오늘날 경제적 침체depression와 심리적 우울depression의 중첩, 다시 말해 노동의 불안정과 같은 사회경제적 불안정과 사회에 만연된 심리적 불안감의 중첩이라는 병리적 현실에 대한 실제적 치유를 가능케 할 것이기 때문이다.

이 치유작업은 **공통적인 것의 생산**을, 문화와 정동들의 **재특이화**를, 서비스 및 재화의 **탈사유화**를 필요로 한다. 지성은 축적을 위한 일반지성 형태, 즉 지성의 자본주의적 배치에서 벗어나 재특이화함으로써 자유를 위한 자율적 공통지성, 즉 **다중지성**으로 전환되어야 한다. 정동도, 한편에서는 **중독**, 다른 한편에서는 **기피**라는 두 얼굴의 일반감정 형태들에서 벗어나, 존재의 역량을 증대시킬 수 있는 특이한 정동들을 구성해야 한다. 일반지성과 일반감정에서 벗어나는 특이한 인지적 기념비들의 창조를 통해 중독과 기피의 무력상태를 타개해야 한다.5 이를 위해서는 사적 소유의 양적 크기를 행복과 동일시하는 편집증에서 벗어나 인지적 저항의 **자율지대**를 창출하는 것이 필요하다. 또 하이테크이면서도 저에너지가 소요되는 모델에 기초한 **생산의 자율적 형식들**을 실험하고 정치적 언어보다 치유적 언어로 말하는 습관을 조성하는 **영구문화 혁명**을 전개해야 한다.

사람들이 공황과 무기력과 절망에 **빠져있는** 것은 자신들이 지금의 이 탈성장 경제를 어찌해 볼 도리가 없다는 냉소적 감정에서 기인한다. 그렇기 때문에 문화 혁명은, 재특이화의 길로 나아가는 다중들이 지금까지의 성장경제의 진실을 직시하면서 그것이 가져온 트라우마를 스스로 돌보는 가운데 생성될 일종의 "치유적 전염 지대"therapeutic contagion 6를 확대하는 일에서 시작될 수 있다.

특이성들의 공통되기를 통해 활성화될 이 치유적 문화 혁명의 정치는 현재의 인지자본주의가 가져오는 공포, 불안, 우울의 정서들을 역전시키면서 개체적 집단적 기쁨을 산출하는 정치이다. 스피노자는 수동적 슬픔의 경험에서부터 기쁨의 요소들(타당한 관념들과 적합한 정념들)을 추출하고 결합하여 그것을 능동적 기쁨으로 전환시키는 공통관념의 정치학을 제시한 바 있다. 그에게서 기쁨은 신체와 정신의 활동능력을 증대시키는 정동적 자극이다. 이런 의미에서 기쁨의 구축은 슬픔(공황, 조울, 불안)의 인지상태를 극복하게 하는 치유과정에 다름 아니다. 이 과정은 슬픔의 수동 상태에서부터 능동적 기쁨으로 전환될 요소들을, 다시 말해 기쁨의 요소들과 기쁨의 관계들을 발견해 내는 것에서부터 시작될 수 있다. 이것은 상상과 이성理性의 힘에 의해서만 가능한 것이다. 이런 한에서 상상과 이성은 표상과 직관을 연결하면서 윤리적 치유와 사회적 구원을 가능케 하는 징검다리의 역할을 할 수 있다.[7]

헤겔에게서도 인지력은 인간을 해방시킬 중요한 힘으로 등장한다. 헤겔은 주체와 객체를 통일시키는 힘을 절대이성에서 찾았고 그것이야말로 자기 자신을 사유하는 순수사유일 수 있다고 보았다. 맑스가, 관념론 속에서 인간의 능동적 측면이 비록 추상적으로지만 유물론에서보다 더 잘 파악된다고 했을 때[8] 염두에 두고 있는 것이 바로 이러한 헤겔이다. 맑스는 (주로 신으로부터 인간의 해방을 겨냥하고 있는 이) 절대이성의 순수사유를 (자본으로부터 인간의 해방을 겨냥하는) 프롤레타리아트의 혁명적이고 사회적인 실천 개념으로 전화시킨다. 코뮤니즘의 가능력인 프롤레타리아트의 이 실천에서, 계급적 공통되기로서의 단결은 결정적인 요소로 부상하는데,[9] 이 단결은 맑스가 보기에 프롤레타리아트의 계급의식 없이는 가능하지 않은 것이다.[10] 또 맑스는 자본주의 사회의 계급투쟁 과정에서 형성되는 일반지성이 사회의 가장 핵심적인 생산력으로 될 때, 프롤레타리아에 의한 이 생산력의 전유와 공통화가 코뮤니즘의 동력으로 될 수 있으리라고 예견했다.[11]

레닌은 자본주의 발전과정에서 자생적으로 발생하는 경제적 일반지성의 전유가 프롤레타리아의 혁명적 공통되기와 사회적 해방에 충분한 조건으로 되기 어렵다고 본다. 그래서 그는 프롤레타리아의 투쟁과 지성을 공통화할 특별한 장치로서의 당을 만들어 주체적이고 실천적인 방식으로 프롤레타리아트의 정치적 일반지성을 구축하고자 했다. 『무엇을 할 것인가』 이후 레닌의 당건설 이론은 이 문제에 집중적으로 바쳐진다. 그는, 공장에서 폭발하고 있는 각각의 노동자 투쟁들을, 국가를 둘러싼 제 계급의 투쟁이라는 관점에 비추어 조명하고 설명함으로써 프롤레타리아트들로 하여금 혁명적 계급의식과 사회주의적 정치의식을 획득하도록 만들 수 있다고 보았다. 요컨대 레닌은 당을, 프롤레타리아트의 인지력을 전 계급적 수준으로 끌어올릴 교육기관이자 프롤레타리아트의 실제적 공통되기를 이끌 조직기관으로 사고했고 이에 가장 적합한 수단이 신문이라는 뉴미디어라고 보았다. 그것은 국가를 둘러싼 제 계급의 투쟁에 관여한다는 점에서 전국적national 신문이어야 했고, 프롤레타리아트의 계급의식이 경제영역을 넘는 정치적 보편성을 가질 수 있게 한다는 점에서는 정치신문이어야 했다.

그람시는 레닌이 생각하고 또 실천한 이 교육자로서의 당을 훨씬 더 폭넓고 보편적인 차원으로 확장한다. 그는 레닌과 마키아벨리를 연결시키면서 당을 '현대의 군주'로 설정한다. 그가 보기에 현대의 군주는, 노동자나 지식인 전위들로 구축된 직업적 혁명가 집단을 통해 구축되기보다 부르주아 사회에서 단련되는 프롤레타리아트 계급 그 자체로부터 유기적으로 생성되어 나오는 것이다. 이 유기적 생성을 위해서는 다양한 유형의 교육운동과 문화운동이 필요하다. 그람시는 서구 사회에서는, 러시아에서와는 달리, 기동전에 앞서 진지전을 통해 유기적 지식인을 형성하는 것이 필요하다고 보았다. 그 유기적 지식인 집단이 기동전을 통한 권력장악 이전에 시민사회의 헤게모니를 획득하고 있을 때에만 이 집단이 새로운 국가의 **지도력**으로 될 수 있다고 본 것이다. 이처럼 그람시에게서 당과 국가의 개념은 점점 더 인지화된다.

메를로-뽕띠에게서, 모든 것을 바라볼 수 있고, 스스로를 바라볼 수도 있으며, 따라서 자기가 보는 것 속에서 자기의 보는 능력의 이면을 인식할 수는 있는 몸, 다시 말해 보는 자기를 보고, 만지는 자기를 느끼고, 자기 눈에 보이고, 자기 손에 느껴지는 몸은 그 자체로 공통된 세계를 구성하는 인지적 존재로 나타난다.[12] 알뛰세르의 이데올로기적 국가기구론은 국가기구의 인지화 과정을 포착하며 그의 이론적 실천 개념은 인지차원의 독자성을 부각시키는 데 기여한다. 들뢰즈와 가따리는 인지력을 존재론적 지평으로 가져가며 움베르또 마뚜라나는 인지가 인식주체 바깥에 있는 '어떤 저' 세계의 표상이 아니라 삶의 과정 속에서 '어느 한' 세계를 끊임없이 산출하는 일Hervorbringen임을, 즉 인지가 새로운 세계를 산출하는 적극적이고 능동적인 힘임을 밝힌다.[13] 이상의 스케치에서 드러나는 것은 수많은 혁명가들, 철학자들, 과학자들이 새로운 사회, 새로운 존재, 새로운 주체의 구성에서 지각, 의식, 상상, 이성, 이론 등이 수행하는 역할을 매우 중시했다는 것이다.

그런데 현대의 인지현상을 총체적이고 균형 있게 이해하기 위해서는, 지금까지의 역사에서 이성에 대한 강조가, 때로는, 인지의 다른 측면인 감정, 감성, 정동의 측면에 대한 상대적 경시를 불러오곤 했다는 것을 주의 깊게 고려해야 한다. 정동적 측면에 대한 경시는, 특히 인지능력에 위계를 설정하는 경우에 두드러지게 나타난다. 이럴 때 이성은 정동을 통제하는 지위를 부여받곤 한다. 네그리와 하트가 인지노동의 지성중심적 해석을 경계하면서 정동의 측면을 강조하는 것은 이러한 관점을 경계하기 위해서다. 네그리와 하트에 의해 최근 수행되고 있는 사랑 개념의 혁신은 근대 맑스주의 역사가 드러낸 정동경시적 경향을 극복하려는 문제의식의 표현으로 읽을 수 있다.[14] 네그리와 하트는 공통적인 것의 힘과 생산성을 탐구하는 경로가 사랑에 의해 주어진다고 본다. 간단히 말해 사랑은 가난과 발명에서 태어난다. 그렇기 때문에 사랑 개념의 혁신은 가난 개념의 혁신을 수반하며 그것과 엮어짜인다. 가난은 궁핍, 불행, 혐오가 아니다. 그것은 사랑의 욕망이 발생하는 장소이다. 이들은 가난에서 궁핍만을 읽는 인지적 습관에 도전하면서 가난을 생산성과 가능성의 힘으로 해석한다. 이들은 가난의 개념을 통해 임금 관계 안팎에서 형성된 광범위한 생산적 주체성을 파악하고자 하며 가난을 결여가 아니라 사랑의 가능성으로 이해한다. 가난한 사람들, 이주자들, 불안정 노동자들은 분명 세계자본주의에서 배제된 자들이다. 하지만 네그리와 하트는 이들이야말로 전 지구적인 삶정치적 생산 리듬의 내부에서 공통된 세계를 생산하는 길들여지지 않은 힘임을 인지하려 한다. 가난은 공통된 세계의 필요조건이며 사랑은 그것의 충분조건이다. 중요한 것은 사랑이 차이에 의해 정의되는 생성의 힘이라는 것이다. 네그리와 하트에 따르면 사랑은 공통적인 것을 확장하여 자유화의 과정을 향하도록 만드는 풍부함의 힘에 다름 아닌데, 이런 의미에서 네그리와 하트의 사랑은 들뢰즈와 가따리에게서 우정의 개념과 완전히 겹친다.[15]

만약 가난과 사랑의 재개념화가 특이함과 그것들의 공통되기를 추구하는 무기일 수 있다면 무엇이 가난과 사랑을 활성화하는 요소들일까를 생각해 보는 것이 중요하다. 그것의 첫째 요소는 스피노자가 공통관념을 구축하는 힘, 즉 이성의 힘이라고 불렀던 것이다. 이성의 힘은 관계의 반복 속에서 기쁜 수동들을 발견하고 또 발명함으로써 타자와의 새로운 관계 가능성을 구축해 나가는 인지적 혁신의 힘이다. 이것이야말로 지금까지의 세계자본주의가 확산시키고 공고하게 만든 편집증적이고 광신적인 관점을 해체시키면서 이성의 혁명적 열정이 역사의 언저리에서 출현하고 있다는 것을 인식할 수 있게 한다. 이런 의미에서 인지 혁명은 코뮤니즘적 이행의 동력이다.

그러나 인지적 힘만으로는 충분하지는 않다. 지배 권력들을 정복하고 그것의 부패한 제도들을 해체하는 물리적 정치적 행동이 동시에 필요하다. 재특이화는 결코 관념적 과정일 수 없고 물리적으로 구축된 자본의 제도들, 문화적으로 구축된 자본의 인지양식들을 감각적 행동으로 와해시키면서 특이성들의 새로운 성좌를 구축하는 것이다. 다중을 새로운 신체로 조직하는 이 물리적 정치적 과정은 앞에서 말한 인지적 혁신에 기초해야 한다.

공통되기는 이 두 요소의 결합의 산물이다. 다중을 새로운 신체로, 새로운 군주로 구축하는 이 공통되기의 정치과정은, 새로운 총체화의 원리를 도입하는 것이 아니라 자본주의적 지배를 지엽적인 것으로, 주변적인 것으로 만들어 그것들이 더 이상 지배적인 것으로 되지 못하게끔 만드는 마음들과 신체들의 연합 및 실제적 변형의 길이며, 이를 기초로 한 인지적 신체적 치유의 길이다.

:: 미주

서장

1. 슬라보예 지젝, 『처음에는 비극으로, 다음에는 희극으로』, 김성호 옮김, 창비, 2010, 9쪽.
2. Massimo De Angelis, *The Beginning of History*, Pluto Press, 2006, pp. 1~12 참조.
3. 블라디미르 일리치 레닌, 「무엇을 할 것인가」, 『레닌저작집 1』, 김탁 옮김, 전진, 1988, 300쪽.
4. 조반니 아리기는 동일한 과정을 다루면서도, 생성과 진화의 관점에서 이 과정을 고찰하는 이 책(『인지자본주의』)과는 달리, 순환과 반복의 관점에서 이 과정을 고찰한다. (조반니 아리기, 『장기 20세기』, 백승욱 옮김, 그린비, 2008)
5. 자본중심적 역사서술에서 노동중심적 역사서술로의 계급관점의 역전에 대해서는 해리 클리버, 『사빠띠스따』, 이원영·서창현 옮김, 갈무리, 1998, 319~377쪽 참조.
6. 칼 폴라니, 『거대한 변환』, 박현수 옮김, 민음사, 1997, 26~31쪽[개역판 : 칼 폴라니, 『거대한 전환』, 홍기빈 옮김, 길, 2009].
7. 조반니 아리기, 『장기 20세기』, 백승욱 옮김, 그린비, 2008, 66~68쪽 참조.

2장 몸과 마음

1. 이정모, 「인지과학 개론」, http://cogpsy.skku.ac.kr/200608-cogsci-인지과학.pdf 참조.
2. 물론 수동과 능동은 뒤섞인다. 능동적 활동은 수동을 기반으로 하며 수동 활동은 능동을 포함한다. 능동과 수동의 경계는 상대적인 것이고 유동적인 것이지 절대적이고 경직된 것이 아니다. 이에 대해서는 이 책(『인지자본주의』) 423쪽도 참조.
3. 이정모, 앞의 글 참조.
4. 본질적 우월성의 부정이 역사에서 나타나는 이 양자 중 어느 것의 현실적 우월함까지 부정하는 것은 아니다. 역사적이고 상대적인 이 우월함은 늘 가변적이다.
5. 바뤼흐 스피노자, 『에티카』, 강영계 옮김, 서광사, 2007, 2부 정리 7, 73쪽.
6. 같은 책, 2부, 정리 12, 79쪽.
7. 같은 책, 2부, 정리 14, 87쪽.
8. 같은 책, 2부, 정리 18, 91쪽.
9. 프란시스코 J. 바렐라·에번 톰슨·엘리너 로쉬, 『인지과학의 철학적 이해』, 석봉래 옮김, 옥토, 1997, 277~278쪽 참조. 바렐라는 동일한 내용을 『윤리적 노하우』, 유권종·박충식 옮김, 갈무리, 2009, 35쪽에서 재서술한다.
10. 『인지과학의 철학적 이해』에서 enaction은 '발제'로 번역되어 있지만 여기에서는 『윤리적 노하우』의 번역어를 따른다.
11. 프란시스코 바렐라, 앞의 책, 37쪽.
12. 같은 책, 40~41쪽.

3장 인지자본주의로의 이행

1. Yann Moulier Boutang, *Capitalisme Cognitif : La Nouvelle Grande Transformation*, Éditions Amsterdam, Paris, 2007, p. 223.

2. 이 결합은, 분리를 거쳐서 이루어지는 재결합으로서의 이접(disjunction)이다.

3. 여기서 각각의 기호의 의미는 다음과 같다. M : 화폐, C : 상품, MP : 생산수단, LP : 노동력, P : 노동과정.

4. 영어가 이 자본주의에 근면함을 의미하는 단어 'industrial'을 붙이는 것은 이와 무관치 않을 것이다.

5. Franco Berardi, *The Soul at Work : From Alienation to Autonomy*, Semiotext⟨e⟩, 2009, ch. 2, pp. 74~105 참조.

6. '인지적 행위자'에 대해서는 프란시스코 J. 바렐라, 『윤리적 노하우』, 유권종·박충식 옮김, 갈무리, 2009, 77~86쪽 참조. 또 산출(hervorbringen)로서의 인식 활동에 대해서는 움베르또 마뚜라나·프란시스코 J. 바렐라, 『앎의 나무』, 최호영 옮김, 갈무리, 2007, 34쪽 참조.

7. 칼 마르크스, 『자본론』 1권(하), 김수행 옮김, 비봉출판사, 1991, 538쪽.

8. 헤르베르트 마르쿠제, 『일차원적 인간』, 박범신 옮김, 한마음사, 1993, 14쪽.

9. 같은 책, 38쪽.

10. 칼 마르크스, 『자본론』 1권(하), 김수행 옮김, 비봉출판사, 1991, 475쪽.

11. 같은 책, 501쪽. "자본가는 노동에 대하여 지불하는 것이 아니라 고용하는 노동력의 가치만을 지불하므로, 자본가에 의한 기계 사용의 한계는 기계의 가치와 기계가 대신하는 노동력의 가치 사이의 차이에 의하여 설정된다. …… 자본가 자신에게 있어서 상품의 생산비를 규정하며 경쟁의 강제를 통하여 그에게 영향을 주는 것은 오직 기계의 가격과 기계가 대체하는 노동력의 가격 사이의 차이뿐이다."

12. 같은 책, 521쪽.

13. 같은 책, 537쪽.

14. 안토니오 네그리·마이클 하트, 『디오니소스의 노동 I』, 이원영 옮김, 갈무리, 1996, 63쪽.

15. 노동자 자율성과 그 개념의 역사적 진화에 대해서는 조정환, 「오늘날의 계급구성과 '자율성' 개념의 발전」, 『이딸리아 자율주의 정치철학』 1권, 갈무리, 1997, 13~94쪽 참조.

16. 존 M. 케인즈, 『고용, 이자 및 화폐의 일반이론』, 조순 옮김, 비봉출판사, 1995, 162쪽.

17. 안토니오 네그리, 「1장 케인즈 그리고 1929년 이후의 자본주의적 국가이론」, 『혁명의 만회』, 영광 옮김, 갈무리, 2005, 19~80쪽.

18. 블라디미르 일리치 레닌, 「좌익 유아성과 쁘띠부르주아 심리」, 『임박한 파국, 그것에 어떻게 대처할 것인가』, 이창휘 편·해설, 새길, 1990, 139쪽.

19. 같은 책, 137~8쪽.

20. 같은 책, 152~3쪽 참조.

21. 안토니오 그람시, 『옥중수고』 1권, 이상훈 옮김, 거름, 1986, 328쪽.

22. 블라디미르 일리치 레닌, 『프롤레타리아 독재에 대하여』, 앎과 함 편집부 옮김, 앎과 함, 1989, 141~59쪽 참조.

23. 안또니오 네그리·펠릭스 가따리, 『자유의 새로운 공간』, 조정환 편역, 갈무리, 2007, 68쪽.

24. 질 들뢰즈, 『대담 : 1972~1990』, 김종호 옮김, 솔, 1993, 198~205쪽.

25. 같은 책, 200쪽.

26. 감시사회에 대해서는 '빅브라더는 없다. 그것은 어디에나 있다'는 주제의 『뮐띠뛰드』 40호(2010년 겨울) 특집에 실린 글들, 특히 Dominique Quessada, "De la sousveillance : La surveillance globale, un nouveau mode de gouvernementalité", *Multitudes*, n. 40, pp. 54~59 참조.

27. J. Davis · T. Hirshcl & M. Stack (ed.), *Cutting Edge*, Verso, London · New York, 1997, pp. 131~133.

28. 장 보드리야르, 『시뮬라시옹』, 하태환 옮김, 민음사, 1993, 12쪽.

29. 안또니오 네그리, 『디오니소스의 노동 II』, 조정환 옮김, 1997, 135~142쪽.

30. 제임스 페트라스, 「NGO는 없다, 운동귀족이 있을 뿐」, 월간 『말』, 2000년 5월호, 104~11쪽.

31. 안또니오 네그리, 『혁명의 만회』, 영광 옮김, 갈무리, 2005, 341쪽.

32. Franco Berardi, 앞의 책, 참조.

33. '비물질노동'에 대해서는 질 들뢰즈 · 안또니오 네그리 외, 『비물질노동과 다중』, 자율평론 기획, 갈무리, 2005에 수록된 논문들, 특히 마우리찌오 랏짜라또의 글 「비물질노동」(조정환 옮김, 181~206쪽) 참조, 그리고 '삶정치적 노동'에 대해서는 안토니오 네그리 · 마이클 하트, 『다중』, 조정환 · 정남영 · 서창현 옮김, 세종서적, 2008[재판1쇄], 143~144쪽. 참조.

34. 안또니오 네그리 · 마이클 하트, 『제국』, 윤수종 옮김, 이학사, 2001, 381~387쪽 참조.

35. 빠올로 비르노, 『다중』, 김상운 옮김, 갈무리, 2004, 102~114쪽 참조.

36. 안또니오 네그리 · 마이클 하트, 『다중』, 조정환 · 정남영 · 서창현 옮김, 세종서적, 2008, 129~131쪽 참조.

37. Franco Berardi, 앞의 책, p. 75.

38. 조정환, 「'적극적이고 강한 의미'에서 시의 자율성과 시적 노동의 헤게모니」, 『신생』 44호, 전망, 2010년 가을, 185~210쪽 참조.

39. 앨리 러셀 혹실드, 『감정노동』, 이가람 옮김, 이매진, 2009, 21쪽.

4장 인지자본주의에서 가치법칙의 문제

1. 『잉여가치학설사』(아침, 1989) 165~338쪽에 서술된 제4장 「생산적 노동과 비생산적 노동에 관한 제 이론」에서 맑스는 본원적으로 볼 때 생산적인 노동은 자연을 인간에 적합한 것으로 만들어 내면서 인간이 사용할 수 있는 부, 즉 사용가치를 생산하는 노동을 의미하지만, 근대 자본주의 속에서 사용가치 생산은 교환가치 생산과의 관계 속에서만 의미를 갖기 때문에 생산적 노동이 무엇보다도 교환가치, 특히 잉여가치를 생산하는 노동으로 역사적으로 재규정된다고 본다.

2. 맑스는 『잉여가치학설사』 1권(아침, 1989) 435쪽에서 『꿀벌의 우화』의 지은이 버나드 맨더빌을 "모든 직업-직종의 생산성에 관한 변호론적 견해"의 하나로, 그러나 속물적 변호론자들보다 훨씬 대담하고 정직했던 변호론으로 인용한다. 맑스가 인용하는 구절은 다음과 같다 :

> "우리가 이 세상에서 악이라고 부르는 것은 도덕적인 것이나 자연적인 것이나 다 같이 우리를 사회적 존재로 되게 하는 위대한 원리이며 예외 없이 온갖 직종과 직업의 확고한 기초이며 생명력의 지주이다. 여기에서 우리는 온갖 예술과 과학의 진정한 원천을 찾아내야 한다. 그리고 악이 없어지게 되는 바로 그 때에는 사회가 완전히 파괴되지는 않는다 하더라도 조락하지 않을 수 없을 것이다."

> 맑스는 맨더빌의 이 말을 악행이나 범죄노동이 자극하는 생산적 효과라는 문맥에서 인용한다. 물론 맑스는 범죄노동이 스미스적 의미에서(즉 가치 생산적인 것만이 생산적이다는 의미에서)의 비생산적 노동임을 염두에 두면서 범죄노동의 생산성을 주장하는 변호론자들을 조롱한 것이다.

그런데 오늘날 용역산업의 적지 않은 부분은 범죄노동이다. 기업주들은 깡패들을 고용하여 파업을 깨거나 개발에 항의하는 사람들을 구타하고 추방하고 심지어 죽인다. 이러한 노동은 생산과정에서 분리되는 생산물을 낳지는 않지만 고용되어 수행된다. 이들은 임금을 받고 산업평화를 생산한다. 이들의 임금은 어디에서 나오는 것일까? 이들은 잉여가치 중의 일부를 소득으로서 가져가는 것일까? 아니면 교환가치를 생산하고 그 중의 일부를 자신의 재생산에 필요한 것으로 가져가는 것일까?

『잉여가치학설사』의 맑스는 『경철수고』의 맑스와는 달리 사회적 삶을 생산하는 노동 일반을 규명하려 하기보다(이럴 때는 모든 직업 직종이 생산적인 것으로 나타난다. 방직 노동자뿐만 아니라 철학자 시인 목사 교수가, 그리고 범죄자뿐만 아니라 착취자가 생산적인 것으로 나타난다) 자본주의 사회를 생산하는 노동이라는 **역사적으로 특수한** 힘을 규명하는 데 집중한다. 왜 사회적 삶을 자본이 지배하게 되는가, 다시 말해 자본관계를 생산하는 것은 무엇인가 하는 문제가 맑스의 탐구목적이다. 자본관계, 가치관계를 생산하는 것이 역사적으로 지배적인 생산개념이며 자본주의적 가치를 생산하는 노동만이 생산적이라고 규정할 때에만 자본관계를 극복할 잠재력에 대한 정의가 가능하다고 본 것이다. 여기에서 생산적 노동과 비생산적 노동을 구분하려는 맑스의 노력의 진의가 드러난다. 그런데 맑스는 이러한 구분에 머무르지 않고 때때로 생산적 노동과 비생산적 노동의 구분에 윤리적 색채를 부여하는 데로까지 나아간다. 요컨대 생산적인 것을 건강한 것, 비생산적인 것을 기생적인 것으로 보면서 전자에 혁명적 역할을 특화하는 데에까지 나아가곤 한다.

맑스의 이 혼란은 맑스주의의 역사에서 커다란 혼란이 빚어지는 지적 조건이 되었다. 생산적 노동과 비생산적 노동은 결코 좋은 노동자와 나쁜 노동자를 구분하는 개념일 수 없는데, 그러한 구분법이 되풀이되었기 때문이다. 비자본을 추구하는 프롤레타리아의 입장에서 보면 생산적 노동자도 잉여가치 생산을 통해 자본관계를 생산하므로 생산적 노동자도 나쁜 노동자라고 할 수 있을 것이다. 나아가 비생산적 노동자들은 잉여가치를 생산하지 않고 자본에게 낭비와 비용으로 다가가기 때문에 비자본주의적이고 탈자본주의적이라고 말하는 것조차 가능하다.

그러므로 중요한 것은, 생산적 노동과 비생산적 노동을 가르려는 맑스의 시도가 노동 일반으로부터 역사적 노동으로의 개념 전위를 통해 역사에 개입하는 이론적 방법이었다는 점을 이해하는 것이다. 우리는 이 이행을 노동 일반에서 역사적 노동으로의 이행으로 단선적으로 파악할 수는 없다. 노동 일반은 사회적 삶의 생산 활동으로 남는다. 이 속에서 생산적 노동과 비생산적 노동의 분화가 나타난다. 그것은 자본관계, 즉 잉여가치 착취관계에 직접적으로 포섭된 노동과 그렇지 않은 노동 사이의 구분이다. 직접적으로 잉여가치를 생산하는 노동만이 생산적 노동으로 분류되는 것이다. 그렇지 않은 노동은 비생산적 노동으로 분류된다.

3. 칼 마르크스, 『잉여가치학설사』 1권, 아침, 1989, 318쪽.

4. 칼 마르크스, 「직접적 생산과정의 제 결과」, 『경제학노트』, 김호균 옮김, 이론과실천사, 1988, 116쪽.

5. 칼 마르크스, 『잉여가치학설사』 1권, 아침, 1989, 165쪽

6. 칼 마르크스, 『자본론』 3권(하), 김수행 옮김, 비봉출판사, 2004, 51장 「분배관계와 생산관계」(1080~1088쪽) 참조.

7. 같은 책, 1083쪽. 여기서 맑스는, 자본주의적 생산의 특질이 물질적 상품을 생산하는 데 있는 것이 아니라 생산물을 상품으로 생산하는 데 있다고, 즉 상품이라는 것이 생산물의 지배적이고 규정적인 특징이 되는 데 있다고 재정의한다.

8. 이러한 생각은 당시에는, 노동자들의 산업노동만이 생산적이라는 생각에 반대하면서 가치가 자본가, 지주 등에 의해서도 생산된다는 주장을 옹호하는 데 사용되었다.

9. 칼 마르크스, 『경제학노트』, 김호균 옮김, 이론과실천사, 1988, 117쪽.

10. 칼 맑스, 『정치경제학 비판 요강』 2권, 김호균 옮김, 백의, 2000, 367~392쪽 참조.

11. Massimo De Angelis, *The Beginning of History*, Pluto Press, 2006, pp. 184~190.

12. 같은 책, p. 156.

13. 같은 책, p. 181.

14. 같은 책, p. 182.

15. 같은 책, p. 183.

16. 같은 책, p. 187. 이러한 관점에서 수행된, 즉 정치적 관점에서 수행된 『자본론』 독해, 특히 가치법칙에 대한 독해로는 해리 클리버, 『자본론의 정치적 해석』, 한웅혁 옮김, 풀빛, 1986 참조.

17. 같은 책, p. 187.

18. 안토니오 네그리·마이클 하트, 『제국』, 윤수종 옮김, 이학사, 2001, 452~459쪽.

19. Massimo De Angelis, 앞의 책, p. 189.

20. 이때의 SNLT, 즉 사회적 필요노동시간은 전통적인 경제적 의미에서가 아니라 안젤리스가 새롭게 정의한 정치적 의미로 이해되어야 한다. 안젤리스는 사회적으로 필요한 노동시간이라는 척도 개념을 정치적으로 독해함으로써 척도와 측정이 산업자본주의에서뿐만 아니라 인지자본주의에서도 연속된다는 생각을 끌어낸다.

21. Massimo De Angelis, 앞의 책, p. 189.

22. 해리 클리버, 앞의 책, 109쪽.

23. 이에 관해서는, 미셸 푸코, 『사회를 보호해야 한다』, 박정자 옮김, 동문선, 1998, 277~303쪽; 질 들뢰즈·펠릭스 가타리, 『천 개의 고원』, 김재인 옮김, 새물결, 2001, 870~883쪽, 안토니오 네그리·마이클 하트, 『제국』, 윤수종 옮김, 이학사, 2001, 422~429쪽 참조.

24. 이 부분영역에 대한 강조는 오늘날도, 생태-생명주의의 농업 강조, 가라타니 고진의 상업-유통 강조, 케인즈주의의 산업 강조, 탈근대주의의 지식 강조, 신자유주의의 화폐 강조 등에서 다르게 변주되고 있다. 이와 유사한 맥락에서 아감벤은 생산을 도외시한 채 주권에 대한 과잉 강조를 나타내며, 랑시에르는 치안/정치의 대비를 통해 주권성 내부의 균열을 보여주는 것에 집중하며 지젝은 문화정치적 가능성을 제기하는 데 열중한다. 이들에게서 정치적인 것은 생산적인 것과 아무런 연관을 맺지 않거나 혹은 '생산적인 것 = 자본주의적인 것'이라는 관점에 따라 생산적인 것은 강하게 거부된다. 그 결과 정치적인 것은 지적이고 의지적인 구성물로서의 성격을 강하게 띤다. 또 민주주의는 전체주의의 동의어로서 기각되며 이 상황의 돌파를 위해 때로는 파괴충동적 테러리즘이 긍정되기도 한다.

5장 착취와 지배의 인지화

1. 여기서 인지를 지식과 정보로 국한해서는 안 된다. 인지는 항상 정동적 인지이고 정동은 항상 인지적 정동이며 그것들은 또한 행동과 연결되어 있다.

2. 삶정치적 경제표에 대해서는 Michael Hardt·Antonio Negri, *Commonwealth*, Harvard University Press, 2009, pp. 285~287 참조. 이 책(『인지자본주의』)의 426~427쪽도 참조하라.

3. 칼 마르크스, 『자본론』 3권 (상), 김수행 옮김, 비봉출판사, 1990, 39쪽.

4. 같은 책, 40쪽.

5. 이윤율의 차이를 가져오는 원인으로는 자본구성의 차이 외에 회전기간의 상이(相異)도 있다. 칼 마르크스,

『자본론』3권 (상), 177쪽..

6. 같은 책, 186쪽.

7. 같은 책, 197쪽.

8. 같은 책, 253쪽.

9. 같은 책, 261쪽.

10. 같은 책, 336~7쪽.

11. 같은 책, 342쪽.

12. 같은 책, 343~4쪽.

13. 같은 책, 427쪽.

14. 같은 책, 430쪽.

15. 같은 책, 430쪽.

16. 같은 책, 431쪽.

17. 같은 책, 445쪽.

18. 오늘날 수요에서는 자본가계급뿐만 아니라 노동계급까지 대부자본과 상대하고 있다.

19. 칼 마르크스, 『자본론』 3권 (상), 김수행 옮김, 비봉출판사, 1990, 454~5쪽.

20. 같은 책, 578쪽.

21. 같은 책, 576쪽.

22. 같은 책, 578쪽.

23. 지대의 발생, 절대지대와 차액지대의 차이에 대해서는 6장에서 좀 더 자세히 서술할 것이다.

24. 페이지랭크(PageRank)는 월드 와이드 웹과 같은 하이퍼링크 구조를 가지는 문서에 상대적 중요도에 따라 가중치를 부여하는 방법이다. 이 알고리즘은 서로간에 인용과 참조로 연결된 임의의 묶음에 적용할 수 있다. 이것은 스탠퍼드 대학교에 재학 중이던 래리 페이지와 세르게이 브린에 의해 개발되었고 1995년에 시작되어 1998년에는 구글이라 불리는 시범 서비스로 발전하였다. 래리 페이지와 세르게이 브린은 페이지랭크에 기반한 검색 기술을 바탕으로 구글(Google) 사를 설립하였다.

25. 애드센스는 온라인 게시자가 사이트 검색결과, 웹사이트, 모바일 웹페이지 등에 다양한 온라인 콘텐츠 광고를 게재하여 수익을 올릴 수 있게 해주는 무료 프로그램이다.

26. 일종의 광고 프로그램으로 광고주는 애드워드에 가입함으로서 구글 웹사이트와 애드센스에 가입한 웹사이트들에 광고를 삽입할 수 있다.

27. 안또니오 네그리, 「지대에 대항하는 민주주의」, 『아우또노마 M』 7호(『자율평론』 33호), 다중지성의 정원, 2010년 3분학기, 17~22쪽.

28. Carlo Vercellone, "The Crisis of Law of Value and the Becoming-Rent of Profit", *Crisis in The Global Economy*, ed. by Andrea Fumagalli & Sandro Mezzadrea, Semiotext(e), 2010, pp. 85~118 ; Carlo Vercellone, "The new articulation of wages, rent and profit in cognitive capitalism", http://www.generation-online.org/c/fc_rent2.htm.

29. Matteo Pasquinelli, *Animal Spirits : A Bestiary of the Commons*, Rotterdam : NAi Publishers / Institute of Network Cultures, 2008.

30. David Harvey, "The Art of Rent : Globalization, Monopoly, and the Commodification of Culture", http://www.generation-online.org/c/fc_rent1.htm.

31. 파시즘은 이 총력전을 가장 대중적인 방식으로 수행한 체제이다.

32. 1980년부터 8년 동안 이어지는 이란-이라크 전쟁, 1991년 미국 주도의 1차 이라크 전쟁, 1994년 NATO 주도의 발칸전쟁, 1996년 이후 미국 주도의 아프가니스탄 내전과 2001년 미국의 아프가니스탄 침공, 다시 2003년의 제2차 이라크 전쟁 등.

33. 13장에서 다시 살펴보겠지만, 최근의 아랍 혁명의 가장 중요한 효과들 중의 하나는, 9/11 이후 미국이 주도해온, 테러에 대한 전쟁 전략의 토대를 광범위하게 침식한다는 점이다.

34. 바뤼흐 스피노자, 『에티카』, 강영계 옮김, 서광사, 2007, 198쪽.

35. 같은 책, 200쪽.

36. 같은 책, 193쪽.

37. 같은 책, 200쪽.

38. 지난 2011년 3월 20일 새벽 미국, 프랑스, 영국 연합군은 리비아를 침공하면서 작전명을 '오딧세이의 새벽'이라고 붙였다. 오딧세이가 고난의 여정을 할 때 새벽의 여신 에오스는 붉은 장밋빛 손가락으로 어둠의 장막을 걷어 준다. 가다피 정부군에게 포탄을 쏠 뿐만 아니라 반군들에게도 총격을 가함으로써 그리고 수많은 민간인들을 살상함으로써 궁극적으로는 리비아인들과 아랍인들 모두를 거대한 군사적 폭력의 위협 앞에 굴복시키려는 이 작전의 목표가, 가다피의 제거에만 있는 것이 아니라 공포를 통해 혁명을 진압하는 것에 있다는 것은 분명하다. 결과적으로 확산일로에 있는, 중동과 아프리카의 혁명을 봉쇄하고 민주주의를 질식시킬 이 제국주의적 침략을, 어둠의 장막을 걷어 밝은 세계를 열어주는 에오스의 구원 행동으로 오인케 하기 위한 언어적 인지작전이 이 작전명 속에 들어가 있다.

39. Franco Berardi, "The Warrior, the Merchant and the Sage", http://www.generation-online.org/t/twarriormerchantsage.htm(번역은 인용자).

40. 이 시점은, 수년간 거치되었던 원금 및 이자 상환일의 도래 혹은 여러 사정으로 인한 금리의 상승 시점 등과 겹친다.

41. 올리버 스톤 감독의 영화 〈월스트리트 : 돈은 잠들지 않는다〉에서 이와 유사한 생각이 '금융은 소유가 아니라 게임이다'라는 금융자본가 고든 게코의 말을 통해 표현된다.

42. 발터 벤야민, 『아케이드 프로젝트·2 : 보들레르의 파리』, 조형준 옮김, 새물결, 2000, 9~27쪽 참조.

43. 빠올로 비르노, 『다중』, 김상운 옮김, 갈무리, 2004, 143~151쪽 참조.

44. 같은 책, 57쪽.

45. 같은 책, 144쪽.

46. 같은 책, 145쪽.

47. 같은 책, 150쪽.

48. 같은 책, 156쪽.

49. 카리브디스(Charybdis)와 스킬라(Scylla)는 그리스 신화에 나오는 2대 바다 괴물로 좁은 해협 양 옆에 살며 항해자들을 위협했다. 스킬라가 배에 타고 있는 병사들을 먹으면, 카리브디스도 같이 바닷물을 먹었다가 뱉어낸다. 카리브디스는 이끼가 낀 암초처럼 생긴 엇갈린 이빨들이 있는 괴물이며, 스킬라는 원래 굉장한 미인이었으나 바다괴물인 글라우코스의 사랑을 거부하는 바람에 마녀 키르케에 의해 저주를 받아 머리가 6개인 바다 괴물로 변했다.

50. 이것의 최근의 예로는 『이기적 유전자』의 저자 리차드 도킨스로 대표되는 신다윈주의의 유전자 중심주의를 들 수 있을 것이다.

51. 인지자본주의에서 전개되는 지성의 재구성에 대해서는 11장을 참조하라.

6장 인지자본주의에서 자본형태의 재구성

1. 폴 메이슨, 『탐욕의 종말』, 김병순 옮김, 한겨레출판, 2009, 74쪽.
2. 이러한 관점에 대해서는 움베르또 마뚜라나·프란시스코 바렐라, 『앎의 나무』, 최호영 옮김, 갈무리, 2007, 56쪽. 그리고 프란시스코 J. 바렐라, 『윤리적 노하우』, 유권종·박충식 옮김, 갈무리, 2009, 40쪽 참조.
3. 이에 대해서는 프란시스코 J. 바렐라, 앞의 책, 54쪽 참조.
4. 이에 대해서는 이 장의 미주 6 참조.
5. 프랑수아 셰네 편, 『금융의 세계화』, 서익진 옮김, 한울, 2008, 34쪽.
6. 이러한 실물주의적 관점들에 관해서는 Loren Goldner, "The Biggest 'October Surprise' Of All : A World Capitalist Crash" http://home.earthlink.net/~lrgoldner/october.html ; 정성진, 「케인스주의가 해법일까?」, 『한겨레』, 2008년 10월 25일자; 장시복, 「미국 서브프라임 모기지 사태와 세계경제의 위기」(정성진 엮음, 『21세기 대공황과 마르크스주의』, 천경록 외 옮김, 책갈피, 2009, 215~251쪽) 등 참조.
7. 맑스는 『자본론』 1권 31장(「산업자본가의 발생」)에서 은행귀족, 금융귀족, 금리생활자, 중매인, 주식투기업자, 증권거래업자 등에 의한 (그리고 식민제도, 공채, 국채, 국제신용제도 등에서 국가와의 결탁을 통한) 투기적 축적을 다루는데, 이것은 (금융자본이 아닌) 상업자본 헤게모니 하에서 산업자본이 발생하는 과정을 묘사하기 위한 것이다. "오늘날은 산업적 패권이 상업적 패권을 가져온다. 이와는 반대로 진정한 매뉴팩처 시기에는 상업적 패권이 산업상의 우세를 보장하여 주었다."(948쪽)
8. 루돌프 힐퍼딩, 『금융자본』, 김수행·김진엽 옮김, 새날, 1994, 319~324쪽 참조.
9. 블라디미르 일리치 레닌, 『제국주의론』, 남상일 옮김, 백산서당, 1988, 77쪽.
10. 같은 책, 같은 쪽.
11. 이 저자들의 책에 상인자본과 상업자본 사이, 그리고 상업자본과 금융자본 사이의 엄밀한 역사적 개념적 구분은 나타나지 않는다.
12. 질 들뢰즈·펠릭스 가타리, 『앙띠 오이디푸스』, 최명관 옮김, 민음사, 2000, 343쪽.
13. 저개발의 개발에 대해서는 안드레 군더 프랑크, 『저개발의 개발』, 참한문화사, 1983 참조.
14. 같은 책, 349쪽.
15. 같은 책, 363쪽(강조는 인용자).
16. 프랑수와 셰네 편, 앞의 책, 34~5쪽.
17. 워너 본펠드 엮음, 『신자유주의와 화폐의 정치』, 조정환 옮김, 갈무리, 1999의 9장 「화폐와 계급투쟁」 참조.
18. 같은 책, 312~3쪽.
19. 빈민이 부채의 핵심주체로 된 사례는 앞서 언급한 바 있는 서브프라임 모기지 사건에서 찾아 볼 수 있다.(이 책, 149쪽) 이런 과정을 통해 신용체제의 깊은 곳으로 들어온 채무자들이 일으킨 반란에 대한 서술로는 안토니오 네그리·마이클 하트, 『다중』, 조정환·정남영·서창현 옮김, 세종서적, 2008, 317~318쪽 참조.
20. 질 들뢰즈·펠릭스 가타리, 앞의 책, 344쪽.
21. Michael Hardt · Antonio Negri, *Commonwealth*, Harvard University Press, 2009, p. 7.
22. 조르조 아감벤, 『호모 사케르』, 박진우 옮김, 새물결, 2008; 지그문트 바우만, 『쓰레기가 되는 삶들』, 정일

준 옮김, 새물결, 2008 참조.

23. Michael Hardt · Antonio Negri, 앞의 책, p. 158.

24. 들뢰즈-가따리의 기계적 잉여가치 개념의 합리적 핵심은 여기에 있다. 하지만 '기계적 잉여가치' 흐름은 '노동의 잉여가치' 흐름과 별개로 작동하는 것이 아니라 그 흐름을 포획함으로써만 작동한다.

25. 시장을 지배하는 일반적인 생산가격(불변자본 + 가변자본 + 평균이윤)을 P로 표시하면, 최열등지 A의 생산물에 대해서는 P가 그것의 개별적인 생산가격과 일치할 것이다. 이 경우 지대는 0이다. A 바로 위의 우등지 B의 개별적인 생산가격을 P′라고 가정하면 P〉P′일 것이다. P-P′=d라고 할 때 P′를 넘는 P의 초과분인 차액(differential) d는 토지등급 B의 차지농업가가 올리는 초과이윤으로 되고 이것은 차지농업가가 토지소유자에게 지불해야 할 지대로 전환될 것이다. 칼 마르크스, 『자본론』 3권 (하), 김수행 옮김, 비봉출판사, 1990, 919쪽 참조.

26. 최열등지 A의 소유자가 해당 토지의 독점적 소유자인 한에서 지대 없이 토지를 빌려주려 하지는 않을 것이므로 생산물이 시장에 공급되려면 최열등지에서도 사실은 0이 아닌 r의 지대가 발생해야 하는데, 이 r은 바로 토지에 대한 소유독점을 조건으로 해서 발생하는 절대지대이다. 이때 최열등지인 A등급 토지의 생산물가격은 항상 지배적인 일반적 시장가격의 한계를 표현할 것이며 시장에 생산물이 공급될 수 있도록 규제하는 가격일 것이다. 이 때문에 A등급 토지의 생산물가격은 그것의 생산가격에 의해 규제되지 않고 그것 이상의 어떤 초과분을 포함하여 P + r이 될 것이다. 이 조건 하에서만 차지농업가는 임금에서 공제한 것도 아니고 자본의 평균이윤에서 공제한 것도 아닌 지대 r을 토지소유자에게 지불할 수 있다. 이 경우 모든 종류의 토지로부터 시장에 나온 총생산물의 지배적인 시장가격은 생산가격(생산비용 + 평균이윤)이 아니라 이 생산가격 + 지대(즉 P + r)일 것이다. 같은 책, 920쪽.

27. 같은 책, 816쪽.

28. 같은 책, 803쪽.

29. 여기서 '특정한 생산력을 갖는' 토지의 독점(차액지대의 조건)과 토지소유의 독점(절대지대의 조건)을 구별해야 한다.

30. 칼 마르크스, 『자본론』 3권 (하), 김수행 옮김, 비봉출판사, 1990, 934쪽.

31. 맑스는 지대의 존재를 토지 자체에서 끌어내리려는 생각을 다음과 같이 비판한다 : "가치를 오로지 노동에 의해 결정하는 것을 공격하는 리카도 반대자들은 모든 토지의 차이로부터 발생하는 차액지대에 직면해 노동이 아니라 자연이 가치를 결정한다고 주장하며 동시에 이 가치결정에는 토지의 위치 그리고 더욱이 [경작을 위해 토지에 투하된] 자본의 이자가 작용한다고 주장하는 것은 매우 이상한 현상이다. 동일한 노동은 어떤 주어진 시간에 만들어지는 생산물에 대해 동일한 가치를 창조해 준다. 그러나 이 생산물의 크기[또는 생산량]의 각각의 부분들이 가지는 가치는 [노동량이 주어져 있다면] 오로지 생산량에 달려 있으며, 이 생산량은 주어진 노동량의 생산성에 의해 결정되는 것이며 노동량의 절대적 크기에 의해 결정되는 것이 아니다. 이 생산성이 자연에 기인하는가 또는 사회에 기인하는가는 전혀 상관이 없다. 다만 이 생산성 그것이 노동[즉 자본]을 들이게 하는 경우에만 생산비가 이 새로운 요소만큼 증가하게 된다. 자연만이 작용하는 경우에는 생산비가 증가하지 않는다."(같은 책, 918쪽) 이 인용문은 지대의 존재로부터 토지, 즉 자연이 가치의 원천일 수 있다는 생각("차액지대의 개념은 토지가 바로 지대라는 추가적 가치를 생산한 원인이라는 것을 보여준다")을 끌어내는 이진경의 지대개념(이진경, 『자본을 넘어선 자본』, 그린비, 2004, 437~439쪽; 이러한 개념은 기계도 가치를 생산한다는 생각으로 확장되어, 이진경, 「생명의 잉여가치와 정치경제학 비판」, 『문학동네』 2010년 겨울호, 404~431쪽에서는 생명산업의 정치경제학 비판에까지 원용되고 있다)에 대해 맑스가 미리 표명해둔 비판이라고 볼 수 있다. 노동가치론을 맑스 사상의

초역사적 입론으로 보는 관점에 대한 비판은 필요하지만, 가치가 노동에 의해 규정되고 또 노동시간에 의해 측정되는 자본주의적 사회관계에 대한 비판과 극복은 그 관계가 자신에게 가하는 **역사적 자기비판**으로서의 영속적인 프롤레타리아 혁명들(자본의 위로부터의 개혁, 즉 수동 혁명은 이것의 정치적 투영이다)을 통해 달성될 수 있는 것이지 토지나 기계와 같은 노동 이외의 요소들을 **자본주의에서의 가치원천**으로 도입함으로써, 즉 **자본주의에서 가치는 노동에 의해 규정되고 측정된다는 노동가치론의 근본개념을 이론**적으로 부정함으로써 달성될 수 있는 것은 아닐 것이다.

32. 여기서, 가치 원천으로 잘못 이해되는 '토지 자체'와 지대의 조건으로 작용하는 '토지소유 자체'를 주의해서 구분하자.

33. 칼 마르크스, 『자본론』 3권 (하), 김수행 옮김, 비봉출판사, 1990, 940쪽.

34. 칼 마르크스, 『잉여가치학설사』 2권, 이성과현실, 1989, 45~6쪽. (Karl Marx, *The Theories of Surplus -value*, Part II, Progress Publishers, Moscow, 1968, pp. 44~45와 대조하여 번역을 대폭 수정했음. 강조는 인용자).

35. Michael Hardt · Antonio Negri, 앞의 책, pp. 132~5 참조.

36. 같은 책, p. 136 참조.

37. 주체생산적 권력 형식으로서의 장치라는 개념에 대해서는 조르조 아감벤 · 양창렬, 『장치란 무엇인가』, 난장, 2010, 15~48쪽 참조.

38. 중국(China)과 미국(America)의 합성어이자 니알 퍼거슨 하버드대 교수와 모리츠 슐라리크 독일 베를린 자유대 교수가 만든 신조어로, 미국과 중국의 경제적 상호의존 상태를 뜻한다. 이들은 2007년 12월 국제 경제정책 학술지 『국제금융』에 게재한 글 「차이메리카와 글로벌 자산시장 붐」에서 전세계 육지면적의 13%, 인구의 4분의 1, 국내총생산(GDP)의 3분의 1을 차지하는 중 · 미 양국의 경제적 공생관계가 21세기 초입 세계 경제 활황을 이끌었다고 분석했다.

39. 이에 대해서는 쑹훙빙, 『화폐전쟁』, 차혜정 옮김, 박한진 감수, 랜덤하우스코리아, 2008 참조.

40. '지구제국' 개념에 대해서는 조정환, 『지구 제국』, 갈무리, 2002, 22~25쪽 참조.

41. 서브프라이머들이 자신들의 채무를 체제가 책임져야 할 채무로 정치화할 가능성도 있다. 그 가능성은, 이들이 서로 단결하여 반란적이고 자율적 정치주체로 등장할 때 실현될 수 있다.

42. 이런 의미에서 자본과 삶정치적 노동은, 분리한 후 다시 결합시키는, 분리접속(disjunction) 관계에 있다.

43. Yann Moulier Boutang, "Finance, Instabilité, et Gouvernabilité des Externalités", *Multitudes* n. 32, Printemps 2008, pp. 92~102 참조.

44. Antonela Corsani, "Rente Salariale et Production de Subjectivité", *Multitudes* n. 32, Printemps 2008, pp. 104~114 참조.

45. Yann Moulier Boutang, 앞의 책, p. 100. (번역은 인용자)

46. 화폐의 노동계급적 이용에 대해서는 해리 클리버, 「제7장 현재의 위기에서 명령―으로서의―화폐의 전복」, 워너 본펠드 엮음, 『신자유주의와 화폐의 정치』, 조정환 옮김, 갈무리, 1999, 233~255쪽 참조.

47. 칼 마르크스, 『자본론』 3권 (상), 김수행 옮김, 비봉출판사, 1990, 537쪽. (강조는 인용자)

48. 조정환, 「금융위기와 다중지성의 코뮌」, 맑스코뮤날레 조직위원회, 『맑스주의와 정치』, 문화과학사, 2009, 64~7쪽 참조.

49. Antonela Corsani, 앞의 책, pp. 112~3.

50. 칼 폴라니, 『거대한 전환』, 홍기빈 옮김, 길, 2009 참조.

51. 이러한 경우에 화폐는, 인간이 자신을 표현하기 위해 언어의 재현기능을 사용하는 것과 유사할 것이다.

7장 인지자본주의에서 공간의 재구성

1. 그람시는 옥중수고에서 도시를 소비공간으로만 생각하는 지오반니의 말("도시는 만들지 않고 소비한다")을 비판하고 있다.(안토니오 그람시,『옥중수고』1권, 이상훈 옮김, 거름, 1986, 312쪽) 이 비판은, 도시가 소비공간일 뿐만 아니라 동시에, 아니 무엇보다도 생산공간임을 드러내기 위한 것이다.

2. 메트로폴리스를 구성하는 세 가지 힘과 원리를 구분해 볼 수 있다. 우선 권리는 각 개개인들의 요구이다. 생존권, 노동권, 선거권, …… 등등 그 어느 것이건 권리는 개인의 자격과 권리의 문제를 규정한다. 따라서 도시를 권리에 의해 정의하는 것은 개인주의적 자유주의의 문법을 벗어나지 않는다. 그것은 정치적인 것을 제도정치적 수준에서 정의할 뿐이다.(이러한 관점에 대해서는 강현수,『도시에 대한 권리』, 책세상, 2010 참조) 이와 달리, 도시를 필요 개념에 따라 정의하려는 노력은, 권리로서의 도시적 삶에 대한 정의가 갖는 한계를 넘어서는 지점을 포함한다. 필요가 생존을 위한 기본적 필요를 넘어 번영까지 포함하는 것으로 정의될 때, 그것은, 제도정치가 재현적으로만 관계 맺는 사회적 삶의 차원으로 정치적인 것을 끌어내려서 사고할 수 있게 한다. 하지만 필요는 충족과 연결되어 있는 범주이다. 그것은 본질적으로 소비에 관한 것이지 생산에 관한 것이 아니다. 이런 의미에서 필요에 따른 도시 정의는 사회민주주의적 정의에 속한다. (서영표,「도시적인 것, 그리고 인권」,『한국사회포럼 2011 자료집』, 한국사회포럼 2011 조직위원회, 2011년 2월, 171쪽 이하 참조) 우리가 제도정치적 맥락도 아니고 사회학적 맥락도 아닌 삶의 생산과 재생산의 맥락에서 도시를 정의하면 무엇이 중요해지는가? 인간은 필요를 충족시키는 존재이기 전에 삶을 생산하고 재생산하는 존재이다. 필요충족은 생산과 재생산의 계기이지 그 자체가 목적은 아니다. 신체적 정신적 삶을 생산하는 주요 동력은 필요가 아니라 욕망이다. 필요를 중심에 놓는 생각은 욕망을 탈근대적 개인주의의 주관범주로 치부하지만 욕망을 근본적으로 사회적이고 집단적인 것으로 사고하면 이러한 비판은 초점을 놓친다. 욕망은 협력을 통해서만 충족된다. 이것은 개인주의의 원리가 아니라 코뮤니즘의 원리이다. 욕망은 필요나 권리를 배제하지 않는다. 필요가 권리를 포함하듯이, 욕망은 필요를 포함한다. 하지만 이 세 가지는 각각 다른 성격을 갖는다. 권리는 정체성의 원리이고 필요는 생존/번영의 원리이고 욕망은 행복의 원리이다. 개인적 권리가 자유주의의 구성 원리이고, 사회적 필요가 사회(민주)주의의 구성 원리라면, 생산적 욕망은 코뮤니즘의 구성 원리이다.

3. 'city'가 사회정치적인 의미의 도시라면 'urban'은 사회경제적이고 미학적인 의미의 도시이다.

4. 이와사부로 코소,『뉴욕열전』, 김향수 옮김, 갈무리, 2010, 26~7쪽.

5. 테어도어 W. 아도르노·막스 호르크하이머,『계몽의 변증법』, 김유동 옮김, 문학과지성사, 2001.

6. 헤르베르트 마르쿠제,『일차원적 인간』, 박범신 옮김, 한마음사, 1993.

7. 기 드보르,『스펙타클의 사회』, 이경숙 옮김, 현실문화연구, 1996.

8. 발터 벤야민,『아케이드 프로젝트』1~6권, 조형준 옮김, 새물결, 2008.

9. 앙리 르페브르,『현대세계의 일상성』, 박정자 옮김, 기파랑, 2005.

10. 마누엘 카스텔,『정보도시』, 최병두 옮김, 한울, 2008.

11. 데이비드 하비,『포스트 모더니티의 조건』, 구동회·박영민 옮김, 한울, 2008.

12. 조르조 아감벤·양창렬,『장치란 무엇인가?』, 난장, 2010; Giorgio Agamben, "Metropolis", http://www.generation-online.org/p/fpagamben4.htm.

13. 안또니오 네그리,「지대에 대항하는 민주주의」,『아우또노마 M』7호(『자율평론』33호), 다중지성의 정원, 2010년 3분학기, 22쪽.

14. 같은 책, 같은 쪽 참조.

15. 뉴욕의 젠트리피케이션과 예술의 관계를 다룬 이 부분은 Matteo Pasquinelli의 *Animal Spirits : A Bestiary of the Commons*, Rotterdam : NAi Publishers/Institute of Network Cultures, December 2008., pp. 141~146 참조.

16. 같은 책, p. 145.

17. 같은 책, pp. 75~77.

18. 홈페이지 주소 http://www.bavo.biz. 특히 이 집단이 쓴 글, "Plea for an uncreative city"(http://www.bavo.biz/texts/view/156) 참조.

19. Matteo Pasquinelli, 앞의 책, pp. 81~84.

20. 이에 대해서는 이 책의 9장, 그리고 "특집 : 프리터와 한국 사회", 『작가와 비평』 12호, 글로벌 콘텐츠, 2010년 하반기에 실린 글들(전상진, 「프리터의 정치학 : 다중 아니면 불가능한 계급?」; 양돌규, 「프리터, 88만원 세대, 기업 사회를 넘기 위해 필요한 것은 '운동'이다」; 정은경, 「프리터, 자유의 기획?」 등) 참조.

21. Carlo Vercellone, "The Crisis of Law of Value and the Becoming-Rent of Profit", Crisis in The Global Economy, ed. by Andrea Fumagalli & Sandro Mezzadrea, Semiotext(e), 2010, pp. 85~118), 그리고 Matteo Pasquinelli, 앞의 책, p. 91.

22. Matteo Pasquinelli, 앞의 책, p. 139

23. Giorgio Agamben, "Metropolis", http://www.generation-online.org/p/fpagamben4.htm.

24. 위키에서는 이 속국인 도시국가를 apoikia라고 정의하고 있는데, 아감벤은 apoikia를 이 도시국가의 시민으로 정의한다.

25. Giorgio Agamben, 앞의 글.

26. 조르쥬 바타이유, 『저주의 몫』, 조한경 옮김, 문학동네, 2000, 59~66쪽.

27. 조르조 아감벤·양창렬, 앞의 책, 34, 41쪽.

28. 같은 책, 43~48쪽, 그리고 Giorgio Agamben, 앞의 글 참조.

29. Sharon Zukin, "Gentrification : Culture and Capital in the Urban Core", *Annual Review of Sociology*, Vol. 13., 1987, pp. 129~147. http://www.jstor.org/pss/2083243 참조[pdf본 : http://www.cul-studies.com/english/UploadFiles/200703/20070322230101343.pdf].

30. 현대자본주의에서 착취의 지대화와 지대 착취에 대해서는 David Harvey의 "The Art of Rent"(http://www.generation-online.org/c/fc_rent1.htm) ; Carlo Vercellone의 "The Crisis of Law of Value and the Becoming-Rent of Profit"(Semiotext(e), 2010), "The new articulation of wages, rent and profit in cognitive capitalism"(http://www.generation-on line.org/c/fc_rent2.htm), Matteo Pasquinelli의 *Animal Spirits* 등 참조.

31. '위험한 계급'이라는 말은 주권을 지지하고 구성하는 민중과 달리 주권 밖으로 벗어나는 경향의 사람들을 지칭한다.

32. 영화 〈월스트리트〉를 비롯한 수많은 헐리우드에서 그려지고 있는 뉴욕의 마천루들은, 메트로폴리스의 수직적 위계구조를 상징한다.

33. 피에르 모렐 감독의 영화 〈13구역〉은 이러한 위계와 분할을 보여주는 종합세트이다.

34. Franco Berardi는 "I will be brief"(http://www.booki.cc/traces-open-zone/franco-berardi-bifo-i-will-be-brief/)에서, 이와 같은 개인주의화의 경향을 서술함과 동시에 이를 극복하기 위한 노력이 새로운 세

대에게서 출현하고 있는 양상을 이렇게 기록하고 있다 : "지난 10년 동안에 노동시장에서의 고립과 경쟁은 네트워크화된 집단지성을 코그니타리아트의 사회체로부터 분리시켰다. 이와 동시에 정보권(Infosphere)의 가속화(인지적 착취 리듬의 강화)는, 고독, 공황, 우울, 비공감 등을 유발하면서 사회적 정신권(Psychosphere)에 스트레스를 주었다. 거리반란에서 코그니타리아트들은 공감적 리듬을 찾고 있다. 신체적 감수성과 욕망은 다시 흐를 수 있기를 원한다. 어머니보다 기계로부터 더 많은 것을 배운 첫 번째 세대는 자신들의 몸을 재구성하기 위해 거리로 나가고 있다."

35. Antonio Negri, The multitude and the metropolis, http://www.generation-online.org/t/metropolis.htm.

36. Antonio Negri, 같은 글.

37. 같은 글.

38. 영업비밀과 정보독점을 비롯한 다양한 비밀의 장치들이 공통적인 것의 생산자인 다중들에게 공통적인 것의 실재를 가리는 반면 권력과 지대의 추구자들에게 그것을 드러내 준다.

39. 비밀에 기초하는 지대의 운동과 달리 다중의 소득 논리는 투명성과 개방 및 상호연결에 기초함으로써만 효과를 거둘 수 있다.

40. 아이러니하게도, 『위키리크스』(배명자 옮김, 지식갤러리, 2011)의 저자 다니엘 돔샤이트-베르크는, 위키리크스를 떠나 오픈리크스를 만들면서 어산지의 위리리크스 운영에 투명성이 부족하다고 비판했다.

41. 절대지대의 형상은, 시초축적기의 폭력이라는 형상으로부터, 공통적인 것의 착취를 위한 전쟁이라는 형상으로 변형된다.

42. 절대지대의 명령에 대항하는 다중의 공통화 투쟁의 강도를 높여야 한다는 의미이다.

43. 안토니오 네그리·마이클 하트, 『다중』, 조정환·정남영·서창현 옮김, 세종서적, 2008, 291~3쪽.

44. 약한 사유에 대한 네그리의 비판에 대해서는 Antonio negri, Inventer le commun des hommes, Bayard Centurion, 2010, pp. 17~21쪽.

45. 조르조 아감벤, 『세속화 예찬』, 김상운 옮김, 난장, 2010.

46. 여기서 결은 병치뿐만 아니라 부수와 파생을 동시에 염두에 두는 것이어야 한다. 앞에서 말한 부수효과에 시의 부수(collateral)를 참조하라.

47. 라디노어는 15세기에 유대인들이 사용했던 고대 스페인어이다.

48. 조르조 아감벤·양창렬, 『장치란 무엇인가?』, 난장, 2010, 45쪽.

49. 26세 미만 취업자는 2년 안에는 특별한 사유 없이 해고할 수 있음을 명시한 '최초고용계약'.

8장 인지자본주의에서 시간의 재구성

1. 질 들뢰즈는 가능성-실재성 계열을 비판하면서 잠재성-현실성 계열을 존재론적 계열로 정립하려 시도한다. 즉 그에게서 가능성은 실재의 모방으로 격하된다. 나는 들뢰즈의 이 비판을 관념성-실재성 계열에 해당하는 것으로 받아들이면서 가능성 범주를 잠재성-가능성-현실성으로 이어지는 존재론적 시간 계열의 일부로 파악한다. 실제로 들뢰즈의 텍스트에서도 가능성을 모방 이상의 것으로 이해하는 경우를 찾아볼 수 있다.

2. 우리말 때(時)는 '시간의 어떤 점이나 부분'(아무 때나 오너라./때는 바야흐로 봄이로다), 무엇인가를 행하기에 가능하고 적절한 시점(때를 기다리다), 행위의 특정한 경우(꿈꿀 때./생각날 때) 등을 뜻한다. 때는 시간의 절단면이면서 주로는 가능성의 실현과 연관된 동적 단면을 의미한다. '어렸을 때'처럼 그것이 지나간 어

떤 시점을 뜻할 때에도 그것은 동적 단면으로서의 시간을 지시하는 경향이 있다.

3. 맑스는 『정치경제학 비판 요강』과 「직접적 생산과정의 제 결과」에서 '사회적 노동' 개념과 '실제적 포섭'의 개념을 통해 이 지형에 대한 예비적이고 논리적인 분석을 시도했다.

4. '어느 덧'에서 '덧'은 시간을 의미한다.

5. '때'가 영원의 동적 단면이라면 '곳'은 우주의 동적 단면이다.

6. '敷'는 나누다, 자르다는 뜻이다.

7. 몸은 삶들의 다양체이다. 근대 주권의 유기적 몸은 이 다양체의 특수한 정치적 조직형태이다.

8. 실제적 포섭과 가상실효적 포섭을 구분하지 않는 네그리는 실제적 포섭의 국면에서 시간의 공간화의 역전, 즉 공간의 시간화가 전개된다고 말한다(Antonio Negri, *Time for Revolution*, Continuum, 2003, p. 35.) 나는 이 장에서 가상실효적 포섭과 구분되는 국면인 실제적 포섭에서 시간의 공간화가 질적으로 완성되며 탈근대의 가상실효적 포섭에서 비로소 공간화된 시간의 와해 및 시간, 삶, 생산의 겹침과 동시에 시간의 초시간화라는 새로운 포섭의 양상이 나타나는 것으로 이해한다. 때때로 네그리도 이러한 양상을 포착하기 위해 '총체적 포섭'이라는 표현을 사용하기도 한다. 가상실효적 포섭에 대해서는, 조정환, 『제국기계 비판』, 갈무리, 2005, 40~48쪽 참조.

9. '때'가 결정과 행위의 순간이라면 '뜻'은 결정하고 행위할 능력이다.

10. 메를로-뽕띠는 삶을, 물질도 정신도 실체도 아닌 존재의 원소로 정의한다. 오늘날 유전자 공학 및 생물공학의 산업에의 응용은 삶의 산업화로 볼 수 있다.

11. 공통적인 것은 '때들'의 생산물이며 새로운 '때들'이 생성되는 터전인 집단적 '뜻'이다.

12. '기억의 정치학'은 권력에 의한 상처와 그 상처에 대한 기억을 혼동하곤 한다. 예컨대, 일본 제국주의가 가한 상처를 잊지 않는 것, 이승만 정권이 민중운동에 가한 억압을 잊지 않는 것, 박정희 정권의 계엄통치가 남긴 아픔을 잊지 않는 것 …… 등이 정치의 요체라고 주장한다. 그러나 상처는 삶의 문제이고 기억의 문제가 아니며 치유할 것이지 상기할 것이 아니다. 치유된 삶은 기억을 필요로 하지 않는다. 기억은 삶에 대해 권력이 지속되는 방식이기 때문이다. 필요한 것은 치유를 통한 실제적 망각이다.

13. 카리브디스와 스킬라에 대해서는 앞의 7장 미주 48 참조.

14. 9/11 이후 '테러에 대한 전쟁' 논리에서 등장한 '악의 축' 담론의 세계화, 유대교의 지원을 받은 제2차 이라크 전쟁의 흥행, 구원론적 이미지를 깊이 내장하고 있는 매트릭스의 흥행이 이 지점에서 오버랩된다.

15. 〈티쿤〉(Tiqqun)은 프랑스-이탈리아의 언더그라운드 정치집단이었고 2001년 9/11 사건 이후 해산하였다. 또 '티쿤'은 1999년에 발간된 프랑스 철학 저널의 이름이기도 하다. 이 저널의 목표는 또 다른 공동체의 조건을 재창조하는 것이었다. 그들은 『내전을 위한 안내서』(*Introduction to Civil War*, 2010), 『프로그램이 아니다』(*This is Not a Program*, 2011)를 출간하였다. (http://en.wikipedia.org/wiki/Tiqqun)

16. 오늘날의 장치들이 생산하는 탈주체적이고 특성 없는 주체들. 조르조 아감벤·양창렬, 『장치란 무엇인가?』, 난장, 2010, 45쪽.

17. 지그문트 바우만, 『쓰레기가 되는 삶들』, 정일준 옮김, 새물결, 2008.

18. 자크 랑시에르, 『정치적인 것의 가장자리에서』, 양창렬 옮김, 도서출판 길, 2008.

19. 더 나은 삶의 '곳'을 찾아 이동하는 유목적 이민들, 자신이 살아온 '곳'을 지키려는 원주민 자치운동과 철거반대투쟁, 삶의 터전을 죽음으로부터 지키려는 생태운동, 빈 공간을 살 '곳'으로 전환시키려는 빈집점거운동, 사진을 필요로 하는 '곳'이라면 어디에든 찾아가 빈 공간을 점거하여 전시회를 여는 홈리스갤러리(homeless gallery) 운동 등.

20. 물정치 개념을 제안한 라투르는 "공산주의가 잘못되었다면 그것은 공동체를 추구한 것에 있는 것이 아니

라 공유되어야 할 공통세계Common World가 무엇인가를 상상한 성급한 방식에 있다"(라투르, 『현실정치에서 물정치로―어떻게 사물을 공적인 것으로 만들 것인가』, 백남준아트센터, 2010, 29쪽)고 말한다. 여기서 라투르는 공통세계의 차이를 역사적 조건 속에서 찾기보다 성급함과 그렇지 않음의 차이에서 찾는다. 이 점이 문제가 될 수 있지만 크게 보아 라투르의 물정치 개념은 다중 개념이 빠지지 말아야 할 어떤 경계선을 알려주면서 그것이 나아가야 할 침로를 제시하는 것으로 보인다. 첫째로 벗어나야 할 것은 인간주의이다. 인간, 기계, 자연 등이 물Ding로서 서로 관계하고 얽혀드는 현실에 대한 유물론적 통찰이 필요하다. 둘째로 벗어나야 할 것은 이성주의이다. 의회, 평의회의 방안은 이성에 의한 재현, 즉 이성의 궁전을 통한 재현을 받아들인다는 점에서 공통된다. 이제 물정치적 모임은, 모든 사람들이 오늘날 처해 있는 언어장애, 인지장애 등 다양한 장애에 대한 승인 위에서, 그것들을 배제하기는커녕, 그 장애에 인공보철물을 장착하여 보정하는 것을 정치의 본령으로 인식하고 실천하는 태도를 요구한다. (보정이자 치유로서의 정치) 셋째 정치가 단일한 공동체의 구축으로 구심화되지 않고 다양한 아상블라주들을 포함하는 것으로 확장되어야 하며 집회들의 모임뿐만 아니라 해산의 움직임까지 모으는 공통체(Commonwealth)의 구축으로 방향 잡혀야 한다. 넷째 그러므로 다중은 하나로 묶인 실체적 대중이 아니라 유령 대중으로서 구성될 수 있다. 다중이 유령대중이라면, 그 주체는 진보와 연속이라는 연속의 시간 속에 살지도 않고 혁명과 대체라는 단절의 시간 속에 살지도 않을 것이다. 다중은 오히려 일련의 비동시적 동시성으로서의 동거의 시공간 속에서 살아간다.

21. 이 책, 56쪽.

22. 그래서 이러한 생태주의적 사유에서 '가이아'는 영원성이 아니라 '불사조와 같은 불멸성'으로 이해된다 (테오도르 로작, 『지구의 외침』, 오휘영 옮김, 조경출판사, 2002, 188~189쪽).

23. 여기서 진화는 단선적 발전을 의미하는 것이 아니라 특이한 '때'에 영원을 집약하는 것을 의미한다.

24. 몇 년이고 집밖을 나가지 않고 홀로 은둔하는 생활양식(히끼꼬모리), 혹은 면도날로 자신의 살을 베면서 비로소 현실을 실감하는 '컷터'의 체험양식 등은 이러한 '시간의 정지'와 무관하지 않다.

25. 이러한 시간 개념에 대한 풍부한 상상을 제공하는 책은 질 들뢰즈, 『시네마 II』, 이정하 옮김, 시각과언어, 2005이다.

26. 이에 대해서는 조정환, 『제국기계 비판』, 갈무리, 2005, 425~49쪽 참조.

9장 인지자본주의에서 계급의 재구성

1. 한국에도 민주노동당, 진보신당, 사회당, 사노련 등 노동계급을 대의하는 정당들과 정파들은 어떤 계층을 어떤 정치적 방향성에 따라 대의할 것인가에 따라 분화되어 있다.

2. 지그문트 바우만, 『쓰레기가 되는 삶들』, 정일준 옮김, 새물결, 2008 참조.

3. 조르조 아감벤, 『호모 사케르』, 박진우 옮김, 새물결, 2008.

4. 사회진보연대 불안정노동연구모임, 『신자유주의와 노동의 위기』, 문화과학사, 2000 참조.

5. 울리히 벡, 『위험사회』, 홍성태 옮김, 새물결, 2006 참조.

6. 어슐러 휴즈, 『싸이버타리아트』, 신기섭 옮김, 갈무리, 2004.

7. Franco Berardi, Cognitariat and Semiokapital, interviewed by Matt Fuller & Snafu, http://subsol.c3.hu/subsol_2/contributors0/bifotext.html.

8. 안토니오 네그리 · 마이클 하트, 『다중』, 조정환 · 정남영 · 서창현 옮김, 세종서적, 2008.

9. 고용주와 실제 노동력 사용자가 다른 고용형태이다.

10. 사용자에 고용되어 있지만 민법상으로는 업무도급관계인 자영업자, 소사장 등으로 계약된다. 학습지 교사, 골프 경기도우미, 보험모집인, 지입차주 겸 운전기사, 요구르트 배달원, 화장품판매원, 학원 강사 등이 그러하다.

11. 그림자 노동에 대해서는 이반 일리히, 『그림자 노동』, 박홍규 옮김, 미토, 2005, 151쪽 이하 참조.

12. 칼 마르크스, 「고타강령 비판」, 『칼 맑스 프리드리히 엥겔스 저작선집』 4권, 박종철출판사, 1997, 370쪽 참조. 앞서 언급한 바 있는 이진경의 지대 개념('토지가 지대를 생산한다')은, 맑스가 여기서 말하는 '부'를, 사용가치만이 아니라 교환가치까지 의미하는 것으로 해석함으로써 가능해지는데(이진경, 『자본을 넘어선 자본』, 그린비, 2004, 438쪽 : "사용가치가 경제학적 의미의 가치로 전환될 수 있을 때, 즉 가치화될 수 있을 때 '부'라는 개념이 성립한다. …… 그 자체론 사용가치인 노동이 가치의 원천이듯이, 그 자체론 사용가치인 자연이 가치화될 때, 그것은 노동이 그런 것만큼이나 가치의 원천이라 말해야 하지 않을까?") , 맑스는 그러한 해석의 여지를 남겨주지 않는다. : "노동은 모든 부의 원천이 아니다. 자연은 노동과 마찬가지로 사용가치(그리고 확실히 이것으로 물적 부는 이루어진다)의 원천이며 노동 자체는 하나의 자연력인 인간의 노동력의 발현일 뿐이다."

13. 이에 대해서는 조정환, 『아우또노미아』, 갈무리, 2003, 2장, 특히 105쪽 참조.

14. 외국인산업기술연수생제도(1991), 연수취업제(1998; 2년 연수, 1년 취업허용), 고용허가제(2003; 노동기본권 허용하되 사업장 이동 금지, 2004년 8월부터 전면실시).

15. 자본주의는 인간을 자연 착취의 매개로, 남성을 여성 착취의 매개로, 정규직 노동자를 비정규직 노동자 착취의 매개로, 취업자를 실업자 착취의 매개로 전환시킨다. 이것은 자본주의가 사회를 공동체 착취의 매개로 만들어온 과정의 여러 (역사적) 측면들이다.

16. 윤애림, 「불안정노동철폐운동의 현주소」, 『진보평론』 20호, 현장에서미래를, 2004년 여름, 110쪽.

17. 같은 글, 109쪽.

18. "그 동안 대사업장에서의 비정규직 투쟁은 대부분 처참한 패배로 끝나고 말았다. 한라중공업 사내하청 투쟁, 캐리어 하청노조 투쟁, 공공부문의 한통계약직 투쟁이 대표적 사례들이다. 99년 한라중공업에서는 당시 파업에 들어간 정규직 노조가 함께 연대해서 싸우고자 한 사내하청노조의 요구안을 받아 안기를 거부하고 회사의 탄압에 대해서도 적극적인 대응을 하지 않은 채 방치하였다. 2001년 캐리어에서는 정규직이 사내하청 노조의 파업을 깨는 구사대로 나서기까지 하였다. 또한 한통 정규직 노조의 경우 규약에 있던 비정규직 가입 조항까지 바꿔가면서 계약직 동지들의 노조 가입을 거부하고 500일간의 처절한 계약직 투쟁이 패배로 끝날 때까지 철저히 외면하였다."(『현장노동자』 3호, 2003년 6월 25일, http://hlabor.com/newspaper/newsprint.asp?cd=22)

19. 예컨대 삼미특수강(1997년 2월 포철이 삼미특수강을 인수하면서 587명 해고), 현대자동차(1998), 만도(1998), 서울 지하철(1999), 한국통신 계약직 노동자 정리해고와 반대투쟁(2000년에 계약직 노동자 7000명 해고, 2001년 114 분사, 이후 선로유지보수부문 분사), 이랜드노조(2000; 나이키와 유사한 네트워크 기업인 이랜드에서의 노동조합 결성과 투쟁), 대우자동차(2001), 캐리어하청노조(2001), 발전노조(2002) 등을 들 수 있으며 이후에도 수많은 사례들이 이어졌다.

20. 하청계열화는 단선적 수직적 계열화에서 분산적 중층적 계열화로 진화해 가고 있다. 윤애림, 「불안정노동철폐운동의 현주소」, 『진보평론』 20호, 현장에서미래를, 2004년 여름, 111쪽.

21. 사회적 경쟁의 격화는 학교와 대학에 더욱 뚜렷이 투영된다. 이 경쟁 압력은 고등학교는 물론이고 카이스트, 서울대 등 대학에서까지 학생들의 연쇄 자살을 불러오는 사회적 원인이 되고 있다.

22. 같은 글, 111쪽.

23. 2005년 정부의 비정규직 법안의 골자는 다음과 같다. 2006년부터 (1) 파견업무 대상 확대 (2) 파견기간 2년에서 3년으로 연장 (3) 임시직 기간 3년으로 연장 (4) 초과 사용시 해고 제한 (5) 정규직과의 불합리한 차별금지. 이에 대한 각 이해당사자들의 입장과 반응은 다음과 같았다. (1) 정규직의 입장과 반응. 비정규 직 보호법안, 특히 근로자파견법은 정규직까지 비정규직으로 만들어 노동자를 탄압하는 개악안이라고 비판. (2) 비정규직의 입장과 반응. 비정규직 차별철폐를 근본 목표로 삼아 완전한 노동3권 보장을 쟁취 하기 위해 비정규직 입법안의 일방적 처리에 반대. (3) 사용자의 입장과 반응. 간접고용을 통해 비정규직 을 채용함으로써 노동법 또는 사회보장법상의 여러 가지 의무를 직접 근로자에게 떠넘기거나 아니면 다 른 사업자를 중간 고리로 하여 간접적으로 떠넘겨 해고제한법규를 회피할 수 있는 파견근로를 지지하는 입장. (4) 시민단체의 입장과 반응. 비정규직 관련 입법안의 강행처리 중단을 촉구하며 비정규직을 억제하 고 해소하는 대책과 차별시정조치, 비정규직을 위한 사회보장제도 확충을 논의하자.

24. 이것은 2009년 7월 1일, 비정규직 고용기간(2년) 제한규정이 처음 발효되기 전의 대규모 해고를 통해서 다시 한 번 입증되었다.

25. 1968년 혁명 당시 나타난 가사노동에 대한 임금지급 요구, 수업노동에 대한 임금지급 요구 등은 그 사례 이다.

26. 베토벤의 작곡노동에 고통이 수반되는 것처럼, 인지노동에도 고통이 수반되기도 한다. 그러나 그것은 강 제된 고통은 아니다.

27. 해리 클리버, 「현재의 위기에서 명령―으로서의―화폐의 전복」, 『신자유주의와 화폐의 정치』, 이원영 옮 김, 갈무리, 1999, 207쪽.

28. 노동시간의 절단에 근거하기보다 자본주의적 공리의 적용에 의거하여 그 사회적 노동을 지배한다는 점 에서 실제로는 포획이라고 표현해야 할 것이다.

29. 비독점기업 중심의 하청계열화.

30. 내부 비정규직화와 사내하청화.

31. 흔히 제안되는 대책은 두 가지다. 첫째 법제도 개선으로서, 임시직 사용의 엄격한 제한, 파견제의 폐지와 불법파견의 근절, 특수고용 노동자의 노동자성 인정과 노동3권 보장, 동일가치노동 동일임금의 보장 등 의 법제화, 공공부문의 비정규직 억제와 차별해소, 간접고용의 금지 등. 둘째 조직화로서, 비정규직의 노 동조합 조직화.(주진우, 「비정규직 노동의 정치, 아래로 흐르는 연대」, 『정치비평』 11호, 한국정치연구 회, 2003년 하반기, 67쪽.)

32. 안보는 일반적으로 주권의 용어로 인식되어 있다. 이것은 국가가 삶을 관리하는 주체로 인식되어온 오랜 역사가 남긴 관념적 유산이다. 위험사회에서 안전보장은 달성되어야 할 주요한 삶의 과제이다. 하지만 나는 삶의 안보가 국가주권이나 군사력 같은 것에 의해 보장될 수 있는 것이라고 생각하지 않는다. 오히 려 지금까지 그것들은 삶을 위험 속으로 빠뜨리는 주요한 요인이었다. 따라서 필요한 것은 안보를 달성 할, 오늘날에 적합한 방법을 강구하는 것인데 그것은 자본의 국가가 아니라 다중들의 공통체에 의해서만 가능할 수 있는 것이다.

33. 이에 대해서는 조정환, 『제국기계 비판』, 갈무리, 2005, 27~51쪽에 실린, 1장 '탈근대와 맑스의 포섭론' 참조.

10장 인지자본주의에서 정치의 재구성

1. '정치적인 것'이라는 용어는 사람들마다 각기 다른 의미로 사용하는데, 나는 여기서 이 용어가, 역사 속에서 생성된 혹은 생성되고 있는 잠재력이 현실적인 체제, 제도, 성향, 감수성 등의 기존 질서에 이의를 제기하

고 불화를 창출하면서 그 질서를 해체하고 대체하려 할 때 발생하는 갈등의 역장(力場)을 의미한다는 관점에서 그 다름을 고려하고 또 취급한다.

2. 샹탈 무페, 『정치적인 것의 귀환』, 이보경 옮김, 후마니타스, 2007 참조.

3. 자끄 랑시에르, 『정치적인 것의 가장자리에서』, 양창렬 옮김, 길, 2008 참조.

4. 슬라보예 지젝, 『신체 없는 기관』, 김지훈·박제철·이성민 옮김, 도서출판b, 2006 참조.

5. 알랭 바디우, 『조건들』, 이종영 옮김, 새물결, 2006 참조.

6. 안토니오 네그리·마이클 하트, 『다중』, 조정환·정남영·서창현 옮김, 세종서적, 2008 참조.

7. 생산관계, 생산양식, 사회구조, 정치체제, 주권형태 등의 질서들은 하나의 공동체에 속하는 인간들이나 사물들에게 특정한 자리와 몫을 분배함으로써 무엇보다 감각질서를 조직하는 틀이다. 이 틀로 말미암아 볼 수 있는 것과 볼 수 없는 것, 들을 수 있는 것과 들을 수 없는 것, 사유될 수 있는 것과 사유될 수 없는 것, 상상될 수 있는 것과 상상될 수 없는 것, 말해질 수 있는 것과 말해질 수 없는 것, 만들어질 수 있는 것과 만들어질 수 없는 것, 행위될 수 있는 것과 행위될 수 없는 것 등으로 경계 지워지고 분할된 감각세계가 형성된다. 이때 분배되고 분할되는 것은 감각적인 것인데 이것이 치안과 정치의 중요한 불화지점으로 등장한다.

8. 그 경향이 나타나는 형태는 다양했다. 무엇보다도 포스트모더니즘의 탈정치적 경향을 문제로 삼아야하겠지만, 이에 대해서는 이미 많은 비판이 있었으므로, 여기서는 자주 언급되지 않는 다른 형태들 몇 가지에 대해 생각해 보자. 첫째는 낭만적 아이러니다. 경험적 자기(현실태)를 냉정하게 바라보는 초월론적 자기의식(잠재성). 이것은 상처를 입거나 패배하는 법이 없는 자기의식이다. 이것은, 초월론적 자기가 경험적 자기를 경멸할 때 나타난다. (무라카미 하루키에게서 보이듯이) 낭만적 아이러니가 거둔 이 내면의 승리는 투쟁의 회피에 지나지 않는다(가라타니 고진, 『역사와 반복』, 조영일 옮김, 도서출판b, 2008, 145쪽). 이 회피는 경험적 자기를 패배 속에 지속적으로 머물게 한다. 둘째는 이론적 근본변혁주의와 정치적 냉소주의이다. 모든 경험적 투쟁들(현실성)로부터 냉정한 거리를 유지하면서 그것이 근본적 변혁(잠재성)을 직접적으로 실행하려 하지 않았다고 오직 **이론적으로만** 비판하면서 결코 실패하거나 패배하지 않을 이론적 자아를 유지하는 것이 그것이다. 사실상 이것은 모든 투쟁들을 허무한 것으로 묘사하는 정치적 냉소주의로 귀착된다. 촛불에 대한 일련의 사후적 이론적 평가에서 이러한 경향들이 노출되었다(이에 대해서는 조정환, 『미네르바의 촛불』, 갈무리, 2009, 18~65쪽 참조). 셋째는 이론적 신보수주의다. 다중지성의 아마추어성을 비판하면서 고전주의적 인문학의 고수와 발전만이 이 지적 무정부상태를 바로잡을 수 있다고 보는 엘리뜨주의. 이것은, 구체적 상황 속에서 발전하고 있는 집단지성, 다중지성의 현실적 흐름을 그것 외부에 초월적으로 정립된 인문주의의 이상 속에서 평가한다. 이들은 지적 불평등이나 지혜의 위계를 주장함으로써 권력관계를 재구축하는 데 관심을 갖는다.(이에 대해서는 존 베벌리, 「라틴아메리카니즘이라는 사건 : 정치적-개념적 지도」, 『아우또노마 M』 5호(『자율평론』 31호), 다중지성의 정원, 2010년 1분학기, 20~28쪽 참조). 넷째는 원시주의이다. 문명과 원시를 대비시키고 문명이 낳은 폐해, 그 실패적 측면을 부각시키면서 문명 대신에 원시, 공업 대신에 농업, 인간 대신에 자연, 능동 대신에 수동, 사회 대신에 공동체, 현재 대신에 과거, 세계 대신에 지역, 기술 대신에 마음, 정부 대신에 무정부 등등의 이분법과 양자택일을 제시한다. 다른 경향들과 마찬가지로 이 경향도 잠재성을 현실성과 연결 짓는 데 실패하며 특이성(singularity)을 공통되기의 실제적 과정 속에 개방하기보다, 그것을 초월적 위치로 끌고 간다. 특이함들의 공통되기보다 그것의 고고하게 되기, 혹은 고대적으로 되기가 선택되면서 현실적인 것에로의 정치적 접근은 방기된다. 여기서 원시성으로 이해되는 것은 실제로는 문명적인 것으로 환원될 수 없는 특이성들이다. 특이성들은 문명의 바깥에서 찾아져야 하는 것이 아니라 문명 속에서 문명에 대항하고 있는 것에서 찾아져야 할 것이다(이에 대해서는 http://amelano.net/1637 참조).

9. 에티엔 발리바르, 『대중들의 공포』, 최원·서관모 옮김, 도서출판b, 2007, 30~65쪽.

10. 나는 여기서 '양동'을 '陽動'이면서 동시에 '兩動'이라는 의미로 사용한다.

11. 1994년 사빠띠스따들이 들었던 총은, 그들이 선언한 대로, 권력장악을 위한 수단이 아니었고 제국주의자들과 독재자들에 대한 적대와 항의를 표시하는 상징 수단이었다. 내전으로 치달은 2011년의 리비아 혁명에서 폭력 수단의 비대칭은, 인도주의를 위장한 제국주의의 개입이라는 까다로운 문제를 야기하는 조건이 된다.

12. 조르조 아감벤, 『호모 사케르』, 박진우 옮김, 새물결, 2008, 특히 7장 「수용소, 근대성의 '노모스'」 (315~339쪽) 참조.

13. 정치문화의 스펙타클화와 프롤레타리아의 구경꾼으로의 전화에 대해서는 기 드보르, 『스펙타클의 사회』, 이경숙 옮김, 현실문화연구, 1996 참조.

14. 칼 마르크스, 「공산주의당 선언」, 『칼 맑스 프리드리히 엥겔스 저작선집·1』, 박종철출판사, 1997, 413쪽.

15. 블라디미르 일리치 레닌, 『레닌저작집』 1권, 김탁 옮김, 전진, 1988, 192~195쪽.

16. 블라디미르 일리치 레닌, 『레닌저작집』 7-1권, 레닌출판위원회 옮김, 전진, 1991, 23~30쪽.

17. 1917년 4월에 나타난 이러한 시각전환의 의미에 대한 분석으로는 조정환, 「레닌의 카이로스」, 『마르크스주의연구』 제1권 제2호, 한울, 2004.

18. 1917년 7월 페트로그라드에서 "7월 사태"라고 불리는 일련의 거리 시위가 폭발했다. 이것은 경제 악화에 대한 인민들의 불만뿐만 아니라 전쟁 지속에 대한 격화하는 불만도 반영하는 것이었다. 이 저항을 주도한 페트로그라드 볼셰비끼는, 저항이 실패로 돌아가면서 당국의 대대적인 탄압을 받았는데, 이 때 소비에뜨의 비볼셰비끼 정파들은 이 탄압을 지지하는 태도를 보였다. 이러한 태도에 자극받은 레닌은 소비에뜨에 대한 기대를 접고 (10월 혁명 직전에 다시 이 슬로건을 제기할 때까지) '모든 권력을 소비에뜨로!'라는 슬로건을 철회한다. 조정환, 같은 글 참조.

19. 하이데거는 『존재와 시간』(이기상 옮김, 까치글방, 2003, 230~236쪽)에서 잡담과 호기심을 비본래적 상태에 있는 인간의 특성으로 규정했지만, 인지자본주의에서 이것은 핵심적인 생산력으로 기능하며(빠올로 비르노, 『다중』, 김상운 옮김, 갈무리, 2004, 151~156쪽 참조) 21세기적 봉기와 혁명의 동력으로 기능한다(조정환, 『미네르바의 촛불』, 갈무리, 2009, 277쪽 참조).

20. 조르조 아감벤은 파시즘의 생체실험 논리가 이 이미 1920년대 바이바르의 사회민주공화국에서 전개되었음을 문헌학적으로 입증하고 있다. 조르조 아감벤, 앞의 책, 235~246쪽 참조.

21. 룸펜프로레타리아트의 취약성과 위험성에 대한 비판으로는 칼 마르크스, 「루이 보나빠르뜨 브뤼메르 18일」, 『프랑스혁명사 3부작』, 임지현·이종훈 옮김, 소나무, 1987, 203쪽.

22. 기쁨의 실천에 대해서는 마이클 하트, 『들뢰즈 사상의 진화』, 김상운·양창렬 옮김, 갈무리, 2004의 3장 참조.

23. 20세기 세계 전체가 광의의 사회민주주의 주권체제였다는 생각에 대해서는 조정환, 『공통도시』, 갈무리, 2010, 112~120쪽 참조.

24. 비극으로 시작된 자본주의가 소극으로 또 한 번 반복되는 이유는 모든 사람들로 하여금 자본주의와 기껍게 결별할 마음의 준비를 갖게 하는 데 있다는 해석에 대해서는 슬라보예 지젝, 『처음에는 비극으로, 다음에는 희극으로』, 김성호 옮김, 창비, 2010, 9쪽.

25. 인도주의적 개입이 제국주의적 침략의 수사학으로 되는 현실에 대해서는 알랭 바디우, 『윤리학』, 이종영 옮김, 동문선, 2001, 11~25쪽.

26. 자유의 힘으로서의 사선(diagonal)에 대해서는 Michael Hardt·Antonio Negri, *Commonwealth*,

Harvard University Press, 2009, pp. 101~107 참조.

11장 인지자본주의에서 지성의 재구성

1. 중앙지성에 대해서는 조정환, 『미네르바의 촛불』, 갈무리, 2008, 247~256쪽 참조.

2. 1922년 10월 무솔리니와 그 일파의 지도하에 검은 셔츠 제복을 걸친 파시스트들이 로마에 진군했다. 이로 마행진을 압력수단으로 무솔리니는 왕으로부터 조각권을 획득할 수 있었다.

3. 그람시가 공장 내에서 숙련 노동자의 기술적 우위성과 지도적 위치를 중시한 것은 사실이다. 이것은 당대의 평의회 이론가들 모두에게 공통된 관점을 표현한다. 그런데 그람시는 이 숙련노동자들의 지도력이, 노동과정을 통해 공장 내에서 표현되는 직업적 기술적 지도력에 그치지 않고 사회 전체에 걸쳐 전 계급적으로 표현되는 정치적 지도력으로 확장할 수 있는 길을 모색했다.

4. 이상의 명제들은 안토니오 그람시, 『옥중수고』 1, 2권, 이상훈 옮김, 거름, 1999와 『안토니오 그람시 옥중수고 이전』, 김현우·장석준 옮김, 갈무리, 2011 등의 내용으로부터 추출하여 재배치한 것이다.

5. 전위의 관념이 오늘날 고전적 의미의 직업적 혁명가 개념으로 나타나는 경우는 드물다. 그것은 당활동가, 당원, NGO 활동가, 진보지식인 등 다양한 모습으로 변용되어 나타나곤 한다.

6. 다다이즘과 초현실주의를 잇는 플럭서스의 예술가들은 '누구나가 예술가다'라는 명제로 이러한 변화를 선취했다. 조정환·전선자·김진호 지음, 『플럭서스 예술혁명』, 갈무리, 2011 참조.

7. 최익현, 「표류하는 대학 인문학」, 『황해문화』 66호, 새얼문화재단, 2010년 봄, 114쪽.

8. 대학에 대학신입생 입학신고식이라는 군사적 의식이 생겨났을 뿐만 아니라 여기에 폭력과 성희롱까지 수반되고 있음에 주목해 보자.

9. 최동석, 「사이비 인문학과 인문학 장사꾼들」, http://mindprogram.co.kr/253.

10. 이러한 관점에 대해서는 조정환, 『미네르바의 촛불』, 갈무리, 2008 참조.

11. 공인노조의 지도방침을 벗어나는 파업을 살쾡이 파업이라고 부를 수 있다면 공식 지도부의 방침을 벗어나는 시위를 살쾡이 시위라 부를 수 있을 것이다. 물론 촛불집회 당시에 광우병 국민대책회의가 공인된 지도부는 아니었지만 많은 경우에 공인된 지도부로 행동했다는 것만은 분명했다.

12. 예컨대, 당대비평기획위원회 엮음, 『그대는 왜 촛불을 끄셨나요』, 산책자, 2009에 실린 논문들의 일부가 이러한 경향을 표현한다. 이 경향에 대한 나의 비판은 조정환, 『미네르바의 촛불』, 갈무리, 2009, 19~70쪽에 서술되어 있다.

13. 인문학적 신보수주의는 라틴아메리카에서도 이와 유사한 경로를 통해 구축되고 있다. 이에 대해서는, 존 베벌리, 「라틴아메리카니즘이라는 사건 : 정치적-개념적 지도」, 『아우또노마 M』 5호(『자율평론』 31호), 다중지성의 정원, 2010년 1분기, http://waam.net/xe/autonomous_review/91817 참조.

14. 한국사회학회에서 발행하는 『한국사회학』 제45집 1호, 2011, 109~152쪽에 실린 김종영, 「대항지식의 구성 : 미 쇠고기 수입반대 촛불운동에서의 전문가들의 혼성적 연대와 대항논리의 형성」에서 인용.

15. 경향신문 특별취재팀, 『민주화 20년, 지식인의 죽음』, 후마니타스, 2008에는 신자유주의하에서 나타난, 인문학과 지식인의 성격, 위치, 역할의 급격한 변화에 대한 다각적인 저널리즘적 고찰이 실려 있다.

16. 코끼리는 남들이 모르는 비밀스럽고 고립된 곳에서 죽고 썩어 상아의 탑(la tour d'ivoire)을 만든다고 한다. 하지만 상아탑은 발견되지 않았고 사람들의 의식 속에 관념적 형상으로만 존재하게 된다. 상아탑이라는 말이 예술지상주의(생트 뵈브의 최초의 용법)를 지칭하는 것을 넘어 대학을 상징하는 용어로 자리잡게 된 것은, 대학이 현실로부터 거리를 두고 세속과는 관계가 먼 정신과 진리의 장소일 것을 추구했고

바로 그것이 대학이 갖는 권위의 상징이 될 수 있었기 때문이다.

17. Antonio negri, *Lent Genêt : Essai sur l'ontologie de Giacomo Leopardi*, Editions Kimé, 2006.

18. '약한 사유'에 대해서는 지안니 바티모, 『근대성의 종말』, 박상진 옮김, 경성대학교출판부, 2003 참조.

12장 상품에서 공통적인 것으로

1. 조르조 아감벤, 『호모 사케르』, 박진우 옮김, 새물결, 2008, 3부 참조.

2. 빠올로 비르노, 『다중』, 김상운 옮김, 갈무리, 2004, 132쪽.

3. 같은 책, 144쪽.

4. 같은 책, 147쪽.

5. 같은 책, 같은 쪽.

6. 같은 책, 158쪽.

7. 같은 책, 155쪽.

8. 맑스는 비물질적 상품생산이 가능하다고 보았지만 자본주의 전체가 그것에 의해 지배되는 것을 상상하기는 어렵다고 생각했다.(칼 마르크스, 『경제학 노트』, 김호균 옮김, 이론과 실천, 1988, 117쪽)

9. 바뤼흐 스피노자, 『에티카』, 강영계 옮김, 서광사, 2007, 5부, 명제 11. 스피노자는 『에티카』 1, 2부에서 상상을 제1종 인식으로 분류하여 지양되어야 할 사유양식으로 취급하지만 5부에서는 상상이 더 풍부한 정신을 가질 수 있게 하는 원천이 된다고 보았다. 이 차이 때문에 네그리는 상상의 힘을 강조하는 『신학정치론』이 『에티카』 1, 2부 이후에 씌어졌고 3, 4, 5부가 『신학정치론』 다음에 씌어졌다는 단절론에 따라 『에티카』를 독해한다. 안토니오 네그리, 『야만적 별종』, 윤수종 옮김, 푸른숲, 1997, 211~270쪽.

10. 질 들뢰즈, 『스피노자와 표현의 문제』, 이진경 옮김, 인간사랑, 2003, 369~389쪽.

11. 게오르크 루카치, 『미학』 1권, 이주영 옮김, 미술문화, 201~318쪽 참조.

12. 발터 벤야민, 「미메시스 능력에 대하여」, 『언어 일반과 인간의 언어에 대하여 / 번역자의 과제 외』, 최성만 옮김, 길, 2009, 209~217쪽 참조.

13. 테오도르 아도르노, 『부정변증법』, 홍승용 옮김, 한길사, 1999, 226, 235쪽.

14. 네그리, 안또니오, 「인류의 공통적인 것을 발명하기」, 『아우또노마 M』 7호(『자율평론』 33호), 다중지성의 정원, 2010년 3분기, 16쪽.

15. Michael Hardt · Antonio Negri, *Commonwealth*, Harvard University Press, 2009, pp. 285~7.

16. 같은 책, pp. 289~290.

17. Michael Hardt, "Politics of common", Znet, 2009, http://www.zcommunications.org/pol itics-of-the-common-by-michael-hardt. 이 글의 수정본은 '생태학과 이데올로기' 특집호인 *Polygraph* 22호.(2010)에 "Two Faces of Apocalypse : A Letter from Copenhagen"이라는 제목으로 실렸는데, 이것의 한글 번역본 「묵시록의 두 얼굴 : 코펜하겐에서 보내는 편지」(연구공간 L 옮김)는 『진보평론』 47호(2011년 봄)에 실려 있다.

18. 외부효과란 한 사람의 행위가 제삼자의 경제적 후생에 영향을 미치지만 그 영향에 대한 보상이 이루어지지 않는 경우에 발생하는 것으로 제삼자의 경제적 후생수준을 낮추는 부정적 외부효과와 제삼자에게 이득을 주는 긍정적 외부효과가 있다. 여기서 효과는 사적인 것으로 귀속되고 그것의 외부 작용인은 무시된다.

19. Michael Hardt, 'Politics of common', Znet, 2009년 7월 6일, (http://www.zcommunications.org/poli

tics-of-the-common-by-michael-hardt).

20. Nick Dyer-Witheford, "The Circulation of the Common", http://www.fims.uwo.ca/people/faculty/dyerwitheford/Commons2006.pdf.

21. 계획자 국가에 대해서는 안또니오 네그리, 『혁명의 만회』, 영광 옮김, 갈무리, 2005, 3장 「계획자국가의 위기」 참조.

22. 이러한 관점에 대해서는 조정환, 『공통도시』, 갈무리, 2010, 103~120쪽 참조.

23. 사적인 것, 공적인 것, 공통적인 것의 차이와 관계에 대해서는 안또니오 네그리·마이클 하트, 『다중』, 조정환·정남영·서창현 옮김, 세종서적, 2008, 250~6쪽.

24. Nick Dyer-Witheford, 'the Circulation of the Common', http://www.globalproject.info/it/in_movimento/Nick-Dyer-Witheford-the-Circulation-of-the-Common/4797.

25. Antonio Negri, *GlobAL*, Éditions Amsterdam, Paris, 2007, pp. 63~4.

26. 안또니오 네그리·마이클 하트, 「탈근대적 법과 시민사회의 소멸」, 『디오니소스의 노동 II』, 이원영 옮김, 갈무리, 1997, 135~142쪽.

27. Franco Berardi, *The Soul at Work : From Alienation to Autonomy*, Semiotext⟨e⟩, 2009, p. 214.

28. 같은 책, p. 215.

29. 칼 맑스, 『정치경제학 비판 요강』 2권, 김호균 옮김, 백의, 2000, 367~391쪽.

30. 질 들뢰즈·펠릭스 가타리, 『철학이란 무엇인가』, 이정임·윤정임 옮김, 현대미학사, 1995, 20쪽.

31. 영어 *agony*, prot*agon*ist, ant*agon*ism 등에 흔적이 남아 있는 Agôn은 종교적 제의와 연관된 경쟁이나 도전, 경주를 의미하거나 그리스 연극에 등장하는 주요 인물들 사이의 형식적 논쟁을 의미하는 고대 그리스어다.

32. 질 들뢰즈·펠릭스 가타리, 앞의 책, 7~23쪽 참조.

33. ritornello는 본래는 바로크 음악의 반복구를 의미했다. 솔로 콘체르토나 아리아 등에서 리토르넬로는 개시 주제를 구성할 뿐만 아니라 연주과정에서 부분으로, 다른 음조로, 반복되거나 그 전체로 되풀이된다.

34. 펠릭스 가타리, 『카오스모제』, 윤수종 옮김, 동문선, 2003의 「1장 주체성 생산에 관하여」 참조.

35. Franco Berardi, 앞의 책, p. 217.

13장 21세기 혁명과 인지적인 것

1. 레닌은 노동자들의 자생적 투쟁이 드러내는 한계를 1902년에는 원리적인 것으로까지 생각했다. 1905년의 소비예뜨에 대한 그의 저평가는 이러한 인식의 결과이다. 하지만 그는 1917년 혁명과정에서 프롤레타리아트의 자생적 조직인 소비예뜨를 봉기주체일 뿐만 아니라 권력주체로 인정함으로써("모든 권력을 소비예뜨로!") 그 한계를 역사적인 것으로 파악하기 시작한다.

2. 헤르베르트 마르쿠제, 『일차원적 인간』, 박범신 옮김, 한마음사, 1993, 285~296쪽 참조.

3. 마르코스, 후아나 폰세 데 레온 엮음, 『우리의 말이 우리의 무기입니다』, 윤길순 옮김, 해냄, 2002, 그리고 해리 클리버, 『사빠띠스따』, 조정환·서창현 옮김, 갈무리, 1998.

4. 이에 대해서는 조정환, 『공통도시』, 갈무리, 2010, 13~14쪽.

5. 무함마드(Muhammad)는 아라비아반도를 이슬람으로 통합하고 632년에 사망하였다. 칼리프(Caliph)는 이슬람 공동체의 통치를 위해 예언자 무함마드가 행사하던 정치, 종교 양면의 권한과 그 권위를 계승한 후계자들이다. 술탄(Sultan)은 칼리프 제하에서 속령이나 제후국의 총독을 겸한 왕이었다. 왕이라고는 하나, 칼

리프가 언제든지 해임할 수 있는 왕이었기 때문에 총독과 왕의 중간 성격을 갖는다고 할 수 있다. 물론 칼리 프가 사라진 후에는 술탄이 왕의 지위를 갖는다. 이 역사적 서열에 대한 이해에 따라 이슬람의 분화가 나타 난다. 시아파는 칼리프들 중에서 무함마드의 혈통만을 인정한다. 수니파는 무함마드의 혈통이 아닌 칼리 프도 인정한다. 이슬람 전체의 90%를 차지하는 수니파가 대개의 나라에서 다수이지만 이란과 이라크에서 는 시아파가 다수이다. 이 두 파의 대립과 갈등이라는 조건이 독재를 정당화해 주곤 한다.

6. 예언자 무함마드가 610년 이후 23년간 알라에게 받은 계시를 기록한 양피지를 집대성한 책이다.

7. 이슬람 교단이나 공동체를 뜻한다.

8. 이 점은 미국발 금융위기와 그에 대한 대응과정에서 미국, 유럽, 아시아 등 세계 전역에서 확인되었던 것 이다.

9. 이슬람 여성의 의복이다. 아프가니스탄의 거의 대부분의 여성, 인도와 파키스탄의 많은 무슬림 여성들이 착용한다. 부르카는 신체 전 부위를 가리며, 시야확보가 필요한 눈부위도 망형태로 되어 있어, 외부인이 부 르카를 입은 여성의 인상착의를 파악하기 어렵게 한다.

10. 이에 대해서는 조정환, 『미네르바의 촛불』, 갈무리, 2008, 257~262쪽 참조.

11. 이집트의 경우, 4·6 청년운동의 탄생을 가져온 2008년 4월의 파업은 이집트 혁명을 예비했고, 2011년 1 월 25일 청년 주도 집회는 이후 광범위한 노동자 파업으로 이어졌다.

12. 1987년 6월에 앞섰던 1985년 구로동맹파업과 1987년 6월을 계승했던 1987년 7~9월의 노동자 투쟁을 생 각해 보자.

종장

1. 『고타 강령』(*Gothaer Programm*)은 독일 〈사회주의노동자당〉(Sozialistische Arbeiterpartei Deutsch -lands)의 강령이다. 베벨과 리프크네히트의 지도하의 〈사회민주노동자당〉(Sozialdemokratisch en Arbeiterpartei)과 빌헬름 하젠클레버 하의 〈전독일노동자동맹〉이 1875년 5월 22일부터 27일까지 고타에 서 열린 당대회에서 통합을 선언하고 고타 강령을 당강령으로 채택한다. 〈사회민주노동자당〉 강령의 핵심 은 "자유로운 국가와 사회주의적 사회, 임금노동제의 철폐를 통한 구시대적 임금법의 분쇄, 모든 사회에시의 착취의 지양, 노는 사회적 정치적 불평등의 제거"였다. 양당의 통합을 주도한 인물은 리프크네히트와 베벨 과 함께 빌헬름 하젠클레버였다. 맑스는 고타 강령이 개혁주의적인 〈전독일노동자동맹〉의 입장에 기울어 져 있다고 보면서 강령초안을 세세하게 비판한다. 『고타 강령』은 1890년 사회주의 탄압법이 철폐된 후 1891년 당대회에서 에어푸르트 강령으로 대체된다.

2. Karl Marx, 'Notes on Adolph Wagner's "Lehrbuch der politischen Okonomie"', http://www.marxists .org/archive/marx/works/1881/01/wagner.htm

3. 맑스는, 「고타강령 비판」에서 노동이 자연력인 노동력의 표현일 뿐이며, 노동은 여러 수단들 및 부속 주체 들과의 협력 속에서만 수행된다고 말한다. (칼 마르크스, 「고타강령 비판」, 『칼 맑스 프리드리히 엥겔스 저 작선집』 4권, 박종철출판사, 1997, 370쪽 참조.)

4. 아그네스 헬러, 『마르크스에 있어서 필요의 이론』, 강정인 옮김, 인간사랑, 1990 참조.

5. 들뢰즈(와 가따리)는 예술을 감각의 기념비를 창조하는 활동으로 이해하며(『철학이란 무엇인가』, 이정임 ·윤정임 옮김, 현대미학사, 1995, 240쪽) 감각의 이 예술적 특이화가 정동적 치유효과를 발휘한다고 본다 (『비평과 진단』, 김현수 옮김, 인간사랑, 2000, 22쪽).

6. Franco Berardi, 앞의 책, p. 220.

7. 『윤리학』에서 스피노자는 상상을 표상이나 계시의 능력으로 보아 1종 인식으로 간주하지만 『신학정치론』

에서 그는 상상에 훨씬 더 적극적인 역할을 부여한다. 안토니오 네그리, 『야만적 별종』, 211~232쪽 참조.

8. 칼 마르크스, 「포이에르바하에 관한 테제들」, 『칼 맑스 프리드리히 엥겔스 저작선집』 1권, 박종철출판사, 1997, '포이에르바하 테제1', 193쪽.

9. 칼 마르크스, 「공산주의당 선언」, 『칼 맑스 프리드리히 엥겔스 저작선집』 1권, 박종철출판사, 1993, 433쪽.

10. 칼 마르크스·프리드리히 엥겔스, 『독일 이데올로기 I』, 박재희 옮김, 청년사, 1990, 83쪽.

11. 칼 맑스, 『정치경제학 비판 요강』 2권, 김호균 옮김, 백의, 2000, 382~383쪽.

12. 모리스 메를로-퐁티, 『눈과 마음』, 김정아 옮김, 마음산책, 2008, 35쪽 이하.

13. 움베르또 마뚜라나·프란시스코 바렐라, 『앎의 나무』, 최호영 옮김, 갈무리, 2007, 7쪽 참조.

14. Michael Hardt·Antonio Negri, *Commonwealth*, Harvard University Press, 2009, p.379~380. 이에 앞서 네그리는 『혁명의 시간』에서 가난과 사랑의 개념을 정치철학적으로 혁신하려고 시도한 바 있다. (안토니오 네그리, 『혁명의 시간』, 정남영 옮김, 갈무리, 2004, 129, 159쪽 참조)

15. Michael Hardt·Antonio Negri, 같은 책, 2009, pp. 193~197. 들뢰즈와 가따리의 우정 개념에 대해서는 이 책(『인지자본주의』)의 446쪽 참조.

:: 참고문헌

단행본

가타리, 펠릭스, 『카오스모제』, 윤수종 옮김, 동문선, 2003.

강현수, 『도시에 대한 권리』, 책세상, 2010.

고진, 가라타니, 『역사와 반복』, 조영일 옮김, 도서출판b, 2008.

그람시, 안토니오, 『안토니오 그람시 옥중수고 이전』, 리처드 벨라미 엮음, 김현우 · 장석준 옮김,
　　　갈무리, 2011.

_____, 『옥중수고』 1, 2권, 이상훈 옮김, 거름, 1999.

네그리, 안토니오, 『네그리의 제국 강의』, 서창현 옮김, 갈무리, 2010.

_____, 『예술과 다중』, 심세광 옮김, 갈무리, 2010.

_____, 『혁명의 만회』, 영광 옮김, 갈무리, 2005.

_____, 『혁명의 시간』, 정남영 옮김, 갈무리, 2004.

네그리, 안토니오, 『야만적 별종』, 윤수종 옮김, 푸른숲, 1997.

네그리, 안토니오 · 하트, 마이클, 『다중』, 조정환 · 정남영 · 서창현 옮김, 세종서적, 2008.

_____, 『제국』, 윤수종 옮김, 이학사, 2001.

_____, 『디오니소스의 노동 I』, 이원영[조정환] 옮김, 갈무리, 1996.

_____, 『디오니소스의 노동 II』, 이원영[조정환] 옮김, 갈무리, 1997.

다이어-위데포드, 닉 · 라이트, 스티브 외, 『이제 모든 것을 다시 발명해야 한다』, 윤영광 · 강서진
　　　옮김, 갈무리, 2010.

당대비평기획위원회 엮음, 『그대는 왜 촛불을 끄셨나요』, 산책자, 2009.

도킨스, 리차드, 『이기적 유전자』, 홍영남 · 이상임 옮김, 을유문화사, 2010.

드보르, 기, 『스펙타클의 사회』, 이경숙 옮김, 현실문화연구, 1996.

들뢰즈, 질, 『대담 : 1972~1990』, 김종호 옮김, 솔, 1993.

_____, 『비평과 진단』, 김현수 옮김, 인간사랑, 2000.

_____, 『스피노자와 표현의 문제』, 이진경 옮김, 인간사랑, 2003.

들뢰즈, 질 · 가타리, 펠릭스, 『앙띠 오이디푸스』, 최명관 옮김, 민음사, 2000.

_____, 『천 개의 고원』, 김재인 옮김, 새물결, 2001.

_____, 『철학이란 무엇인가』, 이정임 · 윤정임 옮김, 현대미학사, 1995.

들뢰즈, 질・네그리, 안또니오 외, 『비물질노동과 다중』, 자율평론 기획, 갈무리, 2005.

라비노비치 알렉산더, 『혁명의 시간』, 류한수 옮김, 교양인, 2007.

라투르, 브뤼노, 『우리는 결코 근대인이었던 적이 없다』, 홍철기 옮김, 갈무리, 2009.

_____, 『현실정치에서 물정치로 — 어떻게 사물을 공적인 것으로 만들 것인가』, 백남준아트센터, 2010.

랑시에르, 자끄, 『감성의 분할』, 오윤성 옮김, 도서출판b, 2008.

_____, 『무지한 스승』, 양창렬 옮김, 궁리, 2008.

_____, 『미학 안의 불편함』, 주형일 옮김, 인간사랑, 2008.

_____, 『정치적인 것의 가장자리에서』, 양창렬 옮김, 길, 2008.

레디커, 마커스・라인보우, 피터, 『히드라 : 제국과 다중의 역사적 기원』, 정남영・손지태 옮김, 갈무리, 2008.

레닌, 블라디미르 일리치, 『레닌저작집 1』, 김탁 옮김, 전진, 1988.

_____, 『레닌저작집 7-1』, 레닌출판위원회 옮김, 전진, 1991.

_____, 『임박한 파국, 그것에 어떻게 대처할 것인가』, 이창휘 엮음・해설, 새길, 1990.

_____, 『제국주의론』, 남상일 옮김, 백산서당, 1986.

_____, 『프롤레타리아 독재에 대하여』, 앎과 함 편집부 옮김, 앎과 함, 1989.

로작, 테오도르, 『지구의 외침』, 오휘영 옮김, 조경출판사, 2002.

루카치, 게오르크, 『미학』1권, 이주영 옮김, 미술문화, 2000.

르페브르, 앙리, 『현대세계의 일상성』, 박정자 옮김, 기파랑, 2005.

마뚜라나, 움베르또・바렐라, 프란시스코 J., 『앎의 나무』, 최호영 옮김, 갈무리, 2007.

마르코스・폰세 데 레온, 후아나 엮음, 『우리의 말이 우리의 무기입니다』, 윤길순 옮김, 해냄, 2002.

마르쿠제, 헤르베르트, 『일차원적 인간』, 박범신 옮김, 한마음사, 1993.

마르크스, 칼・엥겔스, 프리드리히, 『독일 이데올로기 I』, 박재희 옮김, 청년사, 2007.

_____, 『칼 맑스 프리드리히 엥겔스 저작선집』, 박종철출판사, 1997.

_____, 『프랑스혁명사 3부작』, 임지현・이종훈 옮김, 소나무, 1990.

_____, 『경제학노트』, 김호균 옮김, 이론과실천사, 1988.

_____, 『잉여가치학설사』1권, 아침, 1989.

_____, 『자본론』1권(상), 김수행 옮김, 비봉출판사, 1991.

_____, 『자본론』1권(하), 김수행 옮김, 비봉출판사, 1991.

_____, 『자본론』 2권, 김수행 옮김, 비봉출판사, 1991.

_____, 『자본론』 3권(상), 김수행 옮김, 비봉출판사, 1990.

_____, 『자본론』 3권(하), 김수행 옮김, 비봉출판사, 2004.

맑스, 칼, 『정치경제학 비판 요강』, 김호균 옮김, 백의, 2000.

메를로—퐁티, 모리스, 『눈과 마음』, 김정아 옮김, 마음산책, 2008.

_____, 『보이는 것과 보이지 않는 것』, 남수인 옮김, 동문선, 2004.

_____, 『지각의 현상학』, 유의근 옮김, 문학과지성사, 2002.

메이슨, 폴, 『탐욕의 종말』, 김병순 옮김, 한겨레출판, 2009.

멘티니스, 미할리스, 『사빠띠스따의 진화』, 서창현 옮김, 갈무리, 2009.

무페, 샹탈, 『정치적인 것의 귀환』, 이보경 옮김, 후마니타스, 2007.

바네겜, 라울, 『일상생활의 혁명』, 주형일 옮김, 시울, 2006.

바디우, 알랭, 『윤리학』, 이종영 옮김, 동문선, 2001.

_____, 『비미학』, 장태순 옮김, 이학사, 2010.

_____, 『조건들』, 이종영 옮김, 새물결, 2006.

바렐라, 프란시스코 J., 『윤리적 노하우』, 유권종 · 박충식 옮김, 갈무리, 2009.

바렐라, 프란시스코 J. · 톰슨, 에번 · 로쉬, 엘러너, 『인지과학의 철학적 이해』, 석봉래 옮김, 옥
       토, 1997.

바우만, 지그문트, 『모두스 비벤디』, 한상석 옮김, 후마니타스, 2010.

_____, 『쓰레기가 되는 삶들』, 정일준 옮김, 새물결, 2008.

바타이유, 조르쥬, 『저주의 몫』, 조한경 옮김, 문학동네, 2000.

발리바르, 에티엔, 『대중의 공포』, 서관모 · 최원 옮김, 도서출판b, 2007.

베르그손, 앙리, 『창조적 진화』, 황수영 옮김, 아카넷, 2005.

볼로냐, 쎄르지오 · 네그리, 안또니오 외, 『이딸리아 자율주의 정치철학』 1권, 이원영[조정환] 편
       역, 갈무리, 1997.

벡, 울리히, 『위험사회』, 홍성태 옮김, 새물결, 2006.

벤야민, 발터, 『아케이드 프로젝트』 1~6권, 조형준 옮김, 새물결, 2008.

_____, 『언어 일반과 인간의 언어에 대하여 / 번역자의 과제 외』, 최성만 옮김, 길, 2009.

보드리야르, 장, 『시뮬라시옹』, 하태환 옮김, 민음사, 1993.

본펠드, 워너 엮음, 『신자유주의와 화폐의 정치』, 이원영[조정환] 옮김, 갈무리, 1999.

본펠드, 워너 · 띠쉴러, 쎄르지오, 『무엇을 할 것인가?』, 조정환 옮김, 갈무리, 2004.

비르노, 빠올로, 『다중』, 김상운 옮김, 갈무리, 2004.

사회진보연대 불안정노동연구모임, 『신자유주의와 노동의 위기』, 문화과학사, 2000.

셰네, 프랑수아 엮음, 『금융의 세계화』, 서익진 옮김, 한울, 2008.

슈미트, 칼, 『정치신학』, 김항 옮김, 그린비, 2010.

스피노자, 바뤼흐, 『에티카』, 강영계 옮김, 서광사, 2007.

_____, 『신학정치론』, 김호경 옮김, 갈무리, 미간원고[황태연 옮김, 신아출판사, 2010].

_____, 『정치론』, 김호경 옮김, 갈무리, 2009.

쏘번, 니콜래스, 『들뢰즈 맑스주의』, 조정환 옮김, 갈무리, 2005.

쑹훙빙, 『화폐전쟁』, 차혜정 옮김, 박한진 감수, 랜덤하우스코리아, 2008.

아감벤, 조르조, 『세속화 예찬』, 김상운 옮김, 난장, 2010.

_____, 『예외상태』, 김항 옮김, 새물결, 2009.

_____, 『호모 사케르』, 박진우 옮김, 새물결, 2008.

아감벤, 조르조·양창렬, 『장치란 무엇인가』, 난장, 2010.

아도르노, 테어도어 W.·호르크하이머, 막스, 『계몽의 변증법』, 김유동 옮김, 문학과지성사,
        2001.

아리기, 조반니, 『장기 20세기』, 백승욱 옮김, 그린비, 2008.

_____, 『베이징의 애덤 스미스』, 강진아 옮김, 길, 2009.

안바일러, 오토, 『노동자 농민 병사 소비에트』, 박경옥 옮김, 지양사, 1986.

앤더슨, 페리·보그, 칼 외, 『안토니오 그람시의 단층들』, 김현우·신진욱·허준석 편역, 갈무리,
        1995.

이상락, 『정보시대의 노동전략』, 갈무리, 1999.

이진경, 『자본을 넘어선 자본』, 그린비, 2004.

일리히, 이반, 『그림자 노동』, 박홍규 옮김, 미토, 2005.

조정환, 『21세기 스파르타쿠스』, 갈무리, 2002.

_____, 『공통도시』, 갈무리, 2010.

_____, 『미네르바의 촛불』, 갈무리, 2009.

_____, 『카이로스의 문학』, 갈무리, 2006.

_____, 『제국기계 비판』, 갈무리, 2005.

_____, 『지구제국』, 갈무리, 2002.

_____, 『아우또노미아』, 갈무리, 2003.

조정환 · 전선자 · 김진호, 『플럭서스 예술혁명』, 갈무리, 2011.

지젝, 슬라보예, 『신체 없는 기관』, 김지훈 · 박제철 · 이성민 옮김, 도서출판b, 2006.

_____, 『처음에는 비극으로, 다음에는 희극으로』, 김성호 옮김, 창비, 2010.

카스텔, 마누엘, 『정보도시』, 최병두 옮김, 한울, 2008.

케인즈, 존. M., 『고용, 이자 및 화폐의 일반이론』, 조순 옮김, 비봉출판사, 1995.

코소, 이와사부로, 『뉴욕열전』, 김향수 옮김, 갈무리, 2010.

클리버, 해리, 『사빠띠스따』, 이원영 · 서창현 옮김, 갈무리, 1998.

_____, 『자본론의 정치적 해석』, 한웅혁 옮김, 풀빛, 1986.

폴라니, 칼, 『거대한 변환』, 박현수 옮김, 민음사, 1997 [개역판 : 칼 폴라니, 『거대한 전환』, 홍기빈
　　　옮김, 길, 2009].

푸코, 미셸, 『사회를 보호해야 한다』, 박정자 옮김, 동문선, 1998.

_____, 『푸코의 맑스』, 이승철 옮김, 갈무리, 2005.

프랑크, 안드레 군더, 『저개발의 개발』, 참한문화사, 1983.

하비, 데이비드, 『포스트 모더니티의 조건』, 구동회 · 박영민 옮김, 한울, 2008.

하이데거, 마르틴, 『존재와 시간』, 이기상 옮김, 까치글방, 1998.

하트, 마이클, 『네그리 사상의 진화』, 정남영 · 박서현 옮김, 갈무리, 2008.

_____, 『들뢰즈 사상의 진화』, 김상운 · 양창렬 옮김, 갈무리, 2004.

헬러, 아그네스, 『마르크스에 있어서 필요의 이론』, 강정인 옮김, 인간사랑, 1990.

혹실드, 앨리 러셀, 『감정노동』, 이가람 옮김, 이매진, 2009.

휴즈, 어슐러, 『싸이버타리아트』, 신기섭 옮김, 갈무리, 2004.

힐퍼딩, 루돌프, 『금융자본』, 김수행 · 김진엽 옮김, 새날, 1994.

Angelis, Massimo De, *The Beginning of History*, Pluto Press, 2006.

Berardi, Franco, *The Soul at Work : From Alienation to Autonomy*, Semiotext(e), 2009.

Boutang, Yann Moulier, *Capitalisme Cognitif : La Nouvelle Grande Transformation*, Éditions
　　　Amsterdam, Paris, 2007.

Casarino, Cesare & Negri, Antonio, *In Praise of the Common*, Univ. Of Minnesota Press, London,
　　　2008.

Davis, J., Hirshcl, T. & Stack, M.(ed.), *Cutting Edge*, Verso, London · New York, 1997.

Dyer-Witheford, Nick, *Games of Empire: Global Capitalism and Video Games*, Univ. Of

Minnesota Press, 2009.

Federici Silvia, *Caliban and the Witch : Women, The Body, and Primitive Accumulation*, Autonomedia, New York, 2004.

Foucault, Michel, *Naissance De La Biopolitique*, Seuil/Galimard, 2004.

Hardt, Michael & Negri, Antonio, *Commonwealth*, Harvard University Press, 2009.

Holloway, John, *Crack Capitalism*, Pluto Press, 2010.

Linebaugh, Peter, *The Magna Carta Manifesto : Liberties and Commons for All*, University of California Press, London, 2008.

Murphy, Timothy S. & Mustapa, Abdul-Karim, *The Philosophy of Antonio Negri vol. 2*, Pluto Press, London, 2007.

Negri, Antonio, *GlobAL*, Éditions Amsterdam, Paris, 2007.

_____, *Le Pouvoir Constituant : Essai sur les alternatives de la modernité*, traduit par Étienne Balibar et François Matheron, puf, 1992.

_____, *Lent Genêt : Essai sur l'ontologie de Giacomo Leopardi*, Editions Kimé, 2006.

Pasquinelli, Matteo, *Animal Spirits : A Bestiary of the Commons*, Rotterdam : NAi Publishers / Institute of Network Cultures, 2008.

Tiqqun, *Contributions à la guerre en cours*, La Fabrique, 2009.

_____, *This is not a Program*, Semiotext(e), 2011.

Vercellone, Carlo(direction), *Sommes-nous sortis du capitalisme industriel?*, La Dispute, Paris, 2003.

논문 · 시평 · 인터뷰

김종영, 「대항지식의 구성 : 미 쇠고기 수입반대 촛불운동에서의 전문가들의 혼성적 연대와 대항논리의 형성」, 『한국사회학』 제45집 1호, 한국사회학회, 2011.

네그리, 안또니오, 「인류의 공통적인 것을 발명하기」, 다지연 불어세미나팀 옮김, 『아우또노마 M』 7호(『자율평론』 33호), 다중지성의 정원, 2010년 3분학기.

_____, 「지대에 대항하는 민주주의」, 조정환 옮김, 『아우또노마 M』 7호(『자율평론』 33호), 다중지성의 정원, 2010년 3분학기.

민주노총 주진우, 「비정규직 노동의 정치, 아래로 흐르는 연대」, 『정치비평』 11호, 한국정치연구회, 2003년 하반기.

서영표, 「도시적인 것, 그리고 인권」, 『한국사회포럼 2011 자료집』, 한국사회포럼 2011 조직위원
　　회, 2011년 2월.

윤애림, 「불안정노동철폐운동의 현주소」, 『진보평론』 20호, 현장에서미래를, 2004년 여름.

이정모, 「인지과학 개론」, http://cogpsy.skku.ac.kr/200608-cogsci-인지과학.pdf.

이진경, 「생명의 잉여가치와 정치경제학 비판」, 『문학동네』 65호, 2010년 겨울.

장시복, 「미국 서브프라임 모기지 사태와 세계경제의 위기」, 『21세기 대공황과 마르크스주의』,
　　정성진 엮음, 천경록 외 옮김, 책갈피, 2009.

정성진, 「케인스주의가 해법일까?」, 『한겨레』, 2008년 10월 25일자.

조정환, 「'적극적이고 강한 의미'에서 시의 자율성과 시적 노동의 헤게모니」, 『신생』 44호, 전망,
　　2010년 가을.

_____, 「금융위기와 다중지성의 코뮌」, 맑스코뮤날레 조직위원회 엮음, 『맑스주의와 정치』, 문
　　화과학사, 2009.

_____, 「레닌의 카이로스」, 『마르크스주의연구』 제1권 제2호, 한울, 2004.

조정환 외, "특집 : 프리터와 한국 사회", 『작가와 비평』 12호, 글로벌 콘텐츠, 2010년 하반기.

존 베벌리, 「라틴아메리카니즘이라는 사건 : 정치적—개념적 지도」, 김동환 옮김, 『아우또노마
　　M』 5호(『자율평론』 31호), 다중지성의 정원, 2010년 1분학기.

최동석, 「사이비 인문학과 인문학 장사꾼들」, http://mindprogram.co.kr/253.

최익현, 「표류하는 대학 인문학」, 『황해문화』 66호, 새얼문화재단, 2010년 봄.

페트라스, 제임스, 「NGO는 없다, 운동귀족이 있을 뿐」, 월간 『말』, 2000년 5월호.

『현장노동자』 3호, http://hlabor.com/newspaper/newsprint.asp?cd=22, 2003년 6월 25일.

Agamben, Giorgio, "Metropolis", http://www.generation-online.org/p/fpagamben4.htm.

Bavo Research, "Plea for an uncreative city", http://www.bavo.biz/texts/view/156.

Berardi, Franco, "I will be brief", http://www.booki.cc/traces-open-zone/franco-berardi-bifo-i-w
　　ill-be-brief.

_____, "The Warrior, the Merchant and the Sage", http://www.generation-online.org/t/twarrior
　　merchantsage.htm.

_____, Cognitariat and Semiokapital, interviewed by Matt Fuller & Snafu, http://subsol.c3.hu/su
　　bsol_2/contributors0/bifotext.html.

Boutang, Yann Moulier, "Finance, Instabilité, et Gouvernabilité des Externalités", *Multitudes* n. 32, Printemps 2008.

Corsani, Antonela, "Rente Salariale et Production de Subjectivité", *Multitudes* n. 32, Printemps 2008.

Dyer-Witheford, Nick, "The Circulation of the Common", http://www.fims.uwo.ca/people/facult y/dyerwitheford/Commons2006.pdf.

Ferguson, N. and Schularick, M., "'Chimerica' and the Global Asset Market Boom", *International Finance* vol. 10 issue 3, Winter 2007.

Goldner, Loren, "The Biggest 'October Surprise' Of All : A World Capitalist Crash", http://home.e arthlink.net/~lrgoldner/october.html.

Hardt, Michael, "Politics of common", Znet, 2009, http://www.zcommunications.org/politics-of-t he-common-by-michael-hardt. [연구공간 L 옮김, 「묵시록의 두 얼굴 : 코펜하겐에서 보내는 편지」, 『진보평론』 47호, 메이데이, 2011년 봄]

Harvey, David, "The Art of Rent : Globalization, Monopoly, and the Commodification of Culture", http://www.generation-online.org/c/fc_rent1.htm.

Marx, Karl., "Notes on Adolph Wagner's 'Lehrbuch der politischen Okonomie' ", http://www.mar xists.org/archive/marx/works/1881/01/wagner.htm.

Negri, Antonio, "The multitude and the metropolis", http://www.generation-online.org/t/metrop olis.htm.

Quessada, Dominique, "De la sousveillance : La surveillance globale, un nouveau mode de gouv ernementalité", *Multitudes*, n. 40, Printemps 2010.

Vercellone, Carlo, "The Crisis of Law of Value and the Becoming-Rent of Profit", *Crisis in the Global Economy*, ed. by Andrea Fumagalli & Sandro Mezzadrea, Semiotext(e), 2010.

_____, "The new articulation of wages, rent and profit in cognitive capitalism", http://www.gene ration-online.org/c/fc_rent2.htm.

Zukin, Sharon, "Gentrification : Culture and Capital in the Urban Core", *Annual Review of Sociology* Vol. 13., 1987, http://www.jstor.org/pss/2083243 [pdf본 : http://www.cul-studies.com/english/UploadFiles/200703/20070322230101343.pdf].

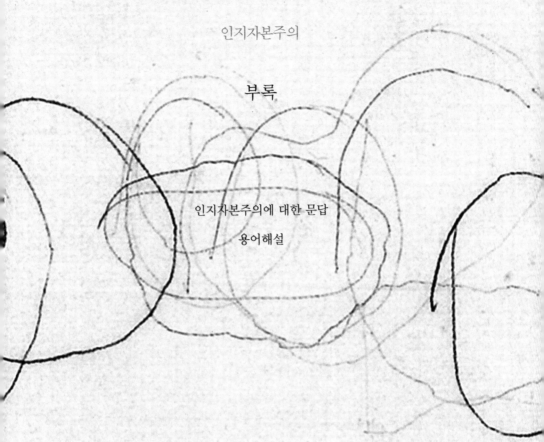

cognitive capitalism

인지자본주의

부록

인지자본주의에 대한 문답

용어해설

인지자본주의에 대한 문답

Q. 인지자본주의는 신자유주의, 금융자본주의, 탈산업사회 등의 다른 이름인가?

이것들이 사유하는 대상은 거의 같다. 하지만 신자유주의론은 자본주의 정책형태의 변화를 중심에 놓고 사고하며 그것의 대안은 주로 사회(민주)주의적 정책변경에서 찾아진다. 금융자본주의론은 자본형태를 중심으로 사유하며 그것의 대안은 지금까지 주로 산업자본에서 찾아졌다. 탈산업사회론은 주로 기술형태를 중심으로 사유하며 그것의 초점은 대안기술과 문화에 모아졌다. 인지자본주의론은 노동형태의 변화를 중심으로 사고하며 그 대안은 노동의 대안적 자기조직화이다.

Q. 인지자본주의는 산업자본주의의 한 유형일 뿐, 자본주의의 새로운 국면은 아니라는 주장이 있다. 어떻게 생각하는가?

인지 활동도 신체를 사용하며 신체에 의존한다. 인지노동은 육체노동에 대립하는 노동이 아니라 육체노동이 확장되고 진화한 것이다. 이런 의미에서 인지노동은 산업노동과 연속적이다. 그럼에도 불구하고 인지노동은 산업노동으로 환원될 수 없다. 산업자본주의에서 육체노동은 정신노동과 분업적으로 구별되었고 심지어 대립되었다. 구상과 실행의 분리가 그것이다. 인지자본주의에서 이 분업적 구별과 분리는 사라진다. 육체노동이 인지화하며 인지노동이 육체화한다. 그 결과 모든 노동은 육체노동이면서 동시에 인지노동이라는 이중적 성격을 띠고 나타난다. 인지자본주의를 산업자본주의로 환원하는 것은 이 핵심적인 변화를 간과하면서 인지화가 가져오는 변화의 여러 지점들을 놓친다. 이 책에서 내가 분석하는 것은 인지화가 가져오는 실제적 변화들, 그 결과들, 그리고 의미들이다.

Q. 인지자본주의론이 인지 노동자들을 특권화시키지는 않겠는가?

인지자본주의에서는 대학이 공장으로 되고 메트로폴리스가 미술관으로 되고 국가가 스펙타클로 된다. 이것의 영향으로 전통적 공장들도 점점 디자인 작업실로 바뀐다. 이런 의미에서 인지노동의 헤게모니가 나타나고 있는 것은 사실이다. 하지만 이것이 학생, 예술가, 공무원 등을 인지 노동자로 특화할 수 있음을 의미하지는 않는다. 모든 노동들이 인지 노동의 성격을 더 많이 띠어가고 있기 때문이다. 가령 원자력발전소의 노동자들을 전통적 산업 노동자로 부를 수 있겠는가? 고도의 지식을 요하는 유기농산물 생산자를 농민이라고 부를 수 있겠는가? 인지노동은 산업노동 외부에 있는 것이 아니라 산업의 메트로폴리스로의 확장이며 또 그것의 변화한 특질이다. 그렇기 때문에 인지노동의 헤게모니를 말하는 것이 인지 노동자의 정치적 특권이나 헤게모니를 의미할 수는 없다.

Q. 인지자본주의론은 공통되기를 위한 인지 혁명을 주장한다. 그렇다면 인지자본주의론은 사회연결망서비스(SNS) 등 인지적 성격이 강한 신기술의 영역을 운동과 혁명의 핵심영역으로 간주하는가? 예컨대 최근의 아랍 혁명을 SNS 혁명이라고 부를 수 있는가? 전통적 관점을 갖고 있는 사람들은 SNS는 표현수단에 불과했고 실제로는 노동운동이 결정적인 역할을 수행했다고 말한다.

인지자본주의론은 기술을 노동과의 관계 속에서, 그리고 자본과 노동의 적대관계 속에서 고려하지 그 자체로 독립적인 것으로 고려하지 않는다. 아프리카와 중동에서 폭발한 혁명의 성격을 묘사하면서 그것을 페이스북 혁명이라거나 트위터 혁명이라는 말로 묘사하는 것은 그러므로 일면적이다. 튀니지와 이집트의 경우에 대해 특히 그러하다. 이러한 말들의 유행은 혁명을 테크놀로지 의존적인 것으로 표상할 위험성이 있다. 이러한 표상은 혁명을 기술적, 지적 엘리뜨의 과업으로 만들고 이러한 테크놀로지에서 소외되어 있는 대중들의 혁명적 역할을 간과하거나 폄하할 수 있다. 반면 고전적 혁명 관념을 가진 사람들은 트위터나 페이스북은 발화수단일 뿐, 진정한 혁명은 공장에서 파업을 통해 준비되어 왔고 또 그것을 통해 완성될 것이라고 말하면서 SNS나 그와 연관되어 있는 사람들(학생과 청년들)을 주변적이거나 종속적인 힘으로 묘사한다. 이러한 관점은 20세기 운동의 표상을 현재로까지 가져와 육체적 산업 노동자들을 중심에 놓으면서 새로운 노동자층의 혁명적 역할을 간과하거나 폄하하는 결과를 가져올 수 있다. 이 두 관점은 모두 현존하는 혁명능력들을 축소하는 결과를 가져온다. SNS는 오늘날의 공장이다. 사회적 인지력을 연결하는 망은 공장 노동자들을 연결하는 컨베이어 벨트와 같다. 내가 현대의 메트로폴리스를 거대공장이라고 말하는 것은 이런 의미에서이다. 이것을 통해 가치생산이 이루어지고 축적이 이루어진다. SNS 사용자들을 산업공장의 노동자들과 구별짓는 것은 그들의 생산방식이나 그 생산과정의 특성일 뿐이다. 자본주의적 생산과 재생산의 구성부분이라는 점에서 양자는 동일하다. 그러므로 SNS가 생산의 장소가 아니라 혁명의 장소로 사용된다는 것은 공장이 점거되어 파업투쟁의 장소로 사용되는 것과 같다. 그것은 투쟁의 특권적 장소로 파악되어서도 안 되며 투쟁을 보조하는 종속적 장소로 파악되어서도 안 된다. 메트로폴리스에서의 혁명은 산업적 투쟁과 사회적 투쟁 그리고 담론적 투쟁 모두를 위계 없는 관계로서 포괄한다. 이 각각을 서로 연결되어야 할 특이한 투쟁력들로 파악할 때에만 현대의 혁명이 뿌리에까지 이르는 혁명으로 발전할 수 있을 것이다.

용어해설

거버넌스 governance

정부(government)의 수직적 통치에 반대되는 개념으로, 정부, 기업, NGO, 대학 등 시민사회의 다양한 조직들이 자발적이고 수평적으로 상호 의존·협력하는 통치 방식 혹은 네트워크 체계를 의미한다.

계급구성 class composition

맑스는 『자본론』에서 자본의 구성을 분석하는 데 주력했다. 자본의 기술적 구성, 가치구성, 유기적 구성 등이 그것이다. 1960년대에 이딸리아의 오뻬라이스모(노동자주의, operaismo) 운동은 계급구성의 개념을 통해 자본구성의 개념을 보완할 뿐만 아니라 자본구성에 치우친 자본주의 이해를 역전시킨다. 계급구성은 사회 속에서 하나의 계급이 구성되고, 이어서 탈구성과 재구성을 반복하는 과정을 말한다. 계급구성 연구는 자본과 노동의 사회적 관계의 배치를 분석하고 그것의 부단한 재구성을 탐구한다. 계급구성에는 수동적 계급구성과 능동적 계급구성이 있다. 전자는 그 구성되는 계급 외부의 힘에 종속되어 일어나는 구성이고 후자는 계급에 내재하는 활력들의 발현으로 이루어지는 구성이다. 안또니오 네그리가 제시하는 쌍범주들, 예컨대 자본주의의 형식적 포섭과 전문노동자, 실질적 포섭과 대중노동자,

총체적 포섭과 사회적 노동자 등은 계급구성 연구의 대표적 성과이다.

공유지 the commons, 공통적인 것 the common

공유지(the commons)는 봉건시대에 농민들이 공유하면서 공동 경작했던 토지를 의미한다. 오늘날 이것은 공통재(common wealth)를 의미하는 것으로도 사용될 수 있다. 공통적인 것(the common)은 공유토지는 말할 것도 없고, 언어와 같은 공통의 자산을 포함한다. 나아가 공통적인 것은, 사적 생산물이 아니며 사유화를 위해서는 강제력이 요구되는 인지노동의 성과물을 포함한다. 더 근원적인 차원에서는 인간의 사회적 삶을 포함하는 생명생태 자체가 공통적인 것이다. 이 광의의 공통적인 것은 생명생태적인 것, 사회경제적인 것, 정치적인 것, 언어정신적인 것 등으로 나눌 수 있다.

공통되기 becoming common

이질적으로 다양한 구성요소들이 서로 수평적인 연결, 즉 네트워크적 연결을 맺어 협동함으로써, 새로운 것을 함께 창조하는 관계를 형성하거나 그러한 관계를 통해 행동하는 것을 공통되기라고 부른다.

노동거부 refusal to work

노동거부는 이딸리아 아우또노미아 운동의 핵심 슬로건 중의 하나이다. 이것은 지금까지의 자본주의 및 사회주의, 그리고 이들을 추동하는 여러 제도적·정치적 형식들이 노동의 조직화에 기초하고 있었다는 문제의식을 전제로 하고 있으며, 이에 대한 비판을 겨냥하고 있다.

다양체 multiplicity

복수적(複數的)인 것, 즉 여러 요소들로 구성된 것을 일자(혹은 중심)와 다자(혹은 주변)의 관계로 보지 않고 순수하게 복수적인 상태 그대로 파악한 것이다.

다중 multitude, 노동계급 working class, 민중 people, 대중 mass

다중은 이질성을 갖는 다양한 사람들로서 인지자본주의 하에서 생산하는 사람들의 복합체이면서 인지자본주의적 주권 속에서 그것에 대항하는 주체성을 지칭한다. 이 주체성은 노동계급, 민중, 대중 등과 같은 전통적 주체성들과는 다르다. 전통적으로 민중은 통일의 관점에서 파악된 인구이다. 민중 개념은 인구의 다양성을 통일성으로 환원하며 하나의 동일성으로 만든다. 그래서 민중은 하나이다. 이와는 달리 다중은 하나의 통일성이나 단일한 동일성으로 결코 환원될 수 없는 수많은 내적 차이로 구성되어 있다. 하나의 통일성이나 하나의 동일성으로 환원될 수 없다는 점에서는 대중도 민중과 유사하지만 그것이 본질적으로 무차별적이라는 점에서 다중과 다르다. 대중은 무구별적인 동형의 집합체를 형성함에 반해 다중에서 사회적 차이들은 서로 다른 상태로 남아있다. 다중은 이러한 사회적 차이들이 내부적으로는 다르게 남아 있으면서도 공동으로 소통하고 공동으로 활동할 수 있는 능력을 개념화한 것이다. 다중은 노동계급과도 다르다. 노동계급의 가장 좁은 의미는 산업노동자이다. 이 때 이 개념은 산업 노동자들을 농업 노동자, 서비스 노동자, 그리고 여타 부문에서 일하는 노동사에게서 분리시킨다. 가상 넓은 의미로 사용될 때 노동계급은 임금 노동자를 총칭한다. 이 때 이 개념은 임금 노동자를 빈민들, 임금을 받지 못하는 가내 노동자들, 그리고 임금을 받지 못하는 여타의 모든 사람들에게서 분리시킨다. 이와는 달리 다중은 개방적이며 포함적인 개념이다. 그것은 전지구적 경제에서 나타나고 있는 최근의 변화가 갖는 중요성을 포착하기 위한 것이다. 잠재적으로 다중은 사회적 생산을 하는 온갖 다양한 주체들로 구성되어 있다.

대의[재현] representation

대의는, 일정 집단의 정치적 힘이 이 집단의 이익을 대변해 줄 것으로 간주되는 소수에게 양도되는 것을 말한다. 대상이 주체의 인식 속에 반영된다는 철학적 의미로 사용할 때에는 재현이라고 썼다.

메트로폴리스 metropolis

메트로폴리스는 중심의 대도시와 주변의 중소 도시, 그리고 교외 등이 결합하여 만들어지는 공간이다. 이것은 소비가 이루어지는 시장보다는 자본이 생산되고 재생산되는 공장에 가깝다. 사람들의 물질적·비물질적 삶 전체가 생산되고 재생산된다는 의미에서 메트로폴리스는 삶공장이자 생태공장이기도 하다. 지구화는 메트로폴리스들의 메트로폴리스인 메갈로폴리스(megalopolis)를, 그리고 메갈로폴리스들의 네트워킹을 통해 세계도시인 에쿠메노폴리스(ecumenopolis)를 구축하려는 자본의 시도이다.

사회적 필요노동시간 Social Necessary Labor Time (SNLT)

전체의 관점에서 보면 이것은 평균, 즉 어떤 상품을 생산하는 데 필요한 평균노동시간이다. 그러나 개별 생산마디들의 관점에서 보면 그것은 벤치마크이며 특수한 정보유형을 알리는 담론장치이고 생산조건과 노동리듬에 관련된 결정을 내리고 행동을 하게 하는 보조자이다. 이 두 관점들은 과정 속에서 절합되어 가치규범을 구성하고 우리의 삶활동들을 그 안에 포획하는 되먹임 회로로 나타난다.

살 flesh

이 개념을 정교화한 메를로-뽕띠에 따르면 살은 물질도 아니고 정신도 아니며 실체도 아니다. 살은 무엇보다도 유기적으로 조직된 신체와의 대비 속에서 사용된다. 신체가 유기적으로 구축된 명령과 복종의 통일된 질서를 지칭하는 반면, 살은 새로운 경험과 행위의 가능성의 조건으로써 역사적 행위를 통해 스스로를 변형시키고 새로운 세계를 창조하는 힘이다. 살은 순수한 잠재력이자 형성되지 않은 삶의 힘이며, 이런 의미에서 부단히 삶의 충만함을 목표로 삼는 사회적 존재의 원소이다. 전항에서 해설한 다중은 이런 의미에서의 일종의 사회적 살, 하나의 신체가 아닌 살,

공통적인 살로 정의될 수 있다. 왜냐하면 다중은 노동의 공통적 주체이며 집합적 자본이 그 전지구적 발전의 신체로 만들려고 애쓰는 대상이기 때문이다. 그렇기 때문에 살로서의 다중은 전지구적 자본의 신체인 제국 신체로 조직되는가, 그 내적 힘을 통해 스스로를 비유기적 방식의 자율적 힘으로 조직하는가라는 두 가지 가능성 사이에 놓여 있다.

삶시간 life-time, 노동시간 labor time

시간의 측면에서 보면, 자본주의는 사람들의 카이로스적 삶시간(life-time)을 크로노스적 노동시간(labor time)으로 환원하고 그것을 분절하여 착취하는 체제이다. 노동시간을 필요노동시간과 잉여노동시간으로 분할하여 전자를 노동하는 사람에게 임금으로 지불하고 후자를 어떤 지불도 없이 자본이 취득하는 것을 착취라고 부른다. 인지자본주의에서는 이러한 분할이 쉽지 않기 때문에 자본은 공통된 다중의 삶시간을 다이어그램과 알고리즘을 통해 포획하는 방식을 취한다.

생명 life, 생명체 living body, 사회적 삶 social life,
권력 pouvoir, 활력 puissance, 삶권력 biopower, 삶정치 biopolitics

생명은 약동하는 자기생성적 힘이며 생명체는 자기생성적 체계이고 사회적 삶은 그 자기생성적 조직체의 사회적 자기표현이다. 적대적 사회에서 사회적 삶은 지속하는 자기생성적 힘으로서의 활력과, 그것의 물화된 형태인 권력으로 양분된다. 이것은 자연적 삶이, 약동하는 생명과 그것의 감속형태로서의 물질로 양분되어 있는 것과 유사하다. 이 분화 속에서 권력은 삶을 통제하고 규범화하는 역할을 담당한다. 인지자본주의에서 권력은 인지적인 사회적 삶 자체에 대한 직접적 통제력으로 작용하게 되는데, 이를 삶권력이라 부른다. 그러므로 이 삶권력 속에서, 그것에 대항하면서, 새로운 삶의 가능성을 향해 약동하는 자기생성적 힘을 삶정치적인 힘이라고 부를 수 있다. 이 힘은 노동, 정치, 예술, 철학, 사랑 등 다양한 방식으로 나타난다. 이것은 삶의 욕망들을 조직하는 과정으로서, 죽음의 공포를 생산하는 삶권력과 대립적인 관계에 있다.

습관 habit, custom

레닌, 그람시 등의 맑스주의 담론과 듀이를 중심으로 하는 미국 실용주의 담론에서 주요한 의미를 갖는 개념이다. 주체성을 초월적인 평면 위에 있는 것으로 보거나 아니면 어떤 깊은 내적 자아 안에 위치하고 있는 것으로 보는 전통적인 철학적 사고들을 추방하고 일상의 경험, 실천, 그리고 행위에서 주체성을 탐구한다. 습관은 실천 속에 존재하는 공통된 것, 즉 우리의 행동들의 토대로서 기능하는 공통된 것이다. 습관은 자연의 고정된 법칙과 주체적 행동의 자유 사이의 중간 지점에 존재한다.

신보수주의 neo-conservatism

부시 행정부의 외교정책을 규제하는 관념체계이자 담론으로서 자유주의 하에서 해체되는 경향에 속해 있었던 가족, 공동체, 교회, 국가 등 전통적 조직형식들의 만회를 주장한다. 신보수주의는 지구화를 지배의 기획으로 이해하며 시민과 국가를 불가분의 통일체로 파악하면서 애국주의를 최고의 덕으로 간주한다. 결국 이것은 국익을 가장 중요한 것으로 간주하며, 자신들의 전지구적인 그리고 전체주의적인 기획을 받아들이기를 꺼리는 자유주의적 비판가들을 비난한다. 레오 슈트라우스 (Leo Straus)가 신보수주의자들의 지적 준거점이다.

예외상태 state of exception

칼 슈미트의 개념으로서, 일반적인 상태에서라면 행정부의 권력에 가해질 법적 제한으로부터 행정부를 자유롭게 해주는 상태를 말한다. 벤야민은 이것을 파시즘을 설명하는 용어로 사용했으며 아감벤은 이 개념을 서구 민주주의의 정치형태까지 포함하는 근대주권 일반을 정의하는 데 사용한다.

이접[분리접속] disjunction

언어학, 논리학에서 연원하는 개념으로 '그리고…… 그리고……'로 연결되는 관계 방식인 연결(connection), '그러므로 ~'로 연결되는 방식인 통접(conjunction)과는 달리 'either ~ or ~'(~이거나 ~이거나)로 연결되는 관계 방식이다.

인지 認知, cognition

인지라는 용어는, 생명체가 지각하고 느끼고 이해하고 판단하고 의지하는 등의 활동에 포함되는 정신적 과정을 총칭하는 용어로서, 감각, 지각, 추리, 정서, 지식, 기억, 결정, 소통 등의 개체적 및 간(間)개체적 수준의 정신작용 모두를 포괄한다. 일반적으로 인지과학은 마음을 연구하는 간(間)분과적 과학으로 알려져 있는데, 여기서 마음은 이와 같은 포괄적 의미를 갖는 것으로 이해되어야 할 것이다.

일반지성 general intellect, 집단지성 collective intelligence,
대중지성 mass intellect, 다중지성 multitude intellect

일반지성은 맑스가 『정치경제학 비판 요강』에서 생산에 응용된 과학기술을 통칭할 때 사용하는 말이다. 이것은 지성의 일반화 경향을 요약하는데, 여기에는 특이한 지성들을 추상하고 표준화하거나 규범화하는 과정이 수반된다. 나는 이 책에서 이 지성의 일반화를 지성의 자본주의적 이용의 결과로 이해했다. 집단지성이나 대중지성이라는 개념도 일반지성처럼 특이한 지성들의 종합이나 덩어리지움을 표현한다. 이것들은 분산된 지성에 비해 강력한 힘을 갖게 되지만, 중앙집중화되고 덩어리지어지고 일반화된 이러한 지성들은 특이성의 삭제, 말소, 추상이라는 부정적 작용 없이는 발생할 수 없다. 다중지성은 이와는 달리 지성의 개개의 특이성이 삭제되거나 추상되지 않으면서 서로 연결되고 공통화하는 것을 지칭한다. 인간의 언어는 바로 이러한 방식으로 발전하는 다중지성의 전형적 사례이다.

일방주의 unilateralism

상호협력을 강조했던 클린턴 행정부의 다자주의와는 달리, 다자 관계보다 양자관계 및 동맹국과의 협력관계를 강조하면서 군사력을 통한 미국 유일의 단극체제를 추구하고자 하는 부시 행정부의 정책적 입장을 말한다.

자기가치화 self-valorization

자기가치화(self-valorization)와 가치화(valorization)는 주체성의 적대적 생산과정을 지칭하는 용어이다. 맑스는 자본이 노동에 대한 착취를 통해 잉여가치를 증식시켜 나가는 과정을 가치화[가치증식]라고 표현했다. 네그리와 가따리는 바로 이 과정의 정반대 측면, 즉 재구성되어 나가는 집단적 주체의 입장에서 이루어지는 가치화를 자기가치화라고 부른다. 네그리는 『전복의 정치학』(*The Politics of Subversion, Polity Press*, 1986, pp. 137~138)에서 '저항에서 전유로, 재전유에서 자기조직으로' 나아가는 특이화의 과정은 자기가치화의 여러 양상이 거쳐 나가는 여행이라고 쓰고 있다.

자본의 코뮤니즘 communism of capital,
다중의 코뮤니즘 communism of multitudes

맑스는, 자본과 그것의 소득인 이윤이 자본가계급에게 평등하게 분배되는(평균이윤) 산업적 주식회사를 자본의 사회주의로 불렀고 이 자본의 사회주의가 프롤레타리아 사회주의로 나아가는 필수적 통과점이 될 수 있을 것으로 이해했다. 오늘날 노동계급의 것을 포함한 사회 전체의 화폐는 자본가계급의 공동점유물로 되어서 자본을 위해 기능한다. 화폐가 평등하게 분배되는 것이 아니라 공동점유물로 되어 기능하는 오늘날의 금융자본 체제를 자본의 코뮤니즘이라고 명명할 수 있을 것이고, 맑스의 추론을 빌리면, 이것은 다중의 코뮤니즘으로의 필수적 통과점이 될 수 있을 것이다. 여기서 다중의 코뮤니즘이란, 다중이라는 복수의 살아 있는 생명체들, 즉 사람들 사이의 공통되기를 생산하는 영구혁신적 과정으로 이해될 수 있다.

자생성 spontaneity

어떤 의식적인 노력이나 계획 없이, 특히 외부에서 주입되는 의식, 사상, 계획의 도움 없이 저절로 무엇인가 형성되는 성질을 말한다.

자율[성] autonomy

이 책에서 사용되는 자율성(autonomy)은 1950년대 후반에 시작되어 1979년까지 이어진 이딸리아의 아우또노미아(autonomia) 운동과 깊은 연관을 갖고 있다. 아우또노미아 운동은 공산당·사회당 및 그에 종속된 노동조합으로부터 독립적으로 전개되었다. 이 책에서 자율[성](autonomy)이 특정한 역사적 운동이 아니라 철학적 용어로 사용될 때에도 이와 같은 역사적 경험을 함축하고 있는 것으로 보아야 한다.

재전유 re-appropriation

전유란 '자기 것으로 만들기'이다. 재전유는 남에게 박탈당한 것을 다시 자기 것으로 만드는 것을 말한다.

정동 affect, 감정 affection, emotion

스피노자에 따르면, 외부 사물(외부의 몸)이 인간의 몸에 일으키는 변화로 인하여 몸의 능동적 행동능력이 증가·감소하거나, 촉진·저지될 때 그러한 몸의 변화를 몸의 변화에 대한 '생각'(idea)과 함께 지칭하는 것이 정동이다(스피노자, 『윤리학』 III부 정리3). 따라서 정동은 신체의 일정한 상태를 사유의 일정한 양태와 함께 표현하며, 삶의 활력의 현재 상태를 보여준다. 정동적 노동은 편안한 느낌, 웰빙, 만족, 흥분 또는 열정과 같은 정서들, 감정들을 생산하거나 처리하는 노동이다. 정동은 라틴어 affectus, 영어와 불어의 affect에 상응하는 말이다. 네그리·하트와 들뢰즈·가따리의 저작에서 주요하게 사용되어온 이 용어는 '변양'(變樣)(『천 개의 고원』), '정서'(情緖)(『제국』), '감화'(感化)(『시네마』 1권), '정감'(情感)(『영화』 1권), '감응'(感應)(『질 들뢰즈』) 등 여러 용어로 번역되어 왔다. 잠재성의 술어인 정동 (affectus = affect)은 현실성의 술어인 감정(affectio = affection, emotion)과 구분 된다. 또 affect-affection은 percept-perception과 act-action을 연결하는 존재론 적 의미망 속에서 파악되어야만 한다. 이 책에서 나는 '정동'을, 지각된 것을 변용하 여 행동으로 확장할 힘, 즉 자유, 존재론적 개방, 그리고 전 방위적 확산의 힘이라 는 뜻으로 사용한다. 이 용어들은 다음과 같이 도표화될 수 있다.

	외부로부터	내면성의 장	외부로
현실성	perception	affection	action
	지각	정서, 감정, 감응	행위
잠재성	percept	affect	act
	감지	정동	행동

중앙집중화 centralization

중심 혹은 중심을 갖는 구조로 만들어지는 과정을 말한다.

지구화 globalization

사회, 경제, 정치, 문화에 있어서 전지구적인 규모의 체계가 일국의 규모에 국한되 는 체계를 압도, 대체하는 과정을 말한다. 이 과정 속에서 국가들 사이의 경계는 약 화된다.

지대 rent, 절대지대 absolute rent, 차액[상대]지대 differential rent

지대는 토지소유의 독점을 조건으로 하고 농업과 공업 사이의 자본구성의 차이를 원인으로 해서 발생하는 초과이윤이 지주에게 귀속될 때 그 귀속분을 지칭하는 말 이다. 지대에는 두 가지 종류가 있다. 차액지대는 토지들 사이의 비옥도나 위치의 차이, 조세 차이, 농업의 발달수준 차이, 투하자본의 차이 등에서 발생하는 지대이다. 그리고 절대지대는 유한한 지구 표면인 토지를 소유독점하고 있다는 사실이 지대수취권으로 전화한 것이다. 좀 더 자세하고 정확한 구별은 이 책의 5장에 서술되어 있다.

<창조적 공통재> Creative Commons

합법적으로 이용할 수 있는 창조적 작업의 범위를 확장시키기 위해 2001년에 고안된 비영리기구이다. 이 기구가 부여하는 라이센스는 CCL(ⓒ)로 표시된다. 설립자는 로렌스 레식(Lawrence Lessig) 교수이며 사이트 주소는 http://creativecommons.org/ 이다.

체화된 인지 embodied conginition

인지가 두뇌의 작용에 국한되지 않고 여러 가지 감각운동 능력을 지닌 신체의 경험에 의존한다는 것을 총칭하는 용어이다. 그리고 신체의 개별적 감각 운동능력들은 더 포괄적인 생물학적, 심리학적, 문화적 상황에 속하기 때문에 인지와 신체, 인지작용과 신체활동은 근본적으로 분리불가능하며 함께 진화한다.

카이로스 Kairòs

'시간의 화살'을 의미하는 그리스어이다. 연속적이고 연대기적인 시간을 의미하는 크로노스(Chronos)와는 달리, 어떤 특이한 것이 발생하는 사건의 시간을 의미한다.

코그니타리아트 cognitariat, 인지 노동자

코그니타리아트는, 노동의 인지화를 통해 변화된 형태로 나타나는 프롤레타리아트, 즉 인지 노동자를 지칭한다. 우리가 인지, 즉 마음을 지각, 정서, 수행 등에 걸친 포괄적 용어로 사용하는 한에서 이 인지노동자에는 교사, 지식인, 학생뿐만 아니라 서비스노동자, 예술가 등이 포함될 수 있고, 점점 더 인지화하는 현대의 산업노동에 종사하는 대부분의 노동자들, 그리고 실제로는 살아가는 모든 개개인들이 인지노동자로서의 성격을 띠어가고 있다고 말할 수 있다.

코드화 coding, 덧코드화 overcoding

코드화란 환경에 일정한 반복성이나 규칙을 부여하는 것을 말한다. 덧코드화란 이미 코드화된 것들의 집단 위에 다시 일정한 반복성, 규칙 등을 덧씌워 부과하는 것을 말한다.

코뮤니즘 communism

코뮤니즘은 전통적인 맑스주의 담론 속에서 주로 산업적이자 경제적인 방식으로 이해되어 왔다. 생산수단의 공유와 공동생산을 의미하는 '공산주의'라는 말은 바로 이러한 이해방식에 따라 새겨진 말이다. 어원적으로 communism은 '공동으로 나누고 책임짐'을 의미하는데, 여기서 '책임'도 짐을 떠맡는다는 뜻의 사법적 의미보다는 어떤 표현에 응답한다(respond/responsibility)는 뜻의 소통적 의미를 갖는다. 노동의 인지화는 코뮤니즘의 이 어원적 의미가 실현될 수 있는 잠재력을 구축한다. 왜냐하면 노동이 함께 나누고 반응하고 소통하는 것을 수행하는 과정으로 되고 있기 때문이다.

투쟁의 순환[투쟁유통] circulation of struggle

투쟁의 순환은 맑스의 '자본 순환' 개념을 역전시켜 노동계급의 투쟁의 흐름을 분석하고자 한 개념으로 1960년대에 이탈리아 오뻬라이스모에 의해 발전된 개념이다.

특이성 singularity, 재특이화 re-singularization, 공통성 commonality

특이성은 양적 좌표 속에 기입할 수 없는 폭발적이고 가변적인 생명의 힘을 지칭한다. 다시 말해 다른 어떤 것으로도 환원되지 않으며 계속적으로 변이하는 창조적 활력을 지닌 것으로 파악된 모든 개체가 특이성이다. 권력은 이 특이한 힘들을 추상화하고 규범화함으로써 자신의 통제력 아래로 그것들을 가져간다. 공황, 불안, 우울 등의 증상들은 그것의 효과이다. 재특이화는 이렇게 추상화, 규범화, 표준화된 힘을 자유롭게 함으로써 그 고유의 생산을 재개토록 만드는 것이며 이를 통해 치유의 과정을 구성하는 것이다. 공통성은 특이성들 혹은 재특이화가 이루는 상호협동의 네트워크가 가진 속성을 말한다.

포드주의 Fordism

조립라인(혹은 컨베이어 벨트)을 통한 생산, 표준화된 생산물의 대량생산, 고임금이 가져오는 대량소비, 그리고 경기순환의 안정화로 특징지어지는 포괄적인 사회적 조직화의 체제이다. 북미 및 서유럽에서 대략 대공황 이후에 채택되기 시작하여 전후 케인즈주의 사회들의 핵심적 축적형태로 기능했다.

포스트포드주의 post-Fordism

포드주의 이후의 체제를 지칭하는 말로서 컴퓨터의 사용을 전제로 하는 새로운 정보기술의 적용, 상품에서 서비스로의 전환, 표준화된 상품의 생산이 아니라 소비자들의 요구에 맞춘 생산, 금융시장의 지구화 등으로 특징지어진다.

프레카리아트 precariat, 불안정 노동자

precarious proletariat의 약어인 프레카리아트(precariat)는 오늘날의 프롤레타리아가 점점 불안정해져 가는 경향을 지칭하기 위해 사용된다. 이 불안정성에는 임시적 고용, 부분적 고용, 특수고용 등의 형태로 나타나는 고용의 불안정성을 비롯하여, 직무안정성의 파괴와 끊임없는 재교육의 강제, 강도 높은 시공간적 이동성, 그리고 소득의 불안정성 등이 포함된다. 신자유주의에서는, 정규직 노동자조차도 고용이나 소득의 안정성이 점점 약화되면서 불안정 노동자로서의 성격을 더 많이 갖게 된다.

헤게모니 hegemony

일반적인 의미는 지배집단이 피지배집단으로부터 일정한 정도의 동의를 얻어내면서 지배하는 것을 말한다. 이 책에서는 이러한 의미 외에 다른 의미로도 사용된다. 특히 인지노동의 헤게모니라는 표현에서 '헤게모니'는 어떤 형상이 자신의 핵심적 특질들을 받아들이도록 다른 형상들을 변형시키는 힘, 즉 영향력을 의미한다.

훈육 discipline, 통제 control

권력이 가족, 학교, 병영, 병원, 공장 등, 서로 구분되고 불연속적이지만 공통의 언어를 지닌 유사한 폐쇄공간들을 통해 생산을 조직하고 삶을 관리하는 것을 말한다. 여기서 생성되는 주체성은 뚜렷한 정체성을 가진 개인들이며, 이 개인들의 일정 수가 모여서 대중을 이룬다. 훈육의 목적은 더 많은 생산을 위한 조직화이다. 이는 18, 19세기와 20세기 전반부 즉 근대에 상응하는 지배방식이다. 훈육의 뒤를 이은 방식은 통제(control)이다. 훈육이 일정한 틀을 부여한다면 통제는 열린 환경에서 계속적인 변화를 줌으로써 삶을 관리한다. 고정된 금표준이 훈육사회에 상응한다면, 날마다 변동하는 환율은 통제사회에 상응한다. 동력을 사용하는 산업기계가 훈육사회에 상응한다면, 컴퓨터가 통제사회에 상응한다. 훈육사회에서의 개인들(individuals)은, 통제사회에서는 '나눌 수 있는 개인들'(dividuals)이 되며 대중은 샘플들, 데이터들, 은행들이 된다. 두더지가 훈육사회를 나타내는 동물이라면, 뱀은 통제사회를 나타낸다. 최근에 통제는 감시카메라, 감청 등에 의해 상징되는 광범위한 감시장치를 통해 이루어지고 있다. 그래서 혹자는 감시사회라는 표현을 쓰기도 한다.